新时代马克思主义伦理学丛书

张霄 李义天 主编

国家出版基金项目
NATIONAL PUBLICATION FOUNDATION
"十四五"国家重点出版物出版规划项目

起点与焦点
马克思主义伦理学研讨班实录

| 李义天 等 著

重庆出版集团 重庆出版社

图书在版编目(CIP)数据

起点与焦点:马克思主义伦理学研讨班实录/李义天等著. —重庆:重庆出版社,2023.9
ISBN 978-7-229-17639-6

Ⅰ.①起… Ⅱ.①李… Ⅲ.①马克思主义—伦理学—研究 Ⅳ.①A811.63

中国国家版本馆CIP数据核字(2023)第092296号

起点与焦点:马克思主义伦理学研讨班实录
QIDIAN YU JIAODIAN: MAKESI ZHUYI LUNLIXUE YANTAOBAN SHILU
李义天 等 著

责任编辑:卢玫诗 林 郁
责任校对:何建云
装帧设计:胡耀尹

重庆出版集团 出版
重庆出版社

重庆市南岸区南滨路162号1幢 邮政编码:400061 http://www.cqph.com
重庆出版社艺术设计有限公司制版
重庆天旭印务有限责任公司印刷
重庆出版集团图书发行有限公司发行
E-MAIL:fxchu@cqph.com 邮购电话:023-61520646
全国新华书店经销

开本:710mm×1000mm 1/16 印张:30.25 字数:363千
2023年9月第1版 2023年9月第1次印刷
ISBN 978-7-229-17639-6

定价:120.00元

如有印装质量问题,请向本集团图书发行有限公司调换:023-61520678

版权所有 侵权必究

总　序

马克思主义伦理学是马克思主义理论与伦理学研究的结合。对当代中国伦理学而言，这种结合既需要面对马克思主义理论发展的世界性问题，更需要融合中国特色社会主义思想文化的新时代特征。

马克思主义伦理学之所以成为马克思主义理论进程中的一个世界性问题，是因为伦理问题往往出现在世界马克思主义发展史上的重要时刻。这些时刻不仅包括重大的理论争辩，而且包括重大的实践境况。如果说20世纪的马克思主义理论进程是一部马克思主义和各种思潮相结合的历史，那么，20世纪的马克思主义伦理学则从马克思主义与伦理思想相结合的层面，为这部历史增添了不可或缺的内容。无论是现实素材引发的实际问题，还是理论思考得出的智识成果，马克思主义不断发展的历史，总在为马克思主义伦理学添加新的东西——新的问题、新的方法、新的观点和新的挑战。由此，马克思主义伦理学始终处于马克思主义理论的核心地带，马克思主义内在地蕴含着对于伦理问题的思考与对于伦理生活的批判。相应地，一个失却了伦理维度的马克思主义不仅在理论上是不完整的，而且无法实现马克思主义所揭示的全部实践筹划。因此，把严肃的伦理学研究从马克思主义的体系中加以祛除的做法，实际上是在瓦解马克思主义理论自身的完整意义与实践诉求。

马克思主义伦理学不是也无须是一门抽象的学问。它是一种把现实与基于这种现实而生长出来的规范性联系起来的实践筹划，是一种通过"实践—精神"而把握世界的实践理论。因此，在马克思主义这里，伦理学的本质不在于它的知识处境，而在于它的社会功能；关键的伦理学问题不再是"伦理规范可以是什么"，而是"伦理规范能够做什么"。从这个意义上讲，不经转化就直接用认识论意义上的伦理学来替代实践论意义上的伦理学，这是一种在伦理学领域尚未完成马克思主义世界观革命的不成熟表现，也是一种对伦理学的现实本质缺乏理解的表现。

马克思主义伦理学之所以成为当代中国道德建设的一个新时代问题，是因为马克思主义始终是中国特色社会主义思想文化的基本方向。无论如何阐释"中国特色"，它在思想文化领域都不可能脱离如下背景：其一，当代中国是一个以马克思主义为指导思想的社会主义国家，马克思主义构成当前中国社会的思想框架。这种框架为我们带来一种不同于西方的现代性方案；在这种现代性中，启蒙以降的西方文化传统经由马克思主义的深刻批判而进入中国。其二，中国优秀传统文化的精髓是伦理文化，中国文化的精神要义就在于其伦理性。对中国学人而言，伦理学不仅关乎做人的道理，也在提供治理国家的原则。从这个意义上讲，马克思主义之所以能在中国扎根，就在于它与中国文化传统的伦理性质有契合之处。

如果结合上述两个背景便不难发现，马克思主义伦理学的重要意义已然不限于两种知识门类的结合，更是两种文化传统的联结。经历百年的吸纳、转化和变迁，马克思主义伦理学虽然在一定程度上已经成型，但是，随着中国特色社会主义进入新时代，马克思主义伦理学又面临许多新的困惑和新的机遇，需要为这个时代的中国伦理思想与道德建设提供新的思考和新的解答。唯有如此，新时代的马克思主义伦理学才能构成中国马克思主义理论的重要组成部分，才能成为21世纪中国道德话语和道德实践的航标指南。

为此，我们编撰的《新时代马克思主义伦理学丛书》，旨在通过"世界性"和"新时代"两大主题框架，聚焦当代的马克思主义伦理学。我们希望，通过这套丛书搭建开放的平台，在一个更加广阔的视野中建构马克思主义伦理学的理论体系，在一个更加深入的维度上探讨当代中国的伦理思想与道德建设。

感谢中国人民大学伦理学与道德建设研究中心的指导与支持，感谢重庆出版社的协助与付出。这是一项前途光明的事业，我们真诚地期待能有更多朋友加入，使之枝繁叶茂、硕果满仓。

是为序。

编　者

2020年春　北京

前　言

李义天

2017 年至 2020 年，我在清华大学以研究生课程的形式开设了马克思主义伦理学研讨班。四年间，大约有 60 多位来自清华大学各院系的博士和硕士研究生选修了这门课程，同时，还有数十位来自校外的访问学者、学界同行和研究生旁听了该课程。从历届参与者的积极反馈来看，研讨班是比较成功的。承蒙他们尤其是选修该课程的同学们的认可，这门课程在清华大学的教学评估中也取得了不错的成绩，特别是在 2018 年，曾进入清华大学研究生专业课前 5% 行列。为此，我要特别感谢这几年来参与研讨班的同学们和朋友们！当然，也常常有人问我，为什么不趁此申报"精品课程"的称号。对此，我总是婉言谢绝。因为，在我看来，一门课程或一个研讨班，如果能够得到相关参与者的由衷认可，让他们觉得有较大的收获，而且，如果他们还愿意把自己的收获同其他人尤其是后来者进行分享，从而使得这门课程或研讨班赢得一定范围的好口碑，这也就足够了。借用美德伦理学者的话来说，这才是从事教育教学活动真正的"内在利益"吧！

不过，也有朋友提醒我：从事教育事业的人的最大乐趣应当是

"得天下英才而育之"。他们说，既然你的研讨班能够让人有所收获，但同时又因为容量有限而无法邀请更多的同学和朋友来参与，那么，你似乎就有某种义务，把研讨班上最重要的内容尽可能真实、全面地展现给大家。这一方面可以让更多的人了解研讨班的实际情况；另一方面也可以让更多的人对它提出意见和建议，以利于今后的改进和调整。正是基于这种考虑，在我的学生刘畅、丁珏、卢淑慧等人的帮助下，我尝试着把过去几年研讨班的主要内容进行了整理和汇总，从而形成了摆在读者诸君面前的这份研讨班实录。

每一季的马克思主义伦理学研讨班基本上都由三个板块构成：（1）老师讲授；（2）同学讨论；（3）嘉宾报告。其中，我会首先围绕马克思主义伦理学的基本概况、基本问题和基本议题等方面，集中讲授3次至4次课。然后，我会根据不同主题，开列一系列书单，提供一批重点文献，指定同学在阅读之后进行报告或是评议。同时，我还会按照这些主题，有针对性地邀请国内外在这些方面学有专长的老师和同行，请他们作为嘉宾进行专题报告，并接受同学们的轮番提问或重点评论。这样一来，对于马克思主义伦理学的若干基本议题，同学们不仅需要自己展开大量的阅读和思考，而且需要与前辈和朋辈进行多次交流和交锋；他们不仅需要在某一次或某几次课上作为报告人进行充分的准备，而且需要在另一次或另几次课上作为评议人而提出更多的批判性思考。事实证明，正是在这样的高强度训练中，同学们的学术活力和学术潜能得到了较大的激发，也使得我们的研讨班一次次地呈现出格外热烈、令人难忘的研讨氛围。相应地，与同学们一样，我也在这样的充分投入和有效互动中收获颇丰。

当然，我知道，对于一门专业性很强的研讨课程而言，仅仅考虑形式的安排和设计是远远不够的。如果我们对它的思考总是停留于形式、技巧或方法，那么，这要么是因为这个研讨班或课程的内容已经空洞无物或乏善可陈，要么是因为这个研讨班或课程的主持者已不再继续反省或自我提升。毕竟，归根到底，让一门课程或研讨班的参与者真正有所收获的，永远是这门课程或研讨班的内容，而不是它的形式。无论课程的板块多么丰富、无论教授者的技巧多么炫酷，这些只有服务于它的内容，才是有意义的。

因此，我时刻提醒自己，要关注对研讨内容的设计和讲授。通过参考许多前辈的学术成果和教学成果，我逐渐形成了自己的一些思考。在我看来，为了确保研讨环节的效果，首先需要在讲授环节给出清晰的问题线索、全景的学术图像和明确的理论坐标。因此，这就需要我们在回顾和梳理马克思主义伦理学的发展状况之后，从马克思主义伦理学最基础、最原初的起点问题开始，然后通过确认并处理这门知识的最基本、最主要的焦点问题，从而勾勒或搭建起一个清楚、合理、可靠的体系框架。具体而言，它们表现为马克思主义伦理学的现状格局、马克思主义伦理学的初始问题，以及包含三组正反相关的理论主题在内的马克思主义伦理学的基本议题。

本书作为研讨班实录，主要包括这四年来的讲授环节和嘉宾报告及研讨，其内容相对完整。而同学讨论的环节，或许今后将以合适的方式再作呈现。当然，作为书面文字，这份实录在尽可能原汁原味地保留研讨班实景的前提下，也对文字和表述进行了整理、修缮和微调，以保证阅读的清晰性和理解的准确度。最后，我要特别感谢数年来受邀参与清华大学马克思主义伦理学研讨班、而最近又不辞辛苦对演讲稿进行整理和核对的朋友们。他们是：中国人民大学的张霄教授、北京大学的李旸博士、英国肯特大学的麦克莱伦教授、中国社科院的王广研究员、中国人民大学的臧峰宇教授、吉林大学的曲红梅教授、南开大学的齐艳红教授、厦门大学的林育川教授。感谢他们为我们的研讨班带来的精彩报告与思想盛宴,更感谢他们为当代中国的马克思主义伦理学研究做出的努力和贡献!由于每季研讨班的时间有限,还有许多志同道合的朋友没来得及邀请。期待在不久的将来,我们能以更多的方式展开互动和交流,为马克思主义伦理学研究的事业添砖加瓦,共同促进当代中国伦理学的知识体系、理论体系和学科体系的建设与完善。

目 录
CONTENTS

总　序 ………………………………………………… 1

前　言 ………………………………………………… 1

第一讲　马克思主义伦理学的现状格局（上）
………………………………………………… 李义天 1

第二讲　马克思主义伦理学的现状格局（下）
………………………………………………… 李义天 18

第三讲　马克思主义伦理学的初始问题（上）
………………………………………………… 李义天 40

第四讲　马克思主义伦理学的初始问题（下）
………………………………………………… 李义天 61

第五讲　马克思主义伦理学的主要议题（上）
………………………………………………… 李义天 82

第六讲　马克思主义伦理学的主要议题（中）
………………………………………………… 李义天 114

第七讲　马克思主义伦理学的主要议题(下)
...................................李义天 146

第八讲　马克思自由伦理思想的早期发展轨迹
...................................张　霄 171

第九讲　剥削的不正义性..................李　旸 204

第十讲　马克思的共产主义社会:本质、矛盾与意义
...........................〔英〕戴维·麦克莱伦 245

第十一讲　马克思对正义:重在"揭示"而非评价
...................................王　广 271

第十二讲　马克思正义论的实践逻辑......臧峰宇 320

第十三讲　马克思主义考虑个人道德吗?
...................................曲红梅 354

第十四讲　分配平等与社会平等..........齐艳红 403

第十五讲　重思马克思的自我所有难题
...................................林育川 435

第一讲
马克思主义伦理学的现状格局（上）

李义天

同学们，大家好！欢迎大家参加我的马克思主义伦理学研讨班。

这个研讨班同时是一门学习和研究马克思主义伦理学的研究生课程。对研究生来说，最重要的事情已不是学习知识，而是学习寻找知识，学习解决一个以前并不了解的课题。这是从本科生到研究生的一个重要转变。在本科阶段，同学们以老师的讲授为主。而在研究生阶段，则需要你们学会自主学习和探索。不过，硕士阶段的学习也就两三年时间。这么短的时间，对于学术训练来讲是不够的，只能说刚刚摸到门槛。而博士阶段的学习时间也不长，所以博士生同学其实也面临着同样的挑战。对于参与这个研讨班的硕士和博士同学，我是等而视之的，甚至更倾向于把你们都当作博士生来训练。我相信，这样的训练方式，对于大家今后进一步的学习深造都有帮助。

我的研讨班是混合式的。其中，既有老师讲授的部分，也有大家讨论的部分，还会邀请嘉宾，以主旨报告的形式，与大家共同讨论、相互应答的部分。通过这三个部分的学习，我希望，大家不仅学到一些观点或命题，还能学到与学界同仁进行讨论的方式和方法。

不少刚刚进入学界的青年学者，其实对于学术圈怎么运转一无所知。毕竟，博士毕业论文只是你的一块敲门砖，只是你拿到一张能够进入学界的入场券。但是，学术界有自己的规则和规律；特别是对于基础文科的研究来说，更需要阅历和积累。因此，年轻并不是一个绝对的优势，有时候反而是一个劣势。为什么？因为你不懂得学术界的规则和规律。你以为做学问只是写文章吗？当然不是！除了要把学术文章写好，还要考虑到如何学术交流与沟通，考虑到怎样把自己的学术文章拿出来同别人进行交流与沟通才能达到效果。毕竟，写文章的目的，也是为了把某个自己所认可的道理说给别人听，希望能够说服别人，让他们也认可。然而，对于这些，很多人并不清楚，也不看重。有时，我们看到有的年轻学人，在重要的学术论坛上，本来只有15分钟的发言机会，但到了第8分钟却还没进入正题，结果丧失了一次展示自己的机会。还有一些非常有才华的人，在交流过程中展现的姿态要远远超出自己的才华，结果反倒使自己"减分"。基于这些情况，我主张大家，不管是在公开场合还是私下场合，不论是在课上还是课下，都尽量学会交流，特别是比较规范的研讨性的学术交流。要知道，学会如何进行学术研讨、发问和应答，将是非常重要的。你们将因此受益良多。所以我希望，通过这个研讨班，大家不仅学到一些知识，更重要的，还可以学到一些方法。

在前两讲，我会先做一个简单的概述，让大家对什么是马克思主义伦理学获得宏观的了解。接下来两讲，我们将进入马克思主义伦理学的初始问题。之后，我们再进入马克思主义伦理学的一些主要议题。以上是研讨班的前半段计划。然后，在下半段，我将邀请国内从事马克思主义伦理学的优秀学者来到我们的研讨班上。他们会通过主旨报告的形式，同大家进行分享和讨论。你们可以把他们看作嘉宾，但我更希望你们把他们看作研讨者。你们需要对他们发问，甚至"发难"，让他们、也让你们自己沉浸在研讨的氛围中。

既然来到马克思主义伦理学研讨班，你一定会问自己：为什么要学习和研究马克思主义伦理学？仅仅是因为"马克思主义"和"伦理学"这两个词拼凑在一起，让人感觉很高大上吗？不是的。现实和理论都表明，马克思主义伦理学正在遭遇很多挑战。直面并回应这些挑战，是我们从事这项学术研究并且接受正规训练的一个必修环节。毕竟，科班出身的训练方式，不仅需要我们搞清楚这门知识是什么样子的，还要搞清楚这门知识可能不是什么样子。我们不仅需要知道它提出的正面观点、命题和原则，还要知道这些观点、命题和原则可能存在的内在悖论与外部挑战。我一向认为，我们只有比那些提出反对意见（不管内部的还是外部的反对意见）的人更能理解这些反对意见，更能解决这些挑战，我们才能把这项研究真正做扎实，使它牢固地确立起知识合法性。换句话说，虽然我们总是偏爱某些观点，但只有当你能够注意并且理解反对者的声音，只有当你比你的反对者更像一个反对者，你自己的立论才能立得住。

因此，我们的研讨班首先要从马克思主义伦理学的知识现状、格局及其可能性开始。具体而言，我们要处理的第一个问题是：马克思主义伦理学是不是一门学问？我们有没有必要讨论它？第二个问题是：如果我们要应对这个挑战，那么，马克思主义伦理学面临的发展机遇又来自哪里？第三个问题是：如果马克思主义伦理学既成立且有所发展，那么，它包含哪些内容或板块？第四个问题是：从更广阔的视野出发，我们要对马克思主义伦理学的理论定位给予梳理和确认。

一、马克思主义伦理学的现实挑战

通常，在开始着手研究某个选题时，我们往往会首先申明，这个选题的理论意义和实践意义有多么大。然而，这并不是我们面临的第一个问题。因为，对于任何研究选题而言，首先面对的问题不是它有多大的意义，而是它究竟有没有意义。同样地，对马克思主义伦理学来说，我们首先要做的工作不是拼命证明它多么重要，多么立得住，而是要考虑一下，马克思主义伦理学面临的困难究竟有哪些？遭遇的挑战到底是什么？它有没有可能因为这些困难或挑战而不堪重负？因此，在进入这个领域之前，我们亟须提前了解，马克思主义伦理学可能遇到怎样的风险或挑战。对此，我列举了四点，分别是社会环境的多元化、现实政治的高要求、伦理学界的冷处理以及马克思主义学界的边缘化。在我看来，马克思主义伦理学要想确立知识合法性，就必须直面这四个问题。

（一）社会环境的多元化

随着市场经济的高速发展，中国已经进入新的发展阶段40余年，中国人的世界观、人生观、价值观发生前所未有的改变。我们虽然坚持以马克思主义为指导，但是，当我们处理市场经济的社会条件下的各种伦理和道德问题时，马克思主义并不是唯一可用的理论范式。毕竟，就普通人的行动原则而言，在不同的情境下，利己主义的方式、功利主义的方式、集体主义的方式都在发挥作用。而这些都跟社会生活层面的价值观念的不一而足密切相关。

社会文化环境的多元化，使得有的人偏好西方古典思想、有的人偏好现代自由理念，还有的人则更加认同中国传统价值观。凡此种种，不一而足。它们都可以登堂入室，公开宣讲，著书立说。可谓进入了一个"百花齐放，百家争鸣"的情境。而我们如今的马克思主义道德观念、方法和原则，就是在这样的背景环境中存在的。相应地，马克思主义伦理学也就与其他类型的伦理学处于互竞互通的状态之中。在这种条件下，马克思主义伦理学"必须'与时俱进，革故鼎新'，此外别无他法"①。要知道，马克思主义伦理学如果不是通过自己的科学性和真理性，而仅仅是凭借马克思主义的政治指导地位来解释问题，那是不可能广泛说服人的。总之，社会环境的多元化使得马克思主义伦理学是否存在以及能够在多大程度上存在，都变成了一个实际的问题。

（二）现实政治的高要求

首先，一般来说，马克思主义伦理学与现行的政治要求和政策方向会产生比较密切的联系。但是，市场经济的发展和社会的多元化思潮，使得马克思主义伦理学实际上在日常生活中是被消解的。人们在思考马克思主义的时候不一定会考虑伦理学问题，人们也不一定在考虑伦理学问题时必然采取马克思主义的方法。我们不是生活在一个纯粹的政治空间里，而是生活在日常生活空间里的。如果我们强硬要求人们按照马克思主义的方式来讨论伦理道德，这会使得马克思主义伦理学必须依据现行的政治要求和政策方向来调整其内容和焦点的做法，与人们的实际所思所想存在距离。

其次，如果过于强调马克思主义伦理学的政治正确性，那么，这会导致这门学问必须注重其稳定性和权威性，而不是创造性和开

---

① 魏英敏：《亲历改革开放30年来伦理学研究的发展与变化》，载《党政干部学刊》2009年第9期。

放性。因为，政治正确性是不能够随便更改的。如果一门具有政治正确性的知识总是改来改去，那么，这将对它理应具有的稳定性和权威性带来损害。因此，马克思主义伦理学如果特别注重其政治意义的话，它就必须加强共识、统一思想、减少分歧。这虽然对于政治主导思想的建议来讲是必要的，但是，作为学理的讨论，这些做法其实存在风险。学术讨论需要我们有进一步的拓展和发展，需要我们根据中国社会及其伦理生活的实际状况有所创造、尝试和开拓。

再次，马克思主义伦理学肩负着公共教育和政治动员的社会功能，因此，人们往往强调，它需要通过一种便于理解和记忆的方式表达自身。这个时候，文件传达、标语宣传、教材编撰等方式就变得格外重要。比如，社会主义核心价值观在广义上，可以被视为马克思主义伦理思想的某种具体化和实践化。但是，这种具体化和实践化的表达是面向广大干部群众的。学者在这里要做什么？不是背诵，而是论证。他们要论证什么是自由？为什么社会主义核心价值观提倡自由？这里的自由和自由主义又有什么关系？我是一个坚持自由的人，但我不是一个自由主义者，两者的区分又在哪里？所以，这里有些更复杂的东西需要专业性的探讨，而不是单纯靠便于理解和记忆的方式，通过公共教育或者政治动员就能完成。

（三）伦理学界的冷处理

国内伦理学界的许多学者并不是不尊重马克思主义，但是，如果你要问他们什么是马克思主义伦理学，他们往往会说，马克思主义伦理学不就是利益决定道德嘛，不就是集体主义原则嘛。如果这就是伦理学人所从事的马克思主义伦理学研究，那么，这门学问似乎既缺少对具体的道德规范的提炼，也缺少对明确的道德价值的证明。在这个意义上，马克思主义伦理学研究的问题是非常外围的。我们也许都知道，在马克思主义这里，道德与利益相关，但我们却不知道，在马克思主义这里，道德究竟指的是什么道德？道德为什么必定与利益相关？还有，道德如果确实与利益相关，那它是否还谈得上自主的路径和规律？马克思主义伦理学若不研究道德内部有什么类型、有什么流派、有什么基础概念，而总是停留在道德的外围，研究道德与其他事物的关系，比如道德与文化、道德与经济、道德与政治的关系，那么，我们对于这种伦理学就是不清楚的。我们或许知道存在一种堪称马克思主义的价值观或善恶观，但是，它究竟涉及什么样的善和恶、它究竟提出了什么样的价值观念或道德原则，却并不清楚。对于伦理学界在处理马克思主义伦理学时出现的这种状况，我称之为"问题的外围性"。

　　问题的外围性，也相应地带来了"论证的粗放性"。我们都知道，在马克思主义伦理学这里有一些耳熟能详的说法，如"道德归根到底是由经济利益决定的""道德总是阶级的道德""不同的时代有不同的道德"等。但我们现在要问的是："道德归根到底是被经济利益决定的"这句话对不对？马克思是这么说的，恩格斯更是这么说的，但是这句话为什么对？如果你觉得它是对的，那么你就要论证这个"决定"究竟是什么意思？如果你觉得它不对，那么其中的缝隙又在哪？这才是我们要研究的内容。另外，恩格斯也确实说过，道德从一个民族转到另外一个民族，从一个时代到另外一个时代变更得如此厉害，以至于它们常常是相互矛盾的。①可是，这种观点又如何区别于道德相对主义呢？我们最担心的，难道不就是你有你的原则，我有我的原则，我们谈不到一起去吗？马克思主义伦

---

① 恩格斯：《反杜林论》，载《马克思恩格斯文集》第9卷，人民出版社2009年版，第98页。

理学的研究者不应该停留于对恩格斯原话的重复，而是应该考虑如何处理这个问题，使得自己既遵循唯物史观的一般原理，又不至于陷入道德相对主义。这也是我们需要研究的内容。概言之，马克思主义伦理学如果总停留在外围的话，那么，它对这些问题的分析和论证就不可能是充分精细的。

进一步地，假如我们现在能够进入马克思主义伦理学的内部，也提炼出了某些合理的马克思主义道德观念，但是，这些道德观念又将如何转化为我的内在德性和现实行动呢？这也是不清楚的。我将其称为"途径的匮乏性"问题。确实，我们在马克思恩格斯那里没有看到他们对于道德行为者的描述，也罕见对于道德心理的刻画。我们更多看到的是，个人仅仅作为经济要素、作为社会历史的某个环节的一种人格性表现而存在。所以，马克思恩格斯对于具体的人，尤其是具体的人在具体的道德情境当中将会如何思考、如何选择等非常个人的道德问题——被我们称作 personal morality 的东西——实际上讨论得很少。道德心理、道德教化以及具体行为者的道德困境，对马克思恩格斯来讲，这些问题处于非常次要的位置。

最后是"文献的单调性"问题。我们研究马克思主义，容易犯一个毛病，就是只参考一手文献、不参考二手文献。随便翻看一些论文，我们就能发现，通篇的参考文献都是《马克思恩格斯全集》《马克思恩格斯选集》或《马克思恩格斯文集》。作者既没有参考这100年来马克思主义发展史上的重要作品，也没有参考当今同行的最新成果。他们仿佛直接在与马克思恩格斯对话。的确，直接对话很重要，但是，现在的学术研究规范和要求已经提醒我们，这种方式是不完备的。除了要与一手文献的作家进行对话，我们还要熟练、广泛地掌握那些关于一手文献的重要二手文献，看看研究者是怎么论述经典作家的。概言之，我们不仅要掌握一手文献，还要有二手文献。这是我们现在学习马克思主义伦理学时特别需要注重的一点。

(四) 马克思主义学界的边缘化

在伦理学这边，一段时期以来，研究马克思主义伦理学的兴趣似乎远远不如研究柏拉图、亚里士多德、康德、黑格尔的伦理学那么高。可是，在马克思主义这边，情况会好些吗？并非如此。当马克思主义学界的同仁们触及马克思主义伦理学时，往往会发出一个更加深层的疑问："马克思主义伦理学究竟有没有知识合法性？马克思主义伦理学究竟是不是一门学问？"提出这样的疑问，并不是无中生有，更不是吹毛求疵。因为，这些疑问实际上来自马克思主义的经典作家自身。在他们的文本里，我们随处可见对于道德的讽刺、批评和否定。

首先，经典作家告诉我们，道德是附着于经济基础的上层建筑，随后者的改变而改变，因此具有不确定性、相对性甚至次要性。我们可以把道德区分"道德现象"和"道德知识"。所谓"道德现象"，是我们日常生活中实际存在的规范，它是一种能够以善与恶、正当与错误等价值范畴加以评判的规范。比如，现在我们所有人按时来到课堂上课，这就是一种规范。课前我要认真备课，上课时我要有条不紊地讲授，而你们听课时不能随意走动，必须认真参与。这些东西都叫做道德现象。它们是在生活中实际运行的那些原则或者规范。而"道德知识"则是我们对实际生活中具有善恶属性的那些道德现象或道德事件加以总结和概念化，使之变成道德观念，之后再进一步体系化和学理化，变成道德知识。当马克思主义认为"道德是附着于经济基础的上层建筑，随后者的改变而改变，具有不确定性、相对性甚至次要性"，这里所说的道德既包括道德现象，也包括道德知识。在马克思主义所提出的唯物史观里，它们都是相对次要的东西，都是被他者决定的附着性问题。正因如此，很多马克思主义研究者认为，关注道德问题并非那么紧要或必要。

其次，经典作家还告诉我们，道德是特定阶级的价值偏好表达，其阶级属性往往被伪装成一种迷惑性的超阶级话语，从而统治者的道德诉求也就被转换为一种貌似全体成员的普遍诉求。对马克思主义来说，它不讨论一般的抽象的人类社会，而是讨论资本主义社会、社会主义社会，还包括更早的封建主义社会等，这些都是阶级社会。道德也因此被视为特定阶级的价值偏好甚至意识形态表达。所以，如果遗忘了这一点，我们确实会很容易就陷入一些抽象的普遍话语或普遍概念之中。我们后面将会讨论的正义问题、平等问题、权利问题，都是如此。认为迄今为止的人类社会道德具有鲜明的阶级性，这是从历史唯物主义里面可以直接得到的推论。正因为有这样的推论，道德现象和道德知识也就变成了不那么值得大书特书的议题。

再次，经典作家还担心，如果无产阶级采用道德作为斗争工具，就会偏离航向，错失主要问题和主要任务，从而陷入资产阶级的话语体系，把"斗争"变成"论争"。根据经典作家的看法，无产阶级要解决的主要问题是消灭生产资料的私有制。那么，这个问题能够通过对私有制的不正当性予以道德辩论或道德批判来解决吗？显然不能！所以说，无产阶级如果以道德作为斗争工具，而不是在经济基础上做文章的话，那么就很容易把现实的"斗争"变成了话语的"论争"。

这一系列的问题使得我们发现，马克思主义伦理学处处不讨好。在现实生活中不讨好，在学界也不讨好。不仅在伦理学界不讨好，在马克思主义学界也不讨好。接下来我们举几个例子，可以更直观地证明我们上面提到的这几点。

马克思在《资本论》里曾表示,行为者是否去做道德正确的事情,他们的心理动机是否符合某种道德正确的标准,这些问题并不重要。因为,马克思认为,在资本主义社会,一个资本家采取什么样的生产、经营和销售行为,"并不取决于个别资本家的善意或恶意。自由竞争使资本主义生产的内在规律作为外在的强制规律对每个资本家起作用"①。也就是说,资本家雇不雇佣工人,资本家剥不剥削工人,资本家要不要把大量财富聚集在自己这里,要不要满足自己的奢侈生活,要不要给工人提供改善性条件,这些行为跟资本家本人是生性仁慈还是充满恶意,一点都没有关系。它们是相对资本家个人而言的、外在的强制规律起作用的结果。

类似地,在《费尔巴哈和德国古典哲学的终结》里,恩格斯也触及了这个问题。他说:"愿望是由激情或思虑来决定的。而直接决定激情或思虑的杠杆是各式各样的。有的可能是外界的事物,有的可能是精神方面的动机,如功名心、'对真理和正义的热忱'、个人的憎恶,或者甚至是各种纯粹个人的怪想。但是……产生了一个新的问题:在这些动机背后隐藏着的又是什么样的动力?在行动者的头脑中以这些动机的形式出现的历史原因又是什么?旧唯物主义从来没有给自己提出过这样的问题……因为它认为在历史领域中起作用的精神的动力是最终原因,而不去研究隐藏在这些动力后面的是什么,这些动力的动力是什么。"②这里的"愿望"是什么?其实就是行动的意向。这里的"激情"是什么?其实就是行为的欲望。这里的"思虑"是什么?其实就是慎思或工具理性。我对某件事情

---

① 马克思:《资本论》第 1 卷,载《马克思恩格斯文集》第 5 卷,人民出版社 2009 年版,第 312 页。

② 恩格斯:《路德维希·费尔巴哈和德国古典哲学的终结》,载《马克思恩格斯文集》第 4 卷,人民出版社 2009 年版,第 301—304 页。

感兴趣,接着我想这件事应该怎么去做,由此形成了一个行动的意向。但是,恩格斯马上说,这些都不重要。因为这里有一个新的问题:"在这些动机背后隐藏着的又是什么样的动力?在行动者的头脑中以这些动机的形式出现的历史原因又是什么?"历史唯物主义者要探讨的就是那个历史原因,而不是像亚里士多德、休谟或旧唯物主义者那样去探讨行为者的激情和思虑背后的精神动力。这说明什么?对马克思主义来说,个体的道德、个人的道德心理并不重要。真正重要的是它们背后的历史原因和历史规律。

再举一个非常相近的例子,恩格斯在《社会主义从空想到科学的发展》里提道:"一切社会变迁和政治变革的终极原因,不应当到人们的头脑中,到人们对永恒的真理和正义的日益增进的认识中去寻找,而应当到生产方式和交换方式的变更中去寻找;不应当到有关时代的哲学中去寻找,而应当到有关时代的经济中去寻找。"[①]这似乎也在说明,人们对于正义的认识是不重要的,因为它们不能在根本上解释社会变迁和政治变革。像这样的看法,同我们一般理解的伦理学论述是完全不一样的。因为,在伦理学看来,政治之所以需要并且能够发生变革,就是因为人们追求正义。人们可以有某种信念,认为正义是社会的第一美德和首要价值,认为我们能够找到关于正义的诸多原则,认为我们可以建构一种正义的制度,改换掉既有的不正义制度。但恩格斯说这些都不重要,重要的是要深入到生产方式和交换方式的经济活动中去,发现促成社会变迁和政治变革的真正动因。

所以,在马克思恩格斯这些论述中,伦理道德问题仿佛变成了一个颇不重要的问题。对此,英国学者史蒂文·卢克斯十分直白地

[①] 恩格斯:《社会主义从空想到科学的发展》,载《马克思恩格斯文集》第3卷,人民出版社2009年版,第547页。

说，尽管马克思主义有许多优势，但这种理论"对一定范围的道德问题……视而不见、听而不闻，并且避而不谈……这种残缺从原创理论那里传承给了其主要的继承者。我相信，这种残缺是马克思主义意识形态的普遍特征"。①这样的说法让人有点吃惊，也总会让人有点不太服气。可是，要想回应这样的说法，我们就必须在学理上有所反驳或证明，从而消解上述问题给马克思主义伦理学带来的巨大挑战。

二、马克思主义伦理学的面临机遇

如果这些挑战不可解决，那么，马克思主义伦理学就是一门伪知识、一门伪科学。我们没有必要来学习和讨论它。然而，挑战总和机遇并存。挑战越严峻的地方，也往往意味着，对于应对挑战、解决挑战的呼吁和渴望越热烈。更何况，事实表明，我们现在并不是对于如何使用马克思主义的观点、立场和方法来处理道德问题感到一片茫然、束手无策，而是，我们已经开始使用马克思主义的观点、立场和方法来处理道德问题了。因此，在意识到挑战的同时，我们也要看到已经存在的机遇。正是这些机遇，使得我们值得为马克思主义伦理学的体系化和精准化付出努力。在我看来，这些机遇包括但不限于如下三点：现实生活与道德建设的内在要求、现代伦理学理论研究的内在要求，以及马克思主义理论研究的内在要求。

---

① 〔英〕史蒂文·卢克斯：《马克思主义与道德》，袁聚录译，高等教育出版社2009年版，第3页。

（一）现实生活与道德建设的内在要求

马克思主义伦理学能不能成立，有没有这门知识，需不需要这门知识，在根本上不是由马克思主义的理论文本决定的，而是由这些信奉马克思主义的人们所面临的实际问题所决定的。马克思主义者是什么？熟读马克思主义的文本就是马克思主义者吗？没那么简单。真正的马克思主义者是要学习到这种思想的方法，学习到它的观点、立场和原则，然后运用到实际当中去解决问题的过程。这才是真正的马克思主义者。所以，不能因为文本中存在大量的批评和讽刺，大量的挖苦和消极的态度，马克思主义者就可以放弃对于伦理道德问题的关注和讨论。即便马克思、恩格斯在他们的文本中，对于伦理和道德问题有一千次反对，我们作为一个马克思主义者，作为一个以马克思主义为指导思想的国家的建设者，我们也依然要问自己：我们的现实生活中有没有伦理问题？有没有道德困境？我们要不要解决它？如果我们要解决的话，我们用什么方法来解决？这种现实感所带来的压迫和逼迫，要比伦理学文本中的资源匮乏所带来的压迫和逼迫更加紧要。在当代中国，我们不得不也不可能不以一种务实的马克思主义视角来反思和改进我们的马克思主义伦理学研究。我相信，对于马克思主义伦理学这项研究工作来说，从文本出发还是从实际出发是一个重大区别。

（二）现代伦理学研究的内在要求

就像现代哲学、现代社会学如果缺少马克思将是不完整的一样，现代伦理学如果缺少甚至有意回避马克思，也将是不完整的。为什么？因为马克思是对现代社会进行全面深刻的诊断的最伟大思想家之一。他的思想是对整个现代性的一次冲击和重组。

尽管我们刚才谈到，在现代伦理学内部，马克思主义伦理学面临严峻的挑战甚至有时候不受待见，但那只不过是要求我们重新认真对待马克思主义伦理学的现实契机。要知道，我们的新中国特别是改革开放新时期以来的伦理学研究就是从马克思主义伦理学开始的，老一辈学者们就是这样创建开拓这个学科的。虽然后来许多人没有专门从事马克思主义伦理学研究，看起来似乎这片领域的成果产出变少了，然而，你要意识到，这块地已经不是处女地。它已经被耕耘过，有过很好的基础和积累。如今面对困境、陷入低谷，并不可怕。相反，这恰恰意味着马克思主义伦理学面临一个巨大的需求市场，面临一个充分的生长空间。为什么？试想，如果在伦理学界大家都争相供给中国传统伦理学或西方伦理学的知识，而没有人或很少有人供给马克思主义伦理学的知识，那么，这不正好潜藏着一个巨大的思想需求市场、一个充分的理论生长空间么？所以，如果你是一个伦理学研究者，正在选择自己的研究方向的话，那么，也许马克思主义伦理学将会是一个颇有发展前景的不错选择。

（三）马克思主义理论研究的内在要求

假如你不是一个伦理学研究者，而是一个马克思主义理论研究者，那么，同样欢迎你进入马克思主义伦理学。为什么？因为，一种不讲道德、回避道德甚至反对道德的马克思主义理论，不管在未来的共产主义社会是否成立，至少在当代社会主义中国，是说不过去的。这将会使我们无法谈论社会的公平正义、无法谈论个人的德性品质，也无法凝练任何稳定的价值观念。

更何况，任何一个完整的思想体系，都不可能缺少关于道德问题的论述和要求，不可能缺少对实践事务的思考和指导。任何一个完整的思想体系，既应当包括本体论、认识论、方法论等思辨知识，也应该包括社会理论、道德理论和政治理论等实践知识。作为一种完整的思想体系，马克思主义必须面对实践事务提出看法，必须面对道德问题给出解决方案。这些实践事务、道德维度是否存在，与马克思主义的文本无关，而与人之为人的特性及其实践方式有关，与马克思主义是否打算理解和处理这方面的问题有关。如果有一天我们不再需要以善恶、正当不正当的方式来思考和对待人类生活，那么伦理学就可以消失了，马克思主义伦理学更可以消失了。但这一天什么时候到来呢？我不知道，它很可能不会到来。

其实，就像我前面所说的那样，我们现在从事马克思主义研究不能只参考一手文献，还应当参考二手文献。因为，我们目前的国际交流视野、文献获取途径以及学术研究规范，不仅允许我们而且要求我们放眼世界，关注全球。一旦我们这样来做，那么，不但需要搞清楚马克思主义经典作家是如何说的，而且需要观察到后续的马克思主义信仰者和研究者是怎么讲的。这意味着，马克思主义研究必须包括一种严肃的世界范围的思想史研究。我们要去阅读传统的西方马克思主义的作品，要去阅读苏东马克思主义的作品，也要去阅读英美马克思主义的作品。而在这些作品里，存在大量有关伦理、道德、价值等规范性问题的讨论。它们就在那里，我们无法回避。

所以说，关于马克思主义伦理学，并非只有我们当代中国的学者会关注。在国际马克思主义学界，也有许多学者正在展开热烈的讨论，其中不乏最优秀的马克思主义理论家。2020年，我和朋友主编出版了一本马克思主义伦理思想访谈录，全名是《传承与坐标：马克思主义伦理思想访谈录》[①]。在这本书中，我们在全球范围内邀请了13位有着精深研究和突出贡献的马克思主义顶尖学者，专

---

① 李义天、张霄编：《传承与坐标：马克思主义伦理思想访谈录》，中央编译出版社2020年版。

门围绕马克思主义伦理学，通过面对面等形式跟他们进行对谈。在他们中间，有人是研究伦理学出身，有人是研究马克思主义出身，还有人就是严格意义上的马克思主义者。我们之所以要做这件事，目的就在于我们想了解一下，在世界层面上，在马克思主义研究领域中，到底有没有包含马克思主义伦理学？在讨论过程中，我们先不说自己的看法，而是先来听听这些顶尖高手是如何理解马克思主义伦理学的理论渊源、核心问题和未来趋势的。这本书我们花了很大功夫。大概从2017年开始策划，2018年开始做，经过两年多的努力，于2020年出版。我相信这本书会澄清很多问题，会让曾经很多道听途说、自以为是的观点通过当事人自己的说法而得到矫正或修订。马克思主义研究如果要成为一项国际性的学术事业，那么，它就有必要展开直接的国际对话。

第二讲
马克思主义伦理学的现状格局（下）

李义天

假如说马克思主义伦理学遭遇的挑战是实实在在的，而马克思主义伦理学面临的机遇也是实实在在的，同时我们还发现，已经有很多优秀学者参与其中，提供思想资源，从而使得马克思主义伦理学是真实存在的学问而非一厢情愿的虚构，那么接下来，我们就要开始正式进入马克思主义伦理学了。我们应该首先搞清楚，马克思主义伦理学到底包含哪些板块？既然我们常常把它比作"理论殿堂"或进行类似的建筑比喻，那么，假如它是一套公寓，它有几居室呢？如果它是一栋大厦，它有几层呢？在研究马克思主义伦理学的开端，我们要对这个理论殿堂有一个大概的了解。

一、马克思主义伦理学的划分板块

我在这里提供一种划分思路。我称之为马克思主义伦理学的"三分法"。根据这种思路，马克思主义伦理学由三个板块组成：（1）马克思主义伦理思想史研究；（2）马克思主义伦理思想的范式研究；（3）马克思主义伦理思想中国化研究。第一个板块，马克思主义伦理思想史研究，关注的是从马克思恩格斯的道德论述，到后来他们的后继者以及研究者提出的观点和论辩。第二个板块，马克思主义伦理思想的范式研究，关注的是以马克思主义为基本立场、观点和方法而展开的主题研究，以及由此呈现出来的逻辑结构或逻辑框架。第三个板块，马克思主义伦理思想中国化研究，关注的是在马克思主义中国化语境中出现的伦理思考和伦理学说。这个板块立足于近现代中国的社会历史语境和知识语境，对于中国学人的研究有着特殊意义。

（一）马克思主义伦理思想史研究

为什么要把马克思主义伦理思想史摆在第一个板块？这是因为，思想史方面的工作，即对相关领域或主题的思想史的回顾和梳理，乃是我们当前从事人文社会科学研究的根本基础。大家不妨回想一下，自己在本科的学习阶段，经常会学习各种思想史、学术史方面的课程，而且还是必修课程。我自己当时在武汉大学念人文科学实验班的时候，就学习了包括中哲史、西哲史、世界史、中国史、中国文学史、外国文学史、史学理论史、文学批评史等在内的各种思想史或学术史课程。正是通过思想史的研读和学习，我们对相关领域的知识框架才得以搭建起来。比如，在学习中国文学史之后，当我们谈起诗人刘禹锡时，就一定会把他放到中唐时期，而不会把他放到初唐时期。这样的话你会发现，他不可能与初唐的作家有什么交往。同样，通过学习马克思主义伦理思想史，我们也会澄清很多史实方面的情况。例如，我们知道，1844年马克思在巴黎写了一批手稿，那么，这意味着此后，比如19世纪90年代，可能有人受到手稿中异化理论的影响吗？并不会。为什么？因为这个手稿是20世纪30年代才被发现和编辑出版的。如果有人告诉你，说某某某在 19 世纪某本书里提出所谓的异化思想，而且还是对马克思异化理论的继承，那你就知道他是在胡扯。因为根本不可能存在这种情况。我们的这种判断是怎么做出来的呢？就是思想史告诉我们的。

那么，马克思主义伦理思想史具体研究什么呢？大家如果想对这部分详细了解的话，可以关注我 2020 年在《吉林大学社会科学学报》上发表的一篇文章：《马克思主义伦理思想史：内涵与分期》。[1]在那里，我划分了马克思主义伦理思想史的四个时段；我称之为马克思主义伦理思想史的"四段说"。通过对这些时段的思想文本和思想主题的把握，我们发现，马克思主义伦理思想史是由如下三个方面组成的：既包括马克思恩格斯本人对于道德的论述（不管是积极的还是消极的），也包括他们的后继者，比如梅林、考茨基、列宁等人提出的观点和论辩，还包括更加晚近的马克思主义研究者（他们不一定是马克思主义在政治上的自觉支持者，因而与继承者存在区别）提出的观点或论辩。这是三个方面，一个是经典作家自己，一个是后继者，一个是研究者。三者的讨论并非在同一层面展开。马克思恩格斯的伦理思想直接面对道德问题，讨论的是道德在人类社会中处于什么地位，具有什么功能等问题。而继承者和研究者则不是这样。他们的一项重要任务是，理解马克思恩格斯的观点对不对、准不准确，需不需要对它们进行阐释、继承或批评？所以说三者之间的讨论并不是在同一个层面展开的。

有学者认为，如果我们研究马克思主义伦理思想史，就应该先界定"何为马克思主义伦理思想"，然后再看看，这种马克思主义伦理思想在历史的长河当中是如何演进的。这当然是我们写作思想

---

[1] 李义天：《马克思主义伦理思想史：内涵与分期》，载《吉林大学社会科学学报》2020 年第 2 期。

史时经常会用到的一个思路，它也是从事思想史研究的一个方法论问题。比如，我们要写一部民主思想史，那么，我们会首先讨论民主是什么。如果民主的本义是"多数人的统治"，那么，"多数人的统治"在古希腊是什么样子，在启蒙时代是什么样子，在当代又是什么样子。我们可能这样来写。但是，马克思主义伦理思想却不是这样。因为在马克思那里，伦理思想本身就是受到极大的批评和否定的东西。马克思自己有没有伦理思想都还是"两说"之间，而他的后继者和研究者则更是有的赞同有的不赞同，使得情况变得更复杂。所以，与其说我们一开始就有一个关于"何为马克思主义伦理思想"的精确定义，然后再根据这条定义来梳理和描述马克思主义伦理思想史，不如说，我们恰恰是通过梳理和描述这段思想史，才能逐步提炼出"何为马克思主义伦理思想"，并进一步整合为一种可能的伦理思想范式。概言之，马克思主义伦理思想史不是由关于同一个问题的同一个答案的不同形式构成的，而是由关于同一个问题的不同答案构成的；不是共同的答案将这些思想串联在一起，而是共同的问题将它们串联在一起。

（二）马克思主义伦理思想的范式研究

在初步研究马克思主义伦理思想史以后，也就是说，当我们对历史上曾经出现的那些观点和论辩有了一个初步的梳理和回顾以后，我们才能够着手对它的基本前提进行提炼，对它的基本问题展开讨论，对这些问题背后运用的基本方法进行反思，进而对它在相关知识谱系中的基本定位予以明确。进行这类研究时，我们可以从思想史中汲取资源，进行筛选，但是，在尊重史实的条件下，我们又可以（在一定程度上）淡化时间因素，而突出研究内容之间的逻辑关联。这时，我们的研究成果将会表现为马克思主义伦理思想的某种理论范式。它更多地会以结构的方式而不是历史的方式被呈现出来。

第一，马克思主义伦理学的基本前提。"基本前提"不等于"基本问题"。我们下面就会讲到马克思主义伦理学的"基本问题"。也就是大家最熟悉、但也常常引起争议的一个问题：历史唯物主义语境下的道德合法性问题。在马克思、恩格斯提供的历史唯物主义中，道德处于什么样的位置？假如道德属于上层建筑的意识形态，假如它具有一切意识形态都具有的片面性、迷惑性和扭曲性，那么，它还是积极的合理的东西吗？它还是值得我们研究的东西吗？如果马克思主义伦理学被比作一座殿堂，那么，这个问题就是我们推开这座殿堂之门时遇到的第一个问题。因此，我有时也把"历史唯物主义语境的道德合法性问题"称作马克思主义伦理学的"初始问题"（Initial Question）。

但是，当我们意识到"初始问题"并对它进行研究时，这恰好意味着，我们已经承认马克思主义伦理学这门知识是成立的。然而，与"初始问题"相比，其实还存在另一个更加前置，更加具有基础性的问题，即，马克思主义伦理学本身的知识合法性问题。我把它称为"前置问题"（Preposed Question）。与"初始问题"不同，"前置问题"说的是，马克思主义伦理学本身能否作为一门真正的知识、能否作为一门严肃的学问而成立。假如马克思主义伦理学并不足以构成一门真正的知识，并不足以作为一种合理的学术类型而成立，那么，任何试图证明马克思主义伦理学"初始问题"的努力都将是无中生有、无的放矢，甚至是无病呻吟的。在这个意义上，"马克思主义伦理学的知识合法性问题"显然是一个要比"初始问题"更加前置、更加根本，也更加急迫的问题。继续借用上面的比喻来说，如果"初始问题"是我们在面对马克思主义伦理学这座殿堂"得其门而入"时所遭遇的第一个问题，那么，"前置问题"则是在问：这座殿堂的"门"又在哪里？这座殿堂究竟是真实的存在，抑或只是虚幻的蜃楼？回答了"前置问题"，解决了马克思主义伦理学得以成立的基本前提，后面的研究才能够合法地展开。

第二，马克思主义伦理学的基本问题。我所说的"基本问题"就是上面提及的"初始问题"。这个问题是说，如果我是一个马克思主义者，如果我承认并坚持历史唯物主义，那么，我该如何理解道德这种社会现象的特点、功能及定位？我该如何解释道德看上去似乎非常脆弱、非常次要、非常缺乏自主性的性质呢？我是否应该承认它？我是应该消极地承认它，还是应该积极地承认它？甚至，马克思主义者有必要讨论道德问题吗？假如它在历史唯物主义语境下并不具有充分的合法性，那么，这样一个无关紧要的问题值得我们讨论吗？概言之，"初始问题"问的是：在历史唯物主义的视野下，道德是否是一个无关紧要、抽象荒诞的问题？如果是，理由是什么？如果不是，理由又是什么？对马克思主义伦理学的研究者来说，当然希望答案是后者。既然如此，我们就更需要对其中的理由有充分的了解和论证。特别是，我们要对反面的观点，即那些认为道德其实无关紧要甚至抽象荒诞的观点及其理由，给予有效的剖析和反驳。只有当我们在这个基本问题上，比反对者更像反对者，我们才能看清楚反对者的逻辑漏洞，从而为解决这个问题给出一种合理路径，即既坚持历史唯物主义的原则，又为道德的合法性奠定基础。

第三，马克思主义伦理学的基本主题。"基本主题"也不等于"基本问题"。"基本问题"是单数的，"基本主题"是复数的。"基本问题"更多是发出一种有待争辩的疑问。作为马克思主义伦理学的研习者，我们必须通过理论上的澄清，努力解决这种疑问，给出一个结论。而"基本主题"则是在这个"基本问题"得到妥善解决之后，亦即当道德的合法性问题获得了肯定性的结论之后，我们更进一步，对于一系列具体的道德议题进行拓展性研究。换言之，当我们发现道德在历史唯物主义的框架内依然是成立的、重要的，而非不值一提、不屑一顾的，那么，现在问题就是，道德究竟在哪些方面重要？马克思主义者如果确需研究和讨论道德现象，他们究竟需要研究和讨论哪些主题？在这里，我提出六个主题。它们以"反题"和"正题"两两相对的形式，构成了马克思主义伦理学的基本主题。

所谓"反题"，指的是马克思主义伦理学有充分的理由予以反对和谴责的东西。也就是说，从马克思、恩格斯的视角出发，他们究竟会认为世界上有哪些东西是不合理、不恰当、不可接受、不可容忍的，从而激起了他们的反感与义愤？根据他们的文本，我认为可以主要归纳为三种，分别是异化（alienation）、剥削（exploitation）、分裂（fragmentation）。而所谓"正题"则说的是，如果马克思恩格斯认为道德重要而非可有可无，那么，他们可以合理地提出怎样的道德要求？马克思主义者又可以合理地赞成或追求哪些道德理念或原则？在此，也提出三种，分别是自由（freedom）、平等（equality）、联合（association）。我认为，无论正题还是反题，都是马克思主义伦理学的基本主体，都是马克思主义伦理学应该讨论的重点，甚至痛点。任何伦理思想范式都有自己的痛点。什么叫痛点？就是当坚持这种范式的研究者去观察、理解和研究伦理道德问题时，他们会有些东西如鲠在喉，不吐不快。他们会希望从自己的生活中清除这些东西，从而使得自己的生活能够符合某种标准或具备某些要素，变得更加美好。

第四，马克思主义伦理学的基本方法。关于方法，不是我们讨论的重点，但它们会成为我们展开研讨时必须自觉对待的东西。就马克思主义伦理学而言，在我看来，首要的方法可能是"历史的方法"。它意味着，当我们立足于马克思主义的立场而思考伦理道德问题时，始终要承认历史唯物主义的大前提或大框架，始终要把道德看作是人类社会的历史的产物。无论是它的脆弱性、次要性，还是它的合理性、规范性，都必须限定在一个历史的维度之中。任何试图让道德理念或道德要求摆脱历史约束或局限的做法，都只不过是重新走回那条抽象的、先验的老路而已。第二种基本方法应该是"辩证的方法"。这种方法也是从事马克思主义理论研究，当然包括马克思主义伦理学研究的题中应有之义。它不仅意味着，当我们讨论马克思主义伦理学的基本主题时，应该将正题与反题放在一起，对照起来考察，而且意味着，当我们讨论这些主题时，还应该注意到它们与其他社会现象之间的外部关系。第三种基本方法，我认为可以是"分析的方法"。这不是说你必须采取分析哲学的路子，必须遵循分析马克思主义流派的立场，而是说，你应当按照现代学术研究的要求规范，把概念用准确，把推理说清楚，把论证讲明白。无论你自己是偏好英美哲学、欧陆哲学，还是东方哲学，好的哲学论证只是清晰和晦涩之间的区别，而不是思想传统或地域之间的区别。尤其是对于研究生来说，学会使用概念稳定、条分缕析、层层递进的思维方法和研究方法，乃是至关重要的。

（三）马克思主义伦理思想中国化研究

通过前面两个板块的研究，我们可以梳理马克思主义伦理思想的历史，也可以从中提炼出一般的思想范式。在完成这些任务之后，接下来，就是我们要如何运用马克思主义的伦理思想来处理中国的问题。这当然是只有立足中国的学者才会发现和提出的任务，但它也是立足中国的学者不可规避的任务。

一方面，这项研究任务意味着，我们需要在马克思主义的基本立场上，围绕当代社会主义中国的实际状况，提出并论证某些核心价值观念。另一方面，该研究任务还意味着，我们必须深入到当代中国的具体的政治领域、经济领域、社会领域和心理领域，结合既有的政治学、经济学、社会学和心理学知识，刻画并反思其中已然存在并正在运行的道德原则，从而得出一系列具有中国特色的政治伦理、经济伦理、道德社会学和道德心理学。这两方面虽然不是对"何为马克思主义伦理思想"的直接回答，然而，它们却是那些理解马克思主义伦理思想史并坚持马克思主义伦理思想范式的中国学人，对社会主义的现代中国经验进行梳理、探究和提炼的产物。可以说，它们共同构成了马克思主义伦理思想在现代中国的个案形态，亦即中国特色社会主义伦理思想。

作为马克思主义伦理思想的中国化个案，中国特色社会主义伦理思想无须拘泥于自身的区域意义。相反，它必须在足以解释中国问题的同时，还能合理具备某种世界意义，能对世界上其他国家探究马克思主义的理论者和社会主义道路的实践者提供有价值的伦理启发。而这既取决于它是否把握和反映了当代人类伦理生活的规律，还取决于世界上其他社会所处的发展阶段及其亟待解决的问题是否与中国所经历的情况具有相似性。因此，这种意义不是先验的，而是后验的，它不是不证自明的，而是需要经历实践的检验。而这也再次说明，马克思主义伦理学，就跟马克思主义理论本身一样，内在地具备实践的诉求与品格，也必须要到实践中去获得证明与升华。

二、马克思主义伦理学的理论定位

理解马克思主义伦理学，特别是理解作为一种伦理思想范式的马克思主义伦理学，我们除了要剖析内部的基本层次和结构，还要看看，它在更大的学科体系和学术背景中处于什么样的定位，它可以被归属为什么样的类别，或者，可以被赋予什么样的标识。既然马克思主义伦理学是伦理学这个大板块中的一个部分，它的理论定位实质上也是相对于伦理学而言，那么，我们就有必要首先简单地了解一下伦理学版图的一般情况。

（一）伦理学的基本框架

伦理学的核心部分是规范伦理学（Normative Ethics）。现在通常认为，它包含了三种主要类型：后果论（Consequentialism）、义务论（Deontology）、美德论（Virtue Ethics）。规范伦理学关注的是，如果我们要做一些正确的行动，要成为一个好人，要达到规范的生活维度或者行为层次的话，我们应该怎么做？是应该更多考虑行为产生的后果效用，更多考虑行为本身的义务属性，还是更多地考虑行为与我成为一个好人进而过上完整充沛的伦理生活的相关程度？不管从哪个维度来考虑，你总是希望实现处于某种规范层面的行为方式或生活方式。所以，规范伦理学都是直接地对你的思维、语言、行动进行规约和范导的东西。这样的伦理学形态多样，几乎充斥了整个伦理思想史。伦理学的大部分讨论，也确实都是在规范伦理学的层面上展开的。在某种意义上，它甚至构成了人们对于伦理学的通常看法。因此，有时就把规范伦理学理解为"（狭义的）伦理学",似乎也不为过。

但是到了20世纪,伦理学人发现了一些新问题:当我判定他的行动是正当的时候,这里的"正当"是什么意思?当我说他是一个好人的时候,这里的"好"又是什么意思?像这样不是直接给出规约性和范导性的道德原则,而是对规约和范导之上或之后的元问题进行讨论,就构成了元伦理学(meta-ethics)的研究领域。其中涉及道德语义学(Moral Semantics)、道德本体论(Moral Ontology)和哲学维度的道德心理学(Moral Psychology)。它们不是直接给你一些命题或原则,告诉你如何行动、如何生活,而是说,那些命题和原则在语义上是什么意思?它们预设了怎样的道德实在观?它们在心理上又何以成立?比如自由意志问题。它并不直接关乎什么事情是正确的,而是要判定,当我做一件被称作正确的事情时,到底是我自己的意志指导我这么做的,还是有一些外在的决定因素激发我。类似的这些问题都是元问题,对它们展开研究的伦理知识就是元伦理学。

与规范伦理学相对应的,除了规范伦理学之外,还有描述伦理学(Descriptive Ethics)。它包括自然科学维度的道德心理学(Moral Psychology)、道德社会学(Moral Sociology)和道德人类学(Moral Anthropology)。第一,自然科学维度的道德心理学,作为一种经验性的伦理知识,也不像规范伦理学那样告诉你按照什么原则和方式做事,而是说,当人类社会存在这些原则和方式时,它们在我们的内心形成怎样的心理机制。我们需要心理科学的方法来研究它。比如说,道德反应跟我们大脑的某个特定部位的变化有关吗?当我被批评为一个道德上有缺陷的人,这背后是不是有心理的原因,是不是有脑神经的原因?第二,道德社会学也不是追问我们应该有怎样的道德,而是追问,用于指导我们行为和生活的道德在整个社会系统中居于什么位置，发挥什么作用？作为一种特殊但真实的社会现象，它们自身又是如何变迁的？道德社会学不讨论具体的道德原则和道德命题，它讨论的是，当人类作为一种必须以道德的方式而生活的社会存在者时，人类的道德到底具有怎样的特征或价值？第三，道德人类学也同样如此。从那些人类学作品中，我们可以看到，很多人类学家深入非洲、美洲等相对原生态的部落中，观察并且记录他们的交往和仪式。对人类学家来说，这些事实背后所体现的价值观，亦即，当地族群对什么是好什么是坏、什么是正当什么是不正当、什么是应该什么是不应该的态度，乃是至关重要的研究内容，也是人类学特别需要描述的分析对象。在这个意义上，心理学、社会学、人类学背后都拖着一条长长的伦理学的影子。

以上这些伦理知识，元伦理学、规范伦理学和描述伦理学，又被统称为"理论伦理学"（Theoretical Ethics）。为什么被称为"理论伦理学"？因为，它们都是从实践当中被提炼、被发现的理论知识。但是，当我们有了这些理论成果以后，如何将它付诸实践，便又成为了新的课题。对新课题的处理和回答，同样也会形成一系列伦理知识，我们称之为"实践伦理学"（Applied Ethics）。理论伦理学与实践伦理学虽然都属于伦理学，但是，两者各自所蕴含的理论与实践之间的关系方向却是截然相反的。理论伦理学是用不同的理论方法介入道德实践，从中得出不同类型的理论知识；而实践伦理学则是在我们拥有了一定的理论知识后，将它们投放到道德实践中去，对它们加以运用，既可以对事进行道德处理，也可以对人进行道德教化。

因此，根据实践对象的不同，实践伦理学可以被划分为两种类型：应用伦理学（Applied Ethics）和道德教育学（Moral Education）。在应用伦理学这里，我们是把伦理知识运用于事，具体可以体现在如下方面：(1) 人与人之间的事情。比如，行政伦理学、商业伦理学。这些都是人与人之间的某种交往形态，而伦理学的介入则会告诉我们，在这些交往中需要什么规范，这些规范有什么特点。(2) 人与自然之间的事情，比如生态/环境伦理学、太空伦理学。(3) 介于人与人之间和人与自然之间的事情，比如基因编辑、脑机接口等生物伦理学、科技伦理学。在这些领域，既涉及人与人之间的问题，也涉及生物技术所必然涵盖的人与自然问题。相比之下，道德教育学则是把伦理知识运用于人，旨在培育出在家庭、社会和国家层面皆有德性之人。

  概言之，我们可以说，伦理学就是关于人类社会中伦理道德现象的观念与知识系统。它被分为理论的和实践的。理论的伦理学又分为元伦理学、规范伦理学和描述伦理学，实践的伦理学又分为应用伦理学和道德教育学。那么，如果马克思主义也有伦理学，它应该处于这个版图的什么位置？显然，对于我们目前的研究来说，马克思主义伦理学更多还是以理论伦理学的形态出现。这并不是说它不具有实践性，或者不能被运用于实践，而是说，在展开其实践性之前，我们应当首先理解这种伦理思想范式的理论特征及其基本属性，把它看作是马克思主义者对于人类伦理道德生活的某种观察、阐释和批判而获得的理论成就。因此，马克思主义伦理学的定位，第一步应该置于理论伦理学中。然而，这并不意味着我们必须进一步地把它归入三个次级分支（元伦理学、规范伦理学和描述伦理学）之一。因为，从马克思主义的文本出发，我们就会发现，它所涉及的伦理学问题其实是"跨分支的"。也就是说，马克思主义伦理学的内容将会因其广泛性和复杂性而出现于理论伦理学的各个分支，在其中各占据一定位置。但是，它并不隶属于任何一个分支，并不会受制于现有的伦理学划分标准。而这也许正是马克思主义伦理学对于伦理学既有体系的反思和批判所带来的突破。

(二) 元伦理层面：多元主义的道德本体论

道德的本质是什么？它在人类社会中怎样存在？因何存在？它是来自于人的先验判断，还是奠基于生活经验？它是一以贯之的普遍必然物，还是特殊的地方性观念或知识？这些都是元伦理层面的问题，说得更具体点，都是道德本体论的问题。毫无疑问，马克思主义在这个方面确实有所思考，而且有所回答。我们认为，在元伦理学的层面，马克思主义伦理学可以被理解为一种多元主义的道德本体论。它区别于很多其他的立场。

第一，它是一种道德多元论（Moral pluralism），而不是道德一元论（Moral monism）。马克思、恩格斯说，道德属于上层建筑。不同的经济基础之上有不同的上层建筑，不同的社会结构中有不同的道德，所以，道德一定是多样的而不是单一的。不仅如此，这些多样的道德现象，多样的道德观点和道德原则，还不能被化约为或解释为某一种道德的不同表现形式，在它们的背后，不存在任何"收束点"。所以，道德是多元的，而不是一元的。

第二，它是一种道德多元论，而不是道德普遍主义（Moral Universalism）。马克思、恩格斯特别强调，不可能在阶级社会中达成一种充分完备的道德共识。相应地，在现实的社会体系乃至全球体系中，我们也不可能发现或者建构某种普遍或普世的价值原则。这也是可以从马克思、恩格斯的思想中必然得出的结论。

普遍主义与一元论是不是一回事？严格来说，不是。普遍主义要比一元论更具有隐蔽性。一元论是说，只有一种东西是根本的、真实的、本质性的，其他东西都是月印万川的表象而已。而普遍主义则是说，有的东西是人人都持有、承认或赞成的。这样普遍的东西可能有很多种，而不仅仅一种。所以，一元论者一定是普遍主义的，但普遍主义者不一定同意一元论。相比之下，一元论者其实非常强硬，也更加苛刻。因为他们必须找到最终的那个东西。比如说，某人是一个赞同自由主义的一元论者，那么，他必须要把民主、平等全都归结为自由才行。但是，普遍主义可以不必这样。普遍主义者只需要证明自由是普遍的，民主是普遍的，平等也是普遍的，就可以了。

然而，什么才算"普遍"呢？对马克思、恩格斯来说，那些被认为普遍的道德观念，在现实的社会生活中，要么只是局部的阶级利益的表现，要么只是并不永恒的历史阶段的产物。那些试图通过普遍性来证明某些道德观念的路径，恰好会遭到马克思主义者的否认和批评。不管他们提出什么样的道德原则，不论他们以自由还是平等还是民主为基点，也无论他抛出什么被看作普遍的东西，马克思主义者都会告诉他，这不过是你的阶级利益或者历史阶段的产物罢了。

第三，它是一种道德多元论，而不是道德特殊主义（Moral Particularism）。道德特殊主义是指什么？在一个阶级分化的社会中，任何阶级的道德都只适用于该阶级本身，因而，道德被界定为一种特殊物。马克思、恩格斯确实有这样的想法。但是，他们的想法为什么并未因此被称作道德特殊主义，而只能被称为道德多元论？这是因为，在他们那里，人类社会并不会永远停留在阶级分化的阶段。

诚然，在一个阶级分化的社会中，道德确实具有地方性特征。但是，如果你要说马克思主义伦理学就是在捍卫这种地方性观念或知识，那你就把它看低了。马克思主义虽然是一种针对阶级社会展开深度剖析的理论，但它绝不是一种停留于阶级社会的理论。马克思主义告诉我们,人类之所以分化出阶级和阶级社会,是因为这是历史的必然环节;但同时,这也只是历史的一个环节,而历史的最高环节则是无阶级社会。无产阶级的道德之所以在阶级社会中构成一种积极的力量,就是因为,这种阶级道德并不只是拘泥于自己的阶级立场,而是通过彰显自己的立场,指向那个最终消灭了全部阶级的历史方向。

第四,它是一种道德多元论,而不是道德相对主义(Moral Relativism)。马克思、恩格斯确实告诉我们,无产阶级有无产阶级的道德,资产阶级有资产阶级的道德,不同阶级有不同阶级的道德,甚至,不同时代有不同时代的道德,不同民族有不同民族的道德。那么,有人就会问了,这难道不是相对主义的表现吗?

大家知道,当我们说一个人或者一种理论是相对主义的时候,特别是说一种伦理理论是道德相对主义的时候,其实我们是带有贬义的。我们会认为这样的人或理论是没有原则的、轻率的、不负责任的。然而,我们常常没注意到的是,多元论者并不等于相对主义者。当我承认世界上的事物多种多样时,我不一定是一个相对主义者。为什么?因为,相对主义者一定是在承认了这些多样性之后,还要加上一种东西,那就是,他还得承认这些东西是不可比较的,因而只能说它们一样好或一样坏。这才是相对主义者的命门所在。于是,我们不妨想想,虽然马克思、恩格斯承认不同时代、不同民族、不同阶级有不同道德,但是,他们告诉我们不同时代、不同阶级、不同民族的道德都是一样好的吗?他们告诉我们资产阶级的道德与无产阶级的道德都是一样正确的吗?没有!

理解马克思主义的思想,一定要放在一个大尺度的历史长河中去考虑。历史是一条奔流不息的长河,它的未来还有很久远的一段路程。所以,如果我们还处在阶级社会的历史阶段中,那么,作为马克思主义者,你一定会说无产阶级道德要优于资产阶级道德。但是,如果你跳出来,站在更高的位置上,那么,作为马克思主义者,你一定会说未来那个社会的道德要优于现在这个社会的道德。所以,在马克思主义这里,其实存在着非常明确的道德评价尺度及其优劣排列次序。尽管马克思恩格斯会承认道德的多样性表现和多元性实质,但是,他们不会承认这些多样的和多元的道德立场具有无可比较、不可衡量的同等分量。在这个意义上,能够从马克思主义中提炼出来的道德多元论,不可能是道德相对主义的。

以上讨论都可以合理地从马克思恩格斯的思想中延伸出来,甚至可以得到文本的直接证明。它们是马克思主义对道德的基本理解。但是,这种理解并没有告诉我们具体的道德理念或原则,没有具体地告诉我们应当坚持什么反对什么。它只是说,我们持有一些与善恶、正当不正当有关的东西,而这些东西在人类社会当中是以一种多元论的方式出现的。所以,这属于元伦理层面的思考。

(三) 描述伦理层面:历史唯物主义的道德社会学

接下来,我们先不谈规范伦理层面,而是看看,马克思主义伦理学在描述伦理层面可能贡献了些什么。因为,马克思主义把道德当作一种社会现象,并且对这种现象得以产生的原因、存在的状态、具有的特征,以及发生的变化予以描述和揭示,这些可能是我们最为熟悉的内容。它们是历史唯物主义必然得出的结论的一部分。

宋希仁老师曾说:"在道德研究的历史上,对于'道德'概念的思考大体上有两种趋向:一种是讨论道德的产生、发展、功能和运行机制,以及风尚、习惯。这是把道德作为事实客体来认识的。另一种是分析道德概念、道德判断,道德评价标准和方式,阐明道德的本质。这是把道德作为逻辑主体对待的思考。相应地也可以看到有两种基本的定义'道德'概念的途径：一种是通过描述人类道德生活经验，分析道德现象和人的体验，描述道德的特点；再一种是从理论上分析道德思想的内容，概括道德的本质特征，从而揭示道德的本质。一般来说，前者得出的是描述性定义，后者得出的是种加属差定义。"[1]

什么是道德社会学？道德社会学不一定谈论具体的道德主张，但是，它一定谈论，作为人类社会构成要素之一的道德在人类社会中究竟处于什么样的位置、表现出什么样的特征、具有什么样的规律。换言之，道德社会学主要研究的不是具体的善恶观点或善恶原则，而是道德的起源、道德的本质、道德的作用和道德的变迁。道德社会学一般不涉及具体主张，即便涉及，它也不探究这些具体主张与行为者之间的关系，而是探究它们与行为者所处的社会环境之间的关系。这就可以解释我们长期以来遇到的一个困惑：马克思主义有没有提出一种基于行为者主体的道德主张？好像没有，或者非常少。但是，马克思主义有没有提出一种关于道德和社会之间的关系的学说？那就太多了。马克思、恩格斯关于道德的论述，大多都属于这个层面。在此意义上，历史唯物主义本身就涵盖了道德社会学的研究，甚至明确提供了一种道德社会学的立场（当然，历史唯物主义远远不能被狭隘地理解为道德社会学）。历史唯物主义对人类社会发展一般规律的揭示，为我们在描述的层面上提供了理解道德的若干知识命题。

---

[1] 宋希仁：《马克思恩格斯道德哲学研究》，中国社会科学出版社2012年版，第167页。

（四）规范伦理层面："反题"与"正题"

刚才谈到元伦理层面、描述伦理层面，现在我们来到规范伦理层面。在元伦理层面，我们能够提炼出来的东西，在马克思、恩格斯那里有比较靠谱的证据可以证明。相应地，在描述伦理层面的那些看法，我们也能够找到很多文本依据。所以在一定程度上，说马克思主义提供了一种元伦理学或描述伦理学，是可以的。然而，最困难的问题就是，马克思主义有没有提供一种规范伦理学？马克思恩格斯在规范伦理层面有没有给予我们一种合理的、成体系的道德观念？

毫无疑问，承认道德现象的多元状况（元伦理层面），建构特定的道德社会学（描述伦理学层面），都是马克思主义伦理学可加以直接论述和证明的内容。但是，对一种完整的伦理学而言，这些内容仍属"外围问题"，还未触及"核心部分"。因为，它们还没有给我们提供具体的规约和范导，还没有给出明确的善恶原则、翔实的道德观念，还没有告诉我们到底要做什么不做什么。要知道，真正决定一种伦理学的成熟度、竞争性和说服力的，决定其思想史地位、影响与持久性的，依然在于这种伦理学对于实际伦理困境的揭示，对于现实伦理痛点的挖掘，对于具体伦理规范的论证，以及对于经验伦理实践的指导。这些都是必须在规范伦理层面加以处理的问题。

因此，当我们开始谈论马克思主义伦理学的时候，就不能只是谈道德是经济基础决定的，道德具有阶级、民族和时代的特征，道德会随着这些东西的变化而变化。这些我们都接受，但是，除此之外，马克思主义伦理学还得告诉我们一些具体的规范性，告诉我们如果在现代社会依然坚持马克思主义立场的话，那么，立足于此的我们究竟应当把什么看作是善的，把什么看作是恶的，我们究竟应当反对什么，又应当赞成什么。

异化、剥削和分裂是马克思主义反对的东西。在规范的意义上，不论是理想社会还是当下的社会发展模式，都不应该承认三者的道德合理性。异化是马克思的早年思想。他说，对人而言，劳动本是一个人的本质。本来，我劳动以获得生活资料，这是我的第一需要。结果，在阶级社会尤其是当前这个资本主义社会，劳动却变得让人别扭。我越劳动越不开心，越不劳动反而越开心。我生产出来的劳动产品、劳动果实既与我没有半点关系，也不能证明我的本质和能力。这是为什么呢？原来我没有掌握生产资料，而别人掌握了生产资料，我除了自己的劳动力以外别的什么都没有。我是被别人要求而劳动的，我生产出来的东西大部分被别人拿走。所以，异化是表象，其背后是剥削。异化是对人的存在方式的扭曲，是人的自我本质的失控。它是劳动生产者丧失生产资料却又不得不受制于掌握生产资料的集团而带来的恶。

不过，剥削也不是最终的恶。因为，剥削的背后是分裂。为什么别人能剥削我？因为别人占有了生产资料，而我没占有。这才是剥削能够成立、能够成功运行的根本原因。对马克思来说，生产资料的不对等占有关系，特别是在资本主义条件下的不对等占有关系，乃是建立在暴力与掠夺的基础上并且必须得到暴力的加持方可维系的。因此，生产资料的不对等占有，带来的不是人与人之间的简单"区分"，而是人与人之间的分裂乃至对抗。生产资料占有关系上的分裂才是导致前述一系列问题的最核心的东西。马克思、恩格斯当然反对这些，他们之所以揭示出来这些东西就是要抛弃它们，而不是捍卫它们。只不过，马克思主义认为，抛弃它们不是通过道德上的争辩，而是通过其他更加务实的方式。但无论如何，这些东西确实就是他们会在自己的清单里画上叉号的东西。

那么，异化的对立面是什么？异化侵占了什么？在最基本的意义上，异化侵占了自由，异化使我们不能自我决定，更不能自我实现。所以，异化和自由是对应的，我们扬弃异化就是为了追求某种自由。在阶级社会条件下，在资本主义社会甚至在社会主义社会中，"自由"体现为自由权利。这时，"自由"当然存在争议。但是，在一个更高阶的共产主义社会中，"自由"体现为自我实现和自由全面的发展。这说明，如果我们把"异化"列为马克思主义伦理学的一个反题，而把"自由"列为正题的话，那么，我们必须特别小心，要注意区分"自由"的不同含义。

进一步地，剥削的对立面是什么？作为一种机制，剥削有两个要点：第一，在生产过程中，生产者要听从生产资料占有者；第二，在生产完成之后，关于生产产品怎么分配，生产者你也要听从生产资料占有者。后者拿走大部分，前者拿走小部分，仅仅足够其口粮。显然，这就是一种深刻的不平等，它是对平等的（至少）双重否定：第一，它是对人与人之间人格平等的否定；第二，它是对劳动成果之间分配平等的否定。所以，如果"剥削"是马克思主义伦理学试图抛弃的反题，那么"平等"，当然是有所限定的"平等"，就是马克思主义伦理学理应证成和维系的正题。

再进一步，分裂的对立面又是什么？前面说到，分裂表面上是人与人之间的群体分裂，其实，本质上是生产资料占有关系的分裂。那么，要弥合这种分裂，使得没有哪个群体能够凭借垄断生产资料占有权以及由此带来的政治权力而奴役别人的话，就需要对分裂的社会关系进行重新洗牌和改变。马克思恩格斯期待的是，首先需要某个阶级或某些群体团结起来、联合起来，以革命的方式，推翻现存的社会分裂状态。进而，通过破除生产资料占有关系的分裂根源本身，达到所有人在自由发展前提下的充分联合。

所以，尽管马克思、恩格斯没有专门的伦理学著作，更没有专门提出某种规范伦理学，但是，当他们在面对 19 世纪中叶的社会状况时，确实有些东西让他们如鲠在喉、不吐不快，也确实有些东西让他们期待能够实现和支持。那么，对于我们这些后世的研究者来说，从其字里行间中进行合理的发掘，阐发并论证其中的反题与正题，则不仅有助于我们更加完整和深刻地理解他们，而且有助于我们明白，在今天，我们依然需要坚持什么和反对什么。

第三讲
马克思主义伦理学的初始问题（上）

李义天

根据对马克思主义伦理学的整体划分，我们的讨论理应由三门课程分别承担，即马克思主义伦理思想史研究、马克思主义伦理的思想范式研究或专题研究，以及马克思主义伦理学中国化研究。对我们这个研讨班来讲，承担的其实是第二项内容。不过，限于时间，即便是对马克思主义伦理思想范式的讨论，我们也不能面面俱到。比如，前面提到的基本前提和基本方法，就无法在这个研讨班上展开。我们的研讨内容，主要涉及马克思主义伦理学的基本问题以及若干基本主题。因此，接下来的两讲，我们会讨论马克思主义伦理学的基本问题，也就是它的初始问题。具体来说，我们的讨论内容包括：第一，何为初始问题？即它具体有哪些表现？人们究竟是如何表述它的？第二，如何理解初始问题？即它的本质是什么？如果说"何为初始问题"是对初始问题的描述，那么"如何理解初始问题"就是要通过描述的现象而看到它的本质。第三，如何回应初始问题？这是最关键的。如果初始问题不能得到很好解决，那么，马克思主义伦理学就没法展开。尽管谈不上彻底的失败，但是，它也会很大程度上变成一种无足轻重的伦理学理论。

一、何为初始问题

何为初始问题？简单来说，就是"历史唯物主义语境下的道德合法性问题"。它关系到我们在历史唯物主义视域中如何理解道德、如何看待道德。那么，为什么理解和看待道德会成为一个问题？道德难道不是现实存在的吗？道德难道不是值得追求的吗？确实，提出这样的问题，在一般情况下，可能是多余的。因为，几乎所有立场都不会质疑道德本身的合法性，而只是质疑某些具体的道德观念的合法性。但是，在历史唯物主义的语境下，这种质疑就不是多余的。因为，在马克思恩格斯的文本当中，人们可以非常容易地、非常清楚地发现大量极其显白的非道德（non-moral）论述，甚至反道德（anti-moral）论述。通过这些论述，人们似乎很容易得出这样的结论：①在马克思恩格斯这里，道德只是一种归根到底"受制于人"的被决定物，它在社会结构中只占据次要和被动的位置，因而缺乏自主性、超越性和反思性。②不仅如此，它还因为自己的这种本性与处境，而无法具有真实的普遍性或必然性，无法在人类社会中发挥实质性的作用，甚至还会因为自己的虚幻本质而给人类社会的进步带来蒙蔽和阻碍。我把前者称作"机械主义挑战"，而把后者称作"虚无主义挑战"。它们也许是我们从历史唯物主义的立场出发，最直接发现的两个挑战。

（一）机械主义挑战

历史唯物主义刻画了一个由经济基础、上层建筑及其因果关系组成的社会结构。作为上层建筑的一环，道德受制于经济基础，并且与经济基础之间具有一种实在的、稳定的因果联系。从这种立场出发，似乎可能推论的是：当存在某种经济基础，就会存在相应的道德；当发展出某种新的经济基础，则会发展出新的道德与之对应。反过来，也可以说，不可能在某种经济基础存在的情况下，却始终不存在相应的道德；也不可能在出现了新的道德的情况下，却无法在经济基础中发现其根据。这种强大的甚至直接的对应关系，使得道德对经济基础而言具有明显的依附性，使得道德看起来太"机械"，太"死板"，太"受制于人"。所以，所谓"机械主义挑战"意味着：

第一，道德缺乏自主性。它不是独立的，而是依附于经济基础。如果说道德不够普遍必然，倒也没关系，它依然还可以是实在的东西，只不过是以某种地方性的方式、特殊性的方式而存在。但现在的问题是，即便这种真实存在的东西，也只不过是一种次生物、一种依附品。人们始终是"从他们进行生产和交换的经济关系中，获得自己的伦理观念"①。因此，道德不能自我决定，它必定有其前序原因，而它本身不过是一根必然的因果链条上的后续环节。

第二，道德缺乏间接性。它不仅依附于经济基础，而且与经济基础之间的因果关系是直接的，缺乏回旋余地的。为什么这么说？我们可以想一想，马克思为什么不愿意人们谈论道德问题，不愿意无产阶级在斗争过程中沉迷于道德问题？这难道不是因为，他担心人们一旦承认和接受了现有的道德，就会承认和接受生成它们的现有的经济基础吗？比如，你沉迷于正义、自由等道德观念，那么，你就会沉迷于资本主义的生产模式、交换模式和分配模式等等。而

---

① 恩格斯：《反杜林论》，载《马克思恩格斯文集》第9卷，人民出版社2009年版，第99页。

这种担心恰好意味着，马克思很可能持有一个更大的前提，那就是，现有的道德和现有的经济基础是直接相关的，现有的道德是现有经济基础的直接产物，即，现有经济基础的特征及其内容将会直接反映、直接表现、直接传导给现有的道德观念。正因这种因果性具有某种无中介、无缓冲的直接性，所以他才会警告说：你们不能沉迷于道德问题，因为它们与它们背后的经济基础之间的联系太紧密。

第三，道德缺乏超越性。道德与经济基础之间的因果决定是客观存在的，因此，道德更多是对经济基础的顺从，而很难从既有的依附关系中发展出反抗性命题，更不用说发展出摆脱或超越这种依附关系的命题。马克思为什么会常常表达一些非道德或反道德的说法？不仅是因为，如上所说，道德与它背后的现实原因之间的联系太过紧密，而且是因为，这种紧密的联系使得道德首先是作为后者的辩护者而存在。比如，当人们声称和索要"平等的权利"时，马克思会认为，这是因为我们试图保护自己的正当利益。但是，为什么每个人都有自己的正当利益需要保护呢？这恰恰因为，我们依然承认，排他性地持有某些专属个人的东西（不仅包括生活资料，而且包括生产资料在内）乃是正当的。在这个意义上，当我们尊重平等的权利时，就确实存在一种可能，即，我们实际上是在尊重私有制。而我们所提倡的慈善和慷慨，也只不过是在不打破私有制的前提下的美德。所以，这样的德性很可能是布尔乔亚式的，其实是在维护这个布尔乔亚式社会，是对其经济基础的修饰和遮掩。如果这样理解，那么，道德确实很难构成针对现实生活的批判和反思，而是顺从、甚至是助纣为虐。这当然是马克思所反对的。

(二）虚无主义挑战

虚无主义挑战与机械主义挑战其实一体两面。它们实际上是从不同的角度来总结马克思主义对待道德的那些消极和否定的态度。如果说，机械主义挑战只是把道德"固态化"，把道德与其经济基础之间的关系"板结化"，主要针对两者之间的机械关系而指控道德，那么，虚无主义挑战则是把道德"虚无化"，把道德与社会实践之间的关系"空心化"，主要针对道德本身的存在性质及其功能而瓦解道德。同样地，这些挑战的根源似乎也来自马克思主义内部那些否定和讽刺道德的论述。从这些论述出发，人们仿佛可以推出如下结论：第一，马克思恩格斯反对道德的客观性，认为道德不是普遍存在的客观事实，而只是人们的主观意识甚至偏好。第二，马克思恩格斯反对道德的有效性，认为道德对于社会理解和社会发展根本起不到什么作用。第三，马克思恩格斯反对道德的蒙蔽性，认为道德会因其意识形态功能而遮蔽人类追求自我解放和自我实现的活动，尤其是蒙蔽和阻碍无产阶级的革命事业。

1. 道德缺乏客观性

为什么道德会被当作是一种不客观、不真实的虚幻物？不是因为它在历史唯物主义的语境中被摆在一个被决定者的位置，而是因为，这个被决定者受制于其复杂多样、不断变迁的决定者，从而缺乏普遍性。一般来说，人们往往会把真实或客观与普遍性等同。对于某个理论，似乎只有当它具备普遍的解释力，才能被称为真理；对于某个事件，似乎只有当它呈现普遍性，才能被判为客观。当我们认为一些东西不是普遍的时候，我们就会对它的真实性或客观性表示怀疑。这样的情况恰好就反映在"道德"问题上。

恩格斯在《反杜林论》中说："善恶观念从一个民族到另一个民族、从一个时代到另一个时代变更得这样厉害，以致它们常常是互相直接矛盾的。"①恩格斯在这句话里要说的是什么？说的就是，在他所处的那个19世纪后半叶，在这个时代，欧洲社会既有基督教的封建的道德体系，也有现代资产阶级的道德体系，还有未来无产阶级的道德体系。仅仅在当时欧洲最先进的国家中，就同时出现了三大道德体系。可是，究竟哪种才是真理呢？就其终极性来讲，哪一种都不是。它们仅仅反映的是，不同阶级、不同集团对道德的看法及其持有的道德主张是不同的。那么，为什么在同一个空间里会存在不同的道德？这恰是因为，人与人之间的利益诉求、利益分割是不一样的。同一空间里道德多样性局面，往往使得人们对于道德观念是不是真理、道德现象是不是真实的，表达出很大的质疑。

在时间中，道德同样不具有普遍性。就像恩格斯说的，从一个时代到另一个时代，没有永恒不变的道德，包括我们眼中那些不证自明的直觉性判断。比如，"切勿偷盗"。像这样的道德戒律在"摩西十诫"中就有了，而且一直到现在我们也还这么说。难道这种道德观念不够普遍必然吗？恩格斯说，是的，它们确实不普遍。即便"切勿偷盗"也谈不上是一个永恒的道德戒律。因为"在偷盗动机已被消除的社会里……一个道德说教者想庄严地宣布一条永恒真理：切勿偷盗，那他将会遭到什么样的嘲笑啊"②。你也许会问，"道德动机已被消除的社会"是什么？在历史唯物主义的叙事中，这是消灭私有制、消灭剥削的社会，是一个无阶级社会。你或许质疑这种社会是否可能，但你不能质疑的是，一旦这个社会出现，盗窃问题一定消失了。因为，"盗窃"指的是不正当转移了他人正当占有的私人财产。但在无阶级社会中，由于物资的极大丰富，所谓

---

① 恩格斯：《反杜林论》，载《马克思恩格斯文集》第9卷，人民出版社2009年版，第98页。
② 恩格斯：《反杜林论》，载《马克思恩格斯文集》第9卷，人民出版社2009年版，第99页。

"私人正当占有财产"的事实及其相应的权利话语都已消失。这时，如果你还说你拿走了某个专属于我的东西，因而你在不正当地侵犯我的权利，事情就会变得非常可笑。概言之，当且仅当人类具有私有制的条件下，切勿偷盗才变成一条道德戒律。当物质财富极大丰富，私有制关系被解除了以后，也就谈不上"切勿盗窃"了。

无疑，我们理解这一点常常会有点困难，但是，"正当持有私人财产"这种情况何以必定消失，在马克思、恩格斯那里却可以得到论证。如果是这样，那么，"切勿盗窃"也就不能作为一条永恒的道德真理存在。而这说明什么问题？这说明，当我们陈述一些所谓永恒的道德真理时，一定要意识到，马克思、恩格斯始终在启发或提醒我们，我们生活于其中并一直承认"正当持有私人财产"的时代虽然已经存续几千年，但它依然只是人类社会的历史阶段之一。我们不能遗忘人类社会还存在更大的历史尺度，不能遗忘人类社会还有一些其他可能。从这个意义上来说，历史唯物主义对道德的批判，尤其是对于道德在时间维度上缺乏普遍必然性的批判，给我们带来很大的刺激。它迫使我们必须在更大的尺度上来理解人类社会的现象，包括道德现象。所以，恩格斯说："我们拒绝想把任何道德教条当作永恒的、终极的、从此不变的伦理规律强加给我们的一切无理要求……我们断定，一切以往的道德论归根到底都是当时的社会经济状况的产物。"[①]

2. 道德缺乏实效性

相比于马克思、恩格斯对道德普遍性或客观性的批判，他们针对道德的实效性所施加的质疑和否定也许更为直接、更为明显。1847年，马克思写了一篇文章批评卡尔·海因岑。海因岑曾以"不

---

① 恩格斯：《反杜林论》，载《马克思恩格斯文集》第9卷，人民出版社2009年版，第100页。

合乎理性与道德"为由批评君主制，认为君主制违背了人与人之间生而平等的道德原则。而马克思认为，这种道德化的批评属于无的放矢，因而没有意义。因为，君主制并没有不符合理性和道德。就算它不符合理性和道德，也是不符合我们现代人的理性和道德。而在古代社会，在它能够兴旺持存的那个漫长时代，君主制恰好符合当时的理性和道德。在那个时候，人们的世界观，比如君权神授、三六九等、选贤举能等观念都可以用来支持君主制。在这个意义上，"数百年的理性和道德同君主制相适应而不是同它相矛盾。我们这个时代的'人的理智'所不能了解的正是以往数百年的这种理性和这种道德"①。

马克思认为，这些人不了解君主制的本质，不了解君主制及其相适应的理性和道德受到怎样的社会经济状况的支撑，也不考察历史上君主制的基础、制度和观念是如何形成一整套内部融洽的系统，而仅仅站在自己的道德立场上，指责君主制如何不合乎理性和道德。这完全起不到任何实效："有些人不了解它们，可是却看不起它们。他们从历史的领域逃到道德的领域，所以，他们在这里也可以把自己的道德愤怒的重炮全部放射出来。"②殊不知，这些愤怒的批评者所持有的人人平等主张，也不过是建立在现代社会的经济基础之上。它并不能作为普遍的尺度有效地评价旧有的社会制度，更谈不上有效地推翻旧有的社会制度。

道德不仅在阶级斗争中缺乏实效，在民族斗争中也缺乏实效。恩格斯在1849年曾批评奥地利境内斯拉夫民族的民族主义，他说："'人道'、'正义'、'自由'、'平等'、'博爱'、'独立'——直到

---

① 马克思：《道德化的批评与批评化的道德》，载《马克思恩格斯全集》第1版第4卷，人民出版社1958年版，第338—339页。

② 马克思：《道德化的批评与批评化的道德》，载《马克思恩格斯全集》第1版第4卷，人民出版社1958年版，第338—339页。

现在除了这些或多或少属于道德范畴的字眼外，我们在泛斯拉夫主义的宣言中没有找到任何别的东西。这些字眼固然很好听，但在历史和政治问题上却什么也证明不了。'正义'、'人道'、'自由'等等可以一千次地提出这种或那种要求，但是，如果某种事情无法实现，那它实际上就不会发生，因此无论如何它只能是一种'虚无缥缈的幻想'。"[1]他认为，在这些民族中，反动的资产阶级和地主阶级占据了主要地位，他们注定灭亡，而不能作为独立的民族存在。这尽管说明恩格斯的民族学说服从于他的阶级学说，但是，他在这里想说的是，如果要进行民族斗争，却没有看到背后的阶级分化和阶级组合，而仅仅是看到民族问题，甚至还打算用"人道""正义""自由"来斗争的话，那么，什么实际问题都解决不了。民族解放也就只是一种虚无缥缈的幻想。

　　道德不仅对于介入实践无用，而且对于解释实践来说，它也是无用的。这不仅表现在自然科学的解释中——恩格斯在批评杜林时就说过，对科学事实表示愤怒和道德感伤并不能使科学前进："这种厌恶和恼怒的表示，可以用于任何时候和任何地方，正因为如此，它们在任何时候和任何地方都不中用。"[2]——而且，更充分地表现在社会科学的解释中。在社会科学领域，人们更频繁地使用公平、正义这些道德概念。但是，马克思、恩格斯提醒人们，当我们使用这些字眼时，比如，当我们要判定工人是否付出公平的劳动，资本家是否支付了公平的工资，"要回答这个问题，我们不应当应用道德学或法学，也不应当诉诸任何人道、正义甚至慈悲之类的温情。在道德上是公平的甚至在法律上是公平的，而从社会上来看很

---

[1] 恩格斯：《民主的泛斯拉夫主义》，载《马克思恩格斯全集》第 1 版第 6 卷，人民出版社 1961 年版，第 325 页。

[2] 恩格斯：《反杜林论》，载《马克思恩格斯文集》第 9 卷，人民出版社 2009 年版，第 62 页。

可能是很不公平的"①。这是不是意味着马克思、恩格斯要为资本主义辩护呢?并非如此。在这里,经典作家只是想说:这个社会是否公平?资本家付出多少钱才算是公平的工资?工资究竟是与工人的劳动价值相等还是与劳动力的价值相等?类似这些问题,都不由道德说了算,也不由法律说了算,而只是由"研究生产和交换的物质事实的科学——政治经济学"②来界定和讨论。这些重大问题不是关乎"应当",而是关于"事实"。就此而言,道德在社会科学的解释中其实非常脆弱、非常乏力,非常没有地位。这也是道德缺少效用、因而不被马克思恩格斯所重视的一个重要表现。

3. 道德具有蒙蔽性

如果道德仅仅是缺乏效用性,倒也还好。但是,从马克思、恩格斯的文本中,我们还能发现一些更严重的问题。那就是,道德具有蒙蔽性。作为上层建筑中社会意识形态的一环,道德具有意识形态的性质和功能,它捍卫和辩护既有的社会秩序及其经济基础,更遮蔽和阻碍人们对于真实进步的追求以及更高社会阶段的向往。所以,为了实现更重要的实践任务,马克思、恩格斯甚至说过,"(共产主义要)对任何一种道德,无论是禁欲主义道德或者享乐道德,宣判死刑"③。

首先,道德对于被统治者具有蒙蔽性。在迄今为止的阶级社会中,道德在每一个社会阶段上都有很多种类型。但是,在任何阶段,占据主要地位的一定是这个社会阶段的主导者或统治者所主张

---

① 恩格斯:《做一天公平的工作,得一天公平的工资》,载《马克思恩格斯全集》第1版第19卷,人民出版社1963年版,第273页。

② 恩格斯:《做一天公平的工作,得一天公平的工资》,载《马克思恩格斯全集》第1版第19卷,人民出版社1963年版,第273页。

③ 马克思、恩格斯:《德意志意识形态》,载《马克思恩格斯全集》第1版第3卷,人民出版社1960年版,第490页。

的那种道德类型。统治者可以开动它的统治机器，让它的道德变成某种先验的东西、必然的东西、不可反驳和不可动摇的东西，从而遮蔽其他阶级，甚至打压其他阶级。在19世纪40年代，马克思恩格斯就意识到了这一点："以观念形式表现在法律、道德等等中的统治阶级的存在条件（受以前的生产发展所限制的条件），统治阶级的思想家或多或少有意识地从理论上把它们变成某种独立自在的东西，在统治阶级的个人的意识中把它们设想为使命等等。统治阶级为了反对被压迫阶级的个人，把它们提出来作为生活准则，一则是作为对自己统治的粉饰，一则是作为这种统治的道德手段。"①因此，道德作为统治者的意识形态的一项内容，最终服务于背后的政治统治，而对被统治者的自我解放没有帮助。被统治者如果要与统治者进行道德上的较量或争辩，不仅空费精力，而且注定吃亏。

其次，道德对人的解放具有蒙蔽性。在这里依然引用经典作家的两段话。一段话是马克思、恩格斯对青年黑格尔派的批判："如果他们把哲学、神学、实体和其余一切废物消融在'自我意识'中，如果他们把'人'从这些词句的统治下……解放出来，那么'人'的'解放'并没有前进一步；只有在现实的世界中并使用现实的手段才能实现真正的解放；没有蒸汽机和珍妮走锭精纺机就不能消灭奴隶制；没有改良的农业就不能消灭农奴制；当人们还不能使自己的吃喝住穿在质和量方面得到充分供应的时候，人们就根本不能获得解放。'解放'是一种历史活动，而不是思想活动，'解放'是由历史的关系，是由工业状况、商业状况、农业状况、交往关系的状况促成的。"②另一段出自马克思恩格斯作于1846年的

---

① 马克思、恩格斯：《德意志意识形态》，载《马克思恩格斯全集》第1版第3卷，人民出版社1960年版，第492页。

② 马克思、恩格斯：《〈德意志意识形态〉第一卷手稿片断》，载《马克思恩格斯全集》第1版第42卷，人民出版社1979年版，第368页。

《反克里盖的通告》,旨在批判那位用"爱""人道"等概念来理解共产主义本质的《人民论坛报》主编海尔曼·克里盖:"一些华丽的标记如'全人类'、'人道'、'人类'等等;这只会使一切实际问题变成虚幻的词句。"[①]这两段话放在一起,可以很明显地看出,对马克思恩格斯来说,道德对于实现人的解放是远远不够的。因为,人的解放重要的是要改变生产力,改变生产力和生产关系之间的关系。在这个过程中,采用某些先验的人性根基或永恒的道德规律,根本不能够解释、更不能解决为什么有人受苦受难,而有人却吃得脑满肠肥的问题。道德不能够解决这些问题,也应对不了这些事实,即便在道德上对那些压迫者进行一万次的批判也没有用,反而耽误事情。因此,道德会被理解为一种不仅虚弱甚至虚伪的东西。

二、理解初始问题

马克思主义伦理学的初始问题,就是"历史唯物主义语境下的道德合法性问题"。如果按照上面的讨论,它应该被更具体地表述为,"历史唯物主义语境下的道德合法性遭遇挑战、岌岌可危抑或已然瓦解的问题"。作为历史唯物主义的创立者,马克思恩格斯对道德这种社会现象给出了不仅一目了然而且随处可见的讽刺、批评和否定。

然而,如果马克思、恩格斯对道德的定位就这么简单,就这么一边倒地讽刺、批评加否定,那么,"初始问题"就不再需要打上问号,不再成其为一个问题。因为,这个问题已经被解决了——

[①] 马克思、恩格斯:《反克里盖的通告》,载《马克思恩格斯全集》第1版第4卷,人民出版社1958年版,第17页。

"历史唯物主义语境下的道德缺乏、丧失合法性"就是这个问题的答案，而且是标准答案。对于这样的答案，我们如果还有什么不满，还想着推翻它，也就是说，还想着反驳机械主义和虚无主义挑战，把它们"怼"回去，从而在历史唯物主义语境下挽救甚至确立道德的合法性，那么，这只不过是我们的"道德情怀"使然。

可是，马克思、恩格斯的看法并没有那么简单。在内涵上，初始问题确实是指道德的合法性在历史唯物主义语境中遭到了挑战，但是，初始问题之所以作为一个问题而产生，或者说，研究者之所以对"道德的合法性在历史唯物主义语境中受到挑战"这件事情表达某种疑虑，形成某种"问题意识"，进而试图剖析它（甚至反驳它），则是因为，马克思恩格斯本人留下的看法和态度是复杂的。他们不仅有针对道德的批评和否定，而且，在给出这些批评和否定的同时，他们又鲜明地表现出对资本主义的鄙夷和愤怒，以及，对共产主义的向往和期许。可以说，马克思恩格斯"对道德的批判"构成了初始问题，但马克思恩格斯"对道德的批判"与"对道德的运用"的同时存在，则导致了初始问题的出现。作为马克思主义伦理学的研习者，我们需要在这种张力之间理解初始问题。

初始问题的张力

马克思、恩格斯对道德的批评、讽刺与否定的看法是非常直白、非常尖锐的，但同时，他们也运用了很多规范性的概念范畴来描述和分析现代社会。无疑，这确实呈现出一种矛盾状态。但是，如前所述，正是这种矛盾状态，为我们能够发现和意识到"初始问题"，甚至为我们能够回应和解决"初始问题"提供了一系列来自马克思主义内部的契机和资源。通过梳理马克思、恩格斯的文本，我们会发现，他们对规范性的概念范畴的运用及蕴含的那些或明或暗的规范性诉求，不仅体现为对资本主义的异化、剥削和分裂的反对，也体现为对共产主义的自由、平等和联合的支持。

1. **对资本主义的鄙夷与愤怒**

不管我们是否对这种鄙夷和愤怒贴上道德的标签，起码，我们能够从中看到他们对于某些事物的价值排序是有高中低等之分的。

马克思、恩格斯对于资本主义社会的异化状况是非常愤怒的。在《1844年经济学哲学手稿》中，马克思深刻地论述了这一点。他说："把别人的奴隶劳动、把人的血汗看作自己的贪欲的虏获物，所以他把人本身，因而也把自己本身看作可牺牲的无价值的存在物。在这里，对人的蔑视，表现为狂妄放肆，表现为对那可以维持成百人生活的东西的任意糟蹋，又表现为一种卑鄙的幻觉，即仿佛他的无节制的挥霍浪费和放纵无度的非生产性消费决定着别人的劳动，从而决定着别人的生存；他把人的本质力量的实现，仅仅看作自己无度的要求、自己突发的怪想和任意的奇想的实现。"①这些内容再明确不过地表现出马克思的极度鄙夷和愤怒。在资本主义的异化劳动条件下，人不像人，劳动不像劳动，即便是异化劳动的受益者，即资本家，也无法成为正常的人。

同样地，在几乎差不多同时写作的《英国工人阶级状况》中，恩格斯也激愤地指出，被迫成为资本主义异化劳动条件下产业后备军的英国工人，很容易陷入道德堕落的泥潭："这些人必须自己寻找出路；国家不管他们，甚至把他们放逐出去。如果男人拦路抢劫或是破门偷盗，女人偷窃和卖淫，有谁可以怪罪他们呢……它把这些失去工作的人变成了失去道德的人。"②这些作品说明，他们在分

---

① 马克思：《1844年经济学哲学手稿》，载《马克思恩格斯文集》第1卷，人民出版社2009年版，第233页。
② 恩格斯：《英国工人阶级状况》，载《马克思恩格斯全集》第2版第3卷，人民出版社1960年版，第418页。

析社会时，确实会有一个道德或不道德的评判标尺在里面。尽管他们这里没有给出任何关于道德的正面说法，但他们却直接运用了一种道德的视野来理解他们看到的那些事实。

当然，你可能说，这是他们早年的思想，都还是他们很年轻、很有道德激情的时候，因此不足为据。然而，即便到了成熟时期，他们也同样表现出对于资本主义社会的那种不可遏制的鄙夷和愤怒。比如，在1848年的《共产党宣言》中，马克思、恩格斯说，工人受到了层层的监视和奴役："他们不仅仅是资产阶级的、资产阶级国家的奴隶，他们每日每时都受机器、受监工、首先是受各个经营工厂的资产者本人的奴役。这种专制制度越是公开地把营利宣布为自己的最终目的，它就越是可鄙、可恨和可恶。"[1]为什么他们要使用这些充满了道德意味的语词？为什么他们不使用更加科学的、更加反映必然性的字眼？从这些字眼中，我们完全可以看得出他们的立场，包括价值立场。也就是说，对于什么是更好的劳动方式，什么是更好的生存方式，什么是更好的人类社会，他们绝对是有自己明确的价值尺度的。

可能还有人会说，这篇文章是宣言。而宣言总是需要在实践上产生鼓动性效应，鼓动大家一起革命。所以，这篇文章是按照普通大众的水平，说给普通大众听的。因此，他们没有把自己展现成一个冷峻的、客观的科学主义者。

如果说《共产党宣言》确实无法完全抛开价值或道德，那么《资本论》呢？马克思在写作《资本论》的时候，应该是最为冷静、最为成熟的时期了。然而，即便如此，他也说过这样的话："最勤劳的工人阶层的饥饿痛苦和富人建立在资本主义积累基础上的粗野

---

[1] 马克思、恩格斯：《共产党宣言》，载《马克思恩格斯文集》第2卷，人民出版社2009年版，第38页。

的或高雅的奢侈浪费之间的内在联系，只有当人们认识了经济规律时才能揭露出来。"①这句话当然是说，只有在认识经济规律之后，我们才会认识到，为什么劳动者陷于饥饿而资本家却享有奢靡。可是，这句话是否还意味着：冷静成熟的马克思仅仅是想揭示上述关系，告诉你有人挨饿而有人奢侈，但他既没有对"工人的饥饿和痛苦是不是不好的"作出评判，也没有对"资本家和富人的奢侈浪费是不是不好的"作出评判吗？不是这样的。马克思并没有否定这两种生存状态的消极意义，他也没有否定将这两种生存状态联系起来的那种社会状况的消极意义。他只是告诉我们，必须要认识了经济规律之后（而不是仅仅用道德情怀和价值尺度去衡量），才能把这些生存状态的消极意义真正揭示出来，并证明其错误。

2. 对共产主义的向往与期许

推翻资本主义，消灭阶级、消灭剥削，充分发展生产力，实现物质的极大丰富和每个人的自由全面发展，这是马克思、恩格斯所向往和期许的人类社会。对于这样的社会发展阶段，同样地，无论它是否被打上道德的标签，无论它是否被看作是卓越或应当的生活，我们都能意识到马克思恩格斯对它的看重与推崇。

恩格斯在《反杜林论》中就说过，在共产主义条件下，"人们第一次成为自然界的自觉的和真正的主人……人们自己的社会行动的规律，这些一直作为异己的、支配着人们的自然规律而同人们相对立的规律，那时就将被人们熟练地运用，因而将听从人们的支配。人们自身的社会结合一直是作为自然界和历史强加于他们的东西而同他们相对立的，现在则变成了他们自己的自由行动了。至今一直统治着历史的客观的异己的力量，现在处于人们自己的控制之

---

① 马克思：《资本论》第1卷，载《马克思恩格斯文集》第5卷，人民出版社2009年版，第757页。

下了……人类从必然王国进入自由王国的飞跃"①。这段话里没有一个字谈及道德，没有一个字告诉我们伦理道德有多重要，但从字里行间中，我们分明能够体会到，原来自由这么好，原来恩格斯这么向往自由，原来共产主义社会被认为是自由的真正实现。如果你要问共产主义将会是什么样子的，它一定是包含自由的样子。在那里，作为自我实现、自我解放的自由，无疑是一种好东西。于是你会发现，作为人类，我们实际上无法摆脱采用一种规范性的方式、一种价值论的方式来理解社会和世界。这段话典型地体现出恩格斯对于自由与共产主义之间内在关系的肯定，以及对于作为实现真正自由的社会载体的共产主义的向往。

在另一些地方，马克思、恩格斯还体现出对于另外一些道德原则的向往，比如平等。在共产主义条件下，这种平等当然是按需分配的平等，而不是按劳分配的平等。为什么？这是因为，在他们关于共产主义的设想中有一个观点，那就是，如果我们按需分配的话，那么"人们的头脑和智力的差别，根本不应引起胃和肉体需要的差别……活动上、劳动上的差别不会引起在占有和消费方面的任何不平等，任何特权"②。也就是说，按劳分配这件事情在共产主义（至少在其高级阶段）条件下已经消失。这时，不是说你劳动越多就应得越多，而是说，作为一个自由全面发展的人，你需要什么就可以得到什么。即便你会对"按需分配"的可行性有所怀疑，但你却无法否定这就是他们向往和期待的目标。

此外，马克思恩格斯对于团结、联合等道德理念的期待，也是非常明确的。比如，在《1844年经济学哲学手稿》中，马克思就提

---

① 恩格斯：《反杜林论》，载《马克思恩格斯文集》第9卷，人民出版社2009年版，第300页。
② 马克思、恩格斯：《德意志意识形态》，载《马克思恩格斯全集》第1版第3卷，人民出版社1960年版，第637页。

道,"当法国社会主义工人联合起来的时候,人们就可以看出,这一实践运动取得了何等光辉的成果……交往、联合以及仍然以交往为目的的叙谈,对他们来说是充分的;人与人之间的兄弟情谊在他们那里不是空话,而是真情,并且他们那由于劳动而变得坚实的形象向我们放射出人类崇高精神之光"①。而在他作为一个革命家和实践家指导工人运动时,再如,在《国际工人协会成立宣言》中,马克思对于联合(团结)的看法更加积极。他说:"过去的经验证明:忽视在各国工人间应当存在的兄弟团结,忽视那应该鼓励他们在解放斗争中坚定地并肩作战的兄弟团结,就会使他们受到惩罚,——使他们分散的努力遭到共同的失败……(因此,工人阶级要)洞悉国际政治的秘密,监督本国政府的外交活动,在必要时就用能用的一切办法反抗它;在不可能防止这种活动时就团结起来同时揭露它,努力做到使私人关系间应该遵循的那种简单的道德和正义的准则,成为各民族之间的关系中的至高无上的准则。"②在阶级斗争的过程中,联合或团结之所以必要,因为它对于工人实现革命目标而言具有规范性。一旦斗争胜利,阶级本身被消灭,阶级内部的联合就将升级为全体自由人的联合。因此,在最终也是最严格的意义上,自由人的联合体将成为最值得期待和向往的目标。

3. 初始问题的实质

处理好马克思主义伦理学的初始问题,对马克思主义伦理学而言,具有极端的重要性。如果处理不好,我们就会陷入难以前行的尴尬境地,既不能有效理解马克思恩格斯表现出来的对资本主义的鄙夷和愤怒,以及,对共产主义的向往和期许,也无法通过马克思

---

① 马克思:《1844年经济学哲学手稿》,载《马克思恩格斯文集》第1卷,人民出版社2009年版,第232页。

② 马克思:《国际工人协会成立宣言》,载《马克思恩格斯文集》第3卷,人民出版社2009年版,第14页。

主义的观点和方法来解释现存的伦理道德问题，无法合理构建马克思主义伦理学的理论体系。如果处理得好，就会开个好头，使我们能够打开局面，进一步地展开研究我们刚才已经意识到的异化问题、剥削问题、分裂问题，以及，自由问题、平等问题和联合问题。

因此，在正面回应和处理初始问题之前，我们有必要先思考一下：初始问题的根源究竟在哪里？为什么会出现这个问题？其他的思想家在讨论伦理道德时有没有如此周折地讨论这个问题？好像不是。比如，亚里士多德一开场就说，人是追求善的，而最高的善就是幸福。因为，问题在于，我们用什么样的方式来实现幸福。而康德也说，人是有理性的，理性的自我立法能够为道德进行先验奠基，因此，理性行为者使得自己的行为准则同时成为一条可普遍化的法则，就能够实现道德。然而，马克思却不是这样的。马克思会说：善是什么？道德是什么？理性是什么？这些东西在我这里一开始就打上了疑问。

所以，"初始问题"的根源不在别的地方，而在于马克思恩格斯的历史唯物主义本身。只要你是马克思主义者，你就一定承认这样一种看待社会、看待历史、看待世界的方法和框架。但是，一旦你承认了这个方法和框架，道德就会变成一种虚弱乃至虚幻的东西，抑或一种机械性的依附产物。这似乎是一个自然而然的推论。所以，这个初始问题是一个典型的马克思主义内部问题，不是外部问题。它不是反马克思主义者附加给马克思主义的问题，而是你作为一个真正的马克思主义者必须容纳、但又必须解决的问题。

在历史唯物主义的视野中，道德仿佛具有某种"原罪"。它从一开始就是依附的、被决定的产物。这种依附性、被决定性的性质使之面临虚无主义和机械主义挑战。但同时，同样是在历史唯物主义的视野中，道德从一开始也是存在的并且发挥作用。它能够团结工人、团结无产阶级，能够指引我们对共产主义社会赋予规范性的理解。这两方面在历史唯物主义的视野中都是存在的，我们不可能对它们任何一方面进行删改。但是，也恰恰因为我们无法进行删改，所以我们才会意识到这其中的张力和矛盾，由此发现马克思主义伦理学的初始问题。

那么，初始问题实质又是什么呢？我们知道，在马克思主义那里，科学性和必然性都很好理解。你说马克思是一个社会科学家，是一个坚韧、坚强、坚硬的科学主义者，完全可以。但是，在他的框架里面，如何理解规范性问题，却非常棘手。而道德其实是规范性的一种具体表现。因此，马克思主义伦理学的初始问题，反映的其实是规范性在历史唯物主义框架中的定位和功能问题。

实际上，不仅马克思主义伦理学，诸如马克思主义法学、马克思主义政治学、马克思主义宗教学等等凡是需要处理规范性问题的学科，也都面临着类似的初始问题。如果是因为道德属于上层建筑而使得道德缺乏合法性，从而导致马克思主义伦理学不成立，那么相应地，法律、政治和宗教同样属于上层建筑，因此马克思主义法学也不成立，马克思主义政治学也不成立，马克思主义宗教学更不成立。所以说，马克思主义伦理学初始问题的实质，背后隐藏的是马克思主义者如何理解规范性的问题。

规范性不一定是必然的发明。假设这个世界由动物统治，也许就不会存在规范性问题。它们不会思考规范，不会用善与恶、正当与错误来理解世界、指导实践。恐龙统治世界的时候，有善与恶的问题吗？没有，也不需要有。霸王龙就是要吃掉其他生物。只有当人类出现以后，才会发明出这样或那样的规范性。比如，在原始社会，女人采集、男人狩猎，收获的肉食大家均分，这是一种规范性。渐渐地，生产资料被集中，那么能够控制和提供更多生产资料的那个人那个家族那个集团，就要求分得更多的东西，这也是一种规范性。在这个意义上，规范性只是人类的发明，但它却是人类的必然发明。只要是人类统治世界，而不是动物统治世界，我们就必定以包含规范性的方式、而不是以不包含规范性的方式来生活。我们甚至无法想象，如何才能以一种没有规范性、没有善恶的方式来理解世界和实施行为。既然人类需要规范性是与人的生存状态有关，与人之为人的本质有关，那么规范性就是一个不可回避的根本问题。因此，像马克思主义这样一种伟大的思想学说，就需要正面应对这个问题，处理这个问题，发展出一种合理的伦理学体系。

让我们从回应初始问题开始。

第四讲
马克思主义伦理学的初始问题（下）

李义天

我们前面讲到，"历史唯物主义语境下的道德合法性问题"是马克思主义伦理学的初始问题。具体地说，在历史唯物主义的视野或框架中，道德的地位或意义遭到严重质疑与挑战，它不仅不再意味着牢固的高尚或普遍的规范，反而成为人类社会中一件无足轻重、无关痛痒甚至荒诞不经的事物。我们已经意识到，如果不对这种消极的看法有所回应，那么，马克思主义伦理学是不可能成立的，或者说，不可能在一个正面的、积极的意义上成立。同时，我们还意识到，对这种消极的看法进行回应，既是可能的，也是可行的。因为，从马克思恩格斯的文本出发，从历史唯物主义的内部出发，我们就足以发现此前这些否定性看法的逻辑裂缝或漏洞，而且，我们还能发现，将历史唯物主义同某种积极的道德观念联系起来、缝合起来的可能的思想通道。

我们首先回应"机械主义挑战"，然后回应"虚无主义挑战"。这跟我们前面提及的顺序是一致的，同时，也是因为"机械主义挑战"相对简单，而"虚无主义挑战"相对复杂。所以，我们的回应也从相对容易的开始。

一、回应机械主义挑战

大家应该还记得,"机械主义挑战"说的是:作为经济基础的产物,道德是一种依附性的、被决定的次生物;因此,相对于经济基础,道德缺乏自主性、间接性和超越性;道德与经济基础之间的关系,在本质上,是一种类似于机械结构的直接的因果联系。对此,我们的回应是——

(一)回应道德的被决定性

首当其冲地,我们必须指出,不能不加分析、不加限定地强调道德的"被决定"地位。道德确实是被经济基础决定,但它只是在"归根到底"的意义上被决定,而不是"直截了当"被决定。也就是说,这种决定与被决定的关系并不是两个环节的直接关联,它并不像一个球撞击另外一个球、一个齿轮推动另一个齿轮那么简单。在二者之间,还存在着丰富的环节和内容。这也是历史唯物主义学说区别于狭义的经济决定论的一个重要方面。宋希仁老师在他的研究中,就专门强调了这一点。他说:"马克思恩格斯的观点是在'归根到底'的意义上,而不是直接地简单化地根据经济关系去说明当时社会出现的一切思想……因此任何思想史都不应该只限于把思想同当时的经济关系联系起来,只是根据一个时代的经济状况阐明该时代的全部思想内容。所以,恩格斯在解释马克思的思想时明确指出,经济关系只在归根到底的意义上才是世界历史的决定因素。"①

　　要知道，这种观点不是随便乱说，它可以在经典作家那里找到根据。比如，恩格斯在1890年写给布洛赫的一封信中就明确指出："根据唯物史观，历史过程中的决定因素归根到底是现实生活的生产和再生产。无论马克思或我都从来没有肯定过比这更多的东西。"②恩格斯承认，历史的决定因素"归根到底"是现实生活的生产和再生产，但他的承认也到此为止。他既没有承认经济生活是历史过程的直接决定因素，更没有承认经济生活是历史过程的唯一决定因素。他承认的，仅仅是经济生活"归根到底"是历史过程的决定因素。恩格斯非常清醒地意识到："如果有人在这里加以歪曲，说经济因素是唯一决定性的因素，那么他就是把这个命题变成毫无内容的、抽象的、荒诞无稽的空话。经济状况是基础，但是对历史斗争的进程发生影响并且在许多情况下主要是决定着这一斗争的形式的，还有上层建筑的各种因素：阶级斗争的政治形式及其成果——由胜利了的阶级在获胜以后确立的宪法等等，各种法的形式以及所有这些实际斗争在参加者头脑中的反映，政治的、法律的和哲学的理论，宗教的观点以及它们向教义体系的进一步发展。"③

　　从经济基础到作为上层建筑的道德之间，间隔着若干环节。对于历史唯物主义的解释来说，其中非常重要的环节就是道德主体的阶级地位。这也可以解释，为什么身处同一种经济基础，不同的人群会发展出不同的道德。那是因为，在同一种经济基础里面还存在

---

① 宋希仁：《马克思恩格斯道德哲学研究》，中国社会科学出版社2012年版，第188—189页。
② 恩格斯：《恩格斯致约·布洛赫》，载《马克思恩格斯选集》第2版第4卷，第695—696页。
③ 恩格斯：《恩格斯致约·布洛赫》，载《马克思恩格斯选集》第2版第4卷，第695—696页。

不同的利益结构，有的属于资产阶级，有的属于无产阶级，因此会出现不同的道德立场。进一步地，我们又要问了：既然如此，那么，为什么同处于资产阶级或无产阶级内部的人们，还是会有不同的道德观念呢？这里可能就呈现出另一个非常重要的环节，即，道德主体的能动性（agency）。与阶级地位一样，能动性也可以被视为居于经济基础与道德之间的又一个变量，又一个中间环节。人的能动性很重要。人的能动性从何而来？从你的生长环境而来，而生长环境绝不是靠单一的阶级利益就可以解释的。你有你的阶级归属，也有你的家庭状况，还有你的受教育程度，甚至受到某些偶然的生存运气的影响。这些都参与构成了你的能动性。因此，你会发现，从经济基础到道德观念，并不是简单的直接关系，也不是单变量的关系。两者之间间隔着若干环节；经济基础没有那么轻易就能控制道德的复杂性与多样性。

（二）承认道德的相对独立

即便道德是被决定的，是经济基础（在归根结底意义上）的产物，也不能否认，仍有专门的道德领域和道德问题存在。后者相对独立，不能被"还原为"经济关系或经济结构的问题。这就好比，即便是A球撞击了B球从而导致B球的运动，B球也依然是B球，而不是A球。我经常举一个例子：我们每个人都是被我们父母的基因决定的，都是被我们父母的精子和卵子决定的。但是，这并不代表我们就等同于那颗受精卵，更不能说明，我们的所作所为都必须还原到受精卵层面、还原到基因层面来解释。即便是写作《自私的基因》的自然科学家，理查德·道金斯，在全书论证了基因必定"自私"之后，也仍然要在文化层面找到另外的解释，来说明为什么人可以做出超越于基因的那些"无私"行为。诚然，人是由基因组成的，但是人不能还原为基因。人也是由细胞组成的，但是人不能还原为细胞。这说明，决定者与被决定者之间的因果关系虽然不能被轻易否认或颠倒，但是，一旦被决定者得以产生，它就会具有一些独立于、不同于其决定者的不可被还原的方面。

那么，对道德来说，这种使之独立于其决定者的方面是什么呢？一般看来，至少有一个重要因素仍然是，刚才已经提到的，人的能动性。对这一点，德国观念论的学者喜欢称之为"自由"或"意志自由"。而在马克思主义伦理学中，我认为，还是称为"能动性"更好。1894年，晚年的恩格斯在一封信中写道，"并非只有经济状况才是原因，才是积极的，其余一切都不过是消极的结果……并不像人们有时不假思索地想象的那样是经济状况自动发生作用，而是人们自己创造自己的历史"[1]。在这里，人的能动性非常鲜明地体现出来，尽管它并未因此而越出经济基础的根本决定性之外。

概言之，机械主义挑战并没有那么可怕。恰恰相反，机械主义挑战很可能不是历史唯物主义本身带来的，而是人们对历史唯物主义的粗放理解带来的。它是一种头脑简单的判断，是一种放弃了对马克思恩格斯文本进行细致分析的误读。如果你是一个机械主义挑战者，那么我们告诉你，马克思主义伦理学不怕你，我可以充分地回应你，甚至把你消灭掉。

二、回应虚无主义挑战

虚无主义挑战其实是更有力量的挑战。上次我们也花了较长时

---

[1] 恩格斯：《恩格斯致瓦·博尔吉乌斯》，载《马克思恩格斯选集》第2版第4卷，第732页。

间来讨论它。这里,我们先简短地回顾一下,虚无主义挑战到底表现在哪几个方面?

第一,认为道德缺乏客观性。虚无主义挑战之所以认为道德不具有客观性,是因为在历史唯物主义的语境中,道德不具有独立性和普遍性,它们只是"历史的暂时的产物",只是建立在某种利益格局上并反映这种利益格局的、具有依附性和历史性的观念形式。可以说,在历史唯物主义的语境下,道德不仅属于一种受制于他者的被决定物,而且,更重要的是,由于决定道德的原因不断变化,因此,道德又会随着不同历史阶段的社会关系和生产方式而表现出不同形态。在这个意义上,道德是依附的、流变的;它不够独立、不够普遍,因而不具有客观性,不值得被认真对待。这是虚无主义挑战的第一个方面。

第二,认为道德缺乏实效性。虚无主义挑战是说,道德对于科学解释、民族斗争,尤其是对于无产阶级的革命事业,对于人类的最终解放,在实际中起不到什么作用,甚至帮倒忙。道德的介入,把无产阶级对资产阶级的现实斗争变成无产阶级与资产阶级之间的话语论争,把革命的"炮仗"变成改良的"嘴仗"。这不仅会使无产阶级错失主要目标,而且会使无产阶级对于自己在这方面取得的成功沾沾自喜,轻率地以为革命的胜利会随着道德的胜利而到来。然而,这完全是自我迷醉。道德的胜利并不会在实际中改变任何事情。当你用华丽的字眼来批判社会的时候,没有任何事情发生根本的改变;这些华丽的字眼只是在观念中让你觉得解放,但真实的解放并没有在现实中实现。

第三,认为道德具有蒙蔽性。虚无主义挑战特别强调道德的意识形态性质,认为道德既然属于意识形态的范畴,那么必定具有一切意识形态所具有的强迫性、虚假性和迷惑性。尤其是在阶级社会中，意识形态受制于阶级利益，得到阶级统治机器的"护卫"和"加持"，但又往往把自己打扮成一种超出阶级局限的普遍诉求，因而，更加具有强迫性、扭曲性和蒙蔽性。所以，阶级社会中的道德同样如此。

概言之，虚无主义的挑战，针对的是道德的存在方式的虚无性及其社会功能的虚弱性甚至虚伪性。接下来，我们就要开始回应它。看看这种挑战所带来的上述判断是不是历史唯物主义语境下理解道德的必然推论或唯一选项。

（一）反驳"道德缺乏客观性"

对于"道德缺乏客观性"的挑战，我们有两种反驳或辩护的方案。

第一种方案是，将"客观性"同"依附性"或"因果性"区别开来。我们承认，道德具有相对于经济基础的依附性（dependence）或因果性（causality），道德不是独立存在，更不是先验存在，但因果性或依附性所否定的只是道德的独立性（independence），而不是道德的客观性（objectivity）。换言之，道德完全能以一种依附的方式、被决定的方式、作为他者之结果的方式，而客观地存在。我们先前举过一个例子，说我们每个人都是被父母的基因决定的。那么，可以由此推论说，正因为我们是如此被决定，正因为我们是如此具有依附性，所以我们每个人都是幻影，都是不真实、不客观的吗？当然不是！我们如此这般的存在于此，我们就是客观存在的。只不过，作为一个客观存在者，我们不是完全独立的、无所依傍的、毫无来由的客观存在者，而是被某些条件所约束、所决定的客观存在者。但问题的关键是，客观性并不需要以完全摆脱被决定性或依附性为前提。

所以，其一，当历史唯物主义告诉我们道德是"被决定"的时候，这种"被决定"的关系仅仅表明道德不是无根据的，而是有根据的。而道德是有根据的，这一点不能否定它的客观性，而只能否定它的独立性、非依附性或非因果性。

其二，当历史唯物主义告诉我们道德是"被决定的"时候，它同时还表明了，用于决定道德的那些根据本身也不是主观和任意的个人精神，而是经验和物质的社会语境。被决定的道德，在根本上"不是由个人、文化、阶级决定的，不是由那些不可名状的正确信念决定的，不是由各人碰巧用来对事物进行概念化处理的方式决定的，也不是由各人所愿意接受的论证标准决定的"，而是"由人们具有的需求决定的，是由他们能在其中发现自我的客观情境决定的"。[①]这说明，道德不仅以被决定的方式客观存在，而且，决定它的那个决定者同样客观存在。这些都是历史唯物主义必定承认的内容，也是历史唯物主义完全能够用来承认和容纳道德合法性的空间。

其三，根据历史唯物主义，道德确实是被决定的，但它在客观的社会语境中被决定，从而成为一种客观的依附物，形成一种客观的因果联系，这整个事实却是客观的。即便道德纯粹以观念的形式存在，那也只能说，它以主观的形式而客观地存在，以主观的形式而被客观的基础客观地决定。因此，承认道德是"当时的社会经济状况的产物"，这里的关键，并不在于它是某种"产物"，而在于它必定作为某种"产物"而被生产出来。道德"被生产/被决定"的这个因果关系，是客观的。仅仅因为道德处于这种因果关系就认为它缺乏客观性，这是不成立的。

---

① 〔加〕凯·尼尔森：《马克思主义与道德观念》，李义天译，人民出版社2014年版，第11页。

第二种方案是，将"客观性"同"流动性"或"特殊性"区分开来。我们承认，道德具有相应于社会历史的流动性（fluidity）或特殊性（particularity），但流动性或特殊性否定的是普遍性（universality），而不是客观性（objectivity）。也就是说，道德完全可以按照动态的、局部的方式而客观地存在。因为，当历史唯物主义说一个民族有一个民族道德、一个时代有一个时代道德时，这只是否定其普遍性。除非普遍性等同于客观性，否则，我们不能因为普遍性的匮乏而断言客观性的丧失。理由很简单。比如说，我们每个人都是特殊的，我们每个民族都是特殊的，我们每个国家都是特殊的，这些事物都不是普遍的。可是，这意味着每个人、每个民族、每个国家都不是客观存在的吗？不是的。我们如此这般地存在，这就是我们客观存在的最直接的证明。所以，道德具有流动性或特殊性，并不构成道德缺乏客观性的理由。具体说来——

其一，历史唯物主义承认，道德"从一个民族到另一个民族、从一个时代到另一个时代"极其不同，但是，历史唯物主义同样承认，在任何一个民族或时代的内部，只有一种与这个民族或时代的经济基础最匹配、最适应的占据社会主导地位的道德。这种道德是在这个历史情境中、被这个历史情境所客观决定的，从而对这个民族和这个时代来说是必然的和正确的（至少是被广泛接受的）东西。因此，在一个资本主义社会里，个人私有的道德原则占据主导地位。但是，一旦进入社会主义社会，情况就会发生变化，一种新的集体公有的道德原则占据主要地位。无论是前一种道德原则还是后一种道德原则，都不会因为它们没有贯穿于所有社会阶段，就变成"不客观的"。正如凯·尼尔森所说："在如此这般的时期，如此这般的生产方式的条件下，如此这般的道德原则是正确的；而在如此那般的时期，如此那般的生产方式的条件下，如此那般的道德原则是正确的……就历史唯物主义而言，这些关于'在每个时期什么是正确或什么不是正确'的判断，完全可以是客观的。"①

其二，历史唯物主义承认，道德在不同历史阶段发生变更，但是，历史唯物主义同样承认，这种变更不是随心随欲的变更，而是建立在客观条件上的变更。资本主义道德与社会主义道德确实有着巨大不同，甚至相互冲突，但在历史唯物主义的解释下，我们有理由相信人类社会必将由资本主义进入社会主义，因而，我们同样有理由相信，人类道德也必将由资本主义的原则变更为社会主义的原则。这种变更不是精神层面的变更，不是先验判断的变更，而是经济基础在其中起到根本动因的有条件的变更。这种"有条件的变更"不仅意味着，当历史阶段或经济基础发生变更时，道德会变更，而且还意味着，当历史阶段或经济基础没有发生变更时，道德就不会变更，以及，历史阶段或经济基础发生多少变更，道德就发生多少变更。概言之，道德变更所依赖的那些条件的客观性，决定了道德变更本身的客观性。即便是道德在变更过程中所表现出来的流动性和特殊性，也不足以抵消这种客观性。

其三，历史唯物主义承认，道德因为变更而"常常是互相直接矛盾的"，但历史唯物主义并未因此承认，这种矛盾就是不可比较、不可评判的。一方面，人们必定生活在具体情境中，只能从某个具体情境内部出发去观察和理解他者。因此，人们总会比较，总是试图发现其中何种道德原则"最正确"。而受制于历史的视域，人们往往认为自己所处的那个情境或阶段的道德是"最正确"。正如尼尔森所说："我们不能持之有故地说有一套永恒的道德原则。然而，我们也许可以说，在时间 T_1 和 X 情况下，如此这般的道德原则是对

---

① 〔加〕凯·尼尔森：《马克思主义与道德观念》，李义天译，人民出版社 2014 年版，第 158 页。

的；在时间 T_2 和 Y 情况下，如此这般的道德原则是对的；在时间 T_3 和 Z 情况下，如此这般的道德原则是对的。"[1]因此，"常常是互相直接矛盾的"各种道德，并没有因为彼此矛盾的关系而"不相上下"，更不可能因此而必然得出"无所谓谁更好"的相对主义结论。另一方面，历史唯物主义在评判各种互相矛盾的道德时，也并不是停留于道德本身的层面，而是要深入到这些道德背后的根底。也就是说，对于一个历史唯物主义者而言，他试图比较的不是道德观念本身的孰优孰劣，而是道德观念赖以成型的经济基础相对于人类社会发展进程的进步与否。比如，资本主义社会的道德与封建主义社会的道德之间有很大不同，两者的道德观念在诸多方面的确相互矛盾。但是，这种矛盾不是不可比较的。因为，前者要求权力集中于君主，禁止和约束物资、财富的自由流通，而资本主义社会的要求则恰恰相反，它会认为自由的流通会带来更大的繁荣和更好的生活。在面对这两者进行比较和评判时，历史唯物主义者的答案可想而知。更何况，如果你真的是一个历史唯物主义者，那么，你不仅会看到这两者之间的历史差距，而且会意识到，在这两者之后，还存在着历史发展的更高阶段；你不仅会看到人与人之间迄今为止的阶级分裂与阶级利益的分化，你还会承认，在那个更高的发展阶段，阶级的分裂和阶级利益的分化将会消失。所以，尽管道德本身具有流动性和特殊性，但基于历史发展阶段的高低，不同道德之间的优劣差别依然能够得到清楚的识别。

这个时候，我们再回头去看《反杜林论》中那段经常被引用的话——"社会直到现在是在阶级对立中运动的，所以道德始终是阶

---

[1] 〔加〕凯·尼尔森：《马克思主义、道德与道德哲学》，载〔美〕约瑟夫·德马科等：《现代世界伦理学新趋向》，石毓彬等译，中国青年出版社 1990 年版，第 139—140 页。

级的道德；它或者为统治阶级的统治和利益辩护，或者当被压迫阶级变得足够强大时，代表被压迫者对这个统治的反抗和他们的未来利益。没有人怀疑，在这里，在道德方面也和人类认识的所有其他部门一样，总的来说是有过进步的。但是我们还没有越出阶级的道德。只有在不仅消灭了阶级对立，而且在实际生活中也忘却了这种对立的社会发展阶段上，超越阶级对立和超越对这种对立的回忆的、真正人的道德才成为可能。现在可以去评价杜林先生的自我吹嘘了。他竟在旧的阶级社会中要求在社会革命的前夜把一种永恒的、不以时间和现实变化为转移的道德强加给未来的无阶级的社会！"[1]——就会发现，它看起来是在强调道德的流动性和特殊性，断言道德受制于阶级利益而变得不可普遍、充满对抗，但实际上，其中的判断是非常克制的。它对于道德缺乏普遍性和稳定性的描述，仅仅停留于"直到现在"，仅仅停留于尚未越出阶级对立的社会阶段。恩格斯的这番说法，从来没有放弃对于共产主义社会的道德及其完整意义与最高地位的承认："只有在不仅消灭了阶级对立，而且在实际生活中也忘却了这种对立的社会发展阶段上，超越阶级对立和超越对这种对立的回忆的、真正人的道德才成为可能。"[2]

（二）反驳"道德缺乏实效性"

对于"道德缺乏实效性"的反对意见，我们也有两种辩护或反驳方案。

第一种反驳方案是：缺乏实效性的只是某些特定的道德，而不是所有道德。

---

[1] 恩格斯：《反杜林论》，载《马克思恩格斯文集》第9卷，人民出版社2009年版，第99—100页。

[2] 恩格斯：《反杜林论》，载《马克思恩格斯文集》第9卷，人民出版社2009年版，第99—100页。

马克思恩格斯说"道德一点用处都没有",确实是他们想要表达的意思,而不是"反事实的反话"。但是,对于他们这里所说的"道德",我们要根据上下文语境来具体分析,他们究竟针对谁?他们是不是在说青年黑格尔派,是不是在说空想社会主义者?我们不能因为他们有类似说法,就必然推出,他们是针对所有的道德。我们需要看他们做出如此断言的语境,看看他们在这里是要批评谁?我在这里举两个例子,说明马克思恩格斯对于道德缺乏实效性的批评,始终是具体有所指的。比如,他们在《德意志意识形态》中提出的批评:"德国哲学是从意识开始的,因此,就不得不以道德哲学告终,于是各色英雄好汉都在道德哲学中为了真正的道德而各显神通。费尔巴哈为了人而爱人,圣布鲁诺爱人,因为人'值得'爱,而圣桑乔爱'每一个人',他是用利己主义的意识去爱的,因为他高兴这样。"①又比如,他们在《共产党宣言》中的类似看法:"现代的工业劳动,现代的资本压迫,无论在英国或法国,无论在美国或德国,都是一样的,都使无产者失去了任何民族性。法律、道德、宗教在他们看来全都是资产阶级偏见,隐藏在这些偏见后面的全都是资产阶级利益。"②应该看到,马克思恩格斯对这些道德的批评,是真实的。但同时也应看到,这些道德是特指他们所面对的那些唯心主义和空想主义的对手的道德学说,以及,资产阶级或统治阶级的道德观念,这也是真实的。但凡被他们批评的道德,都有相应的主体在背后。因此,我们不能不加限定地说一句"马克思恩格斯反对道德"就完了。事情没那么简单。

马克思、恩格斯拒斥的就是这种道德。马克思之所以在他后来

---

① 马克思、恩格斯:《德意志意识形态》,载《马克思恩格斯全集》第1版第3卷,人民出版社1960年版,第424页。
② 马克思、恩格斯:《共产党宣言》,载《马克思恩格斯文集》第2卷,人民出版社2009年版,第42页。

对资本主义制度的研究中越来越少进行道德判断，而主要采取科学的实证分析态度，在很大程度上，也同他对这种道德的看法有关，同他把道德更多地理解为这种道德有关。这是马克思在 19 世纪中叶，对于当时市面上流行的道德形而上学或者形而上学式的道德的一种自然的反驳和自然的反应。他对这种道德很是厌恶，所以不愿介入关于道德的讨论之中："马克思后来只是不提他的伦理信仰了——这是因为，首先，他担心这样一来会损害他的社会分析对纯科学的、客观的推论的要求；其次，大概是由于他的看似骄傲实则谦虚的态度，以至不能更多地谈论它；最后，还有一方面，就是他对自己的失望以及对其唯心主义和空想主义的对手在道德上的伪善辞令所作的愤怒反应。"①

而这种情况很好理解。当你发现身边有些研究特别乌七八糟，你很可能就不愿意掺和那个圈子。这时，你会对这项研究产生一些自己的判断，当然也可能是以偏概全的判断。但这正是马克思当时面临的状况。对此，张盾教授也表达过类似的看法，他说："马克思没有纯伦理学文本这一情况绝不是偶然的，而恰恰是马克思基于对资产阶级道德观念的彻底否定和对西方近代学院伦理学的批判立场而作出的一种学术选择。"②可见，当我们发现经典作家认为道德没什么用处，不值得研究时，我们要特别小心，要区分他们到底指的是谁，他们所批评的对象是不是囊括了所有的道德。

第二种反驳方案是：缺乏实效性的只是道德的特定方面，而不是所有方面。

其一，在历史唯物主义语境下，道德的无效性意味着，以道德

---

① 〔比〕亨·德·曼：《新发现的马克思》，载《1844 年经济学哲学手稿研究》，湖南人民出版社 1983 年版，第 369—370 页。
② 张盾：《马克思的六个经典问题》，中国社会科学出版社 2009 年版，第 331 页。

为基础来批判社会是无效的,但这并不意味着,以道德为基础来评价个人也是无效的。如果某人批判资本主义社会的理由是,资本主义太残忍,它打破了田园牧歌的生存状态,撕裂了温情脉脉的人际关系,那么,这种批判在马克思看来没有任何力度和意义。但是,在一个社会内部,尤其是在一个阶级内部,通过道德来评价隶属于该社会或阶级的个人,却仍然有效。就连通常被认为是强硬的"马克思主义的非道德论者"的艾伦·伍德,也认同这一点。他说:"我相信,马克思确实毫不客气地拒绝把道德标准当作可以接受的社会批判或辩护工具。但我非常怀疑,他会拒绝把道德当作一种用于评价个人行为或判断人们的社会态度的合法基础。当然,在马克思(贯穿其一生)的著作中,充满了对那些麻木的、安于现状、虚伪的人们的道德愤慨,他们可以容忍一种让大多数人都遭受不必要的奴役、异化、悲惨的生活制度(甚至为之辩护)。这里,马克思在道德方面的放纵和宣泄,和他在批判或捍卫基本社会制度时对于道德规范和价值(诸如权利和正义)的使用所表现出来的那种节制甚至轻蔑的态度,形成了惊人的对比。"[①]尽管伍德对于马克思在不同领域中对道德效用的不同定位感到不解,但这也恰好说明,马克思确实会在某些领域把道德当作一件有效的工具来使用。马克思所表达的道德愤慨,真实地出现在他针对个体的评价上。

其二,在历史唯物主义语境下,作为思辨观念的道德是无效的,但是,作为实践指引的道德却不是无效的。我们再来引用张盾老师的一个看法。他说:"马克思所理解的人类存在的理想道德状态,决不是先验主体的某种内在道德体验,即先验主体关于道德原

[①] Allen Wood, "Marx on Rights and Justice: A Reply to Husami", in Marshall Cohen, Thomas Nagel and Thomas Scanlon eds., *Marx, Justice and History,* Princeton University Press, 1980, p.128.

则的某种'想法',而是现实人的特定生存方式,是人在现实生活中的'活法'。"①因此,仅仅考虑作为主观东西的道德,这确实不是马克思想要的。然而,考虑感性的、现实的人可以具有怎样更好的生存事实,却不能排除在马克思的思考范围之外。在这个意义上,马克思对此前或当时的伦理学说的否定和讽刺,也不能被视为对伦理学的全面瓦解,毋宁说,它更多是对伦理学主题的转换:"从先验主体的内在道德体验转向现实人的感性生存方式。"②

其三,在历史唯物主义语境下,道德的无效性更多地表现为道德在解释历史规律、推动历史进程上的根本作用,但不包括道德在揭露反动统治、鼓舞工人团结等特定事务上的现实功能。正因如此,我们才会看到,马克思在《国际工人协会成立宣言》中明确倡议,工人阶级应当团结起来,应当运用"道德和正义的准则":"努力做到使私人关系间应该遵循的那种简单的道德和正义的准则,成为各民族之间的关系中的至高无上的准则。"③这说明,仅仅就革命斗争的现实策略而言,马克思没有完全否定道德的实效性。在解释历史的发展规律、推动历史的根本进程上,这种实效性可能体现不出来,但是,对于解释和促动历史过程中某些细节或具体环节,道德依然可以发挥有限度的作用。

(三)反驳"道德具有蒙蔽性"

第三点反对意见,即道德具有蒙蔽性,其实是非常关键的一

---

① 张盾:《马克思的六个经典问题》,中国社会科学出版社 2009 年版,第 334—335 页。

② 张盾:《马克思的六个经典问题》,中国社会科学出版社 2009 年版,第 352 页。

③ 马克思:《国际工人协会成立宣言》,载《马克思恩格斯文集》第 3 卷,人民出版社 2009 年版,第 14—15 页。

点。在历史唯物主义语境中，道德确实可以充当意识形态。因而，认为道德具有意识形态的保守功能，呈现出意识形态的蒙蔽性和扭曲性，对此，我们也是能够在马克思、恩格斯那里找到大量的线索和证据的。对于这种反对意见，如果我们要反驳它、瓦解它，也可以有两种方案。

第一种反驳方案是，我们虽然承认"意识形态"的消极性，判定"意识形态"是对既有统治秩序的维护，是对既有统治阶级的美化，是会给被统治阶级带来蒙蔽和欺骗，但是，我们不承认"道德"与"意识形态"之间存在必然联系，更不认为两者可以画等号。原因在于——

其一，根据历史唯物主义，所有的意识形态作为一种特殊的观念形式都属于上层建筑，但是，历史唯物主义并没有说，所有属于上层建筑的观念形式都是意识形态的。这就在隶属于上层建筑的全部观念内部，为"非意识形态的观念"留出了空间。或者说，至少在逻辑上，上层建筑的观念系统中既包含"意识形态观念"，也包含"非意识形态观念"。我们当然不能说所有的道德观念都属于后者，都居于那个"非意识形态的"空间中。但是，至少有一部分道德是可以被这样看待的，比如，人都向往健康，人都追求幸福等等。毫无疑问，这样的道德观念非常"稀薄"，在历史唯物主义语境下也非常"稀少"。然而，它们又确实是存在的。你也许会说，承认这些道德观念，是不是意味着马克思主义伦理学将会承认"普世价值"？并非如此！在历史唯物主义的语境中，这样的道德之所以存在或成立，不是因为它们具有超出阶级限度或时空约束的、先验的"普遍性"或"普世性"，而是因为它们确实在迄今为止的人类历史进程的各个阶段上一直经验地存在。

其二，假如所有的道德观念都是"意识形态"，假如所有的道德观念都是具有"扭曲性和蒙蔽性",那么,"意识形态"就是道德观念的全部,甚至是观念本身。既然如此,那你又是怎么知道自己的这些道德观念具有"扭曲性和蒙蔽性"呢?你又是根据什么而判断出自己的这些道德观念具有"扭曲性和蒙蔽性"呢?你的尺度摆在哪里?你的立场立足何处?事实上,在这种情况下,我们根本就无法想象出,一种未被蒙蔽的道德观念将是怎样的。从而,我们也就根本不会意识到,也无法判断说,我们现在所持有的道德观念是具有扭曲性、蒙蔽性的"意识形态"。可见,如果缺少"非意识形态的道德观念"这个对立面,那么,我们根本就不可能反思甚或意识到所谓"意识形态的道德观念"。所以,要承认和揭示"意识形态的道德观念",就必须承认"非意识形态的道德观念"的同时存在。如果不承认"非意识形态的道德观念",那么"意识形态的道德观念"也将因为缺乏参照系而自行瓦解。对于这一点,在我翻译的尼尔森的那本书里,他说得很干脆:"如果在任何意义上都不存在非意识形态的社会科学、理论或表述,如果我们甚至不能将那些可以算作非意识形态的社会思想予以概念化处理,那么,我们甚至就不能将任何社会思想体系等同于意识形态的。而'意识形态的'也就不能用来刻画思想,或者说,至少不能用来刻画关于社会的思想。"[1]

其三,道德观念之所以不一定是意识形态,我们之所以能够发现非意识形态的道德观念作为参照系,这不仅仅是因为,我们可以在迄今为止的阶级社会条件下发现若干非常稀薄的道德命题,更重要的是因为,在历史唯物主义所揭示的那个必将到来的无阶级社会条件下,我们可以有充足的理由不再把道德观念视为意识形态的。

---

[1] 〔加〕尼尔森:《马克思主义与道德观念》,李义天译,人民出版社2014年版,第135页。

换言之，如果你坚持历史唯物主义，那么你必定承认，在阶级社会条件下，道德确实具有意识形态性质，从而具有蒙蔽性和扭曲性。但是，如果你始终坚持历史唯物主义，那么，你就还得承认，在人们消灭了阶级差异与阶级对立从而处于一种无阶级的社会条件下所持有的道德观念，就不能再被当作意识形态来看待。

第二种反驳方案是，我们可以承认"道德"与"意识形态"之间存在必然关系，承认道德观念始终属于意识形态范畴，但是，我们并不因此承认"意识形态"必定具有扭曲性和蒙蔽性。"意识形态"可以有不同的概念化方式。我们完全可以通过重新定义"意识形态"，使得道德即便始终以意识形态的方式出场，也无须承诺任何扭曲性或蒙蔽性。

其一，意识形态是阶级社会的产物，但是，在阶级社会中，意识形态的本质特征并不在于它具有扭曲性或蒙蔽性，而在于它反映了阶级利益与阶级立场。我们知道，"意识形态"这个词来自法国，一开始特指18世纪流行于法国的那种"观念学"方法。根据这种方法，学者把某个观念作为基点，然后从中引出知识命题，进而形成知识体系。因此，当马克思、恩格斯在自己的著作中开始使用"意识形态"概念时，就是为了把他们批判的对象"与几十年前曾在法国被强烈谴责的学说联系在一起，而使之得不到信任"①。遭到马克思、恩格斯嘲讽的那些"意识形态家"只知道提供"反对这个世界的词句，而绝对不是反对现实的现存世界"②。与这种严苛的定义相比，又有一种非常宽松的理解，认为"意识形态"本质上是一个功能性概念，描述的是社会意识形式特别是占据主导地位的

---

① 〔英〕汤普森：《意识形态与现代文化》，高铦等译，译林出版社2005年版，第37页。

② 马克思、恩格斯：《德意志意识形态》，载《马克思恩格斯文集》第1卷，人民出版社2009年版，第509页。

社会意识形式的产生、变化及原因,还有它们针对生产方式和社会结构的作用。这两方面虽然都是意识形态的特征,但不是根本特征。作为阶级社会的产物,意识形态在根本上"是阶级社会的特征,或是阶级社会中某个阶级或其他主要社会集团的特征,而且,它一般服务于某个阶级的利益,尤其是这类社会中某个阶级或其他主要社会集团的利益"①。无论是被批评为"空洞的",还是被认定为"功能的",皆是因其阶级属性和阶级对立的社会背景而得出的结论。

其二,在阶级社会,道德注定反映阶级利益,注定成为意识形态,但是,反映了阶级利益从而构成了意识形态的道德观念,仍然可以是真实的甚至是客观的道德观念——尽管它的真实性和客观性会因阶级社会的分裂状态而仅仅具有局部意义。比如,"资本主义掠夺工人是坏的"这个道德观念,仅仅反映了工人阶级的阶级利益,可以说,它同样只是一种局部利益的表现。但是,我们并不说它作为无产阶级的意识形态就具有扭曲性和蒙蔽性。为什么不说?因为,这种道德观念恰好揭示了资本主义社会那种催生异化劳动、阻碍生产力发展的生产关系的特质。如果我们接受这种道德,那么,它就会因其反映了历史发展的方向而将引导我们走向一个更高级别的社会。在这个意义上,它尽管是阶级性的,但却摆脱了扭曲性和蒙蔽性。

其三,在阶级社会,道德作为意识形态、作为阶级利益的反映确实仅仅服务于某个阶级,但是,这也恰好说明,只有当它刻意掩饰自己的阶级性而扮作普遍永恒之物时,它才会构成一种具有扭曲性和蒙蔽性的虚伪存在物;只有当它故意"以误导的方式来安排事

---

① 〔加〕凯·尼尔森:《马克思主义与道德观念》,李义天译,人民出版社2014年版,第118—119页。

实,或是遗漏某些特定事实,或是把它们放在不显眼的语境中"[1]而发挥作用时,它才会成为一种虚假的、有偏见的视角。所以,在资本主义社会,我们既不能奢望工人阶级的善恶观念能够"惊醒"资产阶级,更有必要警惕资产阶级的善恶观念"迷惑"劳动者。只要阶级和阶级对立依然存在,作为意识形态的道德就难以"普遍"和"永恒"。当然,出于阶级利益的冲突性、阶级意识的差异性和阶级诉求的对抗性,阶级社会的道德为了占据制高点,却又常常采取如此手法来装扮自己,从而使其阶级性迅速地表现出蒙蔽性和扭曲性。但是,这只不过说明,在阶级社会中,作为意识形态的道德会更频繁地表现出蒙蔽性和扭曲性的倾向,更容易放大它在这方面的特点。然而,并不能由此断定,道德必然就是扭曲的或蒙蔽的。

概言之,上述两种方案都是为了切断"道德—意识形态—具有扭曲性与蒙蔽性"的论证链条,从而,将道德同扭曲性、蒙蔽性等消极意义隔离开来。只不过,第一种方案是为了切断前一个环节,第二种方案是为了切断后一个环节。如果这些反驳方案是成功的或成立的,至少做到部分成功或成立,那么,道德的消极意义,那种被讽刺、被否定、被批判的地位,也许就可以从历史唯物主义的论述中被拯救出来。从而,道德就可以在历史唯物主义语境中被放在一个合适的位置,初步建立起合法性,以便我们开展下一步的研究。

所以,这就是为什么说,"历史唯物主义语境下的道德合法性问题"是马克思主义伦理学的初始问题。因为,只有解决了这个问题,解决了道德是否值得我们认真对待的问题,马克思主义伦理学才可以继续推进,延伸至更加具体的道德议题之中。

---

[1] 〔加〕凯·尼尔森:《马克思主义与道德观念》,李义天译,人民出版社2014年版,第128页。

第五讲
马克思主义伦理学的主要议题（上）

李义天

研究马克思主义伦理学，需要面对和回应它的初始问题，即道德在历史唯物主义语境中是否具有合法性。如果道德缺乏自主性、客观性或有效性，根本就不具有合法性，那么，我们当然也就没有必要去研究它。但是，如果我们解决了初始问题，从而可以相信，对马克思、恩格斯来讲，确实有些道德议题是关键性的，那么，这些关键的议题又包含哪些呢？可以说，对初始问题的解决，还只是一个起点。在这个起点，我们只是在马克思主义伦理学重要或不重要之间进行了选择，即选择了"重要"这个选项。那么，我们就会继续问，马克思主义伦理学究竟哪里重要了？因此，我们接下来必须继续开拓，看看究竟是有哪些主要议题需要应对和处理。

所谓"马克思主义伦理学的主要议题"，是指这样一些问题：如果你是一个马克思主义者，如果你像马克思、恩格斯那样去观察和思考，那么，你会在道德方面看到什么问题？你会看到什么道德难题？你会看到什么道德困惑？你会看到什么道德痛点？当这个世界摆在马克思、恩格斯面前时，为什么有些东西会让他们感觉不爽，想要摆脱或扬弃？为什么又有些东西会让他们觉得重要，值得奋斗和实现？所有这些问题都并非不言自明的。尽管如此，我们仍可以在他们的文本中找到一些线索，概括出几个基本上不太有争议的方面。对于这些方面，我们在前面已经有所概述，即作为反题的异化、剥削和分裂，以及作为正题的自由、平等与联合。它们彼此之间是两两对应的关系。我们今天的讨论，先从第一组正题与反题开始。

我们知道，在马克思的思想生涯早期，"异化"问题就已经进入他的视野并成为他批判和反对的一个对象。那么，"异化"是什么？"异化"就是一个劳动者在劳动的时候感觉自己不像自己，而在不劳动的时候才感觉自己像自己；他越是生产出劳动成果，越是觉得这个劳动成果跟自己是疏离的、对抗的。在这种生存状态中，所谓"劳动是第一需要"，对他来说是完全体现不出来，也是完全感受不到的。进一步地，他会感受到，这个世界跟他是对立的，他跟这个世界之间是疏离甚至抵触的。

一个人如果在"异化"过程中无法掌控自己，异化的劳动过程及其成果也不由自主，以及，由此发生的社会关系、政治关系都与自己发生疏离化，无法支配，那么，与异化相对应的东西是什么？是"自由"。在本质上，自由是对异化状态的一种恢复，让劳动者通过重新占有劳动而占有自身，成为自己的支配者和主宰者。当然，我们也都很清楚，在经典作家那里，"自由"并不是一个无条件的应然或规范性。在他们的使用中，"自由"存在多种含义；其中不仅复杂，甚至冲突。因此，我们需要对这些含义进行梳理和区分，然后才能确认，在马克思主义伦理学中，与异化构成对立关系、从而可以得到马克思主义承认和支持的"自由"究竟指什么。

一、反题（I）：异化

把某些议题称作马克思主义伦理学的"反题"，不是对黑格尔主义的回归。我们借用这个词，只是描述或表达马克思主义伦理学能够合理反对并主张清除的东西。也许你会说，马克思、恩格斯从来不是因为这些东西不正当、不正义、不够善好而反对或清除它们的。但是，只要你承认马克思、恩格斯确实描述过一种必然实现的更高级的人类社会形态，那么，你就有必要沿着马克思恩格斯的思路去观察和思考，在这个更高级的社会里，在通往这个更高级社会的路途上，最起码应当排除掉哪些东西。无论答案是什么，"异化"都位列其中。

（一）异化的表现

我们先来看一下异化的表现。关于这个问题，研究成果汗牛充栋。我在这里提供一个简单的视角和归纳。概括地说，在资本主义条件下，异化是一个全方位的社会困局。不仅工人作为劳动者深陷异化之中，而且工人的对立面，资本家，同样也囿于其中。在那里，每个人都因为与那些本可以用来确证自我能力和本质的物之间发生对立和疏离，而处于某种异化关系中。

1. 劳动者的异化

劳动者的异化，也就是劳动者与自己的劳动成果、劳动过程以及劳动本身相疏离、相分立、相敌对。本来，劳动应该是劳动者自我存在的积极表现，是一种最本真意义上的人类实践。人为什么要劳动？因为人要依靠劳动产品而生存。为什么人在获得劳动产品后还要继续劳动？因为人要继续生存。所以，才会有采集、狩猎和耕种，才会有建筑、储藏和护卫等行为。劳动本来是与人的最基本的生存方式相关联的，但是，当人类进入阶级社会以后，特别是在进入到资本主义社会以后，生产资料的私人占有关系导致劳动都不能够按其本性获得展示，劳动不再是为了满足劳动者的需要而实施，由此导致劳动者陷入一系列的异化关系之中。

马克思的《1844 年经济学哲学手稿》是讨论异化问题最典型的一个文本。在那里，他说得非常清楚："工人在劳动中耗费的力量越多，他亲手创造出来反对自身的、异己的对象世界的力量就越强大……工人在他的产品中的外化，不仅意味着他的劳动成为对象，成为外部的存在，而且意味着他的劳动作为一种与他相异的东西不依赖于他而在他之外存在，并成为同他对立的独立力量；意味着他给予对象的生命是作为敌对的和相异的东西同他相对立。"[1]这是说，劳动者生产出来的东西构成了一个陌生之物，与他的本质之间没有任何联系；劳动者看到它不仅不会感到特别喜悦，甚至觉得疲惫和厌恶。这是劳动者异化的第一个方面，即，劳动成果与劳动者相异化。

劳动者异化的第二个方面，是劳动过程与劳动者相异化。对工人来讲，资本主义条件下的劳动只是外在的。在这样的劳动过程中，他们"不是肯定自己，而是否定自己，不是感到幸福，而是感到不幸……工人只有在劳动之外才感到自在，而在劳动中则感到不自在，他在不劳动时觉得舒畅，而在劳动时就觉得不舒畅"[2]。此时，劳动完全变成一种异己的、陌生的、具有压迫性的过程。这与

---

[1] 马克思：《1844 年经济学哲学手稿》，载《马克思恩格斯文集》第 1 卷，人民出版社 2009 年版，第 157 页。

[2] 马克思：《1844 年经济学哲学手稿》，载《马克思恩格斯文集》第 1 卷，人民出版社 2009 年版，第 159 页。

那种在劳动中能够满足自己需要、实现自己本质的劳动实践过程是完全不一样的。

劳动者异化的第三个方面,是生存方式与劳动者相异化。马克思、恩格斯说,在资本主义条件下,工人"自身的生活条件,即劳动,以及当代社会的全部生存条件都已变成一种偶然的东西,单个无产者是无法加以控制的,而且也没有任何社会组织能够使他们加以控制"。①这是《德意志意识形态》里的表述。充分揭示出劳动者在异化关系中的那种飘零感、无力感。对于自己的生存,他们不仅缺少法权论意义上的掌控力,而且在存在论意义上也同样如此。

如果说劳动者遭遇的异化状态仅仅是因为他们在资本主义条件下属于那一部分并不掌握生产资料的人,因而在这样的生产过程中才会面临异化关系。那么,那些占有生产资料的人就避开这样疏离、敌对、不由自主的命运了吗?不,他们也会处于异化之中。

2. 资本家的异化

资本家所遭遇的异化,是指他们同自己的资本和经营活动相疏离、相敌对,受其裹挟,受其支配。对于这一点,可能是我们经常忽视的地方。我们往往觉得,在资本主义条件下,只有工人被异化,只有工人变得不自在、不自由,只有工人在劳动过程中受到压迫和奴役。而工人的压迫者和奴役者,当然是资本家这个群体。但是,资本家同样无法独善其身。他们参与了一种更大的机制与体系性力量的建构,但同时也被这种机制及其力量所裹挟和支配。

成熟时期的马克思对这方面有了更深刻的洞察。可以说,越到成熟时期,他的思路就越深刻、越开阔。马克思在《资本论》中说:"资本家只有作为人格化的资本,他才有历史的价值……只有

---

① 马克思、恩格斯:《德意志意识形态》,载《马克思恩格斯文集》第1卷,人民出版社2009年版,第571—573页。

作为资本的人格化，资本家才受到尊敬。作为资本的人格化，他同货币贮藏者一样，具有绝对的致富欲。但是，在货币贮藏者那里表现为个人的狂热的事情，在资本家那里却表现为社会机制的作用，而资本家不过是这个社会机制中的一个主动轮罢了。"①这说明，资本家对个人致富的追求，在根本上，并不是个人的狂热欲望所能解释，而是要深入到社会运行的整体机制中才能获得理解。在这个连续运转的机制中，资本家只不过是这个社会机制中的一个主动轮罢了。"竞争使资本主义生产方式的内在规律作为外在的强制规律支配着每一个资本家。竞争迫使他不断扩大自己的资本来维持自己的资本，而他扩大资本只能靠累进的积累。"②在这样的过程中，掌握生产资料的资本家同样是不自由的。作为机器的一个环节，他们只不过是主动迎合这台社会机器对他们的"逼迫就范"。

3. 人的异化

异化的第三个表现是，每个人——不管是资本家还是劳动者——都与人所创造的物相疏离、相分立、相敌对。其中。金钱作为物的最典型代表独立出来，形成一种新的拜物教。

什么叫拜物教？《资本论》里是这么说的，"把物在社会生产过程中……获得的社会的经济的性质，变为一种自然的、由这些物的物质本性产生的性质"③，"把人们本身劳动的社会性质反映成劳动产品本身的物的性质，反映成这些物的天然属性"④。这些物本来

---

① 马克思：《资本论》第 1 卷，载《马克思恩格斯文集》第 5 卷，人民出版社 2009 年版，第 683 页。

② 马克思：《资本论》第 1 卷，载《马克思恩格斯文集》第 5 卷，人民出版社 2009 年版，第 683 页。

③ 马克思：《资本论》第 2 卷，载《马克思恩格斯文集》第 6 卷，人民出版社 2009 年版，第 251 页。

④ 马克思：《资本论》第 1 卷，载《马克思恩格斯文集》第 5 卷，人民出版社 2009 年版，第 89 页。

是社会的产物，可是，它们现在变得好像与这个社会无关、与这个社会的成员无关、与社会的交往形式无关；它们自身仿佛独立地具备了某种神圣的性质，供人臣服和膜拜。这就是拜物教。国家、市场、货币，本来只是人生产出来的东西，只是人进入社会生活之后创造的人工物。但是，现在我们把它当成了一些好像自然而然就能够确立，并且构成了每个人的对立面乃至每个人的规范性来源的东西。一提到国家，国家很神圣；一提到金钱，金钱无所不能。

在这样的情境中，人的活动被物所异化："我们本身的产物聚合为一种统治我们的、不受我们控制的……物质力量"；"人本身的活动对人来说就成为一种异己的、与他对立的力量，这种力量驱使着人，而不是人驾驭着这种力量"。①这种力量在前资本主义社会有没有？也许体现为宗族，体现为以皇权为代表的国家，甚至体现为神秘的天道等神圣力量。但是，在资本主义社会，这种与所有人相分立、与整个社会相脱离的异己性力量是什么呢？它们不再是那些所谓宗法的东西、天道的东西，而是纯粹的金钱关系、商业关系："旧社会的一切关系一般脱去了神圣的外衣，因为它们变成了纯粹的金钱关系"；"只有商业买卖才是唯一的联系，只有金钱关系才是企业主与工人之间的关系"；所有的劳动，脑力劳动、艺术劳动全都变成了交易的对象，"全体牧师、医生、律师等，从而宗教、法学等，都只是根据他们的商业价值来估价了"。②这些就是在一个被称为资本主义的社会里，异化关系的充分表现。在那里，人们崇拜着一个好像是自然而然形成的强大力量。这种力量就是金钱的力量。

---

① 马克思、恩格斯：《德意志意识形态》，载《马克思恩格斯全集》第1版第3卷，人民出版社2009年版，第37页。

② 马克思：《工资》，载《马克思恩格斯全集》第1版第6卷，人民出版社1961年版，第659—660页。

(二) 异化的实质

在了解异化的表现之后,那么,我们会问,异化的实质又是什么呢?异化意味着人在行动、关系或存在方面的不由自主、不可掌控。简言之,异化是对自由的否定。在马克思主义伦理学的意义上,异化不仅是说有些东西与你对立和疏离,从而压迫你、奴役你,异化还是说,这些东西就是由你自己的力量所产生的,而你对此并不自觉,或者,即便自觉也无计可施。在这个意义上,不仅是被奴役和被压抑的状态使得异化构成一个伦理问题,更重要的是,你在这个过程中的不自知也构成了一个伦理问题。这是可以合理地从经典作家那里引申出来、加以讨论的一些理解。

1. 异化是生产劳动及其交换关系中的不自由状态

异化是人在物质生产劳动中、在物质占有关系中的被损害和被压抑的不自由状态。它导致人不再作为自由的人而劳动,不再作为自由的人而进入物质劳动过程。劳动本来应该是人的劳动能力的一种自由展现,可是,进入阶级社会,尤其进入资本主义社会,事情却不是这样了。尽管在资本主义社会,人不再是人身依附于某个主人的奴隶,在这个意义上,他仿佛是自由的,但是他依然作为某种压迫力量和奴役力量的对象而存在,他并不是作为一个完全自由的人而劳动。

恩格斯在他早年的著作《英国工人阶级状况》里面就说:"这种奴隶制和旧式的公开的奴隶制之间的全部差别仅仅在于现代的工人似乎是自由的,因为他不是一次就永远卖掉,而是一部分一部分地按日、按星期、按年卖掉的,因为不是一个主人把他卖给另一个主人,而是他自己不得不这样出卖自己,因为他不是某一个人的奴隶，而是整个有产阶级的奴隶。"①只要一个人处于无产状态，只要他仅仅拥有自己的劳动力，那他就必然要把自己的劳动力售卖出去，或者售卖给这个主人，或者售卖给那个主人，一天一天地卖，一周一周地卖，一年一年地卖。他似乎是自由的。但是，劳动成果并不属于他，劳动过程依旧让他觉得压抑，劳动这件事情本身令他不开心。为什么？这是因为，在整体上和根本上，他是作为一个被奴役者而进入到这个过程中。所谓的自由，仅仅是他售卖自身的自由。这只不过是一个在劳资双方的谈判过程中，他是把自己卖给A还是卖给B的问题。但不管卖给谁，A和B都是有产阶级的代表人。

如果说劳动者与资本家之间的关系使得劳动者仅仅具有表面自由，而实质上是不自由的，那么，资本家与资本家之间又如何呢？他们之间也存在交换和买卖，表现为自由买卖、自由贸易的自由。但是，这种自由仍是一种狭隘的自由。自由的买卖、自由的竞争并不是人类自由的终极发展。马克思明确指出，"把自由竞争看成是人类自由的终极发展，认为否定自由竞争就是否定个人自由，等于否定以个人自由为基础的社会生产"，这是荒谬的看法；因为，它们"不过是在有局限性的基础上，即在资本统治的基础上的自由发展"。②这说明，马克思非常清楚地区分开了终极发展阶段的"人类自由/个人自由"与资本主义阶段的"个人自由"。他不仅承认前者的存在，认可前者的规范意义，而且承认后者的存在，揭示出后者的消极性恰恰就在于某些异化之物对前者的奴役、阻碍和否定："这种个人自由同时也是最彻底地取消任何个人自由，而使个性完

---

① 恩格斯：《英国工人阶级状况》，载《马克思恩格斯全集》第1版第2卷，人民出版社1957年版，第364页。

② 马克思：《政治经济学批判（1857—1858年手稿）》，载《马克思恩格斯文集》第8卷，人民出版社2009年版，第180页。

全屈从于这样的社会条件,这些社会条件采取物的权力的形式,而且是极其强大的物,离开彼此发生关系的个人本身而独立的物。"①因此,把"自由"仅仅理解为在资本主义条件下的自由竞争、自由买卖,是不正确的、不完整的;如果认为否定了这种自由,人类自由便会被否定,同样是危言耸听、以偏概全的。马克思反对的是这种因异化而产生的虚假自由,他支持的是通过否定异化而实现真正的自由。

2. 异化是人类实践领域的不自由状态

"异化"所导致的这种被损害、被压抑的奴役状态,包括但不限于生产劳动及其交换关系。有时候,异化还被用于指称人在政治、宗教、文化等各种实践活动中的被损害、被压抑的不自由状态。当人类在这些实践领域中仅仅获得片面的发展、不由自身决定的发展时,就是被某些源自人类自身、但又独立于人类自身的东西所束缚、所奴役。它们使得人类无法达到完整的、本真性的存在状态。

马克思在《论犹太人问题》里有一段话说得很漂亮。他说,在资本主义条件下,人会丧失其政治性:"citoyen〔公民〕被宣布为利己的 homme〔人〕的奴仆;人作为社会存在物所处的领域被降到人作为单个存在物所处的领域之下;最后,不是身为 citoyen〔公民〕的人,而是身为 bourgeois〔市民社会的成员〕的人,被视为本来意义上的人,真正的人。"②在这里,人作为政治国家的公民——那种公共人的身份——是不成立的。人仅仅作为单个存在物、作为利己存在物而片面地存在。在这里,"本来意义上的人,真正的人"不

---

① 马克思:《政治经济学批判(1857—1858年手稿)》,载《马克思恩格斯文集》第8卷,人民出版社2009年版,第180—181页。

② 马克思:《论犹太人问题》,载《马克思恩格斯文集》第1卷,人民出版社2009年版,第43页。

再被理解为政治生活的公民，而仅仅被理解为市民社会的成员。于是，"政治生活"及其人权话语也不再具有独立性，而是"宣布自己只是一种手段"①，其目的就是满足和保障市民社会生活。应该看到，对于市民社会所带来的政治生活的瓦解和伦理实体的崩溃，这个时候的马克思是极为不满的。

那么，市民社会的经济活动又如何呢？上面我们其实已经涉及到了这个方面。即便你仅仅停留于市民社会，有意拒绝上升到政治国家的层面来理解什么是人，市民社会本身对个人的压抑和扭曲也是非常明显的。马克思、恩格斯在《神圣家族》中尖锐地指出："市民社会的奴隶制在表面上看来是最大的自由……这种奴隶制看上去似乎是尽善尽美的个人独立，这种个人把自己的异化的生命要素如财产、工业、宗教等既不再受普遍纽带束缚也不再受人束缚的不可遏止的运动，当作自己的自由，但是，这样的运动实际上是个人的十足的屈从性和非人性。"②资本主义条件下的市民社会，把人类实践的产物和关系都改造为强大的异己之物。人不但不能自由地支配它们，反倒要受它们的支配，令自身成为不自由的存在者。

3. 异化是亟待消除的病症或障碍

异化既然是真正自由的对立面，便意味着人在异化状态下受制于某种疏离、压迫和奴役。在资本主义条件下，异化使人成为资本的奴隶，使人在资本逻辑中陷入"非人"状态。尽管此时奴役人的力量就来自于人自身，但是它既然出现了，它就依然是一种恶，是一种有损于人类自由的恶，是一种亟待消除的病症或障碍。

有人会说，如果坚持历史唯物主义，就得承认异化是必然的。

---

① 马克思：《论犹太人问题》，载《马克思恩格斯文集》第1卷，人民出版社2009年版，第43页。

② 马克思、恩格斯：《神圣家族》，载《马克思恩格斯文集》第1卷，人民出版社2009年版，第316—317页。

所以，对异化的理解只能按照"解释性"的方式来进行，而不能按照"规范性"的方式来进行。可是，这种观点也许过于轻视了异化所带来的问题，也轻视了异化本身的复杂性。异化即便是人类历史发展的必然产物，它也是一种作为病征的必然产物。艾伦·伍德在他的《卡尔·马克思》一书中说："（异化概念）不再是解释性的，而是描述性或诊断性的。马克思用异化这个概念来确认或者描述人类所患的某一种疾病或机能障碍，而人这种疾病或机能障碍在现代社会尤为普遍。这种疾病是作为'不自然的分裂状态'或'被自己的创造所统治'这样的明喻或隐喻典型反映的各种现象，是以这种或那种方式促成的。"①类似地，卢克斯在《马克思主义与道德》中也表示，在马克思主义语境中，把异化理解为阶级对抗的条件下劳动者与劳动成果、劳动过程和劳动关系的疏离与对立，这过于表面化了。异化的本质"是'真正的自由'的主要障碍。简而言之，'异化'是一种指称，指的是马克思主义关于资本主义不自由的独特观点，指的是按照这种观点来看使资本主义尤其不自由的东西"②。

  作为一种病症或障碍，异化纵然是历史发展中必然出现的，也仍是一种值得重视和警惕的病症。这就好比，几乎每个小孩都会在婴幼儿时期出疹子，这基本上是每个人都要经历的过程，而且在经历过后，人的身体免疫功能会得到提升。但即便如此，我们的医生和家长也不会认为，"出疹子"是一件可以坐视不管、甚至值得大张旗鼓热烈庆祝的事。同样地，人类社会的发展过程中也必然会有缺陷的状况，而且这些缺陷是不可避免的，但是，我们并不能因为

---

① Allen Wood, *Karl Marx*, Routledge & Kegan Paul, 1981, p.7.
② 〔英〕史蒂文·卢克斯：《马克思主义与道德》，袁聚录译，高等教育出版社2009年版，第73页。

它是必然的事件，就不再承认它的一种病症或障碍。恰恰相反，如果你是一个真正的马克思主义者，你只会更加自觉地把异化放在马克思主义伦理学亟待解决、亟待消除的清单里。

概言之，作为对自由之否定的异化是马克思主义伦理学的一个痛点，因而，理解异化的表现与实质就不是一件无关紧要的事情。相应地，如果我们可以找到一些相关的论据来支持我们的判断，那么，作为一个马克思主义者，清除异化或至少削弱异化，也就变成了一项重要的伦理议题。通过处理这个议题，马克思主义试图使得人从那种由自我产生、但又独立于自身的异己性的压迫力量中解脱出来，从而获得异化的对立面，即，自由。

二、正题（I）：自由

把"自由"界定为马克思主义伦理学的正题，理解为马克思主义在规范意义上予以承认和支持的东西，这很容易。但是，如果不做进一步限定的话，这种观点必将引起巨大的争议。我们可以看到，在很多现代研究者的作品中，有人说马克思恩格斯支持自由，有的人又说马克思恩格斯反对自由。他们似乎都有道理。这里的关键其实在于，究竟什么是马克思恩格斯所使用的"自由"？究竟什么又是马克思恩格斯所支持的"自由"？如果深入其原文，你会发现在马克思恩格斯那里，"自由"的用法非常丰富。它至少包括四种含义：作为自由意识的自由（self-consciousness）、作为自由权利的自由（liberty）、作为自由解放的自由（emancipation）、作为自由成就的自由（achievement）。而我们的纠结和争议，往往是因为，我们对马克思恩格斯在具体文本中使用的是何种"自由"并不清楚，甚至有所混淆。因此，对马克思主义伦理学的"自由"概念的理解，必须通过区分和澄清来进行。只有通过区分和澄清，我们才能明白，马克思恩格斯究竟在支持哪种自由？又在反对哪种自由？

（一）作为自由意识的自由

作为自由意识的自由，是马克思早年的自由观念及其追求，主要体现在他写作博士论文的过程中，对于自我意识所具有的绝对自由性质的理解与肯定。在博士论文中，他通过阐述古希腊的原子观而指出，原子的本质是自由。这种自由意味着，原子所具有的抽象的个别性，即，独立性和对同他物的一切关系的否定，表现为脱离限制性的定在。

那么，马克思到底是要论证什么呢？他是为了论证德谟克利特的原子学说吗？不是的。马克思的研究兴趣并不在古代自然哲学或物理学的原子学说。他是要通过这些原子学说来阐述某种绝对自由的东西。这就是自由的自我意识。原子的本性也就是自我意识的本性，它具有抽象的纯粹的个别性，具有一种不受其他规定性所制约或限定的绝对的自由。马克思作为一个博士生在德国古典哲学发展末期试图表达和论证的，依然是当时的学术传统所营造出来的那种对于所谓"绝对自由"的向往。古希腊关于原子具有脱离一切限制性定在的绝对自由的定义，只是他的一个论证工具而已。

所谓"脱离限制性的定在"的绝对自由，在他的博士论文里，也说得非常清楚：原子下坠过程中出现的偶发的偏斜打破了命运的束缚，其"行为的目的就是脱离、离开痛苦和困惑，即获得心灵的宁静……在抽象的个别性以其最高的自由和独立性，以其总体性表现出来的地方，那里被摆脱了的定在，就合乎逻辑地是全部的定在，因此众神也避开世界，对世界漠不关心，并且居住在世界之外"①。很显然,这是一个年轻的博士生关于绝对自由的一种依然带有思辨色彩甚至浪漫色彩的描述。它既是对古希腊思想的一种解读,也是对人类存在方式的一种设想。这种解读和设想,在当时,仍建立在所谓自由意识的基础上。我们要知道,马克思关于自由的理解就是从这里出发的。但是,这不是我们想主要讨论的内容。马克思在成熟时期所大量使用的自由概念以及对自由问题展开的诸多批判,其实涉及的都是作为自由权利的自由。

(二)作为自由权利的自由

作为自由权利的自由,是马克思恩格斯常常反对的东西。这个意义上的自由具有很强的现实感。在现代社会中,它们可以被落实为一些具体的行动选项,并且得到法律上和政治上的确认。然而,它们在马克思、恩格斯眼里却存在着严重的问题。

1. 加深人与人之间关系的区隔和分裂

作为自由权利的自由,进一步导致并加深人与人之间关系的区隔和分裂,使得社会成员之间的对抗状态变得理直气壮,甚至理所应当。对于马克思来说,人与人之间的社会交往和整体联系是人的本质之一。所以,如果把人与人之间的关系本质理解为是一种可分离的原子状态,马克思会觉得不可接受。

在《论犹太人问题》里,马克思说:"(在市民社会中)自由是可以做和可以从事任何不损害他人的事情的权利。"②这些自由权利从何而来?这些能够从事的不损害他人的活动的界限从何而来?马克思说,它们是法律规定的。所以,权利往往又被称为法权。马

---

① 马克思:《德谟克利特的自然哲学和伊壁鸠鲁的自然哲学的一般差别》,载《马克思恩格斯全集》第2版第1卷,人民出版社1995年版,第37页。
② 马克思:《论犹太人问题》,载《马克思恩格斯文集》第1卷,人民出版社2009年版,第40页。

克思清楚地意识到，在资本主义条件下，这种权利的确定就像"两块田地之间的界限是由界桩确定的一样"[①]，主要目的在于清晰的区分和划界。而人之所以需要进行清晰的区分和划界，则是因为他们（在特定的历史条件下）已经把自身理解为因利益的分割而在本质上与他人无关的、非社会化的个体。社会交往、社会联系或社会关系，似乎已经成为一种外在的、偶发的对象。而法律上、道德上对人的自由权利的确认和保护，也是为了确认和保护他们"作为孤立的、自我封闭的单子的自由"[②]。因此，马克思说得很清楚："自由这一人权不是建立在人与人相结合的基础上，而是相反，建立在人与人相分隔的基础上。这一权利就是这种分隔的权利，是狭隘的、局限于自身的个人的权利。……这一权利是自私自利的权利。这种个人自由和对这种自由的应用构成了市民社会的基础。这种自由使每个人不是把他人看作自己自由的实现，而是看作自己自由的限制。"[③]在这个意义上，"自由"当然不是一个褒义词；坚持这样的自由，只会给社会瓦解和社会冲突埋下隐患，甚至使之更加恶化。

那么，作为自由权利的自由，有没有历史进步性？当然有。唯物史观承认，把人与人之间的利益划分开来，是有历史进步意义的。迄今为止，所有的现代国家都在做这件事情。现代法治，尤其是立法活动，就是为了进一步确认每个人到底有什么权利，每个人在什么样的条件下可以合理地让渡自己的权利，每个人在什么样的

[①] 马克思：《论犹太人问题》，载《马克思恩格斯文集》第1卷，人民出版社2009年版，第40页。

[②] 马克思：《论犹太人问题》，载《马克思恩格斯文集》第1卷，人民出版社2009年版，第40页。

[③] 马克思：《论犹太人问题》，载《马克思恩格斯文集》第1卷，人民出版社2009年版，第41页。

条件下可以追溯或索要自己的权利。然而，这件事情在马克思主义的整个宏观视野里，却只是人类社会发展的一个阶段性场景而已。在这个阶段，人与人之间的关系不是结合性的，而是分裂性的；他人不是我的自由的实现条件，相反，我的自由恰恰是以拒斥对方为条件。之所以如此，根本上是因为这个阶段的生产力有限、生产资料有限。于是，表现为自由权利的自由，归根到底，正是为了在这样的历史条件下，对于各自利益进行确认、保障而不得不彼此切割。所以，作为自由权利的自由有它的历史进步性，但同样也有明显的历史局限性。

2. 加深人与人之间关系的利益化和单调化

作为自由权利的自由，进一步导致和加深人与人之间关系的利益化和单调化，使得社会成员的交往变得冰冷和刻薄。这一点在资本主义社会尤为明显。所谓"单调化"，是指人与人之间的关系越来越单一，仅仅体现为商业关系或交易关系。如果说每个人的自由权利总是用来捍卫某种利益的，那么，在资本主义条件下，这种利益就典型地表现为商品利益、金钱利益。从而，人与人之间的关系也就被置换为简单的商品关系和金钱关系。在这种条件下，你有你的权利，你用它捍卫你的利益；但同时，我也有我的权利，我也用它捍卫我的利益。于是，一方面，每个人都可以不必担心自己的利益无端地被他人暴力占有，而是可以把他人看作和平、自愿的所有者和交换者——"他们互相承认对方是所有者，是把自己的意志渗透到商品中去的人格。因此，在这里第一次出现了人格这一法的因素以及其中包含的自由的因素。谁都不用暴力占有他人的财产。每个人都是自愿地转让财产。"①但另一方面，每个人也仅仅需要把他

---

① 马克思：《政治经济学批判（1857—1858年手稿）》，载《马克思恩格斯全集》第2版第30卷，人民出版社1995年版，第198页。

人看作这样的商品所有者和交换者,便足够了——"每个人为另一个人服务,目的是为自己服务;每一个人都把另一个人当作自己的手段互相利用……这种相互关联本身,对交换主体双方中的任何一方来说,都是他们毫不关心的,只有就这种相互关联把他的利益当作排斥他人利益的东西,与他人的利益不相干而加以满足这一点来说,才和他有利害关系。"①他们相互之间并不关心彼此作为人的存在,而是关心彼此作为某些利益所有者的存在。这些利益及其所有关系又是靠什么确定的?就是靠自由权利而确定的。所以,作为自由权利的自由带来的问题是非常大的:它不仅使得你我相区隔和分裂,而且使得你我仅仅把彼此看作财产或利益的占有者,把彼此之间的关系仅仅理解为一种单向度的利益交换关系。

还有另一段话也可以说明这个问题。马克思在《1857—1858年经济学手稿》中说:"如果说经济形式,交换,在所有方面确立了主体之间的平等,那么内容,即促使人们去进行交换的个人和物质材料,则确立了自由。可见,平等和自由不仅在以交换价值为基础的交换中受到尊重,而且交换价值的交换是一切平等和自由的生产的、现实的基础。作为纯粹观念,平等和自由仅仅是交换价值的交换的一种理想化的表现;作为在法律的、政治的、社会的关系上发展了的东西,平等和自由不过是另一次方上的这种基础而已。"②我们可以看到,在这里被确立的自由,其实就是利益交换的权利或资格。它不是一个很丰厚的概念,而只是涉及你我之间的利益方面的占有与交换。马克思之所以会说,"这种意义上的平等和自由所要

---

① 马克思:《政治经济学批判(1857—1858年手稿)》,载《马克思恩格斯全集》第2版第30卷,人民出版社1995年版,第198—199页。
② 马克思:《政治经济学批判(1857—1858年手稿)》,载《马克思恩格斯全集》第2版第30卷,人民出版社1995年版,第199页。

求的生产关系,在古代世界还没有实现,在中世纪也没有实现"①,那是因为,在古代社会和中世纪还没有出现充分的交易空间和利益流通交换的必要性。所以,承认和确认个人利益、然后把这种利益同个人的一切社会关系相结合,这种情况在古代并未大规模出现。换句话说,只有当利益的普遍占有和自由交换变得重要的时候,自由权利才需要被确立;把自由权利定义为"自由"的内涵,也才是必要的事情。

3. 遮蔽了"自由"的存在论意义

作为自由权利的自由,掩盖了"自由"所蕴含的丰富维度,遮蔽了"自由"的存在意义,而局限于它的工具意义。马克思、恩格斯在《共产党宣言》中说得很清楚:"在现今资产阶级生产关系的范围内,所谓自由只不过意味着贸易的自由,买卖的自由。"②为什么会这样?为什么贸易自由、买卖自由变成了最主要的自由?这是因为,在资本主义条件下,生产的根本宗旨不是为了消费,而是为了交换,为了通过交换而实现资本的增殖。因此,无论你此前占有多少生产资料,也无论你此前组织创造了多少劳动产品,如果你缺乏贸易和买卖方面的自由权利,不能进入真实而普遍的贸易环境或买卖关系中,那么,你就不能使你的资本获得增殖,你对资本的占有也就变得毫无意义。所以,自由如果是在自由权利的层面上被理解的话,那么,在资本主义条件下,它首要的就应当是为了实现资本增殖而亟须的贸易自由、买卖自由。

但是,这种自由仅仅是工具性的。它仅仅服务于那些曾被奴役的市民群体或追逐利润的资产者,而不是所有人,更不是共产主义

---

① 马克思:《政治经济学批判(1857—1858年手稿)》,载《马克思恩格斯全集》第2版第30卷,人民出版社1995年版,第200页。

② 马克思、恩格斯:《共产党宣言》,《马克思恩格斯全集》第1版第4卷,人民出版社1958年版,第482页。

者。马克思、恩格斯说:"我们的资产者高谈自由买卖的论调,也如同他们其他所有一切高谈自由的大话一样,本来仅仅对于不自由的买卖来说,对于中世纪被奴役的市民来说,才是有些意义的,而对于共产主义要消灭买卖、要消灭资产阶级生产关系和消灭资产阶级本身这一点来说,却是毫无意义的。"①在封建社会,不允许进行自由贸易,不允许商品的自由流通,到处都是关税,到处都是关卡。因此,对于打破古代封建的割据状态来讲,自由贸易具有历史意义。但是,对于旨在消灭阶级的共产主义者来讲,自由贸易却又是毫无意义的。

不仅如此,在资本主义条件下,劳动者非但不会从这种自由权利中收获什么自由,反倒会因为这种自由权利而失去更多的存在自由。马克思说:"就单个的、现实的人格来说,在这种情况下,工人有选择和任意行动的广阔余地,因而有形式上的自由的广阔余地。"②个人"似乎要比先前更自由些,因为他们的生活条件对他们说来是偶然的;然而事实上,他们当然更不自由,因为他们更加受到物的力量的统治"③,因为他们在"摆脱了行会的束缚"的同时,也"失去了自己使用自己劳动力所必需的资料"④。为此,他们不得不出卖自己的劳动力,尽管他们看起来可以自由地选择出卖给谁;他们不得不受制于资本的掌控,尽管他们仿佛可以自由地选择受制于哪位资本家。

---

① 马克思、恩格斯:《共产党宣言》,载《马克思恩格斯全集》第 1 版第 4 卷,人民出版社 1958 年版,第 482 页。
② 马克思:《政治经济学批判(1857—1858 年手稿)》,载《马克思恩格斯文集》第 8 卷,人民出版社 2009 年版,第 114 页。
③ 马克思、恩格斯:《德意志意识形态》,载《马克思恩格斯全集》第 1 版第 3 卷,人民出版社 1965 年版,第 86 页。
④ 恩格斯:《反杜林论》,载《马克思恩格斯文集》第 9 卷,人民出版社 2009 年版,第 111 页。

这种自由，作为自由权利的自由，绝不是马克思恩格斯希求的东西。他们所期待的真正自由，也绝不等于这种自由。关于两者之间的区分和优劣，在我们前面所引用过的一段话里，其实已经出现了——"这种个人自由同时也是最彻底地取消任何个人自由"，以及，"断言自由竞争等于生产力发展的终极形式，因而也是人类自由的终极形式……对前天的暴发户们来说这当然是一个愉快的想法"。①在这里，"这种个人自由"与"任何个人自由"之间、"自由竞争"与"人类自由的终极形式"之间，明显存在区分。资本主义条件下的作为自由权利的自由，只可能是前一种"自由"，而不是后一种"自由"。因此，但凡认识到这一点的人，都会在自由权利之外，为马克思的自由概念寻求更丰厚的存在论内涵。正如卢克斯所说："马克思主义从一开始就致力于一种自由的理想，并将这种理想在未来的实现称为人类的解放。作为一个原则性问题，马克思主义从未以相同的方式致力于'权利'的宣扬和保护……首先，马克思主义一直都倾向于认为，权利是资本主义社会个人主义和矛盾的产物与反映。其次，马克思主义充其量是常常以一种矛盾的态度来对待资产阶级自由的实现的。最后，马克思主义期待着一种未来的理想社会，在这种社会中，它所宣称的自由将不需要任何保证。"②

（三）作为自由解放的自由

作为自由解放的自由，是马克思、恩格斯积极争取的对象。我们前面提到，马克思、恩格斯究竟是反对自由还是支持自由，研究

---

① 马克思：《政治经济学批判（1857—1858年手稿）》，载《马克思恩格斯文集》第8卷，人民出版社2009年版，第180—181页。

② 〔英〕史蒂文·卢克斯：《马克思主义与道德》，袁聚录译，高等教育出版社2009年版，第76页。

者的观点不一而足。但是，这样的争议之所以产生，与其说是他们的回答有问题，不如说是他们的问法有问题。如果说这里的"自由"是指自由权利，那么，马克思、恩格斯当然是反对的。然而，关键在于，马克思、恩格斯的自由概念并没有那么简单。在他们那里，还有一种"自由"，就是刚才我们引用卢克斯的那段话中提到的，在未来理想社会中被称为人类解放的自由，这是马克思、恩格斯所极力争取的东西。

作为自由解放的自由意味着什么呢？它意味着，人们会从某些东西的约束中摆脱出来，把自己从某种压迫和束缚中解脱出来、释放出来。在这个意义上，作为自由解放的自由，首先是一个否定性概念。凭借这种自由，人们试图摆脱的约束至少包括如下几种：第一，从对自然界的无知和不可控所带来的压迫和束缚中摆脱出来；第二，从那些以强制和压迫为特质的异化劳动所带来的压迫和束缚中摆脱出来；第三，从迄今为止人类社会组织方式的压迫和束缚中摆脱出来。

1. 摆脱自然界带来的压迫和束缚

人的解放，首先是从自然界中的解放。因此，作为自由解放的自由，首先是要摆脱对于自然界的无知，摆脱由于这种对外部世界的无知而带来的人类生活的不可控状态。于是，对自然规律及其必然性的认识和利用，就构成了实现这种解放的关键一步。对此，恩格斯在《反杜林论》里说得很详细："自由不在于幻想中摆脱自然规律而独立，而在于认识这些规律，从而能够有计划地使自然规律为一定的目的服务……犹豫不决是以不知为基础的，它看来好像是在许多不同的和相互矛盾的可能的决定中任意进行选择，但恰好由此证明它的不自由，证明它被正好应该由它支配的对象所支配。因此，自由就在于根据对自然界的必然性的认识来支配我们自己和外部自然；因此它必然是历史发展的产物。最初的、从动物界分离出来的人，在一切本质方面是和动物本身一样不自由的；但是文化上的每一个进步，都是迈向自由的一步。"①

有人以为，恩格斯这里讲的"自由"主要是指人对自然规律的认识，因而是一个认知活动，仿佛只要认识了这些规律，人便是自由的。其实不然。摆脱自然界所施加给我们的束缚和压迫，绝不仅仅限于认知层面，也绝不仅仅是靠从无知到有知的转变就可以解决。恩格斯在这里其实说得很清楚，人要摆脱自然界的束缚，进而在人与自然的关系中获得解放，关键在于"能够有计划地使自然规律为一定的目的服务"，在于"根据对自然界的必然性的认识来支配我们自己和外部自然"。所谓"服务""支配"，全都是实践活动，而不是（狭义的）认知活动。

因此，作为自由解放的自由，即便是在摆脱自然界约束的这个层面上，也是实践性的、存在论的，是对人类的生存方式的刻画，而不是对认识方式的刻画。所以毫不奇怪，就在上面这段话之后，恩格斯指出的并不是人们摆脱自然界束缚所亟需的认知条件，而是生产力条件——"唯有借助于这些生产力，才有可能实现这样一种社会状态，在这里不再有任何阶级差别，不再有任何对个人生活资料的忧虑，并且第一次能够谈到真正的人的自由，谈到那种同已被认识的自然规律和谐一致的生活。"②相应地，马克思也在《资本论》中谈及过这一点。要想摆脱自然界的束缚，使之不再作为一种盲目的力量压迫我们，我们真正需要做的还不仅仅是认知它，而是要在生产关系层面做出实践上的调整："社会化的人，联合起来的

---

① 恩格斯：《反杜林论》，载《马克思恩格斯文集》第 9 卷，人民出版社 2009 年版，第 119—121 页。

② 恩格斯：《反杜林论》，载《马克思恩格斯文集》第 9 卷，人民出版社 2009 年版，第 119—121 页。

生产者，将合理地调节他们和自然之间的物质变换，把它置于他们个体控制之下，而不让它作为盲目的力量来统治自己。"[1]

2. 摆脱异化劳动带来的压迫和束缚

在资本主义条件下，人的解放更具体地表现为从异化劳动中解放。我们前面说过，异化劳动并不简单地指称某种劳动过程，而是反映了某种不能得到合理支持的生产关系。之所以不能得到合理支持，是因为在资本主义生产资料的占有关系下，劳动者所参与的劳动在本质上是被迫的、强制的和不自由的。摆脱这些束缚，对资本主义社会的劳动者来说，是最为直接和迫在眉睫的任务。正如马克思在《剩余价值理论》里所讲的那样："务实点说，资本主义条件下的工人首先要摆脱的是生产劳动的强制或不自由，争取'自由劳动'；摆脱没日没夜的劳动，争取（无需劳动）的'自由时间'。"[2]

所谓"生产劳动的强制或不自由"，意味着异化劳动所带来的压迫和束缚令工人无法自主控制和决定生产的内容、过程和方向。尼尔森说："即便工人身处一个充分富有的资本主义社会，他或她的健康和安全都未受到威胁，他或她的自主性——他或她掌控自己生活的能力、自我支配的能力——也肯定受到了威胁。"[3]而共产主义之所以能够作为资本主义的一个有效且必然的替代方案，恰恰就在于，它能够帮助工人实现"工厂民主"（workplace democracy），摆脱异化劳动所施加的这种不自由状态："（a）工厂里的人们拥有并控制自己的生产资料；（b）他们集体而民主地决定生产内容；

---

[1] 马克思：《资本论》第 3 卷，载《马克思恩格斯文集》第 7 卷，人民出版社 2009 年版，第 928 页。

[2] 马克思：《剩余价值理论》，载《马克思恩格斯全集》第 1 版第 26 卷下，人民出版社 1974 年版，第 282 页。

[3] 〔加〕凯·尼尔森：载《马克思主义与道德观念》，李义天译，人民出版社 2014 年版，第 283 页。

(c) 他们以同样的方式来决定在何种条件下进行生产……以及（d）在一种充分民主的氛围中，他们对于如何处置其生产成果拥有发言权。"①

同样地，所谓"没日没夜的劳动"，意味着异化劳动所带来的压迫和束缚令工人无法自主安排和控制生产的时间长度和繁重程度。作为自由解放的自由，就是要从这种被压迫、被束缚的劳动状态下解放出来，让工人的活动不受他者、不受任何异化之物的支配，从而为自己赢得"自由时间"，即，劳动者自己"可以支配的时间"。马克思说，只有拥有"自由时间"，劳动者才可以不仅从事消费产品的生产，而且从事不必承受外在目的压力的自由活动。"作为自由时间的基础"的"真正的社会劳动"也会因此而"取得完全不同的、更自由的性质，这种同时作为拥有自由时间的人的劳动时间，必将比役畜的劳动时间具有高得多的质量"。②

3.摆脱社会组织方式带来的压迫和束缚

作为自由解放的自由，不仅要摆脱来自自然界的束缚和来自生产活动的束缚，还要摆脱迄今为止的人类社会组织形式的压迫和束缚。而这种社会组织形式的典型表现就是国家。国家来自于人与人之间的社会力量，但是，随着漫长的历史变迁，随着国家机器及其暴力机关的完善，国家日益变成一种与个体无关甚至相对立的庞然大物。作为社会组织形式的国家，在马克思恩格斯看来，其实是对于人的一种挑衅、对于人的真实存在方式的扭曲；它通过自身的现实暴力手段而禁锢个体的个性，尤其是禁锢无产者的个性。在《德意志意识形态》中，马克思恩格斯说："无产者，为了实现自己的

---

① 〔加〕凯·尼尔森：载《马克思主义与道德观念》，李义天译，人民出版社2014年版，第283页。

② 马克思：《剩余价值理论》，载《马克思恩格斯全集》第1版第26卷下，人民出版社1974年版，第282页。

个性,就应当消灭他们迄今面临的生存条件,消灭这个同时也是整个迄今为止的社会的生存条件,即消灭劳动。因此,他们也就同社会的各个人迄今借以表现为一个整体的那种形式即同国家处于直接的对立中,他们应当推翻国家,使自己的个性得以实现。"①这种看法也可以说明,为什么马克思后来会对巴黎公社给予极大的赞美。因为,通过巴黎公社,他似乎发现了人类在他生活的时代就可以找到一种不按国家的方式来进行组织的社会形态。

不仅如此,社会组织方式所带来的压迫和束缚还表现在文化观念、利益格局和科层制度等诸多方面。对马克思恩格斯来说,它们同样是无产阶级应当摆脱和废除的对象。无产阶级不仅应当而且能够凭借对自由和真理的向往,凭借对社会的科学观察和理解,克服世俗的地位、利益等力量的压迫和束缚。恩格斯在《费尔巴哈和德国古典哲学的终结》中就曾表示,为自由而自由、为真理而真理的精神在"德国最深沉的政治屈辱时代曾经是德国的光荣的伟大理论兴趣",而这种精神已经为工人阶级所继承,"在这里,没有对地位、利益的任何顾虑,没有乞求上司庇护的念头。反之,科学愈是毫无顾忌和大公无私,它就愈加符合于工人的利益和愿望"。因此,从既有的社会组织方式所导致的压迫和束缚中加以解脱,对无产阶级而言,既是必须的,也是可行的。

(四)作为自由成就的自由

当我们说"作为自由解放的自由"时,我们试图表达的,是对某些东西的摆脱或克服,比如,摆脱或克服对于自然界的不可知不可控状态,摆脱或克服对于因为生产资料占有关系而导致的异化劳

---

① 马克思、恩格斯:《德意志意识形态》,载《马克思恩格斯文集》第1卷,人民出版社2009年版,第571—573页。

动状态，摆脱或克服建立在阶级分裂的基础上所形成的国家组织形式等。这些都是否定性、消极性的方面。但是，在摆脱和克服之后，马克思、恩格斯又向往或追求什么东西呢？他们想从肯定的、积极的方面予以成就和实现的东西，又会是什么呢？这就涉及作为自由成就的自由，它是马克思恩格斯向往的"真正的自由"。

作为自由成就的自由，用马克思恩格斯的话来说，意味着人的自由全面发展。若用更一般的存在论来说，它意味着人的自我实现，人的本质的充分展开。因此，对于这种自由的理解，还不能仅仅停留在人对生产劳动或生活计划的自主安排的层面上，而是要上升到更高的维度，看看其中蕴含着马克思恩格斯关于人类存在的哪些基本信念。

1. 人的本质及其发展能够通达"真正的自由"

相信人性或人的本质（human essence）存在，相信人性或人的本质是一个可以经由某种途径而生长、实现、有所成就的趋于完整（integrity）乃至完善（perfection）的过程。这个思想很多西方思想家都有，马克思也不完全排斥。对此，我们既可以在马克思恩格斯那里找到相关例证，也可以在一些当代研究者那里找到相关的例证。比如，宋希仁老师说："在阶级和阶级斗争存在的条件下，人的阶级差别并不会在人性中消失；只有在阶级和阶级差别消灭后，阶级性才会在人性中消失，才能有没有阶级性的人性，或如恩格斯所说的'纯粹的人性'。"[1]那么，这种人性或人的本质是一种什么样的人性或人的本质呢？马克思既不像亚里士多德那样，也不像康德或边沁那样，谋求一种稳定的实体来充当人性的解释，而是把人的本质判定为一种历史的存在。它在阶级社会中表现为阶级性的存

---

[1] 宋希仁：《马克思恩格斯道德哲学研究》，中国社会科学出版社2012年版，第156页。

在，但在无阶级的社会中又表现为无阶级性的存在。

如果一定要说其中具有什么普遍性的话，可能用"类存在"这个概念更能够解释这一点。塞耶斯就曾指出，马克思的历史主义人性论集中表现在他的"类存在"概念中。这个概念表达了"人作为'有意识的'、'自由的'、'普遍的'、'创造性的'和'社会性的'存在等含义"①。也就是说，人是有意识的、人是自由的、人是具有创造性和社会性，这些就是人的本质。人就是如此这般生活的。他也必须如此这般地生活，才能够生活下来、延续下去。这当然不是观念论的理解，而是基于人类经验和历史的理论。只有首先出现这样一种关于人的本真存在样态、最佳存在样态的设想，才可以考虑什么样的制度安排、什么样的发展道路对具体的人而言是恰当的。

马克思、恩格斯相信，人的本质的不断发展，最终可以达至"真正的自由"。在《神圣家族》中，他们说，"既然人是从感性世界和感性世界中的经验中获得一切知识、感觉等等的，那就必须这样安排经验的世界，使人在其中能体验到真正合乎人性的东西，使他常常体验到自己是人。既然正确理解的利益是全部道德的原则，那就必须使人们的私人利益符合于人类的利益"，"从唯物主义意义上来说人是不自由的，就是说，人不是由于具有避免某种事物发生的消极力量，而是由于具有表现本身的真正个性的积极力量才是自由的"。②这就是他们要谈论的"真正的自由"，不是作为自由权利的自由，也不是作为自由解放的自由，而是要去有所实现、有所成就的自由。这个自由存在哪里呢？依然存在感性世界中。但这是一

---

① 〔英〕肖恩·塞耶斯：《马克思主义与道德》，载《哲学基础理论研究》2008年第1期。

② 马克思、恩格斯：《神圣家族》，载《马克思恩格斯文集》第1卷，人民出版社2009年版，第334—335页。

个每个人都发现自己并未被异化或疏离、并未遭遇压迫和奴役的经验世界。在这里，个人利益与人类利益是相符合的。

2."真正的自由"表现为自觉自愿的劳动和个性的全面发展

对马克思、恩格斯来说，"真正的自由"不能体现为思辨性的东西（这是他们同很多思想家的一个重要区别），而是要体现为一种实践性的东西。更具体地说，它还不是一般的实践性，而必须是自觉自愿的劳动。如果"劳动"因为蕴含"有意识的""创造性的"和"社会性的"而构成人类本质的核心部分，那么，自觉自愿的劳动是人类本质的充分实现。马克思在《1857—1858年经济学手稿》中说："劳动尺度本身在这里是由外面提供的，是由必须达到的目的和为达到这个目的而必须由劳动来克服的那些障碍所提供的。但是克服这种障碍本身，就是自由的实现，而且进一步说，外在目的失掉了单纯外在自然必然性的外观，被看作个人自己提出的目的，因而被看作自我实现，主体的对象化，也就是实在的自由——而这种自由见之于活动恰恰就是劳动。"①

自觉自愿的劳动，典型地表现为一种出于个体需要但又满足集体利益的共同劳动。我们始终要记得的是，在马克思那里，如果"个体与集体"或者"个体与共同体"之间存在一种张力的话，那么马克思永远会站在共同性这边。他所期待和论证的那种自觉自愿的劳动，作为真正的自由的表现形式，也必须是指向一种合乎更高要求、更高标准的共同存在状态，指向一种更加确定的规定性和规范性的共同存在空间。它必须也只能在比人们目前所处的资本主义世界更规范的、更合理的、更高阶的共同体中实现。在那里，社会必要劳动被缩减到最低限度，"与此相适应，由于给所有的人腾出

---

① 马克思：《政治经济学批判（1857—1858年手稿）》，载《马克思恩格斯全集》第2版第30卷，人民出版社1995年版，第615页。

了时间和创造了手段，个人会在艺术、科学等等方面得到发展"①。

3."真正的自由"是在历史进程中由无产阶级实现

卢克斯说："马克思主义与斯宾诺莎、卢梭、康德和黑格尔以及其他思想家的思想一起，属于我所谓的更宽泛、更复杂或者更丰富的自由观的范畴。它认为，对'真正的自由'的限制可以是内在的、消极的、非个人的……它完全笃信行为者是一种（潜在地）自我导向的存在的观念，这种行为者在与他人的相互认同与交往中达到了自我实现。"②但是，比此前或同时期的思辨哲学家特别是德国观念论者更胜一筹的是，对马克思、恩格斯来说，自由的实现在任何意义上都不由观念决定，而由历史决定。马克思恩格斯说："（德国观念论的错误在于认为）人们总是先给自己制定人的概念，然后取得自由。而自由的程度取决于实现这个概念时的需要；人们取得的自由的程度每次都由他们关于人类理想的相应观念来决定；同时在每个个人身上必然会保存着和这种理想不符合的残余，因而这种残余作为'非人的东西'还没有得到解放，或者说只有违反他们的意志（malgreeux）才得到解放……（但是）人们每次都不是在他们关于人的理想所决定和所容许的范围之内，而是在现有的生产力所决定和所容许的范围之内取得自由的。"③在这个意义上，作为自由成就的自由，与其被理解为"人道主义的"，不如被理解为"新人道主义的"。其"人道主义"的方面体现在，这种观点承认并强调人应当摆脱压迫、实现自我；而其"新"的方面则体现

---

① 马克思：《政治经济学批判（1857—1858年手稿）》，载《马克思恩格斯文集》第8卷，人民出版社2009年版，第197页。

② 〔英〕史蒂文·卢克斯：《马克思主义与道德》，袁聚录译，高等教育出版社2009年版，第94页。

③ 马克思、恩格斯：《德意志意识形态》，载《马克思恩格斯全集》第1版第3卷，人民出版社1960年版，第506—507页。

在，自由的人道与蕴含着客观规律的历史进程之间达成和解。

但是，这样的说法还是显得比较抽象。因为，即便是在历史的进程中而不是在思辨的进程中实现了"真正的自由"，也不是所有人都能够做到这一点。实现"真正的自由"的主体是无产阶级。他们通过公共权力的取得，通过改变生产资料的性质，通过转变社会生产方式，从而使得人类劳动不再处于异化状态，而逐步形成自觉自愿的活动状态。这就是恩格斯在《社会主义从空想到科学的发展》中所说的："无产阶级将取得公共权力，并且利用这个权力把脱离资产阶级掌握的社会化生产资料变为公共财产。通过这个行动，无产阶级使生产资料摆脱了它们迄今具有的资本属性，使它们的社会性质有充分的自由得以实现。从此按照预定计划进行的社会生产就成为可能的了。生产的发展使不同社会阶级的继续存在成为时代错乱。随着社会生产的无政府状态的消失，国家的政治权威也将消失。人终于成为自己的社会结合的主人，从而也就成为自然界的主人，成为自身的主人——自由的人。"[①]

那么，无产阶级为什么能够承担这样的使命？因为无产阶级本身具有某种普遍性，具有某种普遍的力量。因为无产阶级已经被压榨、被剥夺到连普遍适用于每个人的基本诉求、基本需求都不能被满足的状态。在此情形下，无产阶级所提出来的利益诉求，将是适用于所有人的普遍的利益诉求；无产阶级所指向的社会方案，将是最能满足劳动自觉自愿性质和个体全面自由发展的方案。当然，即便这种看法是融贯的，也还面临两个挑战：第一个挑战是：人类的生产技术能够提高到让劳动成果极大丰富的状态吗？第二个挑战是：为什么这件事情必定由无产阶级来实现，仅仅因为无产阶级所

[①] 恩格斯：《社会主义从空想到科学的发展》，载《马克思恩格斯全集》第2版第25卷，人民出版社2001年版，第414页。

诉诸的基本利益是适用于每个人的吗？如果无产阶级的衣食、住所、教育等基本利益都能够得到满足，那么，他们的革命动力或者推动这个世界去实现真正自由的动力又在哪里？

　　对于这些极具挑战性的问题，还有很大的空间亟待填充。但这一点都不奇怪，因为马克思自己从来就不以一个伦理学家自居。他所留下的思想遗产，与其说能够帮助我们很快塑造出一种马克思主义伦理学的范式框架，不如说会给伦理学体系带来巨大的刺激乃至动摇。从这个意义上讲，认真对待马克思的思想遗产，从中寻求或建构一种与我们的当下、与我们的整个伦理思想脉络相融贯的马克思主义伦理学，就变得格外重要。

第六讲
马克思主义伦理学的主要议题(中)

李义天

在上次课,我们谈到,如果研究马克思主义伦理学,那么除了解决马克思主义伦理学的初始问题(即历史唯物主义语境下的道德合法性问题)之外,我们还要提炼和处理若干主要议题。这些议题一方面涉及马克思主义对人类现实生活的困惑与不满,另一方面也涉及马克思主义所蕴含的改造计划或规范要求。通过前者,我们能够知道,马克思主义伦理学究竟在反对什么;通过后者,我们能够知道,马克思主义伦理学可以支持或赞同什么。因此,在这个意义上,当我们讨论这些主要议题时,我们实际上就是在建构一种马克思主义的规范伦理学,或者说,我们就是在规范伦理学的意义上建构和完善马克思主义伦理学。如果这样的做法是有效的,那么,我们对马克思主义伦理学的理解就不会仅仅停留在"道德的本质和功能""道德的发展和规律"等一般性、宏观性的元问题上,而是深入到它的微观内部,看看它到底会把我们引向何方,又避开何物。

上次我们讲到了正反相对的两个主题:一个是异化,一个是自由。"异化"虽然是一个足以扭曲人类存在方式的严重问题,但是,在马克思主义所提供的资本主义批判视域中,它仍然只是表象。因为，马克思所说的异化不是泛泛而论的异化，而主要是指劳动的异化。那么，为什么劳动会与我发生异化？而且，越是生产出丰富的劳动成果，越是会让我有一种疏离感和压迫感。为什么会这样？这是因为，在资本主义条件下，异化的背后是剥削——作为雇佣劳动者，我劳动生产出来的东西并不归我所有，它们与我无关；不是我，而是资本家拿走了这些劳动成果（尽管他要投入相应的成本）；资本家留给我的，只是足够满足我的劳动力重新恢复的工资而已。在这种情况下，劳动过程和劳动成果当然不可能是对劳动者自我本质的确证。所以，劳动之所以与我相分离，劳动成果之所以与我相分离，概言之，劳动异化之所以成为一个严重的问题，恰恰是因为背后隐藏着剥削关系。

剥削是什么？剥削就是一些人利用手中的某种不平等的权力（广义的权力）而无偿地占有另一些不拥有这种权力的人的劳动成果，从而造成事实上的不平等。这种权力可能来自于政治，可能来自于经济。在资本主义社会，这种权力典型地来自于经济方面的生产资料私人占有。也就是说，正是资本家对生产资料的不平等的私人占有构成了他们在劳动成果分配中享有的不平等的权力，他们能够凭借这种力量，强制性地要求劳动者把自己的劳动成果、把自己创造出来的剩余价值交给他们。

剥削当然不仅仅是一个关于劳动成果的分配问题。但是，它会鲜明地、典型地通过分配不平等而表现出来，进而暴露出社会不同阶级在经济地位、政治权力等方面的结构性不平等。因此，如果剥削是马克思主义伦理学必须反对的一个反题，那么平等将会在某种综合的意义上，构成与之相对应的"正题"。当然，这里的平等也不仅仅限于分配的平等。甚至可以说，马克思恩格斯从来就没有要求过分配的平等。同自由一样，平等在马克思、恩格斯这里也有不同用法，表现出不同态度。因此，要论证作为马克思主义伦理学正题的平等概念，我们同样需要对这个概念进行划分与澄清。

一、反题（II）：剥削

尽管当前西方学者对剥削有很多新的研究，甚至试图在一种更加开放、更加日常的意义上来使用剥削这个概念，把它还原为"开发、利用"的含义，但是，只要我们进入马克思主义的理论传统，特别是，只要我们进入经典马克思主义的语境中，那么，剥削所具有的一系列消极含义便会迅速地呈现出来。在历史唯物主义的理解中，剥削现象的产生当然具有历史的必然性，但是，这种必然性却不足以使得它的那些消极方面同时变成积极的东西。如果马克思主义者无须旗帜鲜明地反对剥削，那么，消灭剥削也就不足以构成无产阶级运动的一个方向或目标。换言之，对剥削的反对，以及对消灭剥削的追求，已然揭示出并意味着马克思主义的一种明确的规范性立场。

（一）剥削的表现

我们上面说到，异化是表象，异化的背后是剥削。为什么会这样？正是因为有一些人在剥削另一些人，才使得后者在劳动过程中遭遇异化；正是因为有一些人是为了剥削而投入生产要素，才使得他们自己在生产关系中变得异化。对于那些没有任何生产资料而仅仅拥有自己劳动力的人来说，在他们进入到生产资料为他人占有的那种生产关系中时，他们便会发现，这种劳动的过程不是他们实现自我本质的过程，这种劳动所产出的成果或产品也不是他们自己本质力量的对象化确证。由于劳动产品的被剥夺，他们处于被剥削的状态中，仅仅是以一种被剥削的方式参与劳动。

在资本主义条件下，剥削就是资本家无偿占有工人创造的劳动产品及其剩余价值。这是对剥削的一个最基本的定义。其中关键就在于"无偿占有"四个字。它意味着，尽管劳动产品是由工人生产出来的，是他们的活劳动的产物，但是，一旦涉及对这些产品及其价值的占有和分配问题，资本家不仅可以收回他们曾经投入的生产要素和原材料成本的价值，收回他们作为管理者和经营者的劳动成本，而且可以拿走一部分由工人生产却无须向工人支付报酬的价值。在这个意义上，剥削当然表现为一种特殊的分配机制。或者说，它直接呈现或反映出来的就是劳动产品及其价值如何分配的问题，以及，相应地，谁根据什么而主导分配的问题。这是剥削最基本的表现。当资本家可以无偿占有工人创造的劳动产品及其剩余价值时，我们就足以断言，工人遭到了剥削。

不过，也有人认为，剥削不仅仅表现为资本家对剩余价值的无偿占有，它还应包括在无偿占有发生之前的生产过程的强迫性。比如，卢克斯就表示，在雇佣劳动的"经济关系的无声的强制"下，"劳动者首先被迫出卖自己的劳动力（尽管不是出卖给一个既定的资本家），然后，在其监督和控制下，被迫进入劳动过程"[1]。根据这种看法，正因为工人不得不被迫出卖劳动力，不得不进入资本主义雇佣劳动的关系中，进而不得不根据资本家的要求从事生产劳动，所以才会在最后的分配过程中，他们不得不"割让"自己创造的劳动产品及其剩余价值。换言之，只有当作为生产结果的无偿占有加上了作为生产过程的"强迫劳动"，我们才可以说，工人遭到

---

[1] 〔英〕史蒂文·卢克斯：《马克思主义与道德》，袁聚录译，高等教育出版社2009年版，第73页。

了剥削。

　　这当然是对剥削的一个更加宽泛且略显全面的理解。它既注意到工人在分配过程中"吃了大亏",也注意到工人在生产过程中"受了欺负"。但是,这种看法同样也会面临一些新问题。那就是,如何定义或理解所谓的"强迫劳动"?一方面,假如这里的"强迫"意味着违背工人的劳动意愿,强制性地使之面对恶劣的劳动条件,并处于某种暴力胁迫或打压的劳动环境,那么,我们就无法面对当代资本主义的发展事实,也无法揭示当代资本主义的顽固本质。因为,当代工人确实在生存环境、劳动条件和福利待遇等方面发生了明显改善,甚至在生产过程中的话语权和议事权也因为20世纪工人运动的发展而有所增加,由此,人们似乎可以判定"强迫劳动"已然消失,进而也就没有理由继续将当代资本主义的生产关系归为"剥削"。另一方面,假如这里的"强迫"不是指工人在具体劳动过程中所遭遇的强制性,而是指工人在整个劳资结构中所处的不利地位而带来的被迫性——工人不得不出卖自己的劳动力,不得不参与雇佣劳动,即使他们在劳动过程中没有遭到强制,甚至劳动条件还不错、最后的薪资水平也还不错——那么,这就使得"剥削"这个范畴不仅要包括作为生产结果的无偿占有、作为生产过程的"强迫劳动",还得加上作为生产前提的"阶级分化"或"阶级压迫"。因为,若不囊括后者,也就谈不上这个意义上的"强迫劳动",自然也就不足以构成剥削的全部要件。但是,如果囊括了后者,似乎又混淆了"剥削"与"剥削的根源"这两个虽然相关但毕竟不同的问题。

　　因此,为了更加清晰和明确,当我们试图分析剥削的表象并给予某种界定时,相比于广义和宽泛的解释,我们也许还是应当首先考虑狭义或核心的理解,即,剥削意味着在特定的社会条件下,某些社会成员凭借非劳动要素及其形成的不平等地位而在分配过程中无偿占有另一些社会成员通过劳动而创造的价值。剥削不是资本主义的独特现象，但是，它在资本主义条件下发展到一个非常极端的程度，从而使得劳动的异化和劳动者的异化变得格外突出和强烈。在这个意义上，上一讲提及的异化之所以构成马克思主义伦理学的一个主要反题，恰恰是剥削使然。

作为一种特殊的分配机制，在资本主义条件下，剥削表现为资本家对工人劳动成果及其价值的占有。但他们也不是完全占有，而只是部分占有，因为资本家还要将其中的一小部分价值分给工人，以工资的形式来补偿工人的生活资料。于是，在资本主义社会中，工资制度就成为剥削的遮羞布。表面上看起来，工人劳动一天，把劳动成果交给资本家，而资本家也付给了工人工资——这个交换好像是一场自由的交易，同时也是一个等量的交换。然而事实并非如此。这中间有一个"差价"，即工人提供给资本家的是其劳动的全部价值，而资本家付给工人的仅仅是劳动力的价值。前者要大于后者。但是，工资的出现却有效地掩盖了这一点，使得劳资交换看起来是完全平等的，从而把资本家无偿占有亦即剥削得到的那一部分价值遮蔽了起来。

通过政治经济学的批判，马克思、恩格斯深刻地揭示了剥削所隐藏的不平等秘密。但是，他们也敏锐地意识到，即便暴露出剥削的不平等，也不足以反映出剥削的不公平或不正义。因为，在资本主义条件下，"工人把他一天的全部劳动力给资本家……他换来的正好是使他每天能够重复这种交易所需要的生活必需品，不会更多。工人拿出来的这么多，资本家给的这么少，交易的本质只允许这样。这是一种非常特殊的公平"①。更一般地说，"生产当事人之间进行的交易的正义性在于，这些交易是从生产关系中作为自然结果产生出来的。这种经济交易作为当事人的意志行为，作为他们的共同意志的表示，作为可以由国家强加给立约双方的契约，表现在法的形式上，这些法的形式作为单纯的形式，是不能决定这个内容本身的。这些形式只是表示这个内容。这个内容，只要与生产方式相适应，相一致，就是正义的。只要与生产方式相矛盾，就是非正义的"②。所以，工资制度之所以充当了剥削的遮羞布，不仅是因为它所蕴含的不平等很难被识破，而且是因为，即便被识破，这种不平等也依然有理由不被判定为"不公平"或"不正义"的。关于这一点，当然与马克思、恩格斯对"公平""正义"概念的特殊理解有关。但它毕竟，至少在客观上，使得某些人可以凭借工资制度而为剥削提供辩护。因此，这就进一步促使我们思考，应该如何深度拆穿工资制度这块资本主义剥削的遮羞布？

（二）工资的伪装

工资是对什么的伪装？工资在何种意义上具有伪装性？对于这些问题，我们要进一步展开来谈。

第一，工资是对资本主义社会的结构性强迫的伪装。在资本主义条件下，工资出现在工人与资本家的"自愿"交换过程中，然而，这种交换仅仅是看起来"自愿"的。你"自愿"到我这里工作，我"自愿"付你工资；我们是甲方乙方的自愿合作关系。而且，你既可以"自愿"到我这里，也可以"自愿"到别人那里工

---

① 恩格斯：《做一天公平的工作，得一天公平的工资》，载《马克思恩格斯全集》第 1 版第 19 卷，人民出版社 1963 年版，第 274 页。
② 马克思：《资本论》第 3 卷，载《马克思恩格斯全集》第 1 版第 25 卷，人民出版社 1974 年版，第 379 页。

作，你可以跟任何提供工作岗位的资本家达成甲方乙方的"自愿"合作关系，可以从任何提供工作岗位的资本家那里获得工资。所以，这看起来是十分"自愿"的甚至是光鲜亮丽的关系，工资也不过是对这种关系的一次光明正大的确认。可是，为什么说工资是"遮羞布"呢？因为，在如此正常甚至光鲜的"自愿"表象之下，还有一些令人反感和值得批判的"不自愿"被遮蔽了。而这些"不自愿"体现的正是资本主义社会的结构性强迫关系，它们正是资本主义工资制度所遮蔽的社会之"羞"。恩格斯说："根据政治经济学家的说法，工资和工作日是由竞争决定的，那末，似乎公平所要求的，应该是双方都在平等的条件下，有同样公平的起点。但是事实并非如此。如果资本家不能同工人谈妥，他能够等待，靠他的资本生活。工人就不能这样。他只能靠工资生活；因此，必须在他能够得到工作的时间、地点和条件下接受工作。工人没有公平的起点。"[①]对资本家来说，你不把劳动力出卖给我，没关系，自然有其他人（工人）出卖给我；你不把劳动力出卖给我，没关系，你终究要把自己的劳动力出卖给其他人（资本家）。在资本主义社会中，不掌握生产资料的工人阶级始终处于一种结构性的不利地位，他们若不劳动、不出卖自己的劳动力就要挨饿。因而，在这样的社会结构当中，作为一个被压迫的阶级，工人的结构化位置已经决定了他们"不得不"进行"自愿"交换，也决定了他们在"自愿"交换的过程中不可能掌握充分的议价能力。而资本家恰好就利用了工人所处的这个结构性的不利位置，通过工资协议的签订，以某种表面自愿的方式，使之进入到一个被剥削的劳动过程之中。

第二，工资是对资本家的剥削行为的伪装。在资本主义条件

[①] 恩格斯：《做一天公平的工作，得一天公平的工资》，载《马克思恩格斯全集》第1版第19卷，人民出版社1963年版，第274页。

下，表面上看，工人通过做工而出卖劳动力、资本家通过货币而支付工资是一件清楚明白的事。但是，资本家既不生产货币，也不创造价值，那么，他们用于支付工资的货币或者说用于支付给工人的那部分价值又从何哪来？答案是，从资本家对工人（以往和现在）所施加的剥削中而来。恩格斯就曾经这么问过："资本用来支付这笔极其公平的工资的钱，究竟是从哪儿来的呢？当然是从资本中来的。但是资本并不产生价值。除土地以外，劳动是财富的唯一来源，资本本身不过是积累起来的劳动产品而已。所以劳动工资是由劳动支付的，工人的报酬是从他自己的产品中支取的。"[①]恩格斯很清楚，按照无产阶级的公平观，"工人的工资应该相当于他的劳动产品"，但如果按照资产阶级的公平观，"工人的工资应该也只需相当于他的劳动力"。此处的关键不在于谁的公平观更正确，而在于这个社会实际上是按照谁的公平观在运转。因此，恩格斯在这里没有纠缠于公平观念的抽象争论，而是直截了当地承认，"工人劳动的产品落到了资本家手里，工人从中得到的仅仅是生活必需品"[②]。因此，工人的工资只不过是以货币形式得到的劳动产品价值的微小的残缺部分。可能有人说，就算资本家拿走了工人的劳动产品，他们也必须在出售产品之后才能得到货币，从而向工人支付工资，但现实情况往往是，工人在劳动结束之后甚至在劳动开始之前就能拿到工资而无须等待资本家的资金回笼，因此，似乎至少有部分工人是在没有被剥削的情况下就获得工资。这种理解的缺陷在于，没有注意到资本家剥削行为是一个累进的过程，没有意识到他们用于当下支付的工资，完全可以是他们通过剥削以前的工人、通过一代一

[①] 恩格斯：《做一天公平的工作，得一天公平的工资》，载《马克思恩格斯全集》第1版第19卷，人民出版社1963年版，第275页。

[②] 恩格斯：《做一天公平的工作，得一天公平的工资》，载《马克思恩格斯全集》第1版第19卷，人民出版社1963年版，第275页。

代的不断压榨而积累形成的。

第三，工资是对资本主义雇佣劳动制度的伪装。在资本主义条件下，工资的存在意味着雇佣劳动的存在。因为，工资制度本身就是雇佣劳动制度的一个副产品。什么叫雇佣劳动？就是说，在我具有独立人格和自由人身的条件下，我受雇于其他掌握生产资料的人而进行的生产劳动。雇佣劳动才会产生工资，工资是雇佣劳动制度的一个伴随物。马克思当然反对雇佣劳动，因为雇佣劳动意味着有人占有生产资料而有人不占有，即，生产资料的不平等的私人占有。那些不占有生产资料的人，不得不受雇于他人；而那些占有生产资料的人，为了追逐利润，也不得不去雇佣他人。所以，雇佣劳动制度又是生产资料私人占有制度的产物，更具体地说，是生产资料不平等占有关系的产物。在这个意义上，马克思当然不反对"废除工资制度"。然而，他却反对有些人，比如拉萨尔，主张废除工资制度的理由。在拉萨尔看来，工资制度之所以值得废除，是因为工资始终围绕一个较低的水平上下波动。所以不是别的，而是这种低水平的工资状况让拉萨尔不满。但是，马克思反对这一点。在马克思这里，之所以需要废除工资，是因为工资意味着雇佣劳动，而雇佣劳动又意味着背后的生产资料占有的不平等。所以，我们反对工资制度，问题不在于工资低，而在于工资是具有压迫性和奴役性的资本主义基本生产制度的产物。在《哥达纲领批判》里，马克思毫不留情地批评拉萨尔"不懂得什么是工资"[1]。要知道，无论工资本身是高是低，"不管工人得到的报酬较好或是较坏"[2]，它都是建立在承认雇佣劳动、进而承认资本家对生产资料不平等占有的制

---

[1] 马克思：《哥达纲领批判》，载《马克思恩格斯文集》第3卷，人民出版社2009年版，第441页。

[2] 马克思：《哥达纲领批判》，载《马克思恩格斯文集》第3卷，人民出版社2009年版，第440页。

度前提之上的。无产阶级不仅要废除工资这块遮羞布,而且要废除它背后的雇佣劳动制度。马克思说:"如果我废除了雇佣劳动,我当然也就废除了它的规律,不管这些规律是'铁的'还是海绵的。"①

(三)剥削的实质

从历史唯物主义的视角看,剥削是资本主义社会必然存在的现象。作为资本主义社会的一位深刻的观察者和诊断者,马克思当然关注这个问题并展开科学的或实证的政治经济学分析。这种分析既是他的长项,甚至也是他的主项。但是,当阅读他的文字时,你会不断在内心产生这样的疑问:为什么他在分析这个被称作"剥削"的必然现象时,会常常表现出如此地不安和不快呢?马克思为什么要特别强调消灭剥削呢?这仅仅是因为在生产力的发展过程中剥削必然被消灭吗?恐怕不完全是这样。立足于历史唯物主义的研究者,不仅会因为对历史规律的把握而将剥削判断为一种必然的社会现象,同时,他们同样会因为对历史趋势的把握而将剥削置于某种规范的社会坐标之中,从而赋予其实质以规范意义。

第一,剥削所蕴含的劳动关系是压迫的、强制的。在最直接的意义上,剥削是一种不平等的分配。它首先表现为,资本家拿走工人的劳动产品的大部分价值,而工人只能拿走自己的劳动产品的小部分价值。在分量或数量上,这就是不平等的、不相等的。无论人们如何论证或辩称,说这种不平等、不相等的分配状况是符合人类历史在这个阶段的发展必然性(因而它甚至可以被称为"公平"或"正义"),那也仅仅有可能改变我们关于这种不平等状况的理解或

---

① 马克思:《哥达纲领批判》,载《马克思恩格斯文集》第3卷,人民出版社2009年版,第439页。

看法，而不能改变这种不平等状况的存在本身。更重要的是，就在资本家拿走的那大部分价值中，还有一部分是他们并未付出任何代价（或等价交换物）便获得的。这就是被他们无偿占有的那部分价值，即剩余价值。于是，问题就变成了，为什么资本家能够无偿占有？面对劳动产品的切割或分配，为什么是资本家说了算？资本家可以实现无偿占有的能力或力量究竟从何而来？应该说，无偿占有只是一个表象，真正关键的是资本家的背后有一种力量在支撑他们。这种力量的客观存在，使得资本家能够不必过多在意工人的意愿而实施强制的无偿占有，也使得工人切身地感受到巨大的压迫而不得不接受资本家的无偿占有。更何况，这种强制性和压迫性还不单单从分配过程中表现出来（尽管这种表现是最直接的），在资本主义条件下，它们还贯穿于分配之前的劳动过程，甚至劳动过程之前的协议过程。在一个完整的意义上，工人首先是被迫出卖自己的劳动力，被迫进入劳动过程，然后又被迫接受劳动过程中的各种要求和监督，最后才是被迫让渡自己创造的劳动价值。因此，强制性和压迫性贯穿于剥削所依靠或蕴含的劳动关系的各个环节（当然也包括"剥削的根源"）。而这绝不是马克思主义所期待、支持或赞成的局面。

　　第二，剥削所蕴含的社会关系是冷漠的、无情的。卢克斯说："剥削包含了劳资关系本身——以及一般交换——的无情性：它的计算的、工具的本性。这种本性建立在各方相互冲突的利益追求上，而各方对待彼此以及他们自己的方式与真正的人的关系是相矛盾的。"①在资本家与工人的剥削关系中，彼此之间都没有把对方当作一个人来交往，而是当作一种实现自我利益的工具。诚然，资本

---

① 〔英〕史蒂文·卢克斯：《马克思主义与道德》，袁聚录译，高等教育出版社2009年版，第74页。

家把工人当作工具,即,为他创造剩余价值的工具,然而工人又何尝不把资本家当作工具?在工人的阶级觉悟被唤醒之前,在真正的革命风暴到来之前,工人把自己置身于资本家主导的生产过程和分配过程中,更主要地也只是为了获得养家糊口的工资。工人对资本家的整个经营活动和市场行为不必关心,对资本家的私人生活或家庭状况更是无须关心。所以,剥削使得人和人之间的关系发生了阉割和扭曲,使得剥削与被剥削的双方都无法作为一个完整的存在者而构建彼此的关联。

第三,剥削所蕴含的存在关系是对立的、单调的。马克思、恩格斯在《德意志意识形态》中写道,人剥削人(exploitation de l'homme par l'homme)意味着"我是通过我使别人受到损失的办法来为我自己取得利益"①。在这个过程中,人与人之间的存在关系是紧张和对立的;而这种状态本身,恰恰也是人与人之间在物质利益层面上紧张和对立的表现。由于剥削给双方的社会关系造成的阉割和扭曲,因此,对于掌握生产资料从而掌握社会关系主导权的资产者来说,"只有一种关系——剥削关系——才具有独立自在的意义;对资产者来说,其他一切关系都只有在他能够把这些关系归结到这种唯一的关系中去时才有意义,甚至在他发现了有不能直接从属于剥削关系的关系时,他最少也要在自己的想象中使这些关系从属于剥削关系"②。也就是说,资产者一定要把全部的存在关系都转化为剥削关系,才能理解自身和劳动者的存在状况和实际诉求,才能获得一切尽在掌握的熟悉感和安全感。然而,这样的对立和单调性却是以强化剥削与被剥削双方的不平等占有关系为前提

---

① 马克思、恩格斯:《德意志意识形态》,载《马克思恩格斯全集》第1版第3卷,人民出版社1960年版,第479页。
② 马克思、恩格斯:《德意志意识形态》,载《马克思恩格斯全集》第1版第3卷,人民出版社1960年版,第480页。

的，是以强化资本主义社会的不平等阶级地位为代价的。所以说，剥削本身就是一个不平等社会结构的产物。而施行那种蕴含剥削的劳动过程和分配过程，又进一步强化了这个不平等的结构。在这个意义上，不平等的结构既体现在工人与资本家在进入生产过程之前的买卖关系中、议价能力中，也体现在工人和资本家在劳动过程中的监督和被监督、指使和被指使、控制和被控制的关系中，更体现在最后的劳动成果的严重不平等的分配中。因此，无论是成果分配的不平等，还是背后社会结构的不平等，这些都迫使马克思主义者必须指向其对立面。换言之，如果马克思主义伦理学要把剥削作为一个值得批判和反对的东西，那么，它又会反过来追求什么东西呢？这就是"平等"。

二、正题（II）：平等

所有人都知道，单纯地或抽象地谈论"平等"这个概念，不可能是马克思主义的讨论方式。马克思恩格斯也不可能在任何未加限定的意义上赞成或反对"平等"。因此，我们在这里把"平等"列为马克思主义伦理学的一个正题，必须限定在上面谈到的那些具体"不平等"的语境之中。也就是说，马克思主义伦理学即便有理由倡导"平等"，也是针对资本主义条件下不平等的社会结构、不平等的劳动关系、不平等的分配结果等等具体的不平等事实的反驳。

这样的看法虽然可以接受，但对于我们理解马克思主义伦理学的平等概念还不足够。因为，这个概念在马克思恩格斯的使用中涉及多重含义，有些是他们明显支持的，而有些则是他们明确反对的。概念含义上的多样性和复杂性，使得马克思恩格斯的平等观非常费解，让人觉得他们对待平等的态度不断摇摆。同时，这也让人意识到，与剥削（所蕴含的不平等）构成对立的，肯定不可能是其中的全部含义。在逻辑上，只有得到马克思恩格斯支持的那种具体的"平等"概念，才构成"剥削"的对立面。在这里，我们从马克思恩格斯的文本中初步总结和提炼出四种平等概念，并逐一加以分析。它们分别是：权利平等（Equal Rights）、所得平等（Equal Gains）、福利平等（Equal Welfares），以及生产资料占有平等（Equal Possessions）。

（一）关于权利平等

在最直接的意义上，平等就是数量的相等，尤其是物质占有和分配方面的数量相等。比如，这里有五个苹果，我们五个人一人一个，这就是平等。同样地，当人们进行交换，说五个苹果可以交换一把剪刀，从而实现"等价交换"时，也蕴含着一种平等。根据劳动价值论，这里蕴含着劳动价值量的平等。用马克思的话来说，这里蕴含的是，在一定劳动条件下，生产这些物质产品所需要的社会必要劳动时间的平等。所以，平等首先是量的平等。

但是，当你我能够按照相等的劳动价值量进行交换时，仅仅凭借生产这些产品所需的社会必要劳动时间（在量上）的平等还不够。这里还必须预置一个社会存在的前提条件，那就是，人格的平等。至少，在发生交换时，你我必须在人格上是平等的即我们仅仅作为平等的交易双方而存在。否则，其中一方完全可以因为"高人一等"而不必遵循等价交换的原则。所以，除了数量的相等，"平等"一开始也被用于指称人与人之间在基本位置上的相等。而这种相等又常常归因于人与人之间的某些共同点，尤其是属性或能力方面的共同点，比如都有理性，都有情感，或都能感受苦乐等。正因此，恩格斯在《反杜林论》里说："一切人，作为人来说，都有某些共同点，在这些共同点所及的范围内，他们是平等的，这样的观念自然是非常古老的。"①

你是人、我也是人，这个意义上的平等是一种自然的平等。平等自古就有，但是，要走到普遍的"权利平等"亦即"现代平等要求"这一步，却需要经历漫长的岁月。恩格斯清醒地意识到，现代的平等要求与原始的平等观念完全不同。这种平等要求不是要重申人作为人的共同性，而是要"从人的这种共同特性中，从人就他们是人而言的这种平等中引申出这样的要求：一切人，或至少是一个国家的一切公民，或一个社会的一切成员，都应当有平等的政治地位和社会地位"②。这种权利平等的观念至少具备两个特点：第一，它是政治性的；第二，它是普遍性的。

然而，恩格斯同时深知，"要从这种相对平等的原始观念中得出国家和社会中的平等权利的结论，要使这个结论甚至能够成为某种自然而然的、不言而喻的东西，必然要经过而且确实已经经过几千年"③。在这几千年间，平等甚至包括权利平等的观念不能说完全不存在，但它们仅仅在一定程度内有限存在。比如，"在最古老的自然形成的公社中，最多只谈得上公社成员之间的平等权利，妇女、奴隶和外地人自然不在此列"；在希腊人和罗马人那里，享有平等地位的只不过包括自由民或公民，野蛮人、奴隶、被保护民均不属于平等对待的范畴之列；而"基督教只承认一切人的一种平

---

① 恩格斯：《反杜林论》，载《马克思恩格斯文集》第9卷，人民出版社2009年版，第109页。
② 恩格斯：《反杜林论》，载《马克思恩格斯文集》第9卷，人民出版社2009年版，第109页。
③ 恩格斯：《反杜林论》，载《马克思恩格斯文集》第9卷，人民出版社2009年版，第109页。

等，即原罪的平等"，"至多还承认上帝的选民的平等"。[①]但是，当资产阶级产生以后，情况就不一样了："这个阶级在它进一步的发展中，注定成为现代平等要求的代表者。"[②]资产阶级所开创并且投身的"大规模的贸易，特别是国际贸易，尤其是世界贸易，要求有自由的、在行动上不受限制的商品占有者，他们作为商品占有者是有平等权利的，他们根据对他们所有人来说都平等的、至少在当地是平等的权利进行交换"[③]。因此，随着资本主义的发展，当"社会的经济进步一旦把摆脱封建桎梏和通过消除封建不平等来确立权利平等的要求提上日程，这种要求就必定迅速地扩大其范围。只要为工业和商业的利益提出这一要求，就必须为广大农民要求同样的平等权利……这种要求就很自然地获得了普遍的、超出个别国家范围的性质，而自由和平等也很自然地被宣布为人权"[④]。于是，在资产阶级登上现代历史舞台之后，借助资本主义的社会观念和立法体系，"权利平等"才第一次（至少在形式上）真正实现其政治性和普遍性。

马克思、恩格斯当然懂得权利平等的历史进步意义。但是，对于资本主义条件下的权利平等，从总体上讲，他们的立场仍以反对为主。原因在于——

第一，资本主义条件下，权利平等是空洞的。它好像赋予你某些平等的权利，但实际上只是空头支票。恩格斯指出，资产阶级

[①] 恩格斯：《反杜林论》，载《马克思恩格斯文集》第9卷，人民出版社2009年版，第109页。

[②] 恩格斯：《反杜林论》，载《马克思恩格斯文集》第9卷，人民出版社2009年版，第110页。

[③] 恩格斯：《反杜林论》，载《马克思恩格斯文集》第9卷，人民出版社2009年版，第110页。

[④] 恩格斯：《反杜林论》，载《马克思恩格斯文集》第9卷，人民出版社2009年版，第111—112页。

"权利的公平和平等,是18、19世纪的资产者打算在封建制的不公平、不平等和特权的废墟上建立"①起来的,他们"在反对封建制度的斗争中和在发展资本主义生产的过程中不得不废除一切等级的即个人的特权,而且起初在私法方面,后来逐渐在公法方面实施了个人在法律上的平等权利,从那时以来并且由于那个缘故,平等权利在口头上是被承认了"②。但是,资本主义给予人们这些法律上或观念上的权利又有什么用呢?它并没有给予人们实现权利所指向的那种幸福生活的具体手段。毕竟,"追求幸福的欲望只有极微小的一部分可以靠观念上的权利来满足,绝大部分却要靠物质的手段来实现,而由于资本主义生产所关心的,是使绝大多数权利平等的人仅有最必需的东西来勉强维持生活,所以资本主义对多数人追求幸福的平等权利所给予的尊重,即使有,也未必比奴隶制或农奴制所给予的多一些"③。资本家也许会说,工人有资格也有能力实现自己的幸福,只要他们到我的工厂来好好工作,不断积累工资收入就可以了。可是,这是不可能的。抛开工资的低水平和有限性不谈,抛开雇佣劳动与幸福之间是否存在必然联系不谈,实现幸福生活的主要手段和根本资源没有被掌握在工人手里,而是被掌握在资本家手里。这就是资本主义条件下的根深蒂固的结构性不平等,而法律上所规定的权利平等只是对它的形式化遮蔽而已。

第二,资本主义条件下,权利平等固化人的自然差别。对于自然差别,资本主义不仅是承认,更是接受甚至提倡。因为,对资本

---

① 恩格斯:《马克思和洛贝尔图斯》,载《马克思恩格斯文集》第4卷,人民出版社2009年版,第205页。
② 恩格斯:《路德维希·费尔巴哈和德国古典哲学的终结》,载《马克思恩格斯文集》第4卷,人民出版社2009年版,第291—295页。
③ 恩格斯:《路德维希·费尔巴哈和德国古典哲学的终结》,载《马克思恩格斯文集》第4卷,人民出版社2009年版,第291—295页。

来说，人与人之间要有自然差别，才可以进行劳动分工和交换。"这种自然差别是他们在交换行为中的社会平等的前提……从这种自然差别来看，个人 A 是个人 B 所需要的某种使用价值的所有者，B 是 A 所需要的某种使用价值的所有者。从这方面说，自然差别又使他们互相发生平等的关系。"①如果没有自然差别，如果每个人生产的东西都一样，每个人能够提供的商品和服务都一样，也就没有交换了；没有交换，也就没有市场可言，也就没有为交换而进行生产的资本主义可言。所以说，在资本主义条件下，要的就是人们的差别，要的就是人们固化甚至放大自己的差别。比如说，如果你这个国家善于种可可，那你就种可可吧，不要管别的了；如果你这个国家盛产石油，那你就生产石油吧，也不要管别的了。这说明，国与国之间、民族与民族之间、单位与单位之间、个人与个人之间一定要有自然差别，一定要有分工差别，最好的不可更改的稳定差别，市场才能建立起来，资本才能遍布开来。为了实现价值所有者在市场上的权利平等，资本主义必须以承认彼此的自然差别为前提，并把对方仅仅看作实现交换的工具和桥梁而已。

第三，在资本主义条件下，权利平等加深人的冷漠和单调化。马克思在《1857—1858 年经济学手稿》中指出，资本主义的自由和平等观念，都是建立在交换自由和交换价值平等的基础上："交换，在所有方面确立了主体之间的平等……促使人们去进行交换的个人和物质材料，则确立了自由。可见，平等和自由不仅在以交换价值为基础的交换中受到尊重，而且交换价值的交换是一切平等和自由的生产的、现实的基础。作为纯粹观念，平等和自由仅仅是交换价值的交换的一种理想化的表现；作为在法律的、政治的、社会的关

---

① 马克思：《政治经济学批判（1857—1858 年手稿）》，载《马克思恩格斯全集》第 2 版第 30 卷，人民出版社 1995 年版，第 197 页。

系上发展了的东西，平等和自由不过是另一次方上的这种基础而已。"①在这个意义上，每个人都作为交换主体而享有权利和地位的平等："作为交换的主体，他们的关系是平等的关系。在他们之间看不出任何差别，更看不出对立，甚至连丝毫的差异也没有……他们在社会职能上是平等的。"②然而，问题不在于每个人都作为交换主体，而在于，每个人都仅仅作为交换主体而存在，仅仅"作为等价物的所有者，并作为在交换中这种相互等价的证明者，才是价值相等的人，所以他们作为价值相等的人同时是彼此漠不关心的人；他们在其他方面的个人差别与他们无关；他们不关心他们在其他方面的一切个人特点"③。换言之，资本主义条件下，拥有平等权利的这些价值承载者只需要完成自己的等价交换功能就可以了。他们既不需要展示出自己的其他存在属性，也无须在意他人的存在意义。彼此之间可以也只需保持一种单调的利益交往关系便足矣。

如果说资本主义条件下的权利平等存在诸多弊端，那么，在社会主义条件下又会如何呢？情况同样不容乐观。因为，在社会主义条件下，"这个平等的权利总还是被限制在一个资产阶级的框框里"④。

这是《哥达纲领批判》里语气颇为严厉的一段话。它表明，在社会主义条件下，权利平等依然是一种有局限的平等。在这里，平等的权利是指每个人都平等地根据劳动贡献来索取社会产品、获得

---

① 马克思：《政治经济学批判（1857—1858年手稿）》，载《马克思恩格斯全集》第2版第30卷，人民出版社1995年版，第199页。
② 马克思：《政治经济学批判（1857—1858年手稿）》，载《马克思恩格斯全集》第2版第30卷，人民出版社1995年版，第195页。
③ 马克思：《政治经济学批判（1857—1858年手稿）》，载《马克思恩格斯全集》第2版第30卷，人民出版社1995年版，第196页。
④ 马克思：《哥达纲领批判》，载《马克思恩格斯文集》第3卷，人民出版社2009年版，第435页。

消费资料的权利,即"按劳分配"的权利。它意味着,平等不是我拿多少份产品、你也能拿多少份产品,而是,假如我提供了100个单位的劳动量,那么我就有资格根据这个尺度得到相应的消费产品,而你如果只提供了50个单位的劳动量,那么你也只能根据同样这个尺度得到一半的消费产品。无论怎样,我们都按照同一尺度来计量;我们的平等在于平等的尺度,而不在于平等的所得。但是,恰好就在这里,马克思指出,按照"劳动量"这把尺度来分配,虽然看起来达到一种"多劳多得、少劳少得"的理想局面,但实际上却会忽视不同个人之间的能力差异与需要差异,从而造成困局。

一方面,马克思注意到,"一个人在体力或智力上胜过另一个人,因此在同一时间内提供较多的劳动,或者能够劳动较长的时间"[①]。如果对每个人都只是用他们所提供的劳动量来衡量他们,那么,尽管这剔除了阶级、出身、种族、肤色或性别等尺度,但却容纳并默认了"劳动者的不同等的个人天赋"这一尺度。也就是说,除了"劳动量",按劳分配还允许"天然禀赋"进入到分配环节,构成分配尺度的一个要素。用现代政治哲学的话来讲,这种分配尺度虽然在一定程度上"敏于抱负",但尚未完全"钝于禀赋"。既然不可能从"劳动"尺度中剔除"劳动能力",而劳动能力又必然存在差异,所以,按劳分配必然导致不平等的结果。在这个意义上,仅仅根据劳动来分配,"这种平等的权利,对不同等的劳动来说是不平等的权利"[②]。前面这个"平等的权利",是说我们都有一种权利且这个权利是平等的;后面这个"不平等的权利",则是说

---

① 马克思:《哥达纲领批判》,载《马克思恩格斯文集》第3卷,人民出版社2009年版,第435页。

② 马克思:《哥达纲领批判》,载《马克思恩格斯文集》第3卷,人民出版社2009年版,第435页。

这种权利所带来的分配所得的不平等、结果的不平等。

另一方面，按劳分配的方式只是考虑个人的劳动贡献，只是从"一个特定的方面去对待他们"而不顾及其他方面，"把他们只当做劳动者，再不把他们看做别的什么，把其他一切都撇开了"①。当一个完整的人像这样被抽象为一个单向度的人时，他的生活的其他方面就被忽视了，他生活中的其他需求也被忽视了。一个劳动者是否结婚、是否有很多子女，这些都没有进入按劳分配这一分配方式的考量之中。因此，马克思指出，"在提供的劳动相同，从而由社会消费基金中分得的份额相同的条件下，某一个人事实上所得到的比另一个人多些，也就比另一个人富些"②。从而，实际上，按劳分配由于不是按需分配而再次导致不平等的结果。③

所以说，即便在社会主义条件下，如果你选择了权利的平等，那么你只是把按资分配的权利给刨除了，只是把按身份、按血统等等更为古老的权利给抛掉了。但你仍然保留了一项权利，那就是，按劳动能力来进行分配的权利。可是，它与前面几种权利同样受到一种框框的约束，这种约束必定导致人们的所得不平等，也必定忽视人们生活的整全性。因此，如果"平等"意味着"权利平等"的话，那么，我们只能说，马克思恩格斯反对平等。

（二）关于所得平等

既然我们发现马克思、恩格斯批判剥削的一条理由是，剥削造

---

① 马克思：《哥达纲领批判》，载《马克思恩格斯文集》第 3 卷，人民出版社 2009 年版，第 435 页。

② 马克思：《哥达纲领批判》，载《马克思恩格斯文集》第 3 卷，人民出版社 2009 年版，第 435 页。

③ 马克思：《哥达纲领批判》，载《马克思恩格斯文集》第 3 卷，人民出版社 2009 年版，第 435 页。

成资本家和工人在分配所得上的严重不平等,既然我们发现马克思对"按劳分配"表达不满的一条理由也是,按劳分配没有保证不同劳动者之间的所得平等,那么,这是否意味着,马克思恩格斯就是要求"所得的平等"或"结果的平等"呢?亦非如此。对马克思恩格斯来说,既有的事实无法(也从来没有)满足所得平等,未来的事实无法(也根本无须)满足所得平等;着眼于分配所得的平等并为之鼓与呼,在马克思恩格斯眼里是明确不值一提的。

所得平等不限于雇佣劳动的工资所得,也包括人们在广义的生产和交换活动中所占有的生产资料和生活资料的平等。但恰好是在这个意义上,受制于自然条件和社会条件,人与人之间的所得平等从来没有实现过。恩格斯在《给奥·倍倍尔的信》里面提道:"在国和国、省和省、甚至地方和地方之间总会有生活条件方面的某种不平等存在,这种不平等可以减少到最低限度,但是永远不可能完全消除。阿尔卑斯山的居民和平原上的居民的生活条件总是不同的。"[1]所以,他很直白地指出,"把社会主义社会看作平等的王国,这是以'自由、平等、博爱'这一旧口号为根据的片面的法国人的看法,这种看法作为当时当地一定的发展阶段的东西曾经是正确的,但是,像以前的各个社会主义学派的一切片面性一样,它现在也应当被克服"[2]。对于这一点,相信大家都很容易理解。因为,人与人之间总会存在生活条件的差别或不平等。而由于生活条件的差别和不平等,又会进一步造成包括他们个人能力的不平等。即使我们通过社会公正和社会福利的建设,使这种不平等被减少到最低,也永远不可能消除它们。

---

[1] 恩格斯:《给奥·倍倍尔的信》,载《马克思恩格斯文集》第3卷,人民出版社2009年版,第415页。

[2] 恩格斯:《给奥·倍倍尔的信》,载《马克思恩格斯文集》第3卷,人民出版社2009年版,第415页。

那么，今后会不会实现所得平等？我们刚才说的是，在自然条件不同、物质条件不够、生产资源不足、阶级对立尖锐的情况下，不可能实现所得平等。那么，在共产主义条件下，又能否实现所得平等呢？答案同样是否定的，但却是另外一种意义上的否定。恩格斯说："在共产主义制度下和资源日益增多的情况下，经过不多几代的社会发展，人们就一定会认识到：侈谈平等和权利，如同今天侈谈贵族等等的世袭特权一样，是可笑的……谁如果坚持要人丝毫不差地给他平等的、公正的一份产品，别人就会给他两份以资嘲笑。"①在物资极大丰富的共产主义条件下，虽然不会因为物资匮乏而导致人与人之间无法达成所得平等，但是，恰恰也是因为物质的极大丰富，让所得平等变得无关紧要。每个人都只会根据他的需要而获取相应的所得，根本不必同其他人在所得方面进行比较。我们可能因为同样的需要而获得同等的物资，也可能因为不同的需要而获得不等的物资。但无论哪种情况，都不会构成一个值得解决的棘手问题。由于物资极大丰富，当你要求一份物资以求平等，我反而会给你两份。这是对你在所得平等上斤斤计较的某种体现甚至反讽。即便我这么做会使你的所得实际上比别人更多，从而造成所得的实际不平等，那也没关系。因为，除你之外，我们其他人都已经不在乎这种不平等了。可以说，在共产主义条件下，所得平等尽管能够实现，但它已然无须实现。此时，所得平等不再构成一个值得考虑或追求的价值目标。

（三）关于福利平等

既然马克思、恩格斯想要的既不是权利平等（在资本主义条件

---

① 恩格斯：《〈反杜林论〉材料》，载《马克思恩格斯全集》第1版第20卷，人民出版社1971年版，第670页。

下，它是虚假的；在社会主义条件下，它是有缺陷的；在共产主义条件下，它是不成立的），也不是所得平等（在资本主义条件下，它是做不到的；在社会主义条件下，也是做不到的；在共产主义条件下，它又是不必要的），那么，这是否意味着，马克思、恩格斯根本不需要"平等"，根本不承认任何意义上的"平等"？这样的推论也许又过于极端，有失偏激。它跟我们从马克思恩格斯的文本中读到的对于每个人自由全面发展的平等关切是不一致的，跟马克思恩格斯所设想的对于每个人的需要予以平等满足的社会状态是不一致的。因此，跟我们前面讨论"自由"的情况类似，在马克思恩格斯这里，"平等"也是一个充满复杂含义和多重用法的概念。我们必须借助某种或某些恰当的说法，以有效界定并准确揭示出他们所认可的那种"平等"。

在这里，我们暂且借用"福利平等"一词来完成这项任务。"福利平等"是当代政治哲学中的一个常见概念。一般认为，它跟"资源平等""能力平等"共同构成了现代平等理论的三条基本进路。简单地说，"资源平等"关注的是每个人所占有的资源（尤其是那些作为人类生存基本必需品的资源）根据一定原则（如罗尔斯的正义原则、德沃金的责任原则）而在份额或数量上的平等。"能力平等"关注的是每个人用以转化或运用自己所分配得到的资源的能力（如纳斯鲍姆总结的十种基本能力）的平等。在能力平等主义者看来，获得多少资源并非最重要，因为资源只是实现自由和繁荣的手段；如果某人缺乏能力，无法充分地转化或运用资源，从而无法充分地促成自己的自由和繁荣，那么，就算你赋予他平等的资源甚至更多的资源，也是没用的。可见，"能力平等"不仅在意人们转化或运用资源的能力是否平等，而且在意人们通过资源的转化或运用而实现的那种客观生存条件是否平等。相比之下，"福利平等"

则特别强调"对所有人的同样偏好给予同等的重视"[①]。这里的"福利"不是通常所说的医疗、教育、就业、劳保等方面（这些方面的平等，仍是资源分配的所得平等），而是指每个人的偏好在资源和能力的保障下所获得的满足。这种满足既取决于个体偏好的具体内容，也取决于社会资源通过个人转化或运用而在个体身上产生的真实体验或影响。因此，福利平等是个体偏好在获得承认和得到满足方面的平等，它带有更强烈的主观或个体色彩，具体表现为：对不同个体的偏好同等地予以承认；对不同个体的偏好同等地予以满足。在实现偏好满足的过程中，福利平等并不排斥但也不承诺不同个体能够达到资源平等或能力平等。

只要这些偏好不是怪异的或有害的，而是为个体发展所必需的，那么，偏好就可以被理解为需要。而平等地对待每个人的需要，平等地满足每个人的需要，同时，在对待和满足这些需要的过程中，既不排斥也不承诺每个人的所得平等，这不正是马克思恩格斯所设想的共产主义的现实状况吗？根据经典作家的看法，在共产主义条件下，生产力得到极大发展，物质财富得以充分涌流，社会资源和财富实现极大丰富，因此，社会有足够的力量来满足每个人为了实现其自由全面发展而面临的各方面需要。随着个性的真正解放和发展，每个人的需要尽管在内容上是不同的，但每个人的需要在性质上却是平等的，对它们予以满足的必要性与合理性也是平等的。也就是说，每个人的需要都能获得充分的承认，都能获得充分的资源投放，从而都能获得充分的满足——在这一点上，每个人都是平等的。正如尼尔森在提出他的"激进平等主义"（radical egalitarianism）原则时所说的那样："既尽力实现对每个人的需要予以平等的考虑，同时在尽可能地与这种针对需要的平等考虑相协调的情

---

① R. M. Hare, *Moral Thinking*, Oxford: Clarendon Press, 1981, p.91.

况下，又以人们所能达到的最高水准，对所有人的需要予以最大程度的满足。"①这既是与共产主义原则相兼容的，也是在共产主义条件完全可以实现的。

基于共产主义的按需分配原则，每个人的需要都能理应平等地得到满足。但这种平等，并不是说给每个人分配或投放的资源数量平等，也不是说每个人最后获得的资源总量平等，更不是说用于衡量或辨识每个人的尺度一致，而是说，在各尽所能的前提下，共产主义社会能够保证每个人享有充分的资源，使得每个人的需要都平等地能够得到考虑和（与之相匹配的）最大满足。假如这种平等可以被附上"福利平等"的标签，那么，它不承诺每个人都分得平等的财富，也不承诺每个人都有转化这些资源的平等能力，但它会表示，你的任何需要同其他人的任何需要一样，都将能够得到满足。

福利平等是一种在共产主义条件下通过按需分配的原则而实现的平等。而共产主义，被认为是"这样一个世界，在那里，人们（亦即每个属于其中一分子的人）都能够掌控他们自己的生活（亦即他们是自主的），而且人类的繁荣兴旺，包括人类的福利在内，都是普遍的"②。马克思主义者相信，在共产主义条件下，"技术上更发达的生产方式能够让更多的人更充分、更平等地满足其需要"③，"这个社会将具备更广泛的平等条件，从而涌现更多的自由，人们能够获得更大的自主性和更多的自我实现"④。既然共产

---

① 〔加〕尼尔森：《马克思主义与道德观念》，李义天译，人民出版社2014年版，第347页。
② 〔加〕尼尔森：《马克思主义与道德观念》，李义天译，人民出版社2014年版，第260页。
③ 〔加〕尼尔森：《马克思主义与道德观念》，李义天译，人民出版社2014年版，第173页。
④ 〔加〕尼尔森：《马克思主义与道德观念》，李义天译，人民出版社2014年版，第266页。

主义必然实现，那么，推行按需分配的原则，成就这样的福利平等，也就是很自然的事情。然而，现在的问题是，在共产主义真正到来或完全实现之前，在共产主义的第一阶段即社会主义阶段，"按需分配"对许多人来讲，其实理解起来仍然有点困难。最大的困难可能有三点：第一，按需分配所赖以推行的"物资极大丰富"到底是什么样的状态？怎样的物资丰富才能叫极大丰富？第二，每个人的"需要"是否全部都是合理的？如何区分真正的需要和虚假的需要？第三，是否存在一些物质条件永远不能达到极大丰富？比如因为土地有限，我们不能让每个人都拥有庄园或农场。比如因为海岸线有限，我们也无法让每个人都拥有一套海景别墅。无论如何，理解"按需分配"的具体内容，这对于现阶段的许多人来说还是有点困惑的。但也正因如此，才突显出那些选择共产主义为信仰的人们的坚定性和先进性。

不过，这也从另一个方面启发我们，即便福利平等在共产主义条件下可以得到证明和实现，我们也有必要考虑到现实的限定条件，回过头来，回到与资本主义长期共存的社会主义初级阶段上来，回到资本主义向社会主义转换的历史环节上来，谋求一种更切近、更现实的马克思主义平等观。作为同样能够获得马克思、恩格斯支持和赞同的平等概念，它不必像无阶级社会中的福利平等那么高远，而是可以直接服务于当前无产阶级的认知和斗争活动。

（四）关于生产资料的占有平等

这种更切近、更现实并能得到马克思、恩格斯完全赞同的"平等"，就是"生产资料的占有平等"。我们在前面分析"剥削"时已指出，"剥削"首先表现为劳动产品的分配不平等，其次表现为劳动过程和劳动关系的结构不平等，但在根本上，它最终表现为生产资料的占有不平等。特别是在资本主义社会，有的人可以占有土地、原料、工厂、货币等等，而有的人除了占有自身劳动力之外一无所有。在此意义上，剥削的根源就在于这种（非常特殊的）不平等，即生产资料占有的不平等。而马克思主义对这种不平等的揭示和反对，就是为了瓦解和废除生产资料的占有不平等，从而建立生产资料的占有平等。这才是消灭剥削的关键！这才是马克思主义伦理学在这个议题上由反题转向正题的关键！正如恩格斯强调的那样，在资产阶级与无产阶级对立的社会条件下，无产阶级的目标不再是"做一天公平的工作，得一天公平的工资……这个老口号是过时了，今天已经不大适用了……我们要永远埋葬掉这个旧口号，代之以另外一个口号：劳动资料——原料、工厂、机器，归工人自己所有！"[①]

生产资料的平等占有，本质上是生产资料的共同占有。它意味着：第一，生产资料并不是由一部分人单独占有或局部占有，而是由所有人平等占有或共同占有；第二，共同占有这些生产资料的人们，不仅是平等的生产资料占有者，更是平等的生产资料使用者，即劳动者，或者说，他们是作为平等的劳动者而共同占有生产资料，而不是作为平等的资产者而共同占有生产资料。后一种情况听起来就很古怪。因为，假如所有人都占有生产资料却都不必劳动，那么，他们又在剥削谁呢？或许有人说，在人工智能技术成熟的条件下就会出现这种情况。但是，对马克思、恩格斯来说，这种情况却是未曾想象或不可理喻的。因此，生产资料的平等占有或共同占有，说得更准确点，是生产资料的全体劳动者的平等占有或共同占有。当人们因共同占有生产资料而在生产关系上消灭了那些曾经凭

[①] 恩格斯：《做一天公平的工作，得一天公平的工资》，载《马克思恩格斯全集》第1版第19卷，人民出版社1963年版，第276页。

借生产资料的独占优势的不劳动者时，他们也就全部转化为劳动者。只有劳动者才谈得上共同占有生产资料；只有实现劳动者对生产资料的共同占有，生产资料的占有平等才是有意义的、值得追求的。

生产资料归全体劳动者共同所有，这一点在社会主义条件下就能实现。历史也证明了这一点。然而，必须注意的是，作为共产主义的第一阶段，社会主义条件下的生产资料占有平等仍不完全充分。这至少表现在两个方面：第一，在社会主义条件下，全体劳动者虽然能够共同占有生产资料，但是，劳动者在实际生产过程中也仍然需要通过民主决策来支配这些生产资料。也就是说，尽管无产阶级和资产阶级的对立已被消灭，全体劳动者在生产资料占有资格上也都平等，但是，一旦涉及如何具体地支配和使用它们，则又不得不取决于一定的决策程序。此时，全体劳动者内部的差异，比如，不同劳动者的不同能力或技能，以及他们在决策程序中所处的不同位置，就往往影响到他们的话语权，进而影响到对这些被他们共同占有的生产资料的具体支配或使用方案的制订。第二，在社会主义条件下，生产资料归全体劳动者共同所有，这仍然有赖于法律的规定和保障。也就是说，生产资料的占有平等还不能作为一项自足的社会事实被确立起来，而是必须作为一项明确的法律事实被规定下来。相应地，法律的存在，同时也意味着国家的存在和阶级的存在。这说明，在社会主义条件下，我们仍然不得不在承认阶级和阶级统治的存在基础上来认定生产资料的占有平等。而这似乎跟经典作家所声称的如下说法——"无产阶级平等要求的实际内容都是消灭阶级的要求。任何超出这个范围的平等要求，都必然要流于荒谬。"①——格格不入甚至背道而驰。

诚然，让生产资料归全体劳动者的共同占有，并不是一蹴而就的。恩格斯说："由社会占有全部生产资料……这种占有只有在实现它的物质条件已经具备的时候，才能成为可能，才能成为历史的必然性。正如其他一切社会进步一样，这种占有之所以能够实现，并不是由于人们认识到阶级的存在同正义、平等等等相矛盾，也不是仅仅由于人们希望废除这些阶级，而是由于具备了一定的新的经济条件。"②恩格斯还清楚地指出，无产阶级的平等观念从一开始就同资产阶级的平等观念相伴随，"起初采取宗教的形式，借助于原始基督教，以后就以资产阶级的平等理论本身为依据"。在资本主义条件下，"无产阶级抓住了资产阶级所说的话，指出：平等应当不仅仅是表面的，不仅仅在国家的领域中实行，它还应当是实际的，还应当在社会的、经济的领域中实行"③。因此，一旦无产阶级掌握了阶级统治工具，建立起社会主义国家，那么，生产资料归全体劳动者共同占有，就确实会在阶级依然存续的条件下，通过社会主义国家的法律形式而被规定下来。

但是，上述法律事实的存在并不能证明，"生产资料的占有平等"或"生产资料归全体劳动者共同占有"的理念，就跟"消灭阶级本身"这一无产阶级的平等要求相矛盾。恰恰相反，"生产资料的占有平等"或"生产资料归全体劳动者共同占有"正是"消灭阶级本身"的具体表达。因为，如前所述，生产资料的平等占有或共

---

① 恩格斯：《反杜林论》，载《马克思恩格斯文集》第9卷，人民出版社2009年版，第113页。
② 恩格斯：《反杜林论》，载《马克思恩格斯文集》第9卷，人民出版社2009年版，第298页。
③ 恩格斯：《反杜林论》，载《马克思恩格斯文集》第9卷，人民出版社2009年版，第112页。

同占有，本来就是生产资料在全体劳动者这里的平等占有或共同占有。当人类社会能够实现生产资料的平等占有或共同占有时，恰好意味着，其成员全都作为劳动者而存在，任何成员个体或任何一部分成员都没有单独或局部地占有某些生产资料，因此，他们也就不可能凭借对某些生产资料的专门占有而被划分或界定为一个特殊的阶级。在这个意义上，"阶级"自然也就不复存在。

只不过，上述法律事实可以证明的是，"生产资料的占有平等"或"生产资料归全体劳动者共同占有"的理念，完全可以在"消灭阶级本身"这一无产阶级的平等要求在全体人类社会中被实现之前，就至少得到局部的承认和践行。这种局部性就体现为，它在社会主义国家的内部得到承认和践行。此时，人类社会尚未整体进入共产主义阶段，社会主义与资本主义之间的竞争和斗争也还将在一段较长的时间里持续下去，但是，在那些已经从总体上消灭剥削和剥削阶级的社会主义国家，在法律上规定并保障生产资料的占有平等，已经成为一件现实的事情，也是一件必须要做的事情。可以说，在人类社会完全实现生产资料的平等占有或共同占有之前，亦即在人类社会完全消灭阶级之前，无产阶级对"生产资料的占有平等"提出及其践行并不是没有意义的。相反，社会主义国家的无产阶级对它的承认和践行会有助于形成一个突破口，向那些资本主义国家的无产阶级形成示范效应，从而进一步推动整个人类社会的历史发展与转型。

第七讲
马克思主义伦理学的主要议题（下）

李义天

前面我们讨论了"剥削"。剥削不仅意味着在生产产品分配方面的不平等（资本家拿走全部产品，工人仅得维持生计的工资），还伴随着生产过程中的人格不平等（资本家对工人的强迫与奴役），而且，最重要地，它植根于生产资料占有关系的不平等（资本家拥有生产资料，而工人除了自己的劳动力外一无所有）。因此，无论从什么意义上讲，剥削都足以构成马克思主义在规范层面所反对的东西，亦即，马克思主义伦理学的反题。

作为一种社会关系或社会现象，剥削之所以能够在资本主义条件下发挥效力且广泛运行，是因为它背后还隐藏着更深的症结。什么症结？其实刚才已经提到了，那就是"生产资料占有的不平等"——有些人掌握着生产资料，而有些人没有；有些人具备控制生产资料的权力，而有些人没有。于是，人类社会因为不平等的生产资料占有关系而形成了某种深刻、严重、持久的分裂状态。这就是"阶级的分裂"。它不是基于观念差异的分裂，也不是基于种群或性别差异的分裂，而是建立在生产资料占有关系的差异性与对抗性基础上的分裂；它不是简单的个人之间的分裂，而是以阶级群体的差异和对抗为表现形式的分裂。而且，在资本主义条件下，生产资料占有关系的差异性和对抗性，以及由此造成的社会集团之间的分裂状态，将会由于得到工业化生产技术的加持以及资产阶级意识形态和国家机器的拱卫，而变得更加极端尖锐、有恃无恐。

对于马克思、恩格斯来说，由于生产资料占有关系的差异性和对抗性而产生的分裂，导致人与人被划分为不同的利益集团甚至被区隔为彼此对抗的社会群体，乃是人类社会的一种病态特征。尽管这种病态特征的出现有其历史必然性（比如，由于生产资料的有限性，或是生产力发展水平的有限性而无法充分利用现有的生产资料），但是，通过某些方式来消除这种特征，使人类社会获得某种程度的重新弥合，对于马克思、恩格斯来说，同样是一项不但具有历史必然性而且具有伦理规范性的可欲目标。也就是说，如果能够消除生产资料占有关系上的差异与对抗，重新实现对生产资料的共同占有，从而不再把人类因此区隔为不同的阶级阵营或利益集团，那么，人与人之间将会摆脱自阶级和阶级社会产生以来的分裂状态，进而实现一种整体的、团结的、协调的联合状态。

作为人类生存的更优情境，这种联合状态将促成人对自我本质的充分实现和完全占有，达到个体道德与集体伦理的有机统一。但是，成就这种状态不是一蹴而就的。对马克思主义伦理学来说，它既需揭穿并破除在阶级社会中伪装起来的联合方式，又要承认和运用在阶级社会条件下有限可行的联合方式。因此，同我们前面谈到的"自由"和"平等"一样，在马克思主义伦理学的语境中，"联合"也是一个层次丰富的复杂概念，亟待分析和澄清。

一、反题（III）：分裂

马克思主义伦理学的三个反题之间是层层递进的关系。我们说过，相对于"剥削"来讲，"异化"只是表象；而相对于"分裂"来讲，"剥削"也只是表象。为什么工人生产出来的产品可以被资本家拿走呢？为什么工人就要忍受这种不平等的分配形式呢？这是因为，在这些现象背后，存在着生产关系的分裂，更具体地说，存在着一种因生产资料占有关系的差异性和对抗性而导致的社会分裂，亦即，阶级的分裂。马克思、恩格斯在《共产党宣言》里说，人类社会的历史就是一部阶级和阶级斗争的历史；而随着资本主义生产方式的发展蔓延，人类社会日益分裂为两个极端对立的阶级，由此导致社会分裂状态变得空前深刻、尖锐和持久。换言之，正是因为在资本主义条件下，社会成员在生产资料的占有关系上发生了分裂，使得一部分人占有生产资料而另一部分人除了占有自身劳动力以外一无所有，所以才令前者对后者的剥削成为可能。

（一）分裂的表现

有人可能说，生产资料占有关系的分裂，社会成员因为在生产资料占有方面的不同地位而导致的社会分裂，亦即，阶级的分裂，其实是很早就出现的现象——即使马克思、恩格斯本人也承认这一点——那么，又是什么因素导致资本主义条件下的社会分裂会变得如此扎眼或特殊，变得如此尖锐和持久呢？在很大程度上，答案就在于"市民社会"。市民社会是一种典型的现代性产物，我们甚至把它当作标志物来标识或判定某个社会是不是现代社会。诚然，阶级及其所蕴含的社会分裂很早就出现，但是，只有当这种社会分裂与市民社会之间发生催生或促进的效应时，社会分裂状态才会更加广泛和细致、更加固化和深刻，更加具有对抗性和排斥性。

第一，市民社会的主体基础使得社会分裂的范围更广泛，程度更细致。同"性别"和"民族"一样，"阶级"也是对人类社会的一种重要的区分方式。它意味着，我们不是通过生理性征，也不是通过血缘、地缘或文化，而是通过对不同生产资料占有关系的判断来界定和标识不同人群。比如，粗略地说，我们把占有土地这种生产资料的群体称为"地主阶级"，把占有厂房、机器等生产资料的群体称为"资产阶级"，把不占有任何生产资料而仅仅占有自身劳动力的群体称为"无产阶级"。"阶级"就是以这样的方式对人群进行划分。

不过，很明显，这样的划分仍只是群体层面的划分。也就是说，借助"阶级"所刻画出来的社会分裂状态，还只是某种板块式或结构性的分裂状态。但是，当"阶级"主要指称资产阶级和无产阶级，或者说，当"阶级"进入以资本逻辑为主导的现代社会语境中，阶级的成员同时也作为市民社会的成员而存在并行动。市民社会的兴起，甚至使得社会个体首先意识到的不是自己的阶级成员身份，而是某种能够平等、自由地参与经济活动并在其中拥有专属利益的独立个体。马克思恩格斯在《神圣家族》中指出，市民社会是反对特权的社会，是"废除和取消了特权""使在政治上仍被特权束缚的生活要素获得自由的发达的市民社会"。①但是，在这里，"自由工业和自由贸易却用挣脱了特权束缚的、自身不再由于普遍纽带的假象而依赖于他人的人，来取代那些封闭状态，从而引起人

---

① 马克思、恩格斯：《神圣家族》，载《马克思恩格斯文集》第 1 卷，人民出版社 2009 年版，第 316 页。

反对人、个人反对个人的普遍斗争","整个市民社会就是这种由于各自的个性而从此相互隔绝的所有个人之间相互反对的战争,就是摆脱了特权桎梏的自然生命力的不可遏止的普遍运动"。①在马克思看来,"市民社会成员的人"非但没有取消自己的阶级身份,反而愈发成为一些"没有超出封闭于自身、封闭于自己的私人利益和自己的私人任意行为、脱离共同体的个体"②。他们不仅依然占有不同类型的生产资料从而分裂为不同的阶级,而且,他们还因为自身占有某一部分具体的生产资料而进一步地分裂为对抗的个人。更何况,为了保障自己所占有的这一部分生产资料,市民社会的成员还迫切地需要把这种占有关系作为一项权利而确定下来。为此,他们不得不在更强硬的程度上封闭自己,区隔他人,必须用私有产权的边界和个体权利的藩篱来固化自我持有的那一部分生产资料的占有关系。所以,这样的分裂不是对群体层面的阶级分裂的消解,而是在阶级分裂的前提下更加广泛和细致的个体性分裂。

第二,市民社会的权利意识使得社会分裂在法理上进一步被固化,在观念上进一步被加深。马克思在《论犹太人问题》里清晰地指出,市民社会兴起之后,"人权一部分是政治权利,只是与别人共同行使的权利。这种权利的内容就是参加共同体,确切地说,就是参加政治共同体,参加国家。这些权利属于政治自由的范畴,属于公民权利的范畴",而"另一部分人权,即,与 *droits du citoyen* [公民权] 不同的 *droits de l'homme* [人权]……本身不同于 *droits du citoyen*,公民权"。那么,"与 *citoyen* [公民] 不同的这个 *homme* [人] 究竟是什么人呢? 不是别人,就是市民社会的成员","所谓

---

① 马克思、恩格斯:《神圣家族》,载《马克思恩格斯文集》第 1 卷,人民出版社 2009 年版,第 316 页。

② 马克思:《论犹太人问题》,载《马克思恩格斯文集》第 1 卷,人民出版社 2009 年版,第 42 页。

的人权，不同于 *droits du citoyen*［公民权］的 *droits de l'homme*［人权］，无非是市民社会的成员的权利，就是说，无非是利己的人的权利、同其他人并同共同体分离开来的人的权利"。①借助这种权利，市民社会的成员不仅可以在法理上稳定地占有他的那一部分生产资料，而且能够正当地、合法地、合理地以及有效率地到市场上进行交换，从而维系市民社会本身的运转。

但是，对市民社会而言，整个社会的存在只是为了保证维护自己每个成员的人身、权利和财产。因此，市民社会的那种人权（*droits de l'homme*），在根本上，只可能是捍卫和固化人与人之间的分离、隔阂和竞争状态。正如马克思所说："在这些权利中，人绝对不是类存在物，相反，类生活本身，即社会，显现为诸个体的外部框架，显现为他们原有的独立性的限制。把他们连接起来的唯一纽带是自然的必然性，是需要和私人利益，是对他们的财产和他们的利己的人身的保护。"②在这个意义上，在生产活动、经营活动、交换过程中始终追逐自我利益而与其他人区别开来的个人，不仅在客观上不会摆脱自身所处的阶级地位，而且只会在主观上进一步希望排除社会的联合性质，进一步默认自身的无所依赖的原子属性，并更加热衷于通过对个体权利的宣示、论证乃至诉诸立法，从而固化并加深社会的分裂状态。

第三，市民社会的生产关系使得社会分裂更具对抗性和排斥性。在《1844年经济学哲学手稿》中，马克思曾这样描述资本主义市民社会中的生产关系："我是为自己而不是为你生产，就像你是为自己而不是为我生产一样。我的生产的结果本身同你没有什么关

---

① 马克思：《论犹太人问题》，载《马克思恩格斯文集》第1卷，人民出版社2009年版，第40页。

② 马克思：《论犹太人问题》，载《马克思恩格斯文集》第1卷，人民出版社2009年版，第42页。

系，就像你的生产的结果同我没有直接的关系一样。换句话说，我们的生产并不是……社会的生产"；"我们每个人都把自己的产品只看作是自己的、物化的私利，从而把另一个人的产品看作是另一个人的、不以他为转移的、异己的、物化的私利"。①在马克思看来，资本主义市民社会的生产关系，以及由此带来的人际关系，不仅体现出人与人之间的冷漠和消极，而且造成了人们彼此理解的矮化与单调化。因为，在那里，"你需要我的产品；因此，我的产品对你来说是作为你的愿望和你的意志的对象而存在的。但是，你的需要、你的愿望、你的意志对我的产品来说却是软弱无力的需要、愿望和意志"，它们只是"使你依赖于我的纽带"，而"我同你的社会关系，我为你的需要所进行的劳动只不过是假象，我们相互的补充，也只是一种以相互掠夺为基础的假象"。②

概言之，市民社会的兴起不但进一步固化和加深了有产者和无产者之间因为对生产资料的不同占有而出现的阶级分裂，而且，也造成了有产者内部和无产者内部由于彼此竞争或区隔而导致的深层分裂，从而最终，造成了作为市民社会成员的所有人由于各自利益的分化与互斥而形成的个体分裂。这种分裂如此广泛地弥漫于整个社会生活，如此深刻地贯穿于所有交往活动，如此尖锐地制造出人与人之间的排斥与对抗，以至于人类社会在这种历史条件下不仅分崩离析为若干板块或阵营，而且进一步趋于无法捏合的碎片化乃至粉末化状况。无疑，像这样的人类存在方式，是马克思恩格斯所不愿看到的。

---

① 马克思：《1844年经济学哲学手稿》，载《马克思恩格斯全集》第1版第42卷，人民出版社1979年版，第34页。

② 马克思：《1844年经济学哲学手稿》，载《马克思恩格斯全集》第1版第42卷，人民出版社1979年版，第34—35页。

(二) 分裂的实质

阶级的分裂根源于社会群体对生产资料的不同占有，而不是对其他事物的不同占有。尼尔森在《平等与自由》这本书里曾说："我们或者把阶级视为马克思主义的理解，即本质上根据人们掌握生产资料的关系来确定，或者更为普遍地把阶级视为收入、声望或权威的巨大差别和由此产生的总体生活前景方面的差别所造成的社会分隔。"[1]这一方面说明，无论是采取更严格的还是更宽泛的理解，阶级总是社会分裂的产物，而"阶级"概念也总是对社会分裂状况的特定描述；但另一方面也说明，如果你是一个马克思主义者，那么，你依然需要在严格的意义上来理解这种社会分裂，即阶级的分裂不是由于人们在收入、声望、权威方面的差别所致，而是由于他们在掌握和占有生产资料方面的差别所致。

但是，对生产资料的不同占有不仅仅意味着占有的差异性，它还意味着占有的排他性。也就是说，对生产资料的不同占有，不但涉及不同的占有内容（有的人占有这种生产资料，有的人占有那种生产资料）和不同的占有地位（有的人占有某些生产资料，而有的人不占有任何生产资料），更重要的是，这些占有内容或占有地位被认为与占有者之间存在着稳定而唯一的联系，除非该占有者愿意通过某种形式来转让自己的占有内容或占有地位。在阶级社会，用于装饰并保障占有内容或占有地位之排他性的手段有很多：天命说辞、历史叙事、血缘关系、自然法甚或成文法，都是常见的选项。

如果说"生产资料占有的差异性"还只是造成阶级社会内部的分别，那么，"生产资料占有的排他性"则完全可以促成阶级社会内部的分裂。正是因为对生产资料的差异性占有本质上是一种排他

---

[1]〔加〕凯·尼尔森：《平等与自由》，傅强译，中国人民大学出版社2015年版，第90页。

性占有，所以，由此产生的社会差别便会特别地深入而持久，相应地，群体之间的关系也就更趋于紧张和对抗。如同马克思恩格斯在《共产党宣言》开篇指出的那样，阶级社会的历史始终是"阶级斗争的历史"，"自由民和奴隶、贵族和平民、领主和农奴、行会师傅和帮工，一句话，压迫者和被压迫者，始终处于相互对立的地位，进行不断的、有时隐蔽有时公开的斗争"，而"从封建社会的灭亡中产生出来的现代资产阶级社会并没有消灭阶级对立。它只是用新的阶级、新的压迫条件、新的斗争形式代替了旧的"，在这里，整个社会更加直截了当地"日益分裂为两大敌对的阵营，分裂为两大相互直接对立的阶级"。①再加上资本主义社会既在观念上、又在法律上不断强化对生产资料的"不同占有"所具备的排他性，因此，资产阶级与无产阶级的分裂才会变得如此尖锐，其对立才会变得不可调和。

　　个体之间的分裂同样根源于社会占有的差异性和排他性。只不过，这里所说的"社会占有"可以指称广泛的社会资源的占有，它包括但不限于对生产资料的直接占有。比如，不同个体可能同样占有某种类型的生产资料，因而同属某一有产阶级，但他们却会因为各自排他性地占有该生产资料的不同部分，并试图排他性地占有由各自生产资料所产生的收益，从而构成竞争甚至对抗的分裂关系；又比如，不同个体可能同样不占有任何生产资料，因而同属无产阶级，但（在阶级意识尚未自觉的情况下）他们却会因为彼此排他性地占有劳动就业机会，而同样构成竞争甚至对抗的分裂关系；再比如，在一些同生产资料占有并无直接关联的情形中，诸如对某些人人皆可享有的公共物品、机会或资源的索取，也会因为排他性的占

---

① 马克思、恩格斯：《共产党宣言》，《马克思恩格斯文集》第 2 卷，人民出版社 2009 年版，第 31 页。

有而造成个体之间的分裂状态。我们可以说，正是对生产资料的差异性占有和排他性占有，导致了人类社会的结构性分裂（阶级的分裂）；而正是对其他社会资源的差异性占有和排他性占有，使得这种结构性分裂在更丰富、更细密的层面上弥散开来（个体的分裂）。

那么，人类社会为什么（至少迄今为止）一直以差异性和排他性的方式来占有包括生产资料在内的社会资源呢？对于历史唯物主义来说，进一步的根源在于生产力的有限性。马克思、恩格斯在《德意志意识形态》中说："作为过去取得的一切自由的基础的是有限的生产力；受这种生产力所制约的、不能满足整个社会的生产，使得人们的发展只能具有这样的形式：一些人靠另一些人来满足自己的需要，因而一些人（少数）得到了发展的垄断权。"[①]这番话再明显不过地表明，正是由于有限的生产力不足以让人类劳动把生产资料转换为充分、丰富的物质产品，从而满足每个人的需要，所以，在生产力一定的条件下，要想满足（部分）人的需要，对生产资料的掌控和占有便成为了一件至关重要的事情。在这个意义上，那些占有生产资料的人会特别在意巩固自己对生产资料的控制，那些占有生产资料较少的人会特别希望扩大自己对生产资料的控制，而那些不占有任何生产资料的人则希望破除当前的生产资料控制格局。而所有这些立场，实际上，全都是对生产资料的排他性占有关系的某种默认或承认，也是对生产力的有限性发展状况的某种默认或承认。概言之，在生产力有限的情况下，如果不能尽可能多地、尽可能稳固地占有生产资料，那么，基本生存的满足与财富积累的实现似乎就会变得更加困难。

反过来说，如果生产力不再是有限的，如果生产力在技术和制

---

① 马克思、恩格斯：《德意志意识形态》，《马克思恩格斯全集》第1版第3卷，人民出版社1960年版，第507页。

度的促进下获得充分提高,如果一切物质财富源泉都能够充分涌流,从而不仅能够满足整个社会生产,而且能够满足每个人的需要,那么,对生产资料的差异性占有和排他性占有也就没有意义了。相应地,人类社会也就不会面临因为对生产资料的不同占有而构成的对抗关系和分裂状态,即以阶级的方式而发生的社会分裂。用历史唯物主义的话来说,阶级和阶级分裂将会随着生产力的充分发展,作为暂时的、阶段性的历史产物而被消灭。

二、正题(Ⅲ):联合

在资本主义条件下,阶级现象和市民社会的叠加所造成的严重社会分裂,是马克思、恩格斯明确反对的东西。在他们看来,阶级之间的对立和对抗此时已经达到人类历史的高峰,而市民社会的出现则进一步加深和扩散了阶级的分裂,进而造成的局面是:"每个人都互相妨碍别人利益的实现",个体之间"不是普遍的肯定,而是普遍的否定"。[1]有鉴于此,通过某种形式或力量来改变这种分崩离析、一盘散沙的局面,把社会成员再度团结起来、凝聚起来,使之达到价值和利益的协调,无疑便成为一件非常迫切的任务。在这个意义上,摆脱或克服社会分裂状态,促成社会的联合,实现人与人之间的协同与共在,显然会是马克思恩格斯所支持的对象。

那么,社会的联合又将通过什么途径而实现呢?或者说,社会的联合又将表现为什么样的组织形式呢?在马克思、恩格斯这里,"共同体"(community)常常充当了问题的答案。也就是说,通过联

---

[1] 马克思:《政治经济学批判(1857—1858年手稿)》,载《马克思恩格斯文集》第8卷,人民出版社2009年版,第50页。

合而形成的"共同体",被认为是解决社会分裂、摆脱外在奴役、成就自我实现的有效方案。它们的存在及其现实性,印证了马克思恩格斯对于社会的整体性本质与个人的社会性本质的强调。正如卢克斯所说:"共同体的观念,马克思同样青睐……按照它的描绘,个人不是在竞争与自我维护中,而是在互惠与团结中、在共同活动及追求共同目标的相互认同中才会得到满足。"[1]

然而,在不同历史阶段和理论视野中,"共同体"进一步呈现出不同的具体形态。马克思主义经典作家在讨论这个概念时,也确实涉及不同的指称内涵,并将这些内涵置于不同的历史情境,表达出不同的评价态度。这说明,即便我们把"联合"承认为马克思主义伦理学的一个正题,也仍然需要对"联合"(以及"共同体")的不同样式进行区分。

(一)作为政治国家的联合

在写作《论犹太人问题》时,马克思就已经充分意识到,人类社会因为生产资料的不同占有以及基于此所形成的生产和交换等活动,造成了社会分裂。而随着资本主义的发展和市民社会的演进,这种分裂状态愈演愈烈。那么,现在的问题便是:解决这种分裂状态的药方是什么?如果你是一个黑格尔主义者,你可能会比较自信地认为,解决的药方是"国家"。因为,据说"国家"作为一种政治共同体,是对普遍利益的整合与反映,它可以对市民社会中的那种"由私人利益所织就、只能形成竞争性与对抗性而非协作性关系"[2]进行有效的扬弃或克服。

---

[1] 〔英〕史蒂文·卢克斯:《马克思主义与道德》,袁聚录译,高等教育出版社2009年版,第116页。

[2] 李佃来:《马克思在何种意义上开创了政治哲学的传统?》,载《江海学刊》2016年第6期。

通过国家这样的政治共同体来整合市民社会或类似的经济活动，确实是一种比较常见的解决方案。这跟西方思想传统长久以来将"国家"理解为"共同体"，甚至理解为"最佳共同体"的思维定式有关。比如，亚里士多德就说："每个国家（城邦）都是某种共同体，每个共同体都是为了某种善而建立的，因为人类总是获得他们认为是善的东西而行动。但是，如果一切共同体都旨在追求某种善，那么，国家（城邦）作为所有共同体中最崇高、并且包含了一切其他共同体的政治共同体，在最大程度上它的目的在于追求至善。"①而黑格尔更是自信地断言，"国家乃是'自由'的实现，也就是绝对的最后的目的的实现，而且它是为它自己而存在的……人类具有的一切价值——一切精神的现实性，都是由国家而有的"②；它是"自身行进在大地上"的神③。根据这种思想传统，人类社会的本质或归宿就是"国家"，它是一种政治实体，是一种非常特殊但也非常稳定的共同体。正如伍德所说，"理想的社会，自柏拉图时代以来，就一直被构想为理想的'国家'；而社会实践活动，在其最高形式上，则一直被认为是国家通过颁布公正的法律，或是通过明智的政府调控公民行为而进行的娴熟运作"；在这个意义上，"人类的社会生活是与政治国家相联系的生活；作为社会存在者的个人，乃是与制定法律、保障权利、发布法律命令等权力相联系的个人"④。所以，黑格尔主义者会特别青睐作为政治共同体的国家，

---

① Aristotle, *Politics,* Translated by B. Jowett, in Johnathan Barnes ed., *The Complete Works of Aristotle,* Princeton University Press, 1991, p.2.
② 〔德〕黑格尔：《历史哲学》，王造时译，上海书店出版社 1999 年版，第 41 页。
③ 〔德〕黑格尔：《法哲学原理》，范扬、张企泰译，商务印书馆 1961 年版，第 259 页。
④ 〔美〕艾伦·伍德：《马克思对正义的批判》，载李惠斌、李义天编：《马克思与正义理论》，中国人民大学出版社 2010 年版，第 5 页。

不仅认为"人类的物质活动发生在这个政治整体中并取决于它"[①]，而且以为这种物质活动的问题或弊端都可以通过这个政治整体而得到解决。

然而，对马克思、恩格斯来说，这种解决方案却是可疑的。在《德意志意识形态》中，他们明确表示，施加于社会之上的"国家的强制"是一种"外界的强制"，它依靠的是"刺刀、警察、大炮，而这些东西绝对不是社会的基础，只不过是社会本身分裂的结果而已"。[②]也就是说，国家非但不是超出社会分裂之外的整合性力量，非但不能被用作克服社会分裂的药方，反而是社会分裂的产物，是被这种分裂和对抗的状况所决定和约束的。国家（不管以城邦的形式、教会的形式、王权的形式，还是民族国家的形式）既不能够试图弥合人与人之间因为生产资料的不同占有而产生的结构性分裂，也不能够整合人与人之间因为利益诉求的不同内容而带来的碎片化分裂。可以说，即便马克思信任"共同体"，他也不会信任"国家"，更不会相信"国家"就是"共同体"的最佳形式或最高本质。

第一，国家本身就是占支配地位的生产方式的产物，受后者塑造和制约；它既无力决定生产方式的实际样式，也无力解决生产方式自身的深层次问题。

在《1844年经济学哲学手稿》中，马克思写道："宗教、家庭、国家、法、道德、科学、艺术等等，都不过是生产的一些特殊的方式，并受生产的普遍规律的支配。"[③]而在《德意志意识形态》中，

[①] 〔美〕艾伦·伍德：《马克思对正义的批判》，载李惠斌、李义天编：《马克思与正义理论》，中国人民大学出版社2010年版，第5—6页。

[②] 马克思、恩格斯：《德意志意识形态》，载《马克思恩格斯全集》第1版第3卷，人民出版社1960年版，第567页。

[③] 马克思：《1844年经济学哲学手稿》，载《马克思恩格斯全集》第1版第42卷，人民出版社1979年版，第121页。

他又批驳了"那种轻视现实关系而只看到元首和国家的丰功伟绩的历史观"[1]。后来在《哥达纲领批判》中,他更加直言不讳地指出,"把国家当作一种具有自己的'精神的、道德的、自由的基础'的独立存在物"[2],"把'国家'理解为政府机器,或者理解为构成一个由于分工而同社会分离的独特机体"[3],这完全颠倒了国家与社会的关系。沿着这样的说法,伍德敏锐地指出:"正如国家几乎无力从外部对生产方式起作用一样,它也无力决定生产方式的形式和掌控它的历史命运。"[4]假如我们现在讨论的社会分裂问题根源于生产方式本身,源于市民社会本身,那么,要想通过那种受制于生产方式或市民社会的政治共同体来解决生产方式或市民社会本身的问题,似乎属于与虎谋皮,无法找到正确答案。而这不仅因为,作为政治共同体的国家相对于生产方式或市民社会来说具有外部性,而且因为,按马克思、恩格斯的看法,作为政治共同体的国家相对于生产方式或市民社会来说还具有次要性和依赖性。国家既不能够决定生产方式或市民社会所蕴含的分裂关系,也不能解决生产方式或市民社会所蕴含的分裂关系。相反,国家自身就取决于这种分裂关系,它本身就是生产方式在生产力有限的条件下所必然蕴含的那种分裂关系而产生的。

第二,在目前的现实中,国家本身仍是阶级的产物,是统治阶级实施阶级统治的工具。所以,它表现出来的共同利益或普遍利益

---

[1] 马克思、恩格斯:《德意志意识形态》,载《马克思恩格斯全集》第1版第3卷,人民出版社1960年版,第41页。

[2] 马克思:《哥达纲领批判》,载《马克思恩格斯文集》第3卷,人民出版社2009年版,第444页。

[3] 马克思:《哥达纲领批判》,载《马克思恩格斯文集》第3卷,人民出版社2009年版,第446页。

[4] 〔美〕艾伦·伍德:《马克思对正义的批判》,载李惠斌、李义天编:《马克思与正义理论》,中国人民大学出版社2010年版,第12—13页。

是虚假的，并不像黑格尔所设想的那么普遍、神圣和理性。在这个意义上，国家仅仅是一种虚假的共同体，甚或谈不上是一种共同体。那些把国家当作超越私人利益或集团利益的伦理实体的做法，更像是一场发生在阶级社会内部的意识形态骗局。

在马克思、恩格斯看来，在资本主义条件下，私有产权造成了阶级分裂，而与私有产权相联系的剥削使社会陷于阶级对抗，与私有产权相联系的竞争则造成资本家与资本家的对抗以及工人与工人的对抗，所以，此时的社会关系和国家只是一个虚假的共同体。但是，即便在资本主义社会和共产主义社会之间的历史阶段，当无产阶级还需要国家的时候，也"不是为了自由，而是为了镇压自己的敌人"，即实行无产阶级的革命专政。因此，当国家尚未消亡时，"自由就在于把国家由一个高踞社会之上的机关变成完全服从这个社会的机关……各种国家形式比较自由或比较不自由，也取决于这些国家形式把'国家的自由'限制到什么程度"；而一旦到了"有可能谈自由的时候，国家本身就不再存在了"。①恩格斯非常决然地表示，本质上，"国家只是在斗争中、在革命中对敌人实行暴力镇压的一种暂时的设施"，"随着社会主义社会制度的建立，国家就会自行解体和消失"，因此"应当抛弃这一切关于国家的废话"，而"建议把'国家'一词全部改成'共同体'〔Gemeinwesen〕"。②

既然"国家"只是虚假的共同体（甚至不能称之为共同体），既然"国家"本身不过是利益分化和阶级分裂的产物，那么，我们又怎么能够指望它来解决利益分化和阶级分裂这个问题呢？所以，作为一种形式上的联合，政治国家对于处理社会分裂这项任务而

---

① 恩格斯：《给奥·倍倍尔的信》，载《马克思恩格斯文集》第3卷，人民出版社2009年版，第414页。
② 恩格斯：《给奥·倍倍尔的信》，载《马克思恩格斯文集》第3卷，人民出版社2009年版，第414页。

言,是无效的和失败的。

(二) 作为自由人联合体的联合

国家是一种虚假的共同体。它无法消除社会分裂,也无法实现实质性的社会联合;甚至它会因为自身受制于市民社会和阶级对立的事实,而扩大或加深社会分裂。因此,对于马克思主义来说,为了实现真正的社会联合,就必须抛弃"虚假的共同体",转而寻求"真正的共同体"。在此过程中,我们所期待的不再是"国家"的力量,而是"社会"本身的自我修复和自我缝合能力;我们所追求的也不再是某种形态的政治国家,而是"自由人的联合体"。这是马克思主义所设想并承认的最高形式的社会联合。用伦理学的话来说,它构成了历史唯物主义语境下社会联合的规范类型及其最佳方案。

第一,在自由人的联合体中,个体的自由本质能够得到充分实现。这里所说的"自由人"并不是指那些拥有自由权利的个人,而是指那些能够自由发展的个人。这种"自由的"发展,至少又包含两方面内容。一方面是,这些联合起来的个体能够凭借发达的生产力,摆脱外部偶然性的支配,而把那些促进自我发展的各种条件置于自身的控制之下。这就是马克思恩格斯在《德意志意识形态》中所说的,"在控制了自己的生存条件和社会全体成员的生存条件的革命无产者的共同体中……各个人都是作为个人参加的。它是各个人的这样一种联合(自然是以当时发达的生产力为前提的),这种联合把个人的自由发展和运动的条件置于他们的控制之下。而这些条件从前是受偶然性支配的,并且是作为某种独立的东西同单个人对立的"①。另一方面则是，这些联合起来的个体能够破除那种因为生产力的有限性而带来的社会分工，摆脱由于分工而导致的"社会活动的固定化"，从而在各个领域中自由全面地发挥自己的能力与潜能："任何人都没有特殊的活动范围，而是都可以在任何部门内发展，社会调节着整个生产，因而使我有可能随自己的兴趣今天干这事，明天干那事，上午打猎，下午捕鱼，傍晚从事畜牧，晚饭后从事批判，这样就不会使我老是一个猎人、渔夫、牧人或批判者。"②所以，马克思、恩格斯相信，只有在自由人的联合体这种"真正的共同体"的条件下，"个人才能获得全面发展其才能的手段"，才能"在自己的联合中并通过这种联合获得自己的自由"③。

第二，在自由人的联合体中，个体的社会属性能够得到充分实现。通过揭露阶级、市民社会和国家的分裂实质，马克思、恩格斯明确表示，社会的整体性才是社会的本质属性，人与人之间的社会交往才是人类的本质活动。在这个意义上，人之为人的内在规定就在于其彼此关联的社会属性，人的本质就在于"一切社会关系的总和"，而绝非自由主义或社会契约论所预设的那种分裂、独立或原子化。对马克思、恩格斯来讲，原子化从来就不是人的本来面目或发展目的：个人从来就没有以原子化的方式存在于世，也不会以原子化的方式达到自我实现的目标；恰恰相反，正是社会性的存在与联系作为一种本质性的东西，构成了我们的本来面目。马克思相信，在自由人的联合体中，由于社会交往成为了真正的社会交往，

---

① 马克思、恩格斯：《德意志意识形态》，载《马克思恩格斯文集》第1卷，人民出版社2009年版，第573页。

② 马克思、恩格斯：《德意志意识形态》，载《马克思恩格斯文集》第1卷，人民出版社2009年版，第537页。

③ 马克思、恩格斯：《德意志意识形态》，载《马克思恩格斯文集》第1卷，人民出版社2009年版，第570—571页。

亦即，一种有机的、互惠的、连续性的社会交往，因此，个体的社会属性将会得到充分的表达。正如他在1844年给费尔巴哈的一封信中所说的那样："建立在人们的现实差别基础上的人与人的统一，从抽象的天上下降到现实的地上的人类概念——如果不是社会的概念，那是什么呢！"[1]因此，当人们实现真正的联合时，当人们从原子化的个人转化或复归为一种社会化、关系化的个人时，这才是人们成为自身、占有自身的开始，也是人们能够获得自我实现与自我繁荣的情形。

第三，在自由人的联合体中，共同体的共同利益能够得到充分实现。马克思恩格斯清醒地认识到，在阶级社会中，所谓的"共同利益"不过是某个阶级内部的共同利益，而不可能是全体社会成员的共同利益。对于那些享有某个阶级内部的"共同利益"的个人来说，他们只是由于"还处在本阶级的生存条件下才隶属于这种共同体；他们不是作为个人而是作为阶级的成员处于这种共同关系中"[2]。因此，他们不但与这个阶级及其共同利益之间的关系仅是偶然的、外在的，而且，恰恰因为这种局部的共同利益，又使得他们跟其他个人之间产生了不可调和的深刻分歧与持久冲突。于是，"马克思恩格斯对集体本身作了虚构集体和真实集体的区分。所谓虚假集体，就是那些没有共同利益基础、存在着剥削和阶级对立关系的'集体'，也可以说是'冒充的集体'"，而"真实的集体是以共同利益为基础的、消除了剥削和阶级对立的集体。在真实的集体中，每个个人在自己的联合中并通过这种联合获得平等、自由和尊

---

[1] 马克思：《马克思致路·费尔巴哈》，载《马克思恩格斯全集》第1版第27卷，人民出版社1972年版，第450页。

[2] 马克思、恩格斯：《德意志意识形态》，载《马克思恩格斯文集》第1卷，人民出版社2009年版，第573页。

严"①。换言之，在真实的共同体中，由于阶级的消灭，阶级社会中长期存在的共同利益与特殊利益之间的矛盾也就消失了。共同利益不再局限于这个或那个阶级的内部，也无须"采取国家这种与实际的单个利益和全体利益相脱离的独立形式"，无须"采取虚幻的共同体的形式"，②从而完全实现为每个自由发展个体的真正的共同利益。

第四，在自由人的联合体中，共同体的社会意义能够得到充分实现。这里所说的"社会"，与前面所说的"个体的社会属性"中的"社会"概念是不一样的。它指的是一种与政治国家相对立的、但又并不等同于市民社会的人类联合方式。如前所述，为了解决阶级和市民社会的分裂而提出的共同体方案，在马克思这里，并不像黑格尔那样表现为"国家"，而是表现为某种"非国家"。或者说，马克思所说的共同体并不是一个国家层面的解决方案，而是一个社会层面的解决方案。马克思所诉诸的力量也不是一种政治力量，而是一种社会力量。原因在于，正如他在《论犹太人问题》中所说的，人自身"固有的力量"就是社会力量，而政治力量不过是它的某种分离形式或异化状态："只有当现实的个人把抽象的公民复归于自身，并且作为个人，在自己的经验生活、自己的个体劳动、自己的个体关系中间，成为类存在物的时候，只有当人认识到自身'固有的力量'是社会力量，并把这种力量组织起来因而不再把社会力量以政治力量的形式同自身分离的时候，只有到了那个时候，

---

① 宋希仁：《马克思恩格斯道德哲学研究》，中国社会科学出版社2012年版，第203页。

② 马克思、恩格斯：《德意志意识形态》，载《马克思恩格斯文集》第1卷，人民出版社2009年版，第536页。

人的解放才能完成。"①对于自由人的联合体来说,阶级已经被消灭,相应地,作为阶级统治工具的国家也已消亡。因此,此时的社会联合肯定不再会以任何政治国家的形式出现,而只能是一种无阶级的社会形态,它被称为"共产主义"。

(三)作为无产阶级实践的联合

自由人的联合体,既是历史唯物主义科学论证的必然阶段,也是马克思主义者引以为傲的远大目标。然而,作为社会联合的最高形式,它的实现必须建立在生产力高度发展的基础上。因此,这也意味着,在生产力尚未达到高度发展的阶段,在人类社会尚未实现无阶级状态的阶段,或者说,在人类社会依然存在阶级和阶级分裂的阶段,认真考虑无阶级社会之前的那种阶级社会条件下的社会联合问题,仍是非常必要的。对于这个问题的思考与谋划,并不是"退而求其次"的权宜之计,而是在自由人的联合体尚无法充分实现的历史阶段所采取的务实选择。表面上看,此时的联合是那种最高形式的"较低"版本,但是,由于它始终面向上述远大目标,因此,又构成了实现该最高形式的社会联合(自由人的联合体)的重要阶梯,并且,是同样能够得到历史唯物主义论证的不可或缺的阶梯。这就是马克思恩格斯在理论上、更是在革命实践中反复倡导的工人"团结"或工人阶级共同体。它是作为无产阶级实践方案的一种联合形式。

可能有人说,在马克思那里,阶级只是虚假的共同体,只是为了实现对个体的控制和对其他阶级的对抗而产生的历史现象,因而,它不可能促成真正的联合。比如,马克思就说:"单个人所以

---

① 马克思:《论犹太人问题》,载《马克思恩格斯文集》第 1 卷,人民出版社 2009 年版,第 46 页。

组成阶级只是因为他们必须为反对另一个阶级进行共同的斗争。"①对此，宋希仁老师的解释是："某一阶级的个人之所以结成一个阶级的集体，最根本的原因是因为构成这种集体的个人在阶级存在条件下有着共同利益，有着面对共同对立势力的利害关系。"②诚然如此，但这更多是说明，在阶级社会条件下，阶级之间的联合是很难的，但并没有证明阶级内部的联合是不可能的。根据马克思、恩格斯的观点，为了最终消灭阶级和阶级分裂，现在恰恰需要依靠阶级的力量，特别是，依靠那个能够承担这项历史使命的阶级的力量，即，无产阶级的力量。在马克思、恩格斯看来，无产阶级在实践层面的团结与合作，乃是推翻资产阶级统治、进而消除阶级现象、最终实现共产主义社会的必由之路。

第一，在阶级社会条件下，无产阶级的联合是推动革命斗争的必要条件。工人的团结与合作，首要的目的是对抗资产阶级，反抗资本主义的生产关系及其奴役性。在这个问题上，马克思恩格斯不仅作为理论家而且作为革命家，在指导和参与工人斗争的漫长岁月里，不断地强调需要将工人阶级组织起来、团结起来，促进他们的阶级意识的觉醒，从而知晓自身所处的历史境遇以及自身所具备的历史使命。马克思曾经明确指出，如果"忽视在各国工人间应当存在的兄弟团结，忽视那应该鼓励他们在解放斗争中坚定地并肩作战的兄弟团结"，那么就会"使他们受到惩罚"，"使他们分散的努力遭到共同的失败"。所以，工人阶级不仅要团结起来"监督本国政府的外交活动，在必要时就用能用的一切办法反抗它"，而且还要

---

① 马克思、恩格斯：《德意志意识形态》，载《马克思恩格斯文集》第1卷，人民出版社2009年版，第570页。
② 宋希仁：《马克思恩格斯道德哲学研究》，中国社会科学出版社2012年版，第202页。

"在不可能防止这种活动时就团结起来同时揭露它"。[①]既然阶级社会始终需要靠某个觉醒的阶级来破除,既然压迫阶级永远需要被压迫阶级来推翻,那么,后者就必须具备去完成这种历史任务的能力或力量。在这个意义上,无产阶级的组织、团结与合作,作为一种阶级社会条件下的联合形式,既是必需的,也是必然的。这也为无产阶级政党登上历史舞台提供了合法性与必要性的论证。

第二,在阶级社会条件下,无产阶级的联合也是实现民主治理的必要条件。马克思恩格斯并不信任迄今为止由剥削阶级建立的国家。对他们来说,这样的人类政治组织形态,始终意味着控制和欺骗;而社会治理的最高理想,当然应是消灭国家之后的某种直接民主的组织样式。但是,"巴黎公社"的出现,使得马克思恩格斯兴奋和激动不已。马克思热情地讴歌和赞美巴黎公社,正因为他相信,巴黎公社探索出了一条摆脱阶级统治的真正的民主治理模式。马克思认为,巴黎公社中被选举出来的代表"严格遵守选民的确切训令(mandat imperatif),并且随时可以撤换";相应地,"普选制不是为了每三年或六年决定一次,究竟由统治阶级中的什么人在议会里代表和压迫人民,而是应当为组织在公社里的人民服务"。[②]可以说,联合起来的无产者此时对于无产阶级政权建设的探索,进一步帮助人们认清国家的实质,铲除旧的国家机器,进而推动无产阶级专政的建立。数十年后,在一国范围内成功建立起无产阶级政权的列宁更加明确地指出,"工人阶级需要统一",这有赖于"全体觉悟工人自觉自愿地去贯彻"决议,有赖于他们"探讨问题,发表和倾听各种意见,了解多数有组织的马克思主义者的观点,在他们缺席

---

① 马克思:《国际工人协会成立宣言》,载《马克思恩格斯文集》第 3 卷,人民出版社 2009 年版,第 14 页。

② 马克思:《法兰西内战》,载《马克思恩格斯全集》第 1 版第 17 卷,人民出版社 1963 年版,第 359—360 页。

时作出的决定中反映这种观点，认真负责地执行这项决定"。①列宁断言说："一盘散沙的工人一事无成，联合起来的工人无所不能。"②

第三，在阶级社会条件下，无产阶级的联合还是践行道德价值的必要条件。马克思、恩格斯对道德的批判，就像我们此前提到的那样，在形式上，主要是对道德在人类社会中所表现出来的那种依赖性、流变性和次要性的批判，而在内容上，则主要是对道德在资本主义社会中所表现出来的资产阶级内涵的批判，尤其是真的对其片面性与虚假性的批判。然而，这并不意味着，此时的道德价值或道德观念只具有这样的内涵。因为，恰恰是在资本主义条件下，存在着与资产阶级相对立的无产阶级。后者的道德价值虽然同样具有自身的阶级属性，同样是当时社会结构的历史产物，但是，"当共产主义的手工业者联合起来的时候……当法国社会主义工人联合起来的时候，人们就可以看出，这一实践运动取得了何等光辉的成果。吸烟、饮酒、吃饭等等在那里已经不再是联合的手段，不再是联系的手段。交往、联合以及仍然以交往为目的的叙谈，对他们来说是充分的；人与人之间的兄弟情谊在他们那里不是空话，而是真情，并且他们那由于劳动而变得坚实的形象向我们放射出人类崇高精神之光"。③而且，随着无产阶级革命斗争的不断推进和世界性扩展，"努力做到使私人关系间应该遵循的那种简单的道德和正义的

---

① 列宁：《谈谈工人的统一》，载《列宁全集》第 2 版第 24 卷，人民出版社 1990 年版，第 201 页。

② 列宁：《谈谈工人的统一》，载《列宁全集》第 2 版第 24 卷，人民出版社 1990 年版，第 202 页。

③ 马克思：《1844 年经济学哲学手稿》，载《马克思恩格斯文集》第 1 卷，人民出版社 2009 年版，第 232 页。

准则，成为各民族之间的关系中的至高无上的准则"①，也并非空想之举。这说明，在阶级存续的条件下，实现真正的人的道德也依然是可能的。或者说，无产阶级的联合将是实现真正的道德、实现人的道德的第一通道甚或唯一通道。

　　最后，请让我简单概括一下。异化与自由、剥削与平等、分裂与联合，关于这些问题的讨论，构成了我们所说的马克思主义伦理学的主要议题。我们可以在马克思恩格斯的原典中找到充分的证据，把这些议题所涉及的内容当作马克思主义者理应反对或赞成的对象。并且，同其他一些议题相比，对它们进行讨论和处理，既处于历史唯物主义的框架以内，又蕴含着不可消除的伦理意义，因而是较少引起争议的。通过梳理和澄清每一个主要议题存在的内涵层次，我们对于马克思恩格斯在伦理上究竟有可能赞成什么、反对什么也有了更加清晰的认识。我希望，大家后续在自己的研究过程中，如果觉得这里还有一些地方值得思考、推进和反驳的话，那么，你可以沿着我们谈到的这几条路径去加以探索。我相信，你们一定还会发现一些更新的路、更开阔的路。

---

　　① 马克思：《国际工人协会成立宣言》，载《马克思恩格斯文集》第 3 卷，人民出版社 2009 年版，第 14 页。

第八讲
马克思自由伦理思想的早期发展轨迹[①]

张 霄

一、主持人开场白

李义天：我们前几次课的研讨主要围绕马克思主义伦理学的基本状况、基本定位、基本问题展开。其中涉及在我们看来马克思主义伦理学必须处理的几个主题，包括正题和反题。那么，从今天开始，我们的研讨班将进入到另一个环节，那就是嘉宾演讲报告和圆桌讨论环节。

今天很高兴，我们邀请到了中国人民大学哲学院的张霄老师来给大家做第一场报告。在开始报告之前，我先给大家简单介绍一下张霄老师。他现在是中国人民大学伦理学教研室主任，也是人大伦理学基地的办公室主任。大家知道，在中国伦理学界，人民大学的伦理学研究实力是非常强的，马克思主义伦理学就属于它的主要传统之一。罗国杰先生当年推动重建伦理学学科、组织编写教材和讲义的时候，就是从马克思主义伦理学开始的。在这方面，张霄老师有所继承，也做了很多工作，他的研究方向主要就在马克思主义伦

[①] 时间：2018 年 10 月 18 日。

理学。就我自己而言，之所以转向马伦，也有一个很重要的原因就是受他的影响，受到他 2007 年在《马克思主义研究》上发表的那篇文章的影响。[①]当时，读完那篇文章，我发现，他的想法跟我有很多契合的地方。于是，我俩之间开始有更多的接触和交流。所以，他今天既是代表中国人民大学，也是代表中国马伦学界中年轻学者的佼佼者，同时也是我的好朋友，围绕着自由概念来跟大家做一次报告，同时也针对马克思主义伦理思想早期阶段的展开和转变来讲讲他的思考。恰好，这场报告的内容，也跟我们先前讨论过的马克思主义伦理学的第一个正题即"自由"，直接相关。在这个意义上，由张霄老师来开启我们研讨班的新环节，是再好不过了。

张霄老师可以讲一个半小时左右的时间，接着由几位同学对他进行评议和提问，然后我们再留一点时间供大家共同讨论。好，有请张霄老师！

二、主旨报告

张霄：谢谢大家！我非常荣幸能够到义天教授的课堂上来跟大家交流我的研究成果。我跟义天教授在学术上志同道合。我们这几年一直在做"马克思主义伦理思想史"的课题研究。这篇文章就是关于马克思伦理思想的一个读书笔记。今天我在这跟大家交流的内容，是马克思从 1841 年到 1844 年之间伦理思想发展过程。我从中提炼出"自由"价值，叫做"伦理自由"。

---

① 王露璐、张霄：《20 世纪 70 年代以来英美马克思主义伦理学研究中的主要问题》，载《马克思主义研究》2007 年第 12 期。

（一）马克思的早期思想转变及其线索

有同学可能会问：对马克思伦理思想的研究，为什么要从1841年开始呢？因为马克思1841年写了博士论文。而博士论文是他的一个比较成熟的作品。

我认为，马克思在世界观革命之前完成了"一波三折"的思想转变，就是从思辨的抽象自由到政治自由再到经济自由。1844年，他完成了这个转变。从1841年到1844年，对马克思来说是一个比较特殊的阶段。这个阶段有"一波三折两根线"。一波三折是指从最早的"宗教和神学批判"，到后来的"法哲学批判"，再到最终的"政治经济学批判"。在这个一波三折中，我捋出来两条线，一个叫"求是红线"，一个叫"至善红线"。这是我自己起的名字。关于"求是红线"，我把它归结为"寻根过程"。什么意思呢？你看他对宗教神学的批判，批判的是思想的上层建筑；他对普鲁士国家制度的批判，是从政治哲学、法哲学的角度对政治的上层建筑进行批判；政治经济学批判的是经济基础。所以，这是从"思想的上层建筑"到"政治的上层建筑"再到"经济基础"的寻根过程。马克思正是在这个寻根过程中产生了世界观革命。

这个过程中有很多机缘巧合。比如说，在批判"政治的上层建筑"这部分，马克思为什么要批判普鲁士国家制度呢？这主要因为他从事了一线新闻工作，接触到很多社会问题，需要他作出评论。这使他的评论不得不触及时政。马克思是一个不安分的新闻工作者，他做了《莱茵报》主编不到两年，这个报刊就被封号了。因为马克思编的这个报纸影响很大，官方很忌惮。我记得有个桥段说的是最后一期《莱茵报》被封时候的故事。据说书报检察官当晚要带自己的夫人和孩子去参加市长的招待宴会。临走之前夫人催他"你快点"。他说"不行啊，马克思这期的稿子还没交给我，我看了他的稿子才能参加宴会。如果我不看他的稿子,他稿子发出去的话,我要捅大娄子的"。于是他在参加宴会之前驱车到了马克思家里,"马克思你们这期报纸赶紧给我啊,马上要出来了",马克思说"《莱茵报》我不编了,到此为止了"。

马克思的《莱茵报》主编做得非常好,在新闻出版界很有名。他从一个新闻工作者的角度开始对社会的各种制度进行批判性考察,而这种批判最终触及普鲁士国家制度。他的批判工具就是法哲学和政治哲学。也就是说,马克思从批判思想的上层建筑到批判政治的上层建筑,是有偶然成分的,和他从事的职业有关。

但这偶然里面又有必然。这个必然,不是说从思想的上层建筑到政治的上层建筑再到经济基础是必然的。我说的这个必然,是一种思想发展史的必然性。我和义天去剑桥大学开会的时候,昆廷·斯金纳提到的一个观点适合用来解释这一必然性。他说,历史发展到底是一条主线呢,还是没有主线,只有在每个历史发展阶段不同学派的斗争?历史是斗争的结果,在斗争的时候其实没有主线的痕迹。但是你回过头来看,好像人类历史又可以走出一根主线。爱因斯坦也说过,每个人在每个人生节点上好像有很多自由选择,但回过头去看,每个人只有属于自己人生的一条线。我捋出来的这条线,说的这个必然,也是这个意思。比方说,马克思要是不从事新闻出版工作,就很难说他会有政治上层建筑的批判。他在新闻工作中需要对物质利益发表意见的时候,才开始研读经济学著作。这又对他的世界观产生了革命影响。如果他不读这些经济学著作,他碰到事情的时候不去学习不去读书,那么可能也不会有他后面的世界观革命。所以这里面很多事是偶然的,但回过头去看他的早期思想发展,我们还是能看出那条寻根的线。

在这条线中,我又捋出来另外一条线,叫"至善红线"。这条线有一个核心价值即"自由"概念。我甚至认为马克思终其一生追求的核心价值就是自由。马克思的自由观念继承了西方启蒙自由主义传统，但是他又超越了这一传统。启蒙自由主义有两个概念是非常核心的，一个是自由，一个是理性。这两者是什么关系呢？我先说自由。康德在《回答一个问题：什么是启蒙？》这篇文章中，开篇就说，启蒙就是不在他人的指导下有勇气独立思考问题。康德说的"他人"，在当时指的是宗教神学。康德要我们用自己的脑子想问题，而不是不动脑子。这样人就会把人从思想的奴役中解放出来。能用自己的脑子独立思考问题，听自己思考的声音，这就是自由。当然这是思想自由的开始。

但是，人如何才能实现自由？人身上有什么东西可以拿来用以实现自由？这就是人的理性。理性是人的一种能力。自由是价值，而理性是实现自由的能力。这两样东西合在一起就是人道主义哲学的内核。人道主义（humanism），宽泛地说就是一种关于人的哲学。康德哲学是一种人道主义吗？是！黑格尔哲学是一种人道主义吗？是！费尔巴哈哲学是一种人道主义吗？也是！我们甚至可以说，近代以来西方主流的哲学体系都是一种人道主义哲学体系。人道主义是针对神道主义说的。所有人的哲学，我们通常都可以叫做人道主义。宗教神学的神道主义以神为核心，而人道主义哲学以人为中心。

从神道主义向人道主义的转变过程中，很多价值发生了变化，比方说历史观。在宗教改革以前，人们相信的历史观主要有两种：一种是历史倒退观，一种是历史循环论。历史倒退观在很多民族的神话和哲学中都有，说最早是黄金时代，后来是白银时代，然后是铜、铁等等。所谓历史循环论，就是历史每隔一个周期就会来一次生命大循环。比如，每隔多长时间大洪水来一次，每隔多长时间历史审判来一次，每隔多长时间大火烧一次。大灾之后人类再来一次，这就是历史循环论。而我们现在大多数人信奉的都是历史进步观。宽泛地说，就是人类会不断发展、明天会更好等等，但是你知道明天等待你的是美好还是灾难？你不知道。这个观念是谁带给我们的？这是启蒙以后才有的进步观。它告诉我们历史一定是进步的，我们现在面临的问题未来一定能解决。现代人为什么会有底气说出这样的话呢？这大概是17世纪科技革命以后，人类才有这种自信的。顺便说一嘴这600年来的百年大事，它们分别是15世纪文艺复兴、16世纪宗教改革、17世纪科技革命、18世纪启蒙运动、19世纪浪漫主义、20世纪社会主义，到了21世纪就是人类命运共同体。

在与上帝剥离的过程中，人类在17世纪发生了科技革命。科技革命以后，人觉得自己对历史有征服和改造的力量。这种人道主义也叫"人类中心主义"。我们在科技革命过程中觉得人可以变成上帝，因为上帝办不到的事情人类可以办到。凭借什么？凭借科技，凭借理性，到现在科技理性都是这个世界的主导。理性是人们从科技力量中总结出来的人性最厉害的一部分。科技革命之后随之而来的启蒙运动便是对这一理性的理论总结和宣教。可以说，启蒙的理性主义底气来自于属于自然科学的科技革命。但这种理性主义一旦形成，便迅速作为一种号称科学的方法论运用于人类社会。在那一时代被我们现在叫做人文学和社会科学的学科，纷纷以各式各样的科学重构自己。那一代的知识分子既用科学理论构造人，也用科学理论构造社会。法国大革命的失败，无疑给这一企图泼了冷水。在德国古典哲学之后，随之而来的浪漫主义就是对此的一种回应。

马克思的思想与启蒙运动以来的人道主义思想是非常相似的。

其核心价值也是自由。但马克思讲的不是抽象的思想自由，他讲劳动自由、实践自由，并且强调要在经济领域实现自由，而不是像德国古典哲学那样醉心于精神领域的自由。马克思继承了启蒙运动以来的自由精神，但他的解释又独树一帜。

理解马克思的思想对启蒙精神有继承这很重要。把马克思放在西方思想史谱系中理解，将会使我们更加深入地理解马克思。自由、理性、平等、进步这些启蒙观念深深影响着马克思。马克思不仅接收了这些价值，还发展了这些价值。他提供的现代社会发展理论及其方案，至今仍不过时。

（二）启蒙思想与马克思的早期生活圈

我今天虽然讲的是 1841 年到 1844 年间马克思的伦理思想，但是我还是想介绍马克思在少年时期的思想情况。马克思大概 17 岁上大学，20 多岁为了找工作很年轻就拿到了博士学位。马克思的一些思想和性格在他中学时代就已经形成了。我不是说要把马克思的思想还原和追溯到他的少年时代。我觉得一个孩子在十六七岁的时候，他的性格在很大程度上已经形成了。而马克思的少年时代，就是在启蒙人道主义的氛围中长大的。

我们来看看马克思的生活圈。麦克莱伦是英语世界里马克思传写得最有权威的作者。麦克莱伦在《马克思传》里说，马克思生活的特里尔城属于莱茵地区。而莱茵地区受法国革命的影响大，在当时属于进步地区。这个区域的德国人有一种矛盾的心态：第一，法国的制度确实好，有拿破仑法典管理各个地方，拿破仑废除了很多封建约束和规范，比我们先进，但作为一个德国人，他们对自己的祖国有一种与生俱来的爱国主义情怀怎么办。所以，在这个地区生活的人，一方面认为法国的自由主义和大革命好，同时作为一个德国人，又同情普鲁士的文化和历史传统。

在马克思的中学时代，有三个人对他的影响非常大。一个是他的父亲，一个是他的老师，一个是后来成为他岳父的、亦师亦友的威斯特华伦男爵。根据马克思小女儿的回忆，她的爷爷也就是马克思的父亲，是一个真正的18世纪的法国人。他深深地沉浸在18世纪法国关于政治、宗教、生活、艺术的自由思想里。他完全赞同18世纪法国理性主义者的观点，完全相信理性的力量给人带来自由，认同理性可以解释这个世界并推动世界的进步。他认同法国思想家把英国经验主义和德国古典形而上学的理性主义调和起来的做法，认为人类不仅在本质上是善良的，而且同样具有理性，人类的不幸是由于无知造成的，部分是因为悲惨的物质状况，部分因为掌权人对真理的歪曲和压制。而消除这种境况主要靠教育和改变物质生活条件。[1]

即便后来马克思上了大学，他的父亲也经常给马克思写信，跟他谈论启蒙和理性的相关问题，也是对他的督促和教导。我们知道，马克思一开始上的是波恩大学。他在那里过得很快乐，恩格斯后来说波恩大学有德国最好的酒馆，里面的学生从不谈学习就知道吃喝玩乐。一个学期后马克思成绩太差，他爸觉得这样下去不行了，就让他转学到柏林大学去，完全换了个环境。这时，爱唠叨但也特别爱他的父亲给他写了一封信。从这封信中，我们可以看出康德宗教神学的影子。他说："对上帝的虔诚信仰是道德的巨大动力。你知道，我远非狂热的宗教信徒。但是，这种信仰迟早都会成为一个人的真正需要，生活中往往有这种时候，甚至一个无神论者也会不知不觉地拜倒在至高无上的神面前。这是很平常的……因为每一

---

[1] 〔英〕戴维·麦克莱伦：《卡尔·马克思传》，中国人民大学出版社2005年版，第5—6页。

个人……都有可能崇拜牛顿、洛克和莱布尼茨所信仰过的东西。"①他显然是在跟儿子谈道德与信仰的关系。上帝和道德谁高谁低，决定了是神学至上还是道德至上。康德哲学中的道德律是比上帝高的。但是传统神学不一样，在神学里上帝比道德高。你看他父亲跟他讲对上帝的信仰时说，对上帝的信仰是为道德服务的。他要让儿子稍微虔诚一点，目的是要儿子收收心，在道德上更加约束好自己。从这封信就能看出来，他的父亲信奉的是启蒙以后的宗教观。

我们再来看他的中学时期接受的教育。当时，学校的教材全都换成了以启蒙自由主义和理性主义价值主导的教材。整个学校都是这个氛围。其中还有一个小故事特别有意思。学校有一个副校长是一个虔诚的信教徒，他反对康德宗教神学。马克思毕业的时候，按理说应该向每个校领导敬礼、鞠躬。但当马克思和另外几个同学走到这个副校长面前时，却刻意避开他。他们显然认为这个副校长所推行的东西，跟他们的思想不一样。麦克莱伦在这里提道，马克思在那个时代受到了启蒙自由主义教育的影响，因为他反对反启蒙主义的教育。

马克思中学时期写的两篇毕业作文，也体现了他所接受的人道主义教育。一篇是他的宗教文章，一篇是他的德语文章。我们能在这两篇文章中看到康德哲学的影子。马克思的宗教作文是《根据〈约翰福音〉第15章第1至14节论信徒同基督结合为一体，这种结合的原因和实质，它的绝对必要性和作用》。这篇文章的题目听起来有点与现在不合时宜。我们把它转换成现代语言就一句话：人为什么要讲道德？这个同基督结合为一体是什么意思呢？就是基督教道德、上帝信仰是有一套道德体系的。我们人要提升自己，就要

---

① 《亨利希·马克思和罕丽达·马克思致卡尔·马克思》，载《马克思恩格斯全集》第2版第47卷，人民出版社2004年版，第518页。

把自己提升到基督教道德的水平。大家想想康德的道德哲学：有理性的存在者制定了可普遍化的标准，我们每一个人都要朝着这个标准把自己往高标准上靠，这是典型的康德哲学的套路。他在文章里说，我们世俗的人的道德是很低级的，那么我们世俗的人怎样提高自己的道德品质呢？就是我们要让自己的德行配享上帝的道德，要跟上帝的道德、基督教的道德看齐。那虔诚和信仰是什么呢？虔诚和信仰就类似于康德所讲的敬重感。我以前在读博士的时候写过一篇文章，讲康德虽然推崇道德律令，但在讲人为什么要按照道德律令行事的时候，却诉诸一种强烈的理性情感。这种情感就是一种对真理崇拜的敬重感。我觉得这种情感或可以被理解为一种人的超越性的内在情感，而这种情感和信仰的情感或许有着相似的心理形式。

马克思的第二篇文章，是他的德语作文《青年在选择职业时的考虑》。这篇文章讲的与伦理学相关的部分是选择自由。选择自由也是康德首先提的，他讲到人为什么是自由的呢？我可以先假设人是自由的，然后再按照这种假设去做，做完以后形成了经验，我回过头来再看，人果然是自由的。《青年在选择职业时的考虑》其实讲的就是选择自由，这是自由的前提，我不能选择就没有意志自由，没有自由那么人就不是自由的。人在选择自己职业的时候，选择自由的目的是什么呢？是人类的幸福和自身的完善，这是一种人道主义的观念。你看这全是康德的东西。

在这篇文章里，马克思主要讲的是，人有选择的自由。但有时候，我们却用不好这种自由。或是德不配位，或是想干这个事又没这个能力，或是干着干着身体不好等各种原因，导致我们有这样的自由但却做不好。在这里，马克思对限制自由的条件特别敏感。他在文章里列举出很多限制我们进行选择自由的条件。这也对我后来理解马克思的自由观产生了一点影响。我认为，马克思自由观的一个重要方面，就是排除那些对自主条件的限制。以上就是他在中学时期所受的教育和写的文章。

我们再来看看后来成为马克思岳父的路德维希·冯·威斯特华伦男爵。他是马克思一家的好友，他的女儿燕妮后来就嫁给了马克思。马克思的父亲可能经常教马克思读一些理性主义的东西，相比之下，威斯特华伦男爵则经常教他读一些浪漫主义的东西。可以说，他的这位未来的岳父在很大程度上把他引上了浪漫主义的写作之路。年轻的马克思写了大量的诗。他的诗里面充满了浪漫主义、想象力。

在博士论文的献词里，马克思是这样描述威斯特华伦男爵的："这位老人用真理所固有的热情和严肃性来欢迎时代的每一个进步。"[1]这句话足以说明，他的岳父是一个崇尚理性、追求真理、喜欢进步的人。献词的最后一段话原先是说"精神和自然就是您所信赖的伟大神医"，但后来被马克思改了，改过之后就只说"精神就是您所信赖的伟大神医"。他的岳父非常崇尚精神生活，认为精神世界能创造一切。马克思把这篇博士论文献给威斯特华伦男爵，或许和威斯特华伦男爵在精神自由方面对他的影响有关。要知道，马克思在这篇博士论文里谈的就是自我意识的自由问题，就是精神自由问题。马克思在这篇博士论文里讲的就是自我意识的哲学，其核心问题就是精神自由。

这就是早期马克思的生活圈。而这个圈子就是一个启蒙人道主义的大染缸。

---

[1] 马克思：《德谟克利特的自然哲学和伊壁鸠鲁的自然哲学的差别》，载《马克思恩格斯全集》第2版第1卷，人民出版社1995年版，第9页。

（三）原子偏斜与意识自由

下面进入第二个阶段，马克思的大学时代。马克思一直想做一个诗人，一直想做一个文学家。当他学习进展不好、问题研究不下去的时候，他就写诗。他写了大量的诗，有批判诗、讽刺诗，还有写给燕妮的诗。最喜欢读他写的诗的人可能就是燕妮了。这是马克思激情浪漫的一面。

后来他转到了柏林大学修习法学。他修法律，是因为他爸是个律师，希望他子承父业。他爸是特里尔的法律顾问，收入也不错。他希望马克思学习法学，毕业了以后回到特里尔或者其他地方当个律师。但马克思对法学不感兴趣，他喜欢哲学和历史。后来在他研究罗马成文法的过程中，法学和哲学的碰撞对他产生了巨大的思想冲击。

他想构建一个法的形而上学体系，并用这个体系研究罗马成文法。但结果他发现现实的法律制定根本不像形而上学的概念推演。罗马成文法是根据现实社会情况制定出来的，它不是根据法的形而上学体系构建出来的。马克思从形而上学体系去套路罗马成文法，这与通过现实制定的法律体系之间就发生了冲突。他把这个冲突归结为"应有之物和现有之物"的冲突，现有之物是罗马成文法，应有之物是他构建的类似康德哲学的法哲学体系。怎么去调和它们？学术焦虑累病了马克思，使他进入一种发狂的状态。他写信给自己的父亲，说自己"有好几天根本无法思考问题，发疯似的在'冲洗灵魂，冲淡茶水'的肮脏的施普雷河旁的花园里乱跑"，甚至和他的房东"一块去打猎，然后又跑到柏林去，想拥抱每一个清闲的人"。[①]

[①] 马克思：《致亨利希·马克思》，载《马克思恩格斯全集》第2版第47卷，人民出版社2004年版，第13页。

可以说，马克思起初在云端，是理想主义者，想搞一套法的形而上学体系，想用他自己构建的"脱离了任何实际的法和法的任何实际形式的原则、思维、定义"的"法的形而上学的东西"去研究罗马成文法的思想发展。但后来，他从云端跌落下来，要到现实中去、到尘世当中，要"从理想主义……转而向现实本身去寻求观念"①。但马克思在这里所谓的"尘世转向"还不是后来那种从尘世出发的转向。这里所说的转向更像是跌落尘世的理想天使，是把理想、在天空中的神下降到现实当中来。我把它叫做"下降的转向"。

在这个最困难的时候，他开始阅读他原本反感的黑格尔著作。他特别讨厌黑格尔。每个第一次接触黑格尔的人都特别讨厌他，因为晦涩难懂。有的人是先讨厌黑格尔后来又喜欢他，而有的人是一辈子都讨厌黑格尔，比如叔本华。叔本华觉得黑格尔上课讲的东西荼毒青少年。叔本华为了拯救青少年，自费到柏林大学讲课。叔本华家里比较有钱，他是一个银行家的儿子。他到柏林大学讲课，不用学校给他发工资，而且他自己花钱租上课的教室，一分钱不要请学生来上他的课，只为了在柏林大学的课堂上讲他自己的思想。他跟黑格尔怄气，特意把他的上课时间跟黑格尔的上课时间放在一起，讲的主题也一样。结果大家可想而知，这叫自不量力。叔本华一辈子都很讨厌黑格尔的东西，他觉得黑格尔哲学是对生命意志的消磨。他觉得一个人活着应该是生命意志的蓬勃发展，应该让自己的生命意志充分地展现出来，但黑格尔却总让你停留在理论的灰色之网当中。他讨厌黑格尔那种沉闷的思辨。

马克思原来也很讨厌黑格尔，也感觉黑格尔的书非常难读。但

---

① 马克思：《致亨利希·马克思》，载《马克思恩格斯全集》第 2 版第 47 卷，人民出版社 2004 年版，第 12—13 页。

是再难读，马克思生病的时候也读了黑格尔。或许是因为他在这时加入了柏林大学青年黑格尔派博士俱乐部的缘故。

黑格尔哲学是如何给马克思提供了一个方法，帮助其解决应有之物和现有之物之间的对立的呢？就是辩证法。在辩证法中，应有之物不是在现有之物之外的东西，而是现有之物本身的东西，是现有之物在发展过程中的一个环节。所有的现有之物都有其对立面，这个对立面不是在现有之物之外存在的应有之物，而是作为现有之物的对立面存在的应有之物，而这个对立面又是内在于现有之物的。对立面会进行相互转化。这就是否定的辩证法。

正是经历了这样的人生经历和思想变化，马克思在大学时代逐渐对自由问题发生兴趣。我下面就要讲到马克思的博士论文。马克思的博士论文讲的就是意识自由问题。他的博士论文选题是《德谟克利特和伊壁鸠鲁自然哲学的差别》。这个选题源于黑格尔在《哲学史讲演录》里对希腊化哲学的评价。黑格尔认为，人们以为文艺复兴以后，我们才开始谈自我意识哲学，但在希腊化时期伊壁鸠鲁的怀疑派哲学就已经有了人类自我意识哲学的萌芽。黑格尔提出了这一点，但并没有论证它。从某种意义上说，马克思这篇博士论文就是要替黑格尔的观点做论证。

马克思的博士论文虽然通篇没有谈政治问题，但他在博士论文里大谈特谈绝对的意识自由问题，就不能不与政治有关了。普鲁士是宗教国家，神学是这个国家的意识形态，谈绝对的意识自由就是在挖宗教神学的墙角。照此推论，如果在希腊化时期，在伊壁鸠鲁时代就有了自我意识的萌芽，那整个中世纪就是人类多走的弯路，一条根本就没有必要走的弯路。虽然马克思通篇没有谈这个问题，但其实通篇都在宣扬无神论。

为什么是自然哲学？为什么又是原子学说？在古希腊哲学里原

子是本原，本原是什么东西？一切都是由这个东西构成的，最后再还原为这个东西。原子说在当时是一种高级的对世界本原的解释。世界一切存在如果都是由原子构成的，那么所有物质性存在和精神性存在就全是由原子构成的。从自然哲学的角度去讨论作为本原的原子的本性，其实就是变相证明也是由原子构成的灵魂的本性也是自由的。

马克思的博士论文其实比较难读。因为你还得了解一下古希腊哲学的背景知识。他在写博士论文的时候，把古希腊哲学的东西基本都看了一遍。不知道他写东西为什么那么快，三个月时间就看完了大部分文献，还写了一篇很长的读书笔记，叫《评普鲁塔克对伊壁鸠鲁神学的论战》。在这篇博士论文的序言里，他开宗明义地讲道"那颗要征服世界的绝对自由的心脏，并用普罗米修斯的自白宣称哲学痛恨所有的神"[1]。结合刚才神道主义和人道主义的解释，你们马上就知道这个故事的背景了。他痛恨所有的神，什么才是真正的人间的神呢？具有自我意识的人。他反对不承认人的自我意识是最高神性，反对一切神。他认为不应该有任何神同人的自我意识相提并论。这就是无神论了。他写这篇博士论文最终就是为了达到这个目的，他在序言里面写得很清楚。

我们一提到他的博士论文往往就会讲到原子偏斜。"原子偏斜"是什么？就是自由。德谟克利特和伊壁鸠鲁同时都讲原子学说。他们俩同时都承认原子有直线运动、有排斥运动，但只有伊壁鸠鲁说原子还有偏斜运动。德谟克利特是没有提偏斜的。马克思从一个矛盾入手。他讲道，如果原子是直线运动构成一条直线，原子就是纯粹由空间来决定的。它就会被赋予一个相对的定在。空间存在都是

---

[1] 马克思：《德谟克利特的自然哲学和伊壁鸠鲁的自然哲学的差别》，载《马克思恩格斯全集》第2版第1卷，人民出版社1995年版，第16页。

相对的，而时间是无限的。这就意味着原子在空间里是一个相对的定在，而不是绝对的、无限的定在。这也意味着原子在空间里具有物质性，因为它具有广延性。但如果同时又说原子是相互排斥的。排斥就是相对于所有定在的存在方式，都是一种对立状态。这两种运动如何才能结合？他说德谟克利特是个二元论，他解释不了，如果你说原子既有直线运动又有排斥运动，就是个矛盾。他说德谟克利特是个经验主义的学者，是个科学家。他跑遍了很多地方，最后也解释不了这个问题。

而伊壁鸠鲁就很轻松，他哪也不跑，就天天待在自己的花园里搞个逍遥学派，天天玩抽象。伊壁鸠鲁追求什么？他追求灵魂的无纷扰和内心的安静。他也没有德谟克利特那么博学，但他的抽象思维水平比德谟克利特高，所以他提出了"偏斜"。偏斜的关键作用是什么？原子偏斜讲的就原子的形式规定，而不是经验性的物质规定。它是抽象的形式规定。只有在抽象思维中，才能解释直线和排斥都有的问题。而这两者都只不过是偏斜运动的对立面。你看到直线好像是一种绝对的状态，但其实直线只不过是偏斜的一种相对状态。但是原子既偏斜又直线，这两个矛盾的东西怎么合到一起的呢？靠排斥。偏斜不断地排斥才会形成直线。但是这个排斥你是看不见的。你看见的只是直线。偏斜就是原子的本性。原子的本性是看不见的，原子的本性就是原子的形式规定，是抽象的思维规定。

所以伊壁鸠鲁通过抽象思维，把德谟克利特没有解决的直线和排斥在经验世界中的矛盾，在抽象世界中解决了。这个矛盾必须用抽象思维去解决，不是靠做实验能做出来的。所以马克思就讲，你们很多人嘲笑伊壁鸠鲁，认为伊壁鸠鲁提出的原子偏斜简直就是个笑话。但其实他们不知道，恰恰是原子偏斜解决了德谟克利特原子学说里的矛盾。也恰恰因为引入了原子偏斜运动，伊壁鸠鲁的原子学说和德谟克利特的原子学说完全是两个不同的学说。很多后来的人都觉得伊壁鸠鲁在抄袭德谟克利特，说德谟克利特先提了原子学说，伊壁鸠鲁是跟着德谟克利特走的。马克思就说，他们都错了。偏斜才是核心的东西，直线只不过是偏斜的一种相对存在状态。而直线和偏斜两个相互对立的东西能同时存在，就因为还有一种排斥运动。这样一来，偏斜、直线、排斥三个东西就解释在一起了。

他通过什么解释的？他通过黑格尔的辩证法来解释的。黑格尔讲到的概念是什么？概念其实就是原子的偏斜，概念是事物的本性，原子的本性是什么？是偏斜。偏斜是什么？就是排除一切定在。我和一切定在都对立，那就是绝对的个性和自由，这就是原子的本性。我对一切事物偏斜，这就意味着我最终只能以我自己为对象。我在我自己的内部，通过我和自己的对立和冲突，在内部寻求对立统一的发展。这就是原子内在的以对立形式发展的超越性，而不是跟外界的对立。这是黑格尔哲学的套路。直线相当于什么？直线相当于那个由概念决定的实存。而概念决定的实存和概念结合在一起形成的对立统一，就是原子的排斥。所以，马克思其实用黑格尔的辩证法解释了伊壁鸠鲁的原子学说。其实也就完成了黑格尔在《哲学史讲演录》里提到的这个问题。

马克思在博士论文的最后一节专门讲了"天象"。这个天象是讲什么？天象其实就是影射天上的神。他说："希腊人的自我意识在精神领域内也占据同样的地位，它是精神的太阳系。"[①]自我意识是精神的太阳系，上帝不是太阳系了。"因此希腊哲学家在天体中崇拜的是他们自己的精神，而不是上帝了。伊壁鸠鲁责备那些认为

---

① 马克思：《德谟克利特的自然哲学和伊壁鸠鲁的自然哲学的差别》，载《马克思恩格斯全集》第 2 版第 1 卷，人民出版社 1995 年版，第 55 页。

人需要天的人。"①人不需要天，人只需要自己，人凭什么需要自己？人凭自我意识、凭理性需要自己。人不需要凭上帝需要自己。如果你还未启蒙，你需要有一个你的主子，你需要有一个你的管理者和领导者来帮助你管理自己。人自己管理自己，不需要自己之外的人来管理自己，这就是启蒙的精神。并且他认为，支撑着天的那个阿特拉斯是人的愚昧和迷信造成的，是异化。神是我们人自己创造出来的。马克思称赞伊壁鸠鲁是希腊最伟大的启蒙思想家。这仿佛把启蒙思想再往前推了1000多年。马克思在论文附录里更是直截了当地说："对神的存在的证明不外是对人的本质的自我意识存在的证明，对自我意识存在的逻辑说明"②。

马克思说："哲学一经确立就开始了自己的哲学的世界化。"③哲学本来是内在之光的东西，变成了转向外部吞噬一切的火焰。这把意识自由的火，刚一点着，就烧在了新闻出版界。写新闻评论，就是马克思讲的哲学世界化过程的第一步。

（四）国家制度与政治自由

马克思在1842年到1843年间，做了一年多的《莱茵报》主编，写了大量的政论文章。这些政论文章的理论基础主要是康德哲学和黑格尔法哲学的混合物。普鲁士的国家制度为什么不好？因为它不是自由理性国家应有的制度。什么叫自由理性国家？国家是自由精神的体现。自由精神通过理性的法的形式塑造着国家。换句话

---

① 马克思：《德谟克利特的自然哲学和伊壁鸠鲁的自然哲学的差别》，载《马克思恩格斯全集》第2版第1卷，人民出版社1995年版，第57页。

② 马克思：《德谟克利特的自然哲学和伊壁鸠鲁的自然哲学的差别》，载《马克思恩格斯全集》第2版第1卷，人民出版社1995年版，第101页。

③ 马克思：《德谟克利特的自然哲学和伊壁鸠鲁的自然哲学的差别》，载《马克思恩格斯全集》第2版第1卷，人民出版社1995年版，第75—76页。

说，在国家里，法和制度的内在精神是自由，它们应当体现自由，而不是反对自由。显然，普鲁士国家法和制度侵犯了这种自由，甚至无视这种自由，因此是和现代国家概念背道而驰的。马克思主编《莱茵报》期间写的一系列政论文章，其批判的武器，主要就是这个思想。

在当时马克思的眼中，政治国家存在的目的是自由。在个人层面，它要维护人的道德自由。所以他讲宗教是人类精神的他律，而道德是人类精神的自律，这是康德的观点。马克思在评普鲁士书报检查令的时候引用过这句话。在公共层面上，政治国家要通过理性的法来管理公共生活。但不管是个人道德理性，还是政治的法理性，核心概念都是自由，但在这时，他谈的是政治自由。

需要注意的是，在谈论政治自由的过程当中，马克思与鲍威尔那帮人开始渐行渐远了。马克思做《莱茵报》主编的时候，鲍威尔给马克思的稿件被退回去很多。马克思觉得这些文章老是脱离社会现实空谈一些抽象问题，并喜欢对社会问题进行抽象的批判。于是，马克思退了很多这样的稿子。这使得鲍威尔非常生气。这就相当于一个杂志主编和名家约稿，约来了又发不了，还退了回去。马克思不想让他主编的《莱茵报》变成唯他们命是从的机关报，不想让他们再空谈力图摆脱一切思想的自由。他把那些毫无价值的作品统统撤掉的举动，造成"柏林上空阴云密布"。

在马克思看来，鲍威尔这帮人写的东西非常空洞。这些作品不是从独立的深刻的内容上看待自由，而是从形式上看待自由。所谓的形式就是摆脱一切思想的自由，是从无拘无束的且又随意的形式上去看待自由的。马克思在博士论文里也讲摆脱一切束缚的那种自由，但现在他跟"自由人"群体，跟鲍威尔那帮人决裂了。马克思从抽象的意识自由，转到政治领域的政治自由的过程中，他越来越言之有物、越来越面向实际、越来越谈真实的内容了,不再感兴趣抽象的形式规定了。当然,在这个过程,意识哲学还是存在的,只不过他的意识哲学开始填充了很多实在的内容。

马克思当了一年的《莱茵报》主编。这个报刊被封后,他准备和卢格一起编《德法年鉴》。在这个过程当中,他开始研究黑格尔的法哲学,写了《黑格尔法哲学批判》。马克思后来回顾他研究黑格尔法哲学的过程时谈道,他原本想在黑格尔法哲学里找到建构一个自由理性国家方案。但后来发现是行不通的。马克思在这个过程中发现,真正能决定一个社会、一个国家自由的东西不在政治领域,而在经济生活领域,而这个经济生活领域就是市民社会。"市民社会"这个概念是黑格尔带给马克思的。

马克思早期追求的也是精神自由。鲍威尔那帮"自由人"就一直停留在这个层次上,认为人只要精神上自由了,一切就都自由了。马克思做了新闻工作以后就开始进入第二个层次:人必须在自由理性的国家里,才能实现真正的自由。但是,马克思通过研究黑格尔法哲学之后发现也不行。直到他后来意识到,真正的自由不在自由国家里,而在经济领域中。这与他做新闻工作之后要对很多物质利益发表意见相关。比如马克思对林木盗窃法案的评论。以前老百姓靠山吃山,靠水吃水。农民从来都是到山上砍柴回来烧的,这很正常。他们祖祖辈辈都是如此。现在有些建工厂做林木生产加工的人,把这片树林买下来,不让农民进去了,就跟当地这些靠山吃山的农民发生了冲突,双方争斗了起来。当局解决这个问题的办法是不让这些农民再进山了。林木盗窃法案就是这个"办法"。

马克思发现,法律完全不是根据抽象的自由概念、理想的公平正义原则来制定的,而是根据利益。谁承担什么义务、谁享有什么权利,完全是在利益斗争当中形成的。在研究黑格尔法哲学的时候，马克思意识到，市民社会就是讨论利益关系的经济生活部分。这才是社会的基础所在。所以他在后来的《政治经济学批判》的序言里讲道："法的关系正像国家的形式一样，既不能从它们本身来理解，也不能从所谓人类精神的一般发展来理解"①，马克思原来都是从这个角度来理解法的形而上学体系的，然而现实生活给他上了一课："相反，它们根源于物质的生活关系，这种物质的生活关系的总和，黑格尔按照 18 世纪的英国人和法国人的先例，概括为'市民社会'，而对市民社会的解剖应该到政治经济学中去寻求"②。当他找到了这个方向之后，就开始转向政治经济学研究。而在那里，就是讨论意识自由和政治自由，而且是经济领域的自由。

（五）异化劳动与经济自由

马克思从法哲学转向了政治经济学研究。《1844 年经济学哲学手稿》可以被看作是马克思《资本论》最早的第一部手稿。在手稿中，他认为限制我们自由的根本问题是私有制。私有制将劳动和资本相分离。原来在自给自足的经济时代，劳动和资本是结合在一起的。私有制将劳动和资本分离开，使劳动者没有了生产资料。这个时候剥削体制就形成了。在劳动和资本相分离的过程当中形成了异化劳动。所谓异化劳动，就是劳动产品不属于我，劳动本身不属于我。我是被迫进行劳动的。我创造的东西不但不属于我，反而反过来统治我。马克思就是用哲学上的异化概念去批判政治经济学的。

消除异化劳动靠什么？消除异化劳动，就是要让"异化劳动"恢复到"自主劳动"。"自主劳动"就是自己控制自己的劳动过程，

---

① 马克思：《〈政治经济学批判〉序言》，载《马克思恩格斯文集》第 2 卷，人民出版社 2009 年版，第 591 页。

② 马克思：《〈政治经济学批判〉序言》，载《马克思恩格斯文集》第 2 卷，人民出版社 2009 年版，第 591 页。

能够自己拥有自己的劳动产品。"自主"是什么？自主就是自由，只不过是自由在经济领域当中的体现。为什么自主是自由呢？马克思在《1844年经济学哲学手稿》里讲类本质异化的时候讲了这个问题。因为人的本质、人的生命活动，就是自由的、有意识的劳动，就是人把自己的生命活动和本质力量展现出来。但是现在的资本主义社会却强迫人们劳动，还把劳动成果拿走，这就叫异化劳动。所以，用来批判异化劳动的概念还是自由。只不过这种自由不是抽象领域精神的自由、不是政治自由，而是经济领域的生产自由。这种自由是劳动者控制自己的劳动生产过程，并占有自己的劳动产品，这个时候的自由是更具体的、实在的自由。

那么如何实现这种自由，消除这种异化？马克思在这里引入了"共产主义"。马克思早期觉得空想社会主义理论不现实。他认为，私有财产造成了异化劳动，要消除异化劳动就要消除私有财产，要消除私有财产就要走向私有财产的反面，那就要走向共产主义。这个共产主义不同于形形色色的社会主义，不是对某种理想的社会体制的设想，而是在了解现实经济生活规律基础上的变革。《1844年经济学哲学手稿》的具体内容我就不多说了。

马克思的自由观是什么样的呢？他善于在现实生活中，找到自由的对立面，排除让人不自由的条件。马克思一生都在为了自由而工作，并不断地通过与各种使人不自由的条件做斗争的方式占有自由。此外，自由不自由也取决于人伦理关系中的实现程度。他讲的这种自由不是个人的绝对自由，而是通过协调与他人关系所获得的自由。

在关系当中，通过把握关系来考虑自己的自由、实现自己的自由。实现自由的过程就是排除各种使人不自由的条件。所以这种概念不是强调自由要摆脱一切束缚和限制条件，而是要通过与已经存在的各种束缚和限制条件做斗争的方式使不自由向对立面转化。马克思讲的全是具体的和现实的自由，他不是抽象地说要排除一切现实条件，而是看现实生活中人们有哪些地方不自由，原因如何，为从现有之物向应有之物转变提供思路和方法。

如果卢梭说"人生而自由，却无往不在枷锁之中"，那么我们或许也可以用这样一句话归结马克思的自由观："人生而不自由，却无往不在解放之中"。讲马克思的伦理学，应该结合经济学、政治学来讲。如果伦理学跳出这些实在性知识，跳出这些具体领域，就是空洞和抽象的伦理学研究，那就不是马克思的伦理学了。"求是红线"和"至善红线"必须结合在一起。这两条线并行不悖，缺一不可。

我今天就讲到这里，谢谢大家！

三、圆桌讨论

学生A：张老师好！您提到自由是马克思理论的一个逻辑主线，也是他的理论的核心价值指向。我有一个疑惑，怎么定义马克思理论目标的价值指向？到底马克思的价值指向是人的本质的复归、人的本质的实现，还是自由？人作为类存在物，有意识的实践活动是他的本质的复归，而自由则只是作为它的一个表现形式，并不是理论的核心。我觉得要理清人的本质和自由的关系，它们到底哪一个是核心，哪个是形式？

第二个问题就是，以赛亚·伯林提出了两个自由的概念，分别是积极自由和消极自由。积极自由是指人有成为什么样的人的自由，消极自由就是指他能够不被外部干预的自由。我想请教一下老师，您认为在马克思看来，他所指的自由到底是积极自由还是消极自由，还是两者皆有之？他是在某个时期内坚持某种自由，还是在他的理论阐述中一以贯之地坚持一种自由？

张霄：第一个问题，人的本质的复归和人的自由的关系问题，其实这二者是一个问题。人的本质的复归就是人获得自由的过程。人的本质的复归在马克思看来主要借助人的活劳动，而人的活劳动的本性就是自由。这里面有两层含义：其一，像自由这样的价值概念，是人的本质发展到某个程度的目标指引。人的本质在资本主义条件下受到了异化，也就是被压迫、被奴役，不自由。人的本质的复归，也就是对资本主义的未来超越，就是要摆脱这种压迫和奴役，走向自由。但这个自由又不是外在于人的，而是在人身上本来就有的，所以叫复归。这个在人的身上本来就有的自由体现在哪里呢？体现在人的活劳动中，就是有意识的劳动实践。人要通过自己的劳动实践追寻人身上本来就有的自由本性，把它发挥出来。

第二个问题，你提到的消极自由和积极自由，是以赛亚·伯林提的两个自由概念。他把"消极的自由"叫做自我的城堡，就是把人关在自己的城堡里，我的地盘我做主，意思是免受干预。"积极的自由"谈的是自由能力问题。我们在谈一个人可以自由地去做自己想做的事情的时候，其实是在说你有什么能力去做你自己想做的事情。积极自由讲的就是获取自由能力的问题。消极自由讲的是免受干预，维护隐私权的核心概念就是消极自由。这两者虽有分别，也有联系。比如积极自由是我有能力做我想做的事情，但在这个过程当中，我也要排除限制我做事的条件。同样，我在享有消极自由的同时，也就是免受干预的时候，我才能很好地做我自己想做的事情。所以，积极自由和消极自由是对自由的两种不同刻画。

但在这里需要注意的是。消极自由和积极自由是在政治哲学的意义上讨论自由问题，它讲的是政治自由。还有一种自由是意识哲学领域当中的自由。意识哲学领域当中谈的是自由意志而消。

在政治哲学里讨论自由问题，你得有一个政治哲学的构架，政治哲学有一套自己的本体论。比如"自然人"是什么样的状态？过去的政治哲学家都要讲自然状态是什么样的。后来罗尔斯也通过思想实验来讲这个问题。你首先得有一套政治哲学的本体论，究竟人类的自然状态是什么样的？然后人类又有什么核心的价值？人在这种状态中凭什么来制定正义的原则？人必须有这种能制定正义原则的东西，比如罗尔斯说的正义感。政治哲学是按照这个套路来的。

而马克思这个时候谈的大部分自由问题，还是在意识哲学包裹下的法哲学层面上谈的，不是政治哲学谈消极自由、积极自由的那个套路。我说意识哲学包裹下的法哲学，当然也涉及政治哲学，但政治哲学在意识哲学的包裹下不是独立的政治哲学，而是作为意识哲学在政治领域里的一种应用。我们可以拿黑格尔的法哲学来说明这个问题。德国人一般把他的伦理学就叫做法哲学。但法哲学其实是伦理学和政治哲学的统称。甚至在黑格尔的法哲学中，除了伦理学和政治哲学之外，还有社会哲学。黑格尔的法哲学从抽象法、道德法到伦理法，其实是把自亚里士多德以来的区分——个人层面的伦理学研究和城邦层面的政治学（哲学）研究——结合了起来。黑格尔讲的道德法层面，是康德伦理学的内容，而他后面的伦理法阶段其实是社会哲学+政治哲学。他把政治哲学和伦理学结合在一起，就是把人在追求自由的过程中约束自己和共同守约糅合到一套由抽象法、道德法、伦理法发展的环节里面。他把这三者的结合统称为"法的不同形式"，抽象法是客观法，道德法是主观法，主客观结合就是伦理法。所以在黑格尔那里，他没有严格意义上政治哲学和伦理学的区分，他就叫"法哲学"。这种叫法也是欧陆哲学的一个特点。

在当时，马克思延续的也是黑格尔这种讨论方式的传统。马克思讨论的政治哲学，不像伯林承继的英国经验主义传统。回到你的问题上来，可以说，马克思在法哲学领域里可以很好地谈积极自由和消极自由。就是积极自由和消极自由所涉及的一系列问题，法哲学也可以谈。只不过这是两种不同的论说思路。

学生 B： 老师好！您今天谈马克思早期自由思想的发展时，主要讲到马克思早期的环境对他的影响，以及人道主义和西方传统自由思想对他的影响。那么，马克思早期自由思想与他后期的自由思想是什么关系？他整个人生中的自由思想又在他所有的理论体系中占据什么位置？老师您这篇文章要达到怎样的现实目的？对马克思主义伦理学的发展要达到一种怎样的现实目的？

张霄： 马克思早期思想和后期思想有什么区别？其实我刚才也讲了这个问题。马克思终其一生都在追求自由价值。如果我们认同这个观点，对马克思主义理论将会有一种别样的认识。举例说，比如我们怎么看历史唯物主义？我们一般讲历史唯物主义的时候，有一种教条主义，就是只从经济基础和上层建筑之间所谓的决定论来谈。但实际上，这种决定论在马克思那里恰恰是需要扬弃的东西。经济生活既成就我们的自由，也牵绊我们的自由。我们研究经济生活的一个重要目的就是要摆脱经济生活对我们的限制，因为我们人类到目前为止还不能摆脱物质生活的匮乏。马克思在《资本论》第三卷里讲道，我们要实现从必然王国向自由王国跳跃。这个"必然王国"是什么？在马克思眼里就是经济规律所表达的对人类自由的限制。这从更高的层面上，让我们看见，研究经济规律并不仅仅是追求物质财富本身，盲目追求 GDP，恰恰相反，马克思研究经济活动是以自由价值为导向，要化解必然性对我们的控制。

马克思讲的自由跟他的前辈有区别。他推崇实质自由，他讲的自由是排除限制自由的条件。而在这些条件中，经济上的限制条件显然是最为根本的。所以，马克思研究政治经济学，想通过研究经济规律，找到那些限制我们不自由的条件，然后挣脱它。这个思想在马克思进行了世界观革命之后，应当是贯穿一生的。他最后在《哥达纲领批判》里说，要我们逃出物质生活贫乏对人类的禁锢，让物质财富极大涌流。每个人都能发挥自己的本性和天性，每个人都能做自己想做的事情。这就从必然王国跳到自由王国了。

关于这篇文章的写作意图。我想主要还是为马克思的道德概念正名。大家知道，马克思主义研究史上一般认为，经典作家对伦理道德的态度并不友好。义天教授主持的马伦史，应当说非常有勇气，敢于提出这个不同意见，也是世界上第一部马克思主义伦理思想史。为什么是第一部呢？（不是只有我们能写）因为在马克思主义研究史上大家有个误区，认为马克思主义理论是不谈价值、不谈伦理道德的。但是马发史上很多重大的党内政治斗争和重大争议，却离不开马克思主义与伦理学的关系，这是值得深思的。

按照义天教授分配给我的任务，我专攻马恩伦理思想史。读原著、写思想就是本职工作。这篇文章就是我写的马克思从早期到1844年间的思想发展。从1845年开始，会有一个思想转变。所以我下一篇文章想写《从法哲学到道德社会学：马克思世界观革命中的道德图景》。他在《德意志意识形态》之后就不怎么谈哲学问题了。如果和伦理学有关，那他谈的是道德社会学。这篇文章就是我第一部分的一篇读书笔记和报告。

学生C：张老师，我读了您的《原子偏斜、国家制度与异化劳动——马克思自由伦理思想的发展轨迹》这篇文章后，发现两个我认为比较有趣的现象。

第一个现象，我在这篇文章中查找"自由"这个关键词，看到这样一个自然段，我给大家读一下："马克思早期的研究工作始终是围绕着'进步'这个概念展开的。或者换句话说，因为马克思始终把进步作为根本的价值依据，从而使得他在早期做的每一项工作都离不开进步概念这盏普照的明灯。其实，在马克思后来的工作中，我们依然可以看到'进步'价值的身影。甚至可以说，马克思一生都在依据'进步'、为了'进步'开展工作并不断通过与各种使人不'进步'的条件做斗争的方式占有'进步'。马克思最终形成的'进步'概念很独特。"[1]同学们能听出来，我把张老师的9个"自由"替换成"进步"一词之后，我个人觉得这样读起来依然很通顺。这是第一个现象。

第二个现象还是查找"自由"这个关键词，我发现它主要分布在这篇文章的头和尾，而中间这些用材料来论证结论的部分里"自由"这个词是比较稀疏的。所以我当时就大胆猜测，有没有可能老师的材料对于老师的结论来说是一个必要而非充分的条件？也就是这些材料未必能得出这样的结论，尽管这个结论确实需要这些材料。

因此，我的问题就是，"作为至善的自由"和"至善"本身的区别在什么地方？因为元伦理学上一旦谈到"至善"，它就是一个人们驳不倒的概念，每个人都需要至善。马克思的早年思想中存在至善，这是一个挺必然的事情，每个人都有他的至善。但是这个至善为什么一定是自由？我不太理解这个地方的逻辑架构。

学生D：老师好，我有四个问题。不过我的基本观点跟您是一

---

[1] 张霄：《原子偏斜、国家制度与异化劳动》，载《齐鲁学刊》2018年第4期。

致的。昨天我也读了这篇文章，感觉茅塞顿开。我的问题是在这个基础上继续追问一下。

第一个问题，您刚刚讲的内容跟您的论文好像有一个矛盾。您认为马克思的自由观是排除限制自由条件的自由观，但是您在最后一段中说："自由不自由取决于自由的主体在伦理关系中的实现程度，取决于对对象的把握以及主体实现自由的内在能力。由于主体实现自由的能力在很大程度上是在对对象的把握中形成的……特别是对限制自由条件的关注。"①这里是不是有一个矛盾？当然我帮您解决了这个矛盾，老师您可不可以把前面说排除限制自由条件的自由观，理解为"解放的自由"。然后在后面强调马克思自由观还是一种关系范畴，这种关系范畴可能是历史的，也可能是现实的。因为，我认为马克思的自由是一种在感性对象性关系中，通过他者来确定自我的自由，所以马克思才会在后面通过感性对象性这些实践活动来达到自由。

第二个问题，老师您前面讲过马克思通过自然哲学的方式来达到一种实证性的自由，对吧？我觉得这里可不可以强调一下，马克思这里的自由更多的是强调与必然的结合，是一种必然性的自由，只有达到必然才能实现自由。刚才同学C也说了，老师您前面的材料好像没有提到这个，这样论证就不充分，我读的时候也有这种感觉。所以能否提出"必然的自由"来论证一下。这样可能会更好一点。不仅马克思还有恩格斯，他们在晚期的一些著作里面，都提到这个自由是要实现的"必然的自由"。这种必然就是一种正当规律。我认为马克思的这种通过自然哲学来进行论证的方式，在他早期的博士论文中就已经有所体现了，我觉得这个可以呼应起来。

第三个问题，也是我回应同学A的，我觉得可以这么回答。自

---

① 张霄：《原子偏斜、国家制度与异化劳动》，载《齐鲁学刊》2018年第4期。

由是马克思毕生追求的主题，我觉得前面要加一个限定词，是人的自由及全面发展或者解放。为什么要强调这一点？因为马克思一生关注一个主体叫做"人"，当然自由也是他的主题，但只是"人的自由"，而不是"意志的自由"或者是其他的自由。所以说是人的自由全面发展是马克思一生关注的主题，他才会关注到人类解放，历史的主体是无产阶级等等，才会不断地具象化、具体化、不断地深入。您前面提到自由是马克思的主题我认为是对的，但是我觉得前面有可能还需要再加个限定，把自由限定到人的自由全面发展上。这可能是对马克思自由主题的一个更严谨的看法。

第四个问题，您说的"道德自由"与"伦理自由"，我没有听懂。您说马克思的自由是伦理自由，但我还是坚持我之前的那个观点，我觉得马克思的道德自由、伦理自由其实都是一种关系自由，或者说，是一种解放的自由。习近平总书记在《在纪念马克思诞辰200周年大会上的讲话》中说过，马克思的观点归根到底就是"为人类求解放"。马克思是一种解放的逻辑，所以我觉得他的自由观应该是一种解放的自由。

张霄：我先回答第二位同学的问题。就解放的自由而言，首先你得在一定关系当中进行解放，比如通过一定的对象性关系来解释。那种限制条件对你来说也是一种关系，也是一种对象性关系。你排除这种对象性关系，对你的限制条件不就是解放吗？它只是从不同的角度来看待问题。你只要在关系当中看待自由，通过这种排除限制条件的方式来解放，它就是伦理自由。它在一定的共同体当中来看自由问题。而道德自由就像康德说的自己给自己立法，是个体层面的自由。人最终自由的获得是依据自己的良心。黑格尔讲康德的时候说了一个问题。康德这种最终凭借自己的良心获得自由的方式，可能会造成一种恶，即你主观上认为是善但实际上却是恶的一种矛盾。

所以黑格尔讲，从某种意义上说，我们必须把道德自由、道德意志上升为伦理意志。就是你不能仅仅从自己的良心来看问题，你要从大家的、从伦理共同体的角度来看问题，要形成大家的共同意志。你要在共同意志的关系当中来看待你自己应该怎么做，而不是仅凭自己的良心。你如果能按照这种共同的关系的意志来指导自己的行为，那你所获得的自由，就叫伦理自由。所以黑格尔批评康德，说康德不关心伦理。而黑格尔关心的伦理是什么？是家庭、市民社会、国家，这三个现实的伦理共同体。康德不关心这些东西，他只关心独立的、有自我意识的个体。他只关心自己凭借自己的良心做自己想做的事，做自己认为对的事。

但是这里面还有一个问题，就是很多人对黑格尔有个误解，觉得问题一旦上升到伦理层面，讲的就是压抑、约束、禁锢个体自由的东西。好像我们个人本来是自由的，每个人都是原创的，进入伦理层面以后每个人就被环境改变，成了盗版了。伦理的核心概念也是自由。伦理考虑大家共同生活的东西，它会形成共同的秩序，共同的法、规定、约束。这种共同的秩序、共同的约束、共同的规定，其核心还是自由。伦理追求的也是自由，但伦理追求的是共同体层面上大家的自由，是个体和共同体和谐的自由。

反过来说，如果伦理共同体不是为这个共同体里面的每一个人谋求自由，那这个伦理共同体就是假的共同体。你们想想这个观点是不是与马克思恩格斯在《共产党宣言》里面讲过的一句话很相似？什么是自由人的联合体？就是"每个人的自由发展是一切人的自由发展的条件"，这个观点其实就是黑格尔伦理共同体的观点。每一个人都能够自由全面地发展，整个共同体才能叫自由人的联合体。这个伦理，黑格尔把它叫做"活的善"，为什么？伦理是主客观的统一，伦理的主观性体现在个体性上，而客观性是通过主观性表现出来的。

我再回答一下前面这位同学问的"至善"问题。我这个"至善"讲的是，马克思在早期把自由作为他最看重的一个核心价值。这与"至善论"不一样。至善论是一个专门的讨论域。但我这里讲的至善和至善论没有关系。我这里的"至善"一词讲的是马克思最推崇、最核心的价值。而且在我看来，这是马克思思想中体现的最高价值。而这个价值就是自由。你刚才讲得对，如果从至善论的角度来理解，那很多东西就讲不通了，因为至善论是另外一套话语。而我这里用了"至善"这个词，但不是至善论的那个意思。

四、主持人总结

李义天：时间过得太快了。本想除了评议，还可以有一个共同讨论的环节。但没时间了。而且，即便对于刚才几位同学的评议，也是有些问题可能回答了，有些问题还没有回答。我想，在今天的研讨班后，大家可以跟张霄老师建立联系，随时向他请教。今天张霄老师的报告非常精彩、非常丰富，同学们可能还需要继续消化。我觉得，张霄老师的讨论给我们带来的最大启发就是，他做出了几个重要的区分：

第一，自由在马克思这里首先表现为一种"自我意识的自由"。作为自我意识的自由是绝对的、抽象的、形式的。第二，当自由体现在政治层面和国家生活中时，自由就成了"政治的自由"或者"权利的自由"。在这里，其实马克思非常纠结，他一开始有种黑格尔式的国家主义信念，但他后来发现情况不对。这一点可能就与刚才同学们提到的积极自由和消极自由之间的张力有关系。第三，也是马克思思想的进步之处，那就是，当我们发现政治自由并不足够时，市民社会的"经济自由"这种体现在经济生活中的关系就变得越来越重要了。当然，张霄老师最后还提出了一个最重要的自由，是在扬弃所有上述东西之后才出现的自由。但是，这种自由不在马克思的早期思想里出现，而是在他后期思想里出现的。

可以说，张老师今天的报告给我们提供了一个坐标，也提出了一个很重要的问题：既然马克思那里有多种自由观念，那么，马克思到底在赞成什么，在反对什么？他的理由又是什么？这是我们先前讨论过、但仍需继续思考的问题。

今天的研讨就到这里，让我们再次以热烈的掌声感谢张霄老师！

第九讲
剥削的不正义性[1]

李 旸

一、主持人开场白

李义天：今天，我们很荣幸地请到了北京大学的李旸老师。我看同学们来得比较准时，甚至有些提前，的确值得表扬。我想，这可能是因为今天讨论的问题大家更感兴趣。对此，也很好理解。因为，第一，正义问题本身就非常引人入胜。第二，剥削是否具有正义性，对这个问题的回答，正是马克思主义伦理学在讨论正义问题时不可回避的环节。毕竟，如果我们能够证明剥削是正义的或者不正义的，那么，我们基本上就可以理解，马克思对资本主义的批判到底是在什么意义上进行的。第三，我相信大家之所以能够更加投入，有一个原因就是，同学们这次是先阅读了相关文章，再来参加讨论的。所以我们对这一块的基本脉络和背景更为熟悉，想说的话也就更多。

可以讲，听众对这个话题的熟悉程度更高，也会给作为报告人的李旸老师带来更大的挑战。但她是一个不惧挑战的人。李旸老师

---

[1] 时间：2018年11月22日。

曾就读于武汉大学和中国人民大学。读博期间跟着段忠桥老师接受了专业而严格的训练。因此，她对相关文献的熟悉程度，以及她的思维的清晰程度、敏捷程度，都是极为优秀的。所以，待会你们提问题的时候，尽可能用力"猛"一点。当然，我更希望你们的提问能够提到点子上，做到清晰简练。

二、主旨报告

李旸：感谢义天老师！今天天气很好，能够有机会来到北大的"隔壁"，和大家进行交流，真的很开心！正好，也让我有机会检验一下，"隔壁"的同学们是不是像"隔壁"的饭菜一样比我们的好。（笑）

今天，我跟大家一起讨论的主题是"剥削的不正义性——三种论证路径及其反思"。讨论内容还没有形成完整的文章，因此会有不成熟的地方，请大家一会拍砖指正。今天，我的报告内容主要分为三个部分：第一，当代英美马克思主义者讨论剥削不正义性的背景；第二，当代英美马克思主义者论证剥削不正义性的三条路径；第三，对三种路径的反思。

首先，在第一部分，我会有一个背景性的介绍，让大家有一个概览式的了解。接着，我会对剥削非正义性的三种论证路径的具体内容进行阐释。最后，我会对这三种路径逐一反思，这些反思主要是基于马克思主义的经典文本以及对马克思恩格斯的思想本源的考察来展开的。

（一）当代英美马克思主义者讨论剥削不正义性的背景

我们首先来看第一个板块。今天我们谈剥削的不正义性问题，在大家的直觉中，如果此前没有上过义天老师的课的话，可能很多人认为这是一个非常奇怪的问题。不正义这一意涵难道不是蕴含在剥削这一主词中吗？剥削不就意谓不正义吗，为什么我们还需要谈论剥削的不正义性？在当代重提这个话题有什么意义？首先，我们从这个角度来给大家阐释一下问题的宏观背景。

1.当代英美马克思主义者讨论剥削不正义性的宏观背景

我们首先讲英美马克思主义的兴起。英美马克思主义是20世纪70年代兴起于英美地区的马克思主义思潮。英美马克思主义最核心的研究路径是非常鲜明的分析路径，这与英美哲学传统有密切的关系。所谓的分析路径，一般我们把它概括为几个要点：概念清晰、论证严谨、逻辑自洽。但我认为这个分析的方法本身还内含一个重要的预设，那就是没有任何命题是不证自明的，任何命题都不能诉诸直觉，而是要通过有说服力的论证得到证明。

同样，对马克思思想的阐释也需要文本支撑和逻辑支撑才能成立。这就回到我刚刚提出的那个问题，为什么要谈剥削的不正义性？马克思提出了剥削概念，但是马克思有没有给出具体的规范依据来论证剥削的不正义性？也就是剥削是不是不正义的？这在英美马克思主义看来是值得分析的一个命题，剥削的不正义性并不是凭直觉定义的，而是需要我们刚才所说的分析的方法，用文本和逻辑去证明。英美马克思主义包含的流派较多，但是，它们在研究路径上都受到英美传统的分析哲学的影响。其中，重点关注我们今天要讨论的剥削非正义性这一主题的，更是英美马克思主义中最有影响力的一支，它叫"分析的马克思主义"。仅从名称上看，我们就已经能领会这一学派对分析的研究方法的认同。"分析的马克思主义"

最著名的代表人物当数其创立者G.A.科恩，以他为首的来自很多不同学科的学者，例如，范帕里斯是政治学家，埃尔斯特是社会学家，罗默是经济学家，他们这些同样认同分析路径又同样研究马克思主义的学者，在20世纪70年代的时候组成了一个学术共同体，叫做"九月小组"。"九月小组"前两次学术活动的主题就是"剥削"问题。

接下来我们讲两个大的时代背景。

第一个时代背景就是西方左翼学者对社会主义未来及资本主义新变化的关注和思考。在当今为什么要思考剥削的规范性维度？显然是与资本主义批判、资本主义替代的主题相关。特别是苏东剧变之后，在发达资本主义国家中，西方左翼学者对于社会主义未来的关注，显然会涉及为社会主义规范性辩护的问题。这一点科恩在他的著作中讲得非常明白，他的《自我所有、自由和平等》的导论部分就是回答为什么当今西方左翼学者要开始关注规范性的命题。以前我们总是从必然性的角度去思考社会历史的发展规律，现在我们需要考虑的是，如果社会发展的必然性已经不为西方民众所相信，我们就需要思考为什么人们"应当"追求社会主义？为什么要实现资本主义的替代？这就需要有一种规范性的思考，即人们应当追求一种什么样的社会目标？这个"应当"背后的规范依据又是什么？这是从规范的角度思考剥削不正义性的第一个时代背景。

第二个时代背景就是罗尔斯效应及当代政治哲学的复兴。罗尔斯以降的这些政治哲学家们涉及的很多命题都在某种程度上激发了当代西方左翼学者对于剥削不正义性问题的考察。这种整体意义上的政治哲学的复兴也影响了马克思主义，用杰拉斯的话说，"当代学者们对于正义问题的这些思考，在那些马克思主义研究者那里也留下了印记"①,也就是说,当代政治哲学这种致思路径影响了英美马克思主义者。经典马克思主义更多揭露剥削的表现和机制,较少关注剥削的规范性维度问题,而当今在罗尔斯效应引发的政治哲学复兴的背景之下,西方左翼学者开始用政治哲学的规范性思维去思考剥削的经典命题。这是我要提醒大家注意的第二个时代背景。

2.激发马克思主义者讨论剥削不正义性的具体理论观点

除了宏观背景之外,在当代政治哲学的大讨论中也存在一些具体观点激发马克思主义者去处理剥削的不正义性问题。在这里我们主要了解伍德和诺齐克这两个人的观点,他们的观点构成了在剥削不正义性问题上引起挑战和质疑的主要方面。伍德的观点是,马克思没有批判资本主义剥削是不正义的;诺齐克的核心观点则是马克思的剥削理论在当代已不能成立了。也就是说,他们要么认为马克思否认资本主义剥削的不正义性,要么认为马克思的剥削理论没有办法证明资本主义剥削的不正义性,因此都对剥削的不正义性提出了挑战和质疑。

1972年,左翼学者伍德在《马克思对正义概念的批判》一文中提出了"资本主义剥削对马克思来说并非不正义"的惊人论断。大家在之前的课堂上应该都了解了伍德对马克思正义概念的否定性解释。在方法上,他总是预先提出一个人们依据直觉很容易得出的结论,然后再从马克思的文本或马克思本人批判过的观点出发,证明你恰恰是把马克思归于他反对的那种观点了。伍德在这个命题上也是这么做的。他指出,人们很容易认为,马克思批判了资本主义剥削的不正义性,因为马克思似乎经常带着强烈的道德情感谴责资本主义剥削。在马克思同时代,也有庸俗社会主义者持这样的观点,

---

① Norman Geras, "The Controversy about Marx and Justice", *New Left Review*, vol. 150, 1985.

认为马克思谴责了资本主义剥削的不正义。他们给出的第一个论证是，资本主义剥削涉及工人和资本家之间的不平等交换，因为工人生产的全部商品价值比资本家支付给他的工资所包含的价值要多，因此，在马克思看来，剥削是不正义的。但是伍德认为，如果你这么考虑问题，那么实际上你就把马克思等同于他所批判过的李嘉图的观点了，而这种古典政治经济学的看法，恰恰是马克思所反对的。因为马克思解释过，资本家购买的商品不是工人的劳动，而是工人的劳动力这样一种特殊的商品。按照价值规律，商品的价值取决于生产这个商品的社会必要劳动时间，所以工人劳动力的价值就等于再生产这种劳动力，也就是工人维持和保持他的劳动能力所需要的社会必要劳动资源和价值所决定的。所以资本家已经支付了工人劳动力的等价物。在这个平等的交换之后，剩下的就只是资本家对于自己所购买的这种特殊商品的使用。用马克思的话说，"这种情况对于买者是一种特别的幸运，对于卖者也绝不是不公正"。[①]剩余价值的产生是在资本家和工人进行了平等正义的交换之后，资本家在使用自己的购买的商品的过程中所产生的，所以它应当归资本家所有。所以这是资本家的一种幸运，因为他买到了这个特殊的商品。打个日常中的比喻，你中了一个彩票，或者说你通过一个非常正义的手段拿到了一个超乎想象的价值额度，一般会认为这是正义的。所以伍德的观点就是，劳资之间并不存在不平等的不正义的交换，资本家占有剩余价值是正义的。他紧接着指出，庸俗社会主义者还提出过另一个相关的论证，他们认为，即便不存在不平等的交换，资本家仍然无偿占有了本该属于工人的劳动成果，因为在生产资料之上增殖的全部价值都是由工人的劳动创造的，它们本应归工

[①] 马克思：《资本论》第 1 卷，载《马克思恩格斯文集》第 5 卷，人民出版社 2009 年版，第 226 页。

人所有。但伍德认为这也是一个对马克思思想的误解。马克思并不认为资本主义生产关系承认劳动所有权，恰恰相反，马克思在《资本论》中解释过，劳动与所有权相分离与资本主义生产关系的内在要求是一致的。在马克思看来，与生产方式相一致的就是正义的，因此在资本主义条件下，劳动与所有权相分离是正义的。总的来看，伍德认为，马克思不认为资本主义剥削是不正义性。这里我们需要指出的是，作为赞同马克思主义的左翼学者，伍德提出这一论断并非为资本主义辩护，而是为了证明他的核心观点：马克思并不基于正义这样的法权概念来批判资本主义。

如果说伍德论证马克思肯定剥削的正义性只是为了在根本上论证马克思对正义概念的批判，那么诺齐克对剥削理论的攻击显然是为了反对马克思主义和社会主义。诺齐克在反驳罗尔斯的过程中建构了一套自己的政治哲学理论，在政治哲学谱系上被称为"自由至上主义"。这个政治哲学理论的核心观念就叫做"自我所有"。诺齐克认为，存在三种正义原则：获得的正义、转让的正义和矫正的正义。人们如果从正义的起点出发，用正义的方式获得了某个物品，那么他对于这个物品就是有着绝对的权利，他可以对它进行自由的、合乎正义的转让，而国家和政府的行为边界就在于不得侵犯人们这些符合正义的权利。我们可以看到，诺齐克的理论实质是自我所有权理论。

诺齐克的自我所有权理论也涉及了另外一个问题——关于平等的问题，他的一个核心观点就是自我所有权理论与平等的价值之间存在张力。简单来说，一个社会要追求平等，最终就不得不通过不断侵犯人们以自我所有权为核心的权利来实现。于是诺齐克著作的一部分工作是在处理社会主义和平等主义立场，在这个过程中就讨论到了马克思的剥削理论。诺齐克反对社会主义的规范性立场，他基于这一倾向来论证马克思的剥削理论不成立。

诺齐克的第一个论证是，作为马克思主义剥削理论之基础的劳动价值论不成立。在诺齐克看来，劳动价值论在马克思的剥削理论中起着基础性作用。马克思的论证逻辑是，价值由劳动时间来衡量，劳动是价值的源泉，全部商品价值包括剩余价值在内都是由工人创造的。但由于工人在资本主义制度下没有生产资料，使得工人必须受雇于资本家，因此工人遭到了资本家的剥削，被资本家无偿占有剩余价值。既然劳动是价值的源泉，那么劳动产品应当归劳动者所有。

诺齐克认为劳动价值理论无法成立，因为价值并不是由劳动时间来衡量的。他举了一些例子，比如，一个拿破仑使用过的东西被认为是不可复制的稀有品，那么它那种高昂的价值到底是由人们对它稀缺的需求决定的，还是由劳动时间决定的？他认为显然是前者。再如，一个人有一种特殊的兴趣，他就喜欢琢磨一些对社会和其他人而言没有使用价值，又需要花费很长时间去制造的东西。他花了563个小时制造出了这个东西，那么这个东西如果按照马克思的劳动价值论来看，其交换价值应该是非常高昂的，但实际上这个东西在市场上的交换价值是很低的，因为它不具备有用性，没有人需要这个东西。所以他提出，价值到底是由有用性决定的，还是由生产它的劳动时间决定的？他觉得显然是后者。接着他又举了在当前市场经济条件下更具典型性的例子。如果市场上的交换概率和情况决定了这个东西的价格就是很低的，因为生产过剩了，没有那么多人需要，所以它的价格肯定是低的。在这种情况下，生产它的社会必要劳动时间其实是不变的，还是花了那么多时间，但是这个产品实现的交换价值远低于马克思所说的劳动时间所决定的价值。

所以在上述意义上，诺齐克指出，劳动价值理论已经不成立了。不成立的原因就是，社会必要劳动时间的核心观念已经被替代了，"按照一种竞争性市场的过程和交换比率来界定的"[1]。诺齐克借用了西方新古典经济学的观点，他最终的结论就是，不是社会必要劳动时间决定商品的价值。竞争性市场的过程和交换比率可以决定商品的价值，这意味着在价值创造过程中，资本家比工人的作用更大。比如就投资风险而言，资本家在价值创造的过程中主动承担了风险。那么他对于市场的判断、对于管理、对很多问题的决策都在价值实现中起着重要作用。不仅如此，包括其他新古典经济学家提出的创新、精明、新套利机会等方面都在价值实现中起着重要作用。所以他借用新古典经济学的观点说，劳动价值论已经破产了，进而马克思用以论证剥削不正当的逻辑也就破产了。也就是说，资本家占有剩余价值是正当的，因为他在价值的产生中起着重要的甚至更重要的作用。

诺齐克反对马克思批判资本主义剥削的依据，即由劳动创造的价值应当归劳动者而不是资本家所有。诺齐克说："人们最终可能会产生这种观点，马克思的剥削是对经济学缺乏了解的人们的剥削。"[2]既然资本家在价值创造中起了重要作用，那么资本家占有一部分产品价值就是正义的。新古典经济学的发展趋势恰恰就是这样的，不断强调资本在价值创造过程中的重要作用，要素分配、边际生产力理论都包含这个意思。以上就是诺齐克的第一个论证。

接着，我们看诺齐克的第二个论证：剥削涉及的强迫不成立。诺齐克说，马克思批判剥削的另一个逻辑是，剥削涉及强迫。由于工人没有生产资料，他们要生活就必须向资本家出卖劳动力。因

---

[1]〔美〕罗伯特·诺齐克：《无政府、国家和乌托邦》，姚大志译，中国社会科学出版社 2008 年版，第 312 页。

[2]〔美〕罗伯特·诺齐克：《无政府、国家和乌托邦》，姚大志译，中国社会科学出版社 2008 年版，第 314 页。

此，工人被迫为资本家劳动，被迫在雇佣劳动中接受不公正的待遇，所以马克思觉得剥削不正义。诺齐克反对这一点，他说"支持剥削的关键事实是无法得到生产资料，那么由此可以得出，在一个工人并非被迫同资本家打交道的社会中，对劳动者的剥削就不会存在"。[1]也就是说，如果剥削不涉及强迫，那么马克思所说的剥削就不成立了。这就把我们引向了诺齐克对剥削强迫性的反驳。工人绝对不拥有生产资料吗？诺齐克认为这不是事实。今天的资本主义社会中工人的状况，已经不同于19世纪马克思说的那种绝对贫困的无产阶级。诺齐克显然是基于当前资本主义体系的新变化来讨论这些问题的，他说今天的工人有工会，工会有基金，工人向上的社会通道并不是完全阻塞的，工人有至少向小资产阶级阶层流动的可能，他们积累一定的初始资本不是完全不可能的事情。这些工人其实都能获得生产资料，工人也可以联合，但为什么他们不去建成一个民主化管理的社会主义属性的工厂呢？而且今天还存在着很多公有部门，就是马克思所说的生产资料公有制的部门。他还提出一个思想试验来试图证明，工人们没有选择到公有部门去工作，也没有选择去开办自己的工厂，显然他们是出于为资本家工作对自身更有利的考虑，是自身利益最大化的考虑。所以他认为当代工人并不是被迫为资本家工作的，是他们自愿做出的理性选择。这是他的第二个观点。

诺齐克被认为擅长诡辩，他还有很多补充论证，比如他提出过一个"自愿的衡量"的论证，是他善于诡辩的一个表现。他说，有一种认为工人被迫为资本家工作的论证是，表面看起来工人似乎是自愿为资本家进行雇佣劳动，但是实际上是因为他没有更合理的其

---

[1]〔美〕罗伯特·诺齐克：《无政府、国家和乌托邦》，姚大志译，中国社会科学出版社2008年版，第304页。

他选项了，其他选项只会更糟。也就是说，工人表面的自愿实际上还是非自愿的。那么诺齐克就提出了一个问题：我们怎么衡量自愿？

他认为，衡量自愿的标准，显然应该看一个人的行为受到的限制是什么性质的。如果你受到的行为限制是不正当地施加的，你可以说你的行为是非自愿的，但是如果你受到的限制是社会事实或者自然事实在正当的范畴内施加的，那就不是非自愿的。这就是说，比如，我现在选择从清华走回北大，这是我自愿选择的。而我内心有一个更强烈的选择，就是我想飞回北大去，但是我不会飞，所以我只能走回北大去。我被迫不能飞回北大这个事情是自然事实对我本人施加的一个限制，没有任何一个有理性的人会说，我走回北大去不是我自愿的选择，因为这是正当的限制，是自然事实的限制。诺齐克举了一个关于婚姻市场的例子，来类比工人选择为资本家工作的自愿性。假如在婚姻市场中，有从 A 到 Z 的 26 个女性，和 A'到 Z'的 26 个男性。所有人在婚姻市场中的排序都与他们作为结婚对象的理想程度的排序相同，都是按照 A 到 Z 和 A'到 Z'的顺序来排列的。现在 A 和 A'结婚，那么就设置了第一个障碍，A 和 A'结婚就意味着其他所有人都不可能跟自己最理想的那个对象结婚了。因为我们刚刚说了，大家的理想对象是从 A 到 Z 和 A'到 Z'的优先级排序的。所以当 A 和 A'他们出于彼此相爱这一正当合理的原因结婚了之后，所有从 B 和 B'以降的这些人都失去了最愿意的那个选项。然后 B 和 B'现在结婚了，他们虽然不是自己的最优选择，但是也是在目前可选择当中做出的一个最好选择。你能说 B 和 B'不是自愿的吗？你显然不会这么说，你还是觉得他们是自愿结合的。那么一直依次类推到了 Z 和 Z'的时候，大家可想而知，Z 和 Z'的结合可以称之为最糟糕的选项了。诺齐克就问了，你能说 Z 和 Z'的结合不是自愿的吗？就这样，诺齐克用这样一个诡辩的逻辑来论证工人为资本家工作不属于不自愿的范畴。

到此我们了解了对剥削不正义性的质疑和挑战。下面我们来到今天的正题，如何论证剥削的不正义性，特别是那些关注剥削不正义性和资本主义替代的那些英美马克思主义学者，他们是怎样展开对剥削不正义性的论证的。

这些学者展开论证的前提，也是大家都知道的常识，我想再提醒大家注意：马克思不是一个专门的政治哲学家或者道德哲学家或者伦理学家，所以他显然没有专门处理过剥削是否正义以及基于何种规范依据论证剥削不正义的问题。直觉上我们感觉，马克思使用剥削概念时肯定是带有道德谴责的意味的，也有一些散见的文本可以提供依据，但是他没有系统性地提出论证，所以像伍德这样的认为马克思反对正义话语的学者甚至能找到马克思的文本依据来论证剥削的正义性。现在我们看看英美马克思主义学者是怎么来论证剥削的不正义性。

（二）当代英美马克思主义者论证剥削不正义性的三种路径

1. 论证路径一：基于强迫

我们先看论证路径一：基于强迫的论证路径。这一论证的总观点是从"劳动剥削"的角度来关注剥削的非正义性（与下面要讲到的"分配剥削"的角度相区分），强调基于劳动过程来考察剥削的不正义性。而劳动剥削的不正义性就具体表现在"工人被迫为资本家做无酬劳动"，即在劳动过程中工人被迫进行无偿劳动。关于剥削的强迫性及其不正义性，持这种观点的学者找到了马克思的直接论述。马克思在谈及资本对劳动的剥削时曾说："这种剩余劳动是资本未付等价物而得到的，并且按它的本质来说，总是强制劳动，尽管它看起来非常像是自由协商同意的结果。"①这一派学者认为，马克思把工人进行的剩余劳动称作无酬的，也就是未付等价物的、强制性的劳动。因为它是强制性劳动，所以"强迫"构成了剥削道德不正当的关键依据。这样一来，伍德那种只关注工人和资本家之间不平等交换这一点是不够的，无论是否是平等交换，重点在于资本家和工人之间的交换本身就是强迫性的。总的来说，这种论证路径认为剥削非正义的依据就是强迫，其支持者莱曼认为，对强迫的关注是马克思主义用以批判资本主义剥削的"最锋利的刀刃"。

基于强迫的论证路径的代表性学者有：南希·霍姆斯特姆（Nancy Holmstrom）、杰弗里·莱曼（Jeffrey Reiman）、乔恩·埃尔斯特（Jon Elster）、佩弗（Rodney Peffer）等。将这些学者的观点综合起来，基本上就构成了基于强迫的道德错误去批判剥削的非正义性的总体框架。

首先，霍姆斯特姆在《剥削》这篇文章中给剥削下了一个定义："强迫的、剩余的、无酬的劳动，其产品不在其生产者的控制之下。"莱曼认为其中强迫的维度是最重要的，因此他直接把他赞同的剥削定义称之为"包含强迫的定义"，以区别于后面要讲到的罗默等学者基于分配的剥削概念。莱曼对剥削社会是这样定义的："当一个社会的社会结构和制度迫使其中的一个阶级交出未付酬劳动，供另一个阶级支配时，这个社会就是剥削社会。"莱曼的这一剥削定义是广义上的，他认为将这个包含强迫的定义适用于封建社会的剥削，甚至奴隶社会的剥削的时候，它都是成立的，这也是从强迫的角度衡量剥削程度的一个优势。

而埃尔斯特做了一个更细致的工作，他区分了两个概念："强

---

① 马克思：《资本论》第 3 卷，载《马克思恩格斯文集》第 7 卷，人民出版社 2009 年版，第 927 页。

制"（coercion）与"被迫"（force）。这是为了解决在资本主义社会中工人究竟是自愿地还是非自愿地进行雇佣劳动这一根本问题，埃尔斯特指出，"强制"是有一个明显有意图的当事人和强制者，而"被迫"只是存在着某些难以名状的限制，这些限制没有为选择留下余地，但是这些限制不是由于一个有意图的主体或当事者所明确施加的。马克思并不强调资本主义社会的这种存在明确强制者的强制类型，马克思揭露的是资本主义剥削是一种隐匿的和经由中介的（非直接的）剥削。其中的强迫是通过非个人的和竞争性的市场得以实现的。

接下来我们看莱曼对以上所有观点的总结。莱曼提出"结构性强迫"（structural force）的重要观点，他的这个观点非常有助于回应诺齐克的论证之一，即雇佣劳动契约究竟是否是自愿的？莱曼的基本观点是这样的：在资本主义社会中存在的不是直接的强制，而是一种结构性的强迫。外在的、有明确主体的强力被植根于所有制结构以及由这种所有制结构所决定的阶级结构中的强迫所替代。结构性的强迫意味着它是"以统计学的方式"发挥作用的，它不是直接的，不是直接限定某个体作出怎样的选择。它的"限定"作用毋宁说是在一个团体的一系列境况的限定中发挥作用的。在资本主义社会中，作为个体的工人表面上有一些选择的空间，但实际上结构性的强迫已经规定了他们的一系列命运，只是并不明确地将每种命运具体地分配给团体中的每个个体。所以总的来说，莱曼认为，结构性强迫通过自由选择来起作用。这句话听起来非常辩证，用日常语言表达就是，工人表面看起来是自由选择的，但是这些自由选择从一个结构的视角来看是被决定的、被迫的、不自由的，正如科恩在《无产阶级不自由的结构》中指出的，工人阶级的命运已经被资本主义社会以结构化的方式规定好了。

埃尔斯特、莱曼等学者认为，基于强迫对剥削不正义性的论证是可辩护的，甚至非常有优势的。涉及强迫的剥削损害了工人的自由和权利，这是对强迫背后的规范性依据的进一步阐释。这些学者指出，马克思在写给安年科夫的信中将"无产阶级受到的间接奴役"比作"北美南部各州的黑人所受到的直接奴役"①；在《哥达纲领批判》中，马克思指出，"雇佣劳动制度是奴隶制度"②；马克思和恩格斯在《共产党宣言》中也宣布，"共产主义并不剥夺任何人占有社会产品的权利，它只剥夺利用这种占有去奴役他人劳动的权力"。③"奴役""奴隶制度"这些词都说明马克思认为资本主义是一种"强迫劳动"的制度。资本主义是一种同奴隶制一样具有奴役性的制度，对工人的自由有着直接性的损害。所以他们觉得从强迫的角度来论证剥削的非正义性，不仅能够有一个明晰的规范依据，而且符合马克思本人的对于资本主义制度的各种判断。所以这些学者在对剥削不正义性的论证中，也提出了他们所认为的马克思政治哲学思想中的核心规范价值，比如佩弗、埃尔斯特都认为自由是马克思很重视的价值。莱曼则提出平等的权利是马克思主义者应当追求的东西。

2. 论证路径二：基于平等

论证路径之二是基于平等对剥削不正义性的论证。这一路径的代表人物有罗默、阿内森等，但是最有代表性的、最重要的工作还是罗默做的，所以我们直接来看罗默的理论逻辑。罗默是一个现代

---

① 马克思：《马克思致帕维尔·瓦西里耶维奇·安年科夫》，载《马克思恩格斯选集》第 3 版第 4 卷，人民出版社 2012 年版，第 414 页。

② 马克思：《哥达纲领批判》，载《马克思恩格斯文集》第 3 卷，人民出版社 2009 年版，第 440 页。

③ 马克思、恩格斯：《共产党宣言》，载《马克思恩格斯文集》第 2 卷，人民出版社 2009 年版，第 47 页。

经济学家，他接受了劳动价值论已经不成立的这样一个在现代西方经济学中占据主导地位的观点。所以他的总观点与他的经济学背景有关。罗默认为，经典马克思主义对劳动剥削的关注过于狭隘，经典马克思主义意义上的剥削更多的是一种从政治经济学的角度去解释剩余价值转移的事实性描述，那就是在劳动过程中，剩余价值从生产阶级那里转移到了非生产阶级那里。但是，仅仅从政治经济学的角度不能说明剥削的道德错误，罗默认为，剩余价值转移这样的经济学解释没有办法表明资本主义剥削的不正义性，它至多解释了资本的扩张、利润来源等。剥削不公正的根源应该是初始分配的不平等，所以应当从分配和财产关系的角度来考察剥削。

罗默的基本观点是：仅当与一种平等主义的分配进行对比时，剥削的道德错误才清晰地显现出来。因此应当从分配和财产关系的角度来考察剥削的不正义性，而不是从劳动的角度。他认为，剥削概念既可以是技术意义上的，也可以是道德意义上的。从技术意义上来看，马克思在谈剥削时更多关注的是剥削的成因、表现等，而没有具体地讲剥削存在着什么样的道德错误。比如马克思在剥削问题上的一个核心概念是剥削率或者剥削程度，罗默说这个剥削概念实际就是一种可以计算的、技术意义上的。在技术意义上，它意味着资本家利用了工人的劳动力这个事实，就像资本家利用了自然资源一样，但是这无法在道德上说它到底是公正的还是不公正的。而在道德意义上，剥削意味着工人受到了不公正的对待，并映射出资本主义的不正义。

罗默指出，剥削的技术性和事实性主要体现在马克思的劳动价值论中，也就是说，资本家剥削了工人，这表现在，前者无偿地占有了后者的部分劳动价值（即剩余价值），而价值又是通过劳动时间来计量的，所以剥削或剥削程度最终被还原为一个可以在时间上计算的数字。这是罗默对马克思《资本论》中讨论剥削那一段话的总结。他认为马克思更多的是在讲剩余价值构成的比重是有多大，可变资本的资本比重是有多大，这些都表示剥削的程度。罗默认为，虽然马克思似乎也在字里行间表示剥削是有道德错误的，是不正义的，但是马克思没有明确从政治哲学或道德哲学的角度去论证这一点。那么罗默就觉得他要做这个工作。

罗默否定了前面讲到的基于劳动过程中的强迫的论证路径。实际上，论证路径一和论证路径二之间存在激烈的学术交锋，囿于时间关系就不展开了。我们直接来看罗默的论证。罗默认为基于强迫的剥削定义和劳动剥削论来确证剥削的不正义性是行不通的。首先，他认为，在当今资本主义生产方式下工人的劳动中根本就不存在强迫，工人是自由选择的，工人还有很多其他的选项。最重要的是，罗默认为，如果只关注劳动剥削，或者说只关注包含强迫的剥削，就忽视了马克思资本主义批判理论的精髓。马克思资本主义批判理论的精髓是什么？就是批判生产资料私有制，实现生产资料私有制的替代。罗默说了这样一段话："马克思主义的杰出之处不是关注劳动交换制度本身，而是关注作为其基础的财产关系：生产资料的不平等的私有权。"①那么劳动市场的这些交换只是不平等生产资料私有权的一个表现。所以要关注最根本性的方面，也就是初始财产的分配的不平等。

于是，罗默设计了一个关于剥削的检验标准，他称之为撤出原则或撤离原则。要检验一个阶级、一个群体在一个社会中有没有遭到剥削，可以用撤出原则来检验。当这个群体带着他可让渡的资产——这些资产包括他的土地、财富等——撤出这个社会，去往一

---

① 〔美〕约翰·罗默：《在自由中丧失：马克思主义经济哲学导论》，段忠桥等译，经济科学出版社2003年版，第111页。

个实行更为平等的初始财产分配的社会中,如果他的境况要好于他在现有的分配模式中的境况,那么他就是遭到剥削的。相反,如果一个人带着他可让渡的资产撤出了现有社会,去往一个更平等的财产收入分配的模式中,他的状况要糟于他在现实生活中的状况,那么他就是剥削者。[1]简单来说,这无非就是在思想实验中考察你在现实的财产分配关系中是得利者还是不利者,而且这个思想实验是以平等主义分配为参照。罗默认为,只有与一种平等主义的分配框架相比较的时候,剥削的道德错误才显现出来,所以他的实验是撤离,撤离是为了与一个更平等的初始分配的框架进行对比,如果你在这个框架中境况变差了,就说明你在现实这个框架中是剥削者;如果相反,你在一个更平等框架中你的状况变好了,那就说明你是被剥削者。

所以罗默就说:"当剥削是一种不公正时,这不是因为剥削本身就是不公正的,而是因为在一个剥削的环境中所花费的劳动和得到的收入是不公正财产初始分配上的不平等。"[2]这与他刚刚的逻辑是一脉相承的,他认为仅仅关注劳资交换的论证没有抓住重点,剥削本身的结果是初始财产分配不平等这一根本原因的表现。所以对于剥削真正不公正的论证取决于初始分配的不公正。还有他下面这句话:"资本主义的本质上的不公正不在于生产地点上发生了什么,而在于此之前的决定阶级、收入和福利的财产关系。"[3]这同样是针对劳动剥削理论而强调的重点。罗默为什么觉得他找到了马克思主

---

[1] John Roemer, "Property Relations vs. Surplus Value in Marxian Exploitation", *Philosophy and Public Affairs*, vol. 11, 1982.

[2] 〔美〕约翰·罗默:《在自由中丧失:马克思主义经济哲学导论》,段忠桥等译,经济科学出版社 2003 年版,第 65 页。

[3] 〔美〕约翰·罗默:《在自由中丧失:马克思主义经济哲学导论》,段忠桥等译,经济科学出版社 2003 年版,第 111 页。

义剥削理论的精髓？他认为，因为按照他这种方式去理解剥削的不正义性，那么这种剥削批判的"伦理命令"，就是废除生产资料的不平等所有权。这恰恰与马克思本人的整个理论出发点是契合的。所以他认为这是他这种论证路径的优势。

3. 论证路径三：基于劳动所有权

下面我们再来看第三个论证路径，基于劳动所有权的论证。第三种论证是由著名的英美马克思主义者 G.A. 科恩提出的。他指出，马克思对剥削不正义的批判是基于劳动所有权这一规范依据。"劳动所有权"是资产阶级政治哲学最初就蕴含的一个规范原则，对其最经典的论述来自于洛克在《政府论》（下）中对它的论证。洛克提出自然权利来反对封建秩序，他的一个问题意识是，如何确立个人对自然状态下的无主物的排他性的权利？或者说，如何证明私有财产权的正当性？他最终基于个人的劳动来论证个人对财产的所有权。就是说，如果我通过自己的劳动利用、改造或增益了自然资源，而我又是我自己身体和劳动的正当所有者，那么我就能通过我自己的劳动对这个物品拥有一种私人占有的正当权利。这是洛克对劳动所有权的一个论证。当代自由至上主义政治哲学家诺齐克在洛克的思想基础上提出"自我所有权"作为其正义理论的核心。这无非还是洛克命题的一个转变，因为你是你自己合法所有者，那么你通过自己能力以正义的手段获得的就是你的合法所得。在诺齐克那里，自我所有权是私有财产不可侵犯性的规范依据。无论是洛克还是诺齐克，劳动所有权还是劳动的自我所有权，其规范性道德含义在于，劳动产品应当归劳动者所有。在科恩看来，这一规范含义就暗含在马克思对剥削的批判中。

科恩在《自我所有、自由和平等》这本书里谈道，诺齐克的理论刺激他去思考马克思对剥削不正义的论证。因为诺齐克用来反对福利国家平等政策的规范依据与马克思主义批判剥削不正义使用的规范依据是同一个依据。根据诺齐克的观点，福利国家为了实现平等进行征税，这侵犯了纳税人在其合法所得中所蕴含的自我所有权。他认为，只要有人因不能工作或不能从事生产性的工作，而靠别人的劳动来获得补助的话，就相当于存在马克思主义所说的剥削。[1]科恩做了一个解释，他说："福利国家对纳税人所做的一切与马克思主义所谴责的资本家对工人所做的一切如出一辙；它强制性地剥夺了工人的部分产品。"[2]也就是说，诺齐克是肯定自我所有权的，马克思其实在批判剥削中也肯定了自我所有权，这是科恩的理解。诺齐克说福利国家对纳税人所做的一切是不正当的，为什么？因为纳税人的合法所得是基于他的自我所有权，我合法挣得的东西应该是归我自己所有的，但福利国家为了平等主义目标实施再分配政策以改善那些最不利者的处境，这种平等主义政策就是侵犯了人们的自我所有权。

科恩认为当代马克思主义者肯定赞成福利国家是向着平等、向着再分配的目标前进，但如果马克思主义者接受平等主义的逻辑，那么就不能肯定剥削的非正义性。为什么？因为这二者依据的是同一个规范依据。如果马克思主义者确证剥削的不正义性，就必须承认福利国家的再分配手段是不正当的，那么你就得同意诺齐克的观点。这是一个二难困境。所以，科恩说他要关注这个问题，要关注马克思主义剥削理论规范维度的建立。在对诺齐克命题的关注中，科恩发现马克思就是基于劳动的自我所有权来批判剥削的非正义性的。科恩引证了一些文本，马克思在《政治经济学批判（1857—

---

[1]〔美〕罗伯特·诺齐克：《无政府、国家和乌托邦》，姚大志译，中国社会科学出版社2008年版，第303页。

[2]〔英〕G. A. 科亨：《自我所有、自由和平等》，李朝晖译，东方出版社2008年版，第172页。

1858年手稿）》中和《资本论》的第一卷中说过这样一些话，比如"现今财富的基础是盗窃他人的劳动时间"①，他把剩余产品、剩余价值称为"资本家阶级每年从工人阶级那里夺取的贡品"②、"从工人那里掠夺来的赃物"③。

科恩使用文本分析方法做出分析：当马克思说剩余价值是资本家对于工人的盗窃、一种掠夺、一种窃取的时候，由于因为盗窃就意谓拿走了正当属于他人的东西，马克思在这样的表述中实际上就暗含了剩余产品、剩余价值、剩余时间本应该是属于工人所有的，工人是他自己的劳动产品的正当所有者。所以马克思基于什么规范依据来批判剥削不正义性？科恩认为是劳动的自我所有权，资本主义剥削侵犯工人劳动的自我所有权，所以是不正义的。他说：

> 对马克思主义者来说，盗窃在他们对资本主义不公正的批判中处于核心地位。④

> 马克思主义者的剥削指控实际上是建立在某种自我所有的观念之上的……如果人们像马克思主义者那样来理解对劳动时间的占有，也就是说，从完全一般的意义上把它理解为一种不公正的范式，那么他就不可能不肯定自我所

---

① 马克思：《政治经济学批判（1857—1858年手稿）》，载《马克思恩格斯全集》第2版第31卷，人民出版社1998年版，第101页。

② 马克思：《资本论》第1卷，载《马克思恩格斯文集》第5卷，人民出版社2009年版，第672页。

③ 马克思：《资本论》第1卷，载《马克思恩格斯文集》第5卷，人民出版社2009年版，第688页。

④〔英〕G. A. 科亨：《自我所有、自由和平等》，李朝晖译，东方出版社2008年版，第166页。

有原则之类的东西。[1]

需要指出的是，科恩一方面认为马克思对剥削不正义的批判是基于劳动的自我所有权，另一方面又对这种论证路径产生了怀疑和担忧。他指出，这一论证在根本上所诉诸的"自我所有权"原则与诺齐克等当代自由至上主义者的观点是一致的，因此他呼吁当代马克思主义者放弃自我所有权的论证，转而从平等主义的路径来考察剥削的道德错误。读科恩的著作时就会发现他反对这个观点，他觉得当前的马克思主义者应该抛弃从自我所有这个观点来论证剥削的不正义性，要另辟蹊径。

（三）对三种路径的反思

最后是对这三种路径的思考，这个部分还在思考中，算是不成熟的一个部分。我先思考每种路径内部的矛盾，再从马克思恩格斯等经典作家的视角做出反思和批评。

1. 基于强迫路径的弊端

第一，强迫是不是不证自明地具有道德错误？比如强迫人们去做对社会或个人有利的事情，一定是错误的吗？强迫人们尊重别人的权利，强迫人们接受教育，一定是错误的吗？科恩指出了一个例子，为了公共福利和平等，国家强迫人们纳税，那么这究竟是不是正义的？强迫还需要更为基础的价值来论证其道德错误。

第二，以一般意义上的强迫去论证剥削的道德错误，它与马克思所批判的资本主义剥削究竟是不是相符合的？我认为马克思无意提出一种一般剥削理论，就算他可能偶尔有些词句似乎谈到其他形

---

[1] 〔英〕G. A. 科亨：《自我所有、自由和平等》，李朝晖译，东方出版社2008年版，第169页。

式的剥削，但这不是马克思的理论焦点，他的理论焦点显然是批判资本主义剥削。马克思全部理论的出发点，包括他的历史唯物主义、政治经济学研究，都与他对于资本主义制度的分析与批判，以及对它的替代是明确相关的。所以我不认为马克思葆有一种一般剥削理论。但是基于强迫的剥削论证路径具有强烈的讨论一般剥削的倾向。莱曼等学者都认为基于强迫的剥削定义可以一般性地判断剥削的程度，按照程度的不同，可以分析资本主义制度、封建制度或奴隶制度的剥削类型。我认为以一种一般剥削理论的方式去看待，恰恰就失去了马克思聚焦资本主义批判的针对性，甚至还会给人一种感觉，资本主义剥削与奴隶社会的剥削相比，其道德错误不是最突出的，因为资本主义剥削在强迫程度上要弱于奴隶制、弱于封建制，至少工人有人身自由。我认为这是强迫路径的一个弊端，我的核心反思是，马克思并没有在一般意义上讨论广义的剥削，他讨论的是资本主义剥削。基于强迫的路径如何鲜明地凸显出马克思的资本主义批判的维度，我觉得它在这方面是表现不佳的。

2. 基于平等路径的弊端

基于平等的论证路径最直接的问题就是，把对剥削过程的聚焦转变为对剥削的制度根源，即初始分配的关注。按罗默所说，剥削的不公正不平等根本上就在于初始分配的不正义性，他不认为应该关注劳动过程中的劳动剥削，甚至认为应该完全放弃劳动价值论。但是，正如佩弗等马克思主义者指出的，当代学者就算不接受狭义上的劳动价值论，即商品价值由劳动时间来衡量，也都会接受广义上的劳动价值论，即价值的增值在根本上是由劳动产生的。马克思资本总公式里蕴含的可变资本和不变资本表明，价值的增值根本上还是要有新的劳动的加入，资本不可能凭空产生新的价值。

最重要的是，劳动过程中的不正义性是不能够被忽略的。否则就会得出这样一个结论:资本主义的非正义性只表现在起点上,而不表现在它的运行过程中,这就为"出身干净的资本主义"留下了口实。"出身干净的资本主义"是当前资本主义辩护体系中有影响力的一种观点。它说的是,如果资本是靠勤劳和天赋获得的,那么按照诺齐克的理论,这就实现了获取正义,其后无论产生怎样不平等的分化都是正义的。如果不关注劳动过程中的剥削,那么无论怎么进行剩余价值的占有都是没有问题的,那么是不是这种"出身干净的资本主义"就是正义的?

罗默建构了一种一般剥削理论,模糊了资本主义批判的焦点。而且他基于平等对马克思主义剥削理论的重构,在某种意义上抛弃了或者消解了经典剥削理论的意涵。马克思在劳动剥削的这个范畴上所表达出的那种特殊意涵,他认为应该抛弃,他另起炉灶,以平等为尺度或者说以平等为核心建构剥削的规范尺度,这等于消解了马克思的经典剥削概念。

3. 基于劳动所有权路径的弊端

基于劳动所有权的论证路径的弊端是什么。科恩已经指出,第一个弊端是,导致马克思主义与自由至上主义共有一个规范性基础。在价值光谱中处于激进平等主义位置的马克思主义的规范立场与右翼自由至上主义共有一个规范性基础,这显然是任何马克思主义者都无法接受的。第二个弊端是,无法回应当代平等主义者关于再分配的平等要求。

上面这些弊端我们究竟怎么去解决?这就涉及我这一研究最核心的内容,从经典马克思主义的视角对英美马克思主义的论证做出反思,并还原马克思对剥削不正义的思考路径。这里我们插入一个对英美马克思主义的整体判断。对于英美分析的马克思主义的研究方法,我们是需要借鉴的,但是分析马克思主义的观点和理论则需要我们反思。关于分析的方法，我认为它的核心有三点：一是概念明晰；二是论证严谨；三是逻辑自洽。总的来说，这种方法强调文本、逻辑的依据，强调论证和逻辑，反对不加证明地、依靠直觉地、带着先见地去认定任何东西。这些是研究者应当做到的基本方面。但是英美分析马克思主义是有问题的，首先，由于这些学者反对辩证法、反对整体主义，那么不可避免地对马克思的思想造成了肢解，并且远离了历史唯物主义这一马克思主义最核心的理论视域。分析马克思主义往往只关注问题的解决，而忽视思想本身的整体性。他们从现实关切出发，对马克思主义理论进行重释或重构，在这个过程中的确发掘或澄清了一些具有时代意义的问题，比如，使马克思的正义思想这一在以往研究中几乎处于沉寂的内容得到了发现和阐发，使剥削问题在当代资本主义的语境中重新得到关注，但是英美分析的马克思主义的劣势在于，其研究者并不关注马克思的哲学思想特质和理论视域，比如马克思如何从历史唯物主义的视角来看待道德问题，所以他们在讨论问题时会误入歧途。下面我们从剥削不正义这一具体问题来看：

4.马克思、恩格斯的视角

归根到底，我们要看马克思到底是怎么论述剥削问题的，他是否谈论过剥削的不正义性问题。在这一点上我与伍德的观点是相反的，马克思显然是有规范性表述的。那么，马克思到底是如何论述他对于剥削的道德批判的？

首先，我们要关注马克思对资本主义不正义的综合性批判和内在性批判的视角。下面这段话是马克思在《资本论》中很著名的一段论述，马克思在这段话里揭示资本价值增殖的秘密，并批判资本主义雇佣劳动关系的道德属性："劳动力的买和卖是在流通领域或商品交换领域的界限以内进行的，这个领域确实是天赋人权的真正伊甸园。那里占统治地位的只是自由、平等、所有权和边沁。自由！因为商品例如劳动力的买者和卖者，只取决于自己的自由意志。他们是作为自由的、在法律上平等的人缔结契约的。契约是他们的意志借以得到共同的法律表现的最后结果。平等！因为他们彼此只是作为商品占有者发生关系，用等价物交换等价物。所有权！因为每一个人都只支配自己的东西。边沁！因为双方都只顾自己……一离开这个简单流通领域或商品交换领域——庸俗的自由贸易论者用来判断资本和雇佣劳动的社会的那些观点、概念和标准就是从这个领域得出的——就会看到，我们的剧中人的面貌已经起了某些变化。原来的货币占有者作为资本家，昂首前行；劳动力占有者作为他的工人，尾随于后。一个笑容满面，雄心勃勃；一个战战兢兢，畏缩不前，像在市场上出卖了自己的皮一样，只有一个前途——让人家来鞣。"[①]我们看到，庸俗政治经济学家为资本主义雇佣劳动关系的正义性辩护，宣称资本与劳动的交换符合自由，因为劳资交换出于工人的自由意志；符合平等，因为是等价交换；符合所有权，因为资本家支配着资本而工人支配自己的劳动力。这都是资产阶级所宣扬的道德原则。在马克思看来，这些都是从资本主义简单的商品交换关系中生成的道德辩护，如果从资本主义经济关系的实质来看，这些道德辩护都是不成立的，他对这些资本主义社会内部生成的价值观念进行批判和翻转，对资本主义剥削违背自由、平等、所有权的实质都进行了揭露。在《1857—1858年经济学手稿》中，马克思基于对资本流通总过程的细致分析也批判过这种道德辩护。我们看其中的这样几段话："通过一种奇异的结果，所有权在资本方面就辩证地转化为对他人的产品所拥有的权利……转

[①] 马克思：《资本论》第1卷，载《马克思恩格斯文集》第5卷，人民出版社2009年版，第204—205页。

化为不支付等价物便占有他人劳动的权利,而在劳动能力方面则辩证地转化为必须把它本身的劳动或它本身的产品看做他人财产的义务……作为在法律上表现所有权的最初行为的等价物交换,现在发生了变化:对一方来说只是表面上进行了交换,因为同活劳动能力相交换的那一部分资本,第一,本身是没有支付等价物而被占有的他人的劳动,第二,它必须由劳动能力附加一个剩余额来偿还……可见,交换的关系完全不存在了,或说,成了纯粹的假象。"[1]马克思在这里指明了两点:第一,资本与劳动的等价交换关系是一种假象,其实质是不平等的交换;第二,劳动与所有权的同一转化为其对立面,劳动产品不归劳动者所有,而是资本家占有。还有,马克思在《哥达纲领批判》中批判拉萨尔主义时谈到,在以生产资料公有制为基础的社会主义社会,所有的劳动扣除了那些公共部分之后,按照同一个尺度,即劳动的尺度进行分配。就是说,劳动产品以部分共有和按劳分配的方式由劳动者所有。马克思说:"这里平等的权利按照原则仍然是资产阶级权利"[2],但"原则和实践在这里已不再互相矛盾"[3]。马克思显然认为,在资本主义社会中,劳动所有权这个原则在实际中与观念是矛盾的,在现实中劳动和所有权是分离的。这与《资本论》中那段话的逻辑相符,即资本主义剥削关系与资本主义道德意识形态所宣扬的平等、劳动所有权原则是相悖的。

另一方面,马克思、恩格斯等经典作家并不是从某种抽象的道

---

[1] 马克思:《政治经济学批判(1857—1858年手稿)》,载《马克思恩格斯文集》第8卷,人民出版社2009年版,第106—107页。

[2] 马克思:《哥达纲领批判》,载《马克思恩格斯文集》第3卷,人民出版社2009年版,第434页。

[3] 马克思:《哥达纲领批判》,载《马克思恩格斯文集》第3卷,人民出版社2009年版,第434页。

德原则，而是基于无产阶级的道德要求来批判资本主义剥削关系的不正义性。恩格斯在《反杜林论》里对平等的观念有过这样的讲述："从资产阶级由封建时代的市民等级破茧而出的时候起，从中世纪的等级转变为现代的阶级的时候起，资产阶级就由它的影子即无产阶级不可避免地一直伴随着。同样地，资产阶级的平等要求也由无产阶级的平等要求伴随着。"①恩格斯的意思是，从资本主义生产方式中不仅生成资产阶级的道德要求，也生成无产阶级的道德要求。在平等方面，无产阶级认为资产阶级所说的平等是表面的，要求平等"应当在社会的、经济的领域中实行"②。而在劳动所有权方面，马克思也表达过相同的意思，我们看这段话："认识到产品是劳动能力自己的产品，并断定劳动同自己的实现条件的分离是不公平的、强制的，这是了不起的觉悟，这种觉悟是以资本为基础的生产方式的产物，而且也正是为这种生产方式送葬的丧钟。"③马克思在这里认可了工人阶级的道德观念，即劳动与所有权相分离是不正义的，并指明这种观念是"以资本为基础的生产方式的产物"。这就使得科恩对于劳动所有权原则的担忧成为多余之举，因为马克思是在资本主义的历史阶段上肯定工人将劳动的自我所有权原则作为自身的道德要求，但这种要求不是永恒普遍的，而是资本主义意识形态宣称实现却没有实现、需要在社会主义社会中才能真正实现，并且将在共产主义社会中被扬弃的历史性原则。这样一来，马克思主义与自由至上主义共享道德基础的理论困境就自动消解了。

---

① 恩格斯：《反杜林论》，载《马克思恩格斯全集》第 26 卷，人民出版社 2014 年版，第 112 页。

② 恩格斯：《反杜林论》，载《马克思恩格斯全集》第 26 卷，人民出版社 2014 年版，第 113 页。

③ 马克思：《政治经济学批判（1857—1858 年手稿）》，载《马克思恩格斯文集》第 8 卷，人民出版社 2009 年版，第 119 页。

我们看到，马克思、恩格斯用以批判资本主义剥削关系不正义的规范性依据，并非抽象建构出来的普遍的道德原则，而是依凭资本主义这一具体的、现实的生产方式中所产生的道德观念。他们既对资产阶级的道德观念及其对资本主义雇佣劳动关系正义性的辩护进行瓦解和颠覆，又基于无产阶级的道德要求批判资本主义剥削的不正义性。而对比来看，当代英美马克思主义者的路径之所以出现困境，根本原因在于忽视马克思、恩格斯处理道德问题的历史唯物主义立场，他们往往去寻找一种超历史的规范依据，结果反而在论证剥削的不正义性时陷入困境。这是我们在座对马克思主义规范理论这一问题感兴趣的研究者们在探究马克思主义理论的道德内涵时需要反思和避免的。

三、圆桌讨论

学生 A：谢谢老师！我想请教老师三个关于分析马克思主义的问题。

第一个问题是，老师提到了分析哲学与马克思主义进行结合的问题，我有两个想法：第一个想法是，分析哲学主张知识是建立在语言的基础上的，可在马克思的时代显然是还没有发生语言学的转向，根据传统，马克思他所认可的或许是知识会建立在一种观念的基础上。第二个想法是，分析哲学或许更注重微观的层面，但是马克思的思想更多是宏观上的，也就是说分析哲学和马克思的理论或许是两套很不同的体系。看似他们两者的结合是一种互补，能够解决一些马克思恩格斯他们本人以及其后的马克思主义者所不能解决的问题，但是这种结合我认为会有一定的风险，这种风险会不会在

第九讲 剥削的不正义性 II

一定程度上破坏马克思思想的整体性？

第二个问题是，即使上述那种结合成功了，现在分析马克思主义在一定程度上似乎进入了当代政治哲学的话语体系里，而这种话语体系在某种程度上又是一种资产阶级的话语体系，从他们关于国家的正当性等论述都可以看出来。并且这种政治哲学的一个很重要的功能是和解，也就是说服我们对社会的失望和愤怒，这似乎就是马克思所批判的意识形态，是一种虚假的思想体系。事实上在他们理论的建构中，我们会有这样的一种感觉，比如说像佩弗提出的作为公平权利的正义，这些类似的对正义的建构，是不是实际上在资本主义社会中就可以实现，社会主义在其中只是一个可选择但是不那么必要的因素？这是前两个问题。

第三个问题，更多地涉及老师今天讲的内容，特别是关于老师讲的强迫问题。老师区分了"强迫"和"强制"，在剑桥词典中"强迫"一词更多指的是一种威胁，或者说不提供其他选择的方式，使得某些人只能去做一些困难的、不乐意的甚至是不寻常的事，这或许在分析哲学看是有问题的。但是我们认为这种不选择本来就是一种错误。因为刚才老师说，他们或许还需要一种更基础的价值，老师之前的文章有提到或许这种价值就是自由。而这种论证或许可以选择一种多元主义的论证，自由为什么重要呢，因为我们要在多种价值中进行选择的权利，那就需要自由。

李旸：关于你的第一个问题，分析的马克思主义基于分析方法的研究是不是破坏了马克思思想的整体性？显然是的，刚刚在讲座过程中已经证明了这一点。我们中国学者在研究马克思主义的时候，我们要首先考虑马克思思想的整体性，或者更准确地说，马克思思想的完整逻辑和思想的特质，这是我们时时要保持自觉的一个维度。而分析的马克思主义者缺乏这个维度，他们将自己称之为马克思主义者的关键点不是全然接受马克思的思想并为之辩护,而是作为一个社会主义者,在当前发达资本主义的现实中寻求通往社会主义的道路。他们支持马克思主义的价值目标和规范性立场,而他们看到的现实是,这些立场在当今资本主义发展中遭到了各种各样的挑战,那么他们就要从问题出发,用马克思思想中有指涉性的内容甚至是思想片段来结合现实问题进行理论阐发,在这个过程中不追问马克思主义经典理论的内核和思想特质。不仅仅是分析的马克思主义,生态马克思主义、女性主义马克思主义,这些当代英美马克思主义的流派都是这样的致思路径,有时反而未能把握到历史唯物主义、辩证法等马克思主义理论最有解释效力的内容。

另外,在方法论的意义上还想提醒你一下。你的第一个问题中有很多表述是合理的,但是有一点要注意,我在这个研究中是以分析的马克思主义的研究作为切入点,但我不认为分析马克思主义的研究是全然成立的。从方法论上来看,我们需要搞清楚"什么是我的观点"和"什么是我所理解的别人的观点"。比如你在提第三个问题的时候说,"老师区分了强迫和强制",但这并不是我的观点,而是我陈述的英美马克思主义者的观点。

关于你的第二个问题。当前的马克思主义者讨论政治哲学问题是不是就会落入当代自由主义意识形态的构陷之中?这个问题用最简单的方式回答就是,结合当前中国的现实语境,包括全球的不平等之痛,可以看到,人们对于平等、正义等政治哲学问题的关注并不是一个纯粹理论的目的。关注这些问题并不是自由主义的专利,也是社会主义者的事情,甚至应该说,社会主义者比自由主义者更关注平等、正义问题。这些问题本来是马克思主义和社会主义者内生性地关注的问题,不在现实的维度上进行理论研究的话,那么研究还有什么意义呢。当然,我理解你问题的指向,我们要在关注的方式，而不是是否关注上，与资本主义意识形态相区分。马克思反对的是将观念、思想普遍化的虚假意识形态，我们在历史唯物主义的视域下，仍然可以自如地处理道德观念的问题。

关于你的第三个问题，强迫与强制的区别。埃尔斯特定义的强迫是什么？强制（coercion）与被迫（force）相区分。在英文语法中 someone is forced to do something，就是被迫的意思。警察强制性地把你带走了，你才用 coerce 一词，这里存在一个直接的强制主体。但是 someone is forced to do something，是没有直接的强制主体的。埃尔斯特用这个区分主要是想表达，当代工人受到的强迫是隐匿的，以一种非间接的方式传递出来的强制。

学生 B： 老师好！听完老师的讲座我有两个问题。第一个问题是，老师提到马克思的历史唯物主义角度和它的规范角度不是割裂的，那么我们应该从何种角度把它们结合起来去为马克思主义辩护？进一步说，马克思劳动所有权的规范维度和事实描述的维度，它们两个之间是如何结合起来的？第二个问题是，老师刚才说到马克思没有一般的剥削理论，而是针对资本主义剥削的理论。那么，马克思有没有一个整体上规范性的剥削理念，才对资本主义的剥削进行批判的？还是说仅仅只是针对资本主义剥削进行批判？那是否仅仅是一个事实描述性的维度呢？

李旸： 我认为历史唯物主义和规范理论是两个不同的理论领域，有各自独有的内涵，都属于马克思主义理论的组成部分。认为历史唯物主义既是实证性的又是一种规范性的理论的观点，我并不赞同。恩格斯在《在马克思墓前的讲话》中说得很清楚，马克思对于历史规律的发现，像达尔文发现了有机世界的规律一样，是一种科学的发现，并认为因为马克思主义是事实性和规范性的结合，所以历史唯物主义也必须是事实性和规范性的结合，我觉得这是个误区，马克思主义的概念是大于历史唯物主义的概念的。历史唯物主义和规范理论互相区分，但是二者并不是没有联系，历史唯物主义是看待规范问题的一个元视角。所以与刚刚前面同学那个问题相关联，马克思的政治哲学与自由主义政治哲学看待道德范畴的方式在根本上是不同的，前者将道德观念看作从具体的社会经济关系中生成的，后者则将其看作是普遍的、永恒的自然法则。

你第二个问题也跟这一点有关系。我认为马克思没有在一般意义上讨论剥削，他不是从普遍原则出发的，他是在批判和推翻现存资本主义制度的历史动因下展开其理论视域，并在对资本主义生产方式和经济关系的具体分析中透视剥削问题，他无意提出某种泛化的、一般意义的剥削概念或理论。与他相对的是，当代英美马克思主义者在剥削问题上就秉持一种非历史的视角，常常在超历史的意义上谈论剥削问题并尝试建构一种对主要社会形态都适用的一般剥削理论，还试图诉诸某种普遍有效的道德原则来证明剥削的不正义性，这也是为什么他们的论证路径都陷入困境的原因。

学生C：老师好！分析马克思主义追求分析哲学的方法，强调对于概念的精细描述。我们知道历史唯物主义和劳动价值论是马克思主义理论的两大基石，分析马克思主义在摒弃了这两个基本理论的基础上，用一种严格意义上的分析哲学的方式来对马克思主义进行解读，这是不是一种教条式的解读？是不是科学的？因为黑格尔说过，一个所谓的哲学原理和原则即使是真的，只要它仅仅只是个原理或原则，那它也就是假的。所以我的问题是，分析马克思主义绝对要坚持的规范和原则，而不去考虑更加多元的东西，不考虑现实的一些东西，这是不是对分析方法的教条运用？这是否是科学的？

李旸：这位同学在提问中的有些提法我觉得可以再斟酌，比如你说分析的马克思主义用分析的方法解读马克思主义属于"教条主义的解读"，但分析马克思主义创立的宣言之一就是非教条式地研究马克思主义，针对当代资本主义的新特征，从现代社会科学的视角出发，对不符合时代现实的理论进行澄清和重构，恰恰是因为他们没有教条地对待马克思主义，才出现你说的分析的马克思主义对历史唯物主义的偏离和对劳动价值论的放弃。但你正确地指出了分析的马克思主义最根本的问题，由于对分析哲学路径和形式逻辑的严格遵循，他们拒绝辩证法，将辩证法说成是前现代的论理方法，因此远离了历史唯物主义这一马克思主义的核心理论，并由此造成在规范问题上的种种误区。

学生 D：老师好！我的问题是关于老师最后讲到的"历史主义地理解规范性要求"。我对于"历史主义"的理解，可能更多局限于《德意志意识形态》中关于"历史主义"和"历史科学"的区别，现在大家也都在讲历史主义和历史性完全不是同样的东西。但是通过老师的讲解，我可以明确感知到老师这里所讲的"历史主义"，可能更多地强调实证主义或者科学主义的，而不是规范性维度所描述的那样。如果老师的历史主义是非规范性维度的话，那是不是就可以换成历史性的？这是第一个问题。从哲学史上的经验论和唯理论这两种理论源泉来看的话，我们会说实证主义可能规范性维度比较小，而可能更多地强调一种现象学，一种事实层面上的描述，而非所谓的价值取向等东西。如果从这个角度来理解的话，那我们马克思主义整个体系都有问题了。马克思主义整个体系如果按照苏东教科书式理解的话分为两个部分：第一部分是讲唯物主义辩证法的部分，它讲自然的科学性；第二个部分是历史唯物主义，它讲规范性和价值性，这是我们传统教科书的理解。如果老师认为历史唯物主义中没有规范性维度的话，或者它有规范性维度发生作用但它本身不是规范性维度，整个马克思主义都在讲一种科学性的话，那么整个马克思主义的规范性维度在老师的理解里就是空缺的，老师如何看待这些？

李旸：同学你好，我们在语词使用上可能存在一些疑议，我说的"历史地"看待或历史主义的视角，就是与"非历史地"相对的。"非历史"就是永恒的、不变的、普世的。而"历史地"就是意味着将其看作是历史的、变化的，我是在这个意义上使用历史或历史主义的。

学生 D：如果从非规范性维度来理解的话，那马克思主义的历史唯物主义可能更多是一种科学性，一种无价值取向的中立。

李旸：你的第二个问题，我理解其意涵是，历史唯物主义必须包含价值维度。我们都知道，马克思主义是事实性和价值性的统一，这一点我和你的判断一样。但是，一种论证逻辑是，如果认为历史唯物主义是一种实证科学，那不就等于将马克思主义说成只有科学的维度而没有规范性、价值性维度了吗？这个三段论的问题在哪？"马克思主义是科学性与价值性的统一，如果我们认为历史唯物主义就是一个纯粹实证的理论，那么就会得出马克思主义就是一个价值无赦的纯粹实证科学。"大家想想大前提和小前提推出结论的逻辑漏洞在哪？是不是出现了一个概念的转换，大前提说的是"马克思主义"是事实性和价值性的统一，小前提说的是"历史唯物主义"如果是纯粹是实证的……马克思主义等于历史唯物主义吗？显然不等于。

在我看来，马克思主义的内涵和外延是大于历史唯物主义的，虽然历史唯物主义是其最重要的内核。在讲座过程中，我指出过，马克思有自己的规范性思想，但是他不是在历史唯物主义理论里说的，而是在批判资本主义不正义时，在处理正义、平等、自由、劳动所有权等范畴时说的。

学生 E：老师好！我提一个关于路径的问题。您讲到第一种路径是，资本主义之所以不正义是因为它是一种强迫，莱曼说是一种结构性的强迫。我想问为什么会有结构性强迫？是不是因为人们在这种结构中所处的不同位置？那这种不同位置是不是因为由于最开始的社会原始分配不一样？而社会原始分配不一样又涉及了第二种不平等的论证路径。这两种论证路径是不是在说一种东西？

李旸：你这个问题很好，理解得很透彻，其实这两种路径一直处于联结和交锋中。罗默的观点是，劳动过程中的强迫实质上是一种不平等的初始分配制度的产物，所以所谓的强迫实际上只是根本性问题的一个表象，科恩在《自我所有、自由和平等》这本书中阐释过"不平等的初始分配"和"剩余价值的被迫转移"这二者之间的关系，认为它们在描述层面上和规范层面上都具有因果关系。我很赞赏你提出自己的观点，认为这两个路径其实不是截然分开而是包含性的。

你的问题也给我提供了一个机会来阐释刚刚没有时间阐释的内容。最后，我在讲要怎么看待马克思对剥削不正义性以及对资本主义的批判的时候，我说过马克思是一个内在性的视角。马克思不是纯粹基于任何一种普遍的、单一的价值依据来批判资本主义的不正义性的，他是基于资本主义社会中生成的价值观念来进行揭露，并在不同的历史阶段上对这些观念予以评价。马克思在《哥达纲领批判》中谈到社会主义中的按劳分配原则，他说："那么这里通行的是商品等价物的交换中通行的同一原则"①，在这里肯定了平等交换的维度。他解释说，"一种形式的一定量劳动同另一种形式的同量劳动相交换"②，同量交换，也就是等价交换。他下面又说："在这里平等的权利按照原则仍然是资产阶级权利，虽然原则和实践在这里已不再互相矛盾……"③马克思指出，资本主义社会现实显然不是按照同一尺度去衡量分配的，在社会主义社会，则要以同一尺度衡量所有人，这是一个进步。所以他说"原则和实践在这里已不再相互矛盾"④，因为社会主义真正实现了等价交换和平等的权利。可以看出，马克思同时涉及了资本主义和社会主义两个不同的历史阶段来评价平等、权利等道德观念。

在审视剥削与正义的元视角上，马克思、恩格斯坚持历史唯物主义的立场，反对从抽象的思辨中构筑普遍有效的道德原则，他们深入到资本主义社会的经济关系中理解道德观念的产生，并在此基础上做出对资本主义的道德批判。这是马克思对于资本主义的内在性批判，他说"自由、平等、所有权和边沁"的那段话⑤，其实质是，资本主义雇佣劳动关系或者说剥削是正义的判断只是资产阶级依据自身的物质关系及其生成的道德观念得出的结论，而这个结论

---

① 马克思：《哥达纲领批判》，载《马克思恩格斯文集》第 3 卷，人民出版社 2009 年版，第 434 页。

② 马克思：《哥达纲领批判》，载《马克思恩格斯文集》第 3 卷，人民出版社 2009 年版，第 434 页。

③ 马克思：《哥达纲领批判》，载《马克思恩格斯文集》第 3 卷，人民出版社 2009 年版，第 434 页。

④ 马克思：《哥达纲领批判》，载《马克思恩格斯文集》第 3 卷，人民出版社 2009 年版，第 434 页。

⑤ 马克思：《资本论》第 1 卷，载《马克思恩格斯文集》第 5 卷，人民出版社 2009 年版，第 204 页。

被证明是虚假的。如果依照资本主义社会中无产阶级根据自身的物质关系提出的正义观念，亦即马克思本人所赞成的正义观念，那将得到完全迥异的道德判断：资本主义剥削，由于违背工人的劳动所有权，因而是不正义的。

四、主持人总结

李义天：今天的讨论焦点比较集中，主要围绕马克思的剥削和正义问题展开。我相信，大家听了李旸老师的讲解，尤其是在与她进行正面论辩后，一定有些新的想法和思考。特别是，我们面对经典作家的文本以及后来者的解释时应该如何提出问题，对此肯定会有一些触动。下面，我稍微总结一下。

可以说，通过阅读相关文献并且听了李旸老师的演讲，我们现在大概都知道剥削"是什么"了。在马克思政治经济学的框架里，在描述的意义上，剥削是指剩余价值的转移。不过，第一，它是无偿转移；第二，它是从劳动者向不劳动者的无偿转移。这是关于剥削的最基本的事实描述。

然而，今天李旸老师试图提醒我们的是：对于这个社会现象，我们为什么可以给它打上"不正义"的标签？或者说，我们为什么可以批评它，可以说它是不对的、不合理的、不合适的，总之，打上一个负面的标签？李旸老师结合分析马克思主义的观点，梳理了采取这种立场的三种理由：基于强迫的、基于不平等的、基于劳动所有权的。

李旸老师一开始提道，在现代政治哲学的讨论中，给"剥削的不正义性"带来最大挑战的是诺齐克。为什么？因为，诺齐克的思路是：你们马克思主义者之所以说剥削不正义，是因为你们认为剥削使得劳动者无法全部占有他自己的劳动产品。那么，为什么"劳动者无法全部占有自己的全部产品"这件事情会是错误的呢？因为这里有一个前提，即，每个人都应当全部占有自己的劳动产品。这就是诺齐克所说的自我所有权。而剥削却使得劳动者不能充分实现自己的自我所有权，所以剥削是错误的，是不正义的。然而，接下来，诺齐克又继续推论说，既然每个人都应全部占有自己的劳动产品，可是纳税也使我无法占有我的劳动产品，那么，由此推导出来的结论是：纳税也是不正义的。

对此，我们的直觉是，对于"剥削是不正义的"我们能接受，但是，对于"纳税是不正义的"，我们却不太能接受。那么，为什么会出现这样的差别呢？我们这时就需要重新来看马克思恩格斯的著作，看看他们关于这方面的问题是怎么说的。

对马克思主义伦理学来讲，剥削是马克思要否定、要反对的东西。这一点是毫无疑问的。同时，剥削的存在也确实意味着劳动者无法占有自身的全部劳动产品，这个事实也是毫无疑问的。然而，现在的问题是，马克思主义者是否是由于承认了自我所有权而对剥削做出否定和反对？对于这一点，却是悬疑的。换言之，为了得出"剥削不正义、不正当或不可欲"的结论，马克思一定会承认"自我所有权"这个大前提吗？他一定会承认"我应当全部占有我的劳动产品"吗？答案是：不会！我们想一想，马克思在《哥达纲领批判》中为什么要批判拉萨尔派？恰恰是因为拉萨尔派太过强调劳动所有权和劳动价值论了。而真正的社会主义社会的生产和分配需要对劳动成果做一些必要的社会性扣除（在现实中，这种扣除的通常表现形式就是纳税或社保基金等），而不是让每个人完全按照自己的劳动贡献成比例地拿走。从这点上讲，对于"我应当全部占有我的劳动产品"这个"自我所有权"的大前提，马克思本人是不认可的。

那么，这就导致一个进一步的问题，即，如果"自我所有权"的大前提不成立，如果剥削不是因为违反了"自我所有权"而是错的或不正义的，那么，它又是因为什么而成为错的或不正义的呢？也就是说，在马克思主义者考虑剥削的不正义性时，既然不是因为剥削使我无法全部占有我的劳动产品，既然马克思主义者不是诉诸这个因素，那么，他们诉诸的是什么呢？

第一点，剥削的不正义性不在于它使劳动者无法全部占有其劳动产品，而在于它导致劳动者无法全部占有其劳动产品的局面来自于一种结构性的强迫。作为劳动者，在资本主义条件下，我不得不出卖我的劳动力，并且不得不接受一份关于劳动成果的严重不平等的分配协议。那么，又是什么带来这种强迫？生产资料的资本主义私有制。正因为生产资料的资本主义私有制，使得资产者占有生产资料而劳动者无法占有，因而，劳动者不得不在这样一个看似并无强制的环境中进行一种被迫的游戏。它仿佛不是强制的，但实际上却是被迫的。所以，剥削如果是不正义的，如果在伦理意义上是错误的，它的错就错在这个方面。

第二点，由于剥削的存在，劳动者确实没有全部拿到劳动产品，这也是不可忽略的事实。而且，细究的话，劳动者在经历剥削之后所失去的并不是自己的一部分或一小部分劳动成品，而是一大部分甚至绝大部分劳动成品。因此，劳动产品分配的严重不平等，在第一次剥削发生之后就已经出现了。而更严重的是，这种不平等的分配状况在资本主义条件下是不断持续的，是得到法律允许和保护的。于是，劳资双方的收入差距越来越大，财富分配越来越不公。尽管你可以说，马克思认为这是资本主义生产资料私有制前提之下的必然结果，但是，基于分配而产生的贫富差距的严重不平等现象，却也绝对不是马克思表示赞赏的对象。

第三点，更重要的是，我们可以想一想，除了经济结构所设置的强迫性和产品分配的严重不平等之外，剥削与纳税到底还有什么不一样？答案是：两者所获得的东西的去向不一样。就剥削而言，通过剥削而攫取的剩余价值是被资本家拿走了，他们服务自己、强化自身，并进一步扩大再生产，进一步追逐利润，进一步玩资本的游戏，进一步强化自己的私利。所以，剥削会进一步导致社会的分裂、对抗，而且会不断强化这种分裂和对抗。但是，通过纳税而获取的税收却不是这个样子。按照马克思的设想，即便是社会主义社会，也是有纳税的。它们表现为社会为了进行再生产而预留的资金以及其他一些福利基金。在这个意义上，合理范围内的税收会使得社会更加融合，使得社会成员的关系更加社会化，而不是更加原子化。

我想，以上这几点有助于我们理解李旸老师今天所介绍的剥削的不正义性。这也给我们提供一个很好的思路，那就是，当我们从马克思主义伦理学的视角来看待剥削问题时，不要简单地聚焦于我的全部劳动产品是否被他人占有，要更加综合地理解这种被占有状况的生产关系及其导致的社会关系。由此，剥削的不正义性，也就不单单是因为劳动产品的分配不公，它还扎根于更深层的基础，表现为更复杂的内容。

今天就到这里，让我们再次感谢李旸老师！

第十讲
马克思的共产主义社会：本质、矛盾与意义①

〔英〕戴维·麦克莱伦

一、主持人开场白

李义天：各位同学，大家下午好！欢迎大家参加马克思主义伦理学研讨班。今天我们非常荣幸，邀请到了一位国际学界最知名的马克思主义学者来给我们做报告。我相信，你们中的大多数人不仅读过他的专著、知道他的名字，而且或多或少地受到他的思想的影响。他就是戴维·麦克莱伦（David McLellan），当今学界最杰出的马克思主义研究者和最优秀的马克思传记作者之一。欢迎您，戴维！感谢您来分享您的新思想。

去年是马克思诞辰 200 周年。同年 5 月，我前往英国的坎特伯雷（Canterbury），前往麦克莱伦教授家中拜访，并跟他进行了一次

---

① 时间：2019 年 10 月 23 日。本次研讨班的工作语言是英文，英文稿由丁珏、卢淑慧整理，为便于读者阅读，现由刘畅将活动文稿译为中文。刘畅，清华大学马克思主义学院 2018 级博士研究生；丁珏，清华大学马克思主义学院 2021 级博士研究生；卢淑慧，清华大学马克思主义学院 2022 级博士研究生。

访谈。我们讨论了很多马克思主义伦理学的问题，包括它的基础、可能和趋势等等。那是一个阳光明媚的下午，就像今天一样。当时，我向他发出邀请，希望他访问清华大学并为我们的本科生和研究生做讲座。此刻，正如我们所期待的，麦克莱伦教授已经来到这里。他今天讲座的题目是《马克思的共产主义社会：性质、矛盾与意义》（"Marx's Communism: Its Nature, Contradictions, and Relevance"）。在我看来，这应该是马克思主义伦理学的最基础问题之一。因为，众所周知，对共产主义的展望是马克思主义真正的终极目标。因此，如果你试图论证的是马克思主义伦理学，那么，道德的合法性及其内涵就必须要在共产主义的观念背景中得到证明。

于是，为了澄清马克思主义伦理学的合理性，我们就有必要首先对马克思的共产主义概念有所理解。在这个意义上，麦克莱伦教授的讨论就格外有价值。现在，就让我们一起来听麦克莱伦教授的讲座。戴维，我们期待您的讲座！首先，您有一个小时的时间进行演讲，接下来，我们还有大约一个小时的时间进行问答和讨论。

二、主旨报告

麦克莱伦：感谢义天！在讲座开始之前，我想说两件事：一是，感谢大家来到这里，成为我的听众；二是，我想祝贺你们在工作中能够努力提高英语水平。我以前在中国做讲座时都会有现场翻译，或是提前把演讲稿译成中文，交给听众。但我想在清华大学，你们的英语水平如此不同，就不需要中译了。此外，我还要感谢我的朋友和同事李义天教授。没有他的邀请，我就不会来到这里，所以非常感谢你。正如李教授所说，这次讲座将有大约 45 到 50 分钟，我将努力使我的讲座尽可能清晰，以便在座的各位能够理解它。我只是把它读出来，它的主题是相当广泛的，所以我想这里可能会囊括任何你们想问的关于马克思的问题。在我的讲座结束时，你们将会有较长的时间提问。接下来，我开始我的讲座。

这次讲座旨在做三件事：第一，简要说明马克思关于共产主义的各种说法和表述；第二，讨论这些说法在多大程度上构成了一个连贯的画面；第三，反思这对于我们当今世界有什么教益。

首先必须强调，马克思不是"预言家"，他对他所设想的共产主义社会特征言之甚少。这并不奇怪：像他的导师黑格尔一样，他对预测未来极为谨慎，并经常严厉批评"空想"社会主义者的理想主义预测。[1]因为如果说所有的观念都是当时社会现实的产物，那么将这些观念投射到遥远的未来就是唯心主义——那些完全是想象出来的观念，因为它们缺乏任何物质参照或物质基础。马克思会完全赞同黑格尔的说法："妄想一种哲学可以超出它那个时代，这与妄想个人可以跳出他的时代，跳出罗陀斯岛，是同样愚蠢的。"[2]

在他的《1844年经济学哲学手稿》中，马克思详尽地讨论了共产主义。这些手稿是1844年马克思在巴黎所写，当时在比较激进的社会主义思想家中流行着诸多不同类型的"共产主义"。马克思将他自己的共产主义思想与其他两种共产主义思想区分开来。第一种，他称之为"粗陋"的共产主义，是"私有财产的实现"，它的"一贯表现"是否定了人的个性。他解释道："对整个文化和文明的世界的抽象否定，向贫穷的、需求不高的人——他不仅没有超越私

---

[1] 马克思、恩格斯：《共产党宣言》，载《马克思恩格斯文集》第2卷，人民出版社2009年版，第62—64页。

[2] 〔德〕黑格尔：《法哲学原理》，商务印书馆1961年版，第12页。

有财产的水平，甚至从来没有达到私有财产的水平——的非自然的简单状态的倒退，恰恰证明对私有财产的这种扬弃决不是真正的占有。"①这种共产主义包含着拉平（levelling down）。它是禁欲主义的，因为它限制了人类的需求。然而，对马克思来说，需求发展并持续丰富着人类的繁荣。

马克思所拒绝的第二种形式的共产主义是那种仅仅支持政治手段的形式。这种共产主义可能涉及民主的专制（democratic despotism），也可能涉及废除国家，但却失败了，因为"它还没有理解私有财产的积极的本质，也还不了解需要所具有的人的本性"②。这里需要注意的是，马克思并不主张废除私有财产本身。人们误解了马克思的思想，把马克思的思想简单地与废除私有财产联系起来，但事实并非如此。后来，马克思在《资本论》第一卷末尾的一个著名段落中说道，在"剥夺者被剥夺"的"否定的否定"中，"不是重新建立私有制，而是在资本主义时代的成就的基础上，也就是说，在协作和对土地及靠劳动本身生产的生产资料的共同占有的基础上，重新建立个人所有制"。③马克思所说的"个人所有制"（individual property）是什么意思并不完全清楚，但肖恩·塞耶斯（Sean Sayers）对其进行了很好的解释："随着共产主义社会重新控制了经济生活，并通过将个人恢复为作为共同体成员的个人，即作为'社会的个人'，个人所有制得以成为一种'现实'——也就是说，不

---

① 马克思：《1844年经济学哲学手稿》，载《马克思恩格斯文集》第1卷，人民出版社2009年版，第184页。

② 马克思：《1844年经济学哲学手稿》，载《马克思恩格斯文集》第1卷，人民出版社2009年版，第185页。

③ 马克思：《资本论》第1卷，载《马克思恩格斯文集》第5卷，人民出版社2009年版，第874页。

是基于单独的个人权利，而是作为公共财产的商定份额。"①事实上，马克思本人在后来关于巴黎公社的评论中也有几乎完全相同的看法。②

马克思自己的共产主义观念是对"私有财产的积极的扬弃"③。正如他在著名预示性的段落中所表明的那样："这种共产主义，作为完成了的自然主义，等于人道主义，而作为完成了的人道主义，等于自然主义，它是人和自然界之间、人和人之间的矛盾的真正解决，是存在和本质、对象化和自我确证、自由和必然、个体和类之间的斗争的真正解决。它是历史之谜的解答，而且知道自己就是这种解答。"④

显然，1844年马克思关于共产主义的看法受到费尔巴哈人文主义的深重影响。他在写给费尔巴哈本人的信中的确也是这么说的。⑤当然，一些评论家，尤其阿尔都塞，声称马克思拒斥了他在1845年以前的人文主义观点，并且通过截然不同的概念框架引入了一种更"科学"的方法。就此而言，马克思在其早期著作中关于共产主义的描述，在很大程度上就是无关紧要的。我反对这个版本的马克思，因为我相信马克思的思想是具有连续性的，并且他关于人性、异化等观点的论述——尽管有所发展——仍然构成他所有著作的基础。

---

① S. Sayers, *Marx and Alienation*, Basingstoke, 2011, p. 116.
② 马克思：《法兰西内战》，载《马克思恩格斯文集》第3卷，人民出版社2009年版，第159—160页。
③ 马克思：《1844年经济学哲学手稿》，载《马克思恩格斯文集》第1卷，人民出版社2009年版，第186页。
④ 马克思：《1844年经济学哲学手稿》，载《马克思恩格斯文集》第1卷，人民出版社2009年版，第185—186页。
⑤ 马克思：《致路德维希·费尔巴哈》，载《马克思恩格斯文集》第10卷，人民出版社2009年版，第13—16页。

当马克思在《关于费尔巴哈的提纲》和《德意志意识形态》中将他自己与费尔巴哈区分开来的时候,共产主义又是怎样的呢?马克思坚持共产主义的世界性①以及(与费尔巴哈相反)共产主义的实践性:在推翻旧统治秩序的过程中,革命运动产生了实现共产主义所必需的共产主义意识。②然而,《德意志意识形态》中最重要的是关于废除劳动分工的讨论。那段嘲讽性的关于上午打猎、下午捕鱼、傍晚从事畜牧、晚饭后从事哲学批判的文字,其本身似乎就是恩格斯(《德意志意识形态》的共同作者)对傅立叶的乌托邦社会主义的嘲讽。③关于"在共产主义社会里,没有单纯的画家,只有把绘画作为自己多种活动中的一项活动的人们"④的说法则更甚一步,并与共产主义社会的平等和需求问题相联系(这个问题我稍后会谈到)。

《共产党宣言》尽管有标题,但并没有附加更多的具体内容。十项措施⑤是一个由临时政府——后来所说的无产阶级专政——实施的(出乎意料的温和)方案。关于废除私有财产的长篇论述,只不过是讽刺性地指出资产阶级已经废除了绝大多数人的私有财产(事实也是如此)。相比之下,伴随共产主义而来的"将是这样一个联合体,在那里,每个人的自由发展是一切人的自由发展的

---

① 马克思、恩格斯:《德意志意识形态》,载《马克思恩格斯文集》第1卷,人民出版社2009年版,第538页。

② 马克思、恩格斯:《德意志意识形态》,载《马克思恩格斯文集》第1卷,人民出版社2009年版,第543页。

③ O'Malley, *Introduction to Marx: Early Political Writings,* Cambridge, 1994, p. XX.

④ 马克思、恩格斯:《德意志意识形态》,载《马克思恩格斯全集》第3卷,人民出版社1960年版,第460页。

⑤ 马克思、恩格斯:《共产党宣言》,载《马克思恩格斯文集》第2卷,人民出版社2009年版,第52—53页。

条件"。①

后来的马克思呢？马克思在《政治经济学批判大纲》（*Grundrisse*）中对日益复杂的机器和自动化所带来的影响发表了预见性的评论，他预见到这样一个社会："个性得到自由发展，因此，并不是为了获得剩余劳动而缩减必要劳动时间，而是直接把社会必要劳动缩减到最低限度"②，"那时，财富的尺度决不再是劳动时间，而是可以自由支配的时间"。③

《资本论》本身就充满着资本主义为共产主义创造充分和必要条件的"历史使命"。从共产主义者的视角来看，资本主义已经为"联合起来的工人"（associated workers）进行"共同生产"（communal production）准备了条件。④第一卷末尾几页所说的剥夺剥夺者，便是对《1844年经济学哲学手稿》和《共产党宣言》中的那些远见的呼应。

当然，马克思在《哥达纲领批判》中的分析最为详细。他在这里详细阐述了他在《资本论》中的观点："只有当社会生活过程即物质生产过程的形态，作为自由联合的人的产物，处于人的有意识有计划的控制之下的时候，它才会把自己的神秘的纱幕揭掉。但是，这需要有一定的社会物质基础或一系列物质生存条件，而这些

---

① 马克思、恩格斯：《共产党宣言》，载《马克思恩格斯文集》第2卷，人民出版社2009年版，第53页。
② 马克思：《经济学手稿（1857—1858年）》，载《马克思恩格斯全集》第31卷，人民出版社1998年版，第101页。
③ 马克思：《经济学手稿（1857—1858年）》，载《马克思恩格斯全集》第31卷，人民出版社1998年版，第104页。
④ 马克思：《资本论》第1卷，载《马克思恩格斯文集》第5卷，人民出版社2009年版，第96页。

条件本身又是长期的、痛苦的发展史的自然产物。"①他区分了他所说的共产主义社会低级阶段和高级阶段。在低级阶段中，马克思重述《哲学的贫困》和《资本论》第三卷中的观点，认为共产主义社会"不是在它自身基础上已经发展了的，恰好相反，是刚刚从资本主义社会中产生出来的，因此它在各方面，在经济、道德和精神方面都还带着它脱胎出来的那个旧社会的痕迹"。②关于平等和权利的讨论正是这些痕迹的一部分。人们所得到的正好是他们所给予社会的。这种状况"它默认，劳动者的不同等的个人天赋，从而不同等的工作能力，是天然特权。所以就它的内容来讲，它像一切权利一样是一种不平等的权利。权利，就它的本性来讲，只在于使用同一尺度；但是不同等的个人（而如果他们不是不同等的，他们就不成其为不同的个人）要用同一尺度去计量，就只有从同一个角度去看待他们，从一个特定的方面去对待他们，例如在现在所讲的这个场合，把他们只当做劳动者，再不把他们看做别的什么，把其他一切都撇开了"。③相对而言，由于生产力的提高，共产主义社会的高级阶段将能够在自己的旗帜上写上"各尽所能，按需分配！"④

到目前为止，我已经试图对马克思关于共产主义的观点做出解释。现在我开始讲座的第二部分：马克思在《资本论》中所说的内容是如何连贯在一起的？

毫无疑问，马克思确实在一件事上改变了他的想法，即关于后

---

① 马克思：《资本论》第1卷，载《马克思恩格斯文集》第5卷，人民出版社2009年版，第97页。

② 马克思：《哥达纲领批判》，载《马克思恩格斯文集》第3卷，人民出版社2009年版，第434页。

③ 马克思：《哥达纲领批判》，载《马克思恩格斯文集》第3卷，人民出版社2009年版，第435页。

④ 马克思：《哥达纲领批判》，载《马克思恩格斯文集》第3卷，人民出版社2009年版，第436页。

第十讲 马克思的共产主义社会:本质、矛盾与意义 ‖

革命社会中的国家性质问题。1848年的《共产党宣言》认为,无产阶级将夺取国家政权,并利用它来推进自己的计划。但在第二版的1872年德语版序言中,马克思则表明这种观点是"过时的",因为前一年的巴黎公社表明,"工人阶级不能简单地掌握现成的国家机器,并运用它来达到自己的目的"。①无论如何,马克思用以描述国家消亡的各种术语太多,无法得出任何确切的含义。在《哥达纲领批判》中,他只是说"自由就在于把国家由一个高踞社会之上的机关变成完全服从这个社会的机关"②。

当"集体财富的一切源泉都充分涌流",并且"政治"权力的行使不再被经济压迫所驱使时,国家便会消亡。《法兰西内战》呈现出略有不同的景象,公社得到赞扬,它预示着不再需要中央政府——尽管马克思在多大程度上赞同公社所采取的措施,以及他在多大程度上觉得有必要对批判保持克制,这些始终还有待进一步讨论。

那么,问题来了:公共权力将在"联合"中发挥什么职能?在《法兰西内战》中,马克思认为中央政府将剩下"为数不多但很重要的职能"③。马克思从未明确说明这些职能到底是什么,因为他认为"在共产主义社会中……同现在的国家职能相类似的社会职能"这个问题"只能科学地回答"。④看起来,暴力将不再为共产主义政府所需:国家不再需要外部暴力,因为革命如果不是国际性

---

① 马克思:《法兰西内战》,载《马克思恩格斯文集》第3卷,人民出版社2009年版,第151页。
② 马克思:《哥达纲领批判》,载《马克思恩格斯文集》第3卷,人民出版社2009年版,第444页。
③ 马克思:《法兰西内战》,载《马克思恩格斯文集》第3卷,人民出版社2009年版,第155页。
④ 马克思:《哥达纲领批判》,载《马克思恩格斯文集》第3卷,人民出版社2009年版,第444—445页。

的，那么它将毫无意义；国家内部也不再需要暴力，因为惩罚将是"罪犯对他自己的审判"。

当然，这些问题，就像马克思所说的那些关于婚姻和家庭、废除货币，以及按需分配社会产品的看法一样，最终都依赖于他关于未来共产主义社会中盛行什么样人性的观念。因为如果很多人所表现出来的反社会倾向能够最终根除，那么共产主义社会的组织自然就会与目前任何容易想象到的社会组织都大不相同。那么，马克思认为人类的欲望可以在多大程度上被社会状况所改变呢？他在《德意志意识形态》中用大量篇幅讨论了这个问题。在这里，马克思区分了固定的欲望（constant desires）和相对的欲望（relative desires），前者"在一切关系中都存在、只是因各种不同的社会关系而在形式和方向上有所改变"，而后者"只产生在一定的社会形式、一定的生产和交往的条件下"。①在共产主义社会中，前者将只会被改变并获得正常发展的机会，而后者则会因为被剥夺了存在的条件而被消灭。马克思继续说道："肯定哪些欲望在共产主义组织中只发生变化，哪些要消灭，只能根据实践的道路、根据真实欲望的改变，而不是依据与以往历史关系的比较来决定。"②他进一步提到了几种欲望（其中包括吃饭的欲望）作为固定欲望的例子，继续说道："共产主义者就没有想过要消灭自己的愿望和需要的这种僵硬性，……共产主义者所追求的只是这样一种生产和交往的组织，那里他们可以实现正常的，也就是仅限于需要本身的一切需要的满足。"③马克

---

① 马克思、恩格斯：《德意志意识形态》，载《马克思恩格斯全集》第3卷，人民出版社1960年版，第287页。
② 马克思、恩格斯：《德意志意识形态》，载《马克思恩格斯全集》第3卷，人民出版社1960年版，第287页。
③ 马克思、恩格斯：《德意志意识形态》，载《马克思恩格斯全集》第3卷，人民出版社1960年版，第287页。

思认为，人类社会性的变化及其欲望的改变，需要通过复归他在早期著作中提到的人的本质才能实现。这种本质是共同的创造力（communal creativity），即，人控制他的自我创造过程以及他与自然的关系，所有这些都是马克思的劳动观念的一部分。在未来的共产主义社会中，所有人都将是工人："劳动一解放，每个人都变成工人，于是生产劳动就不再是一种阶级属性了"①。这个观念对马克思来说有多重要，可以从他认为普遍接受这一观念将导致人类的永恒问题——战争——的解决这一事实来衡量。他在《法兰西内战》中提道："这个新社会的国际原则将是和平，因为每一个民族都将有同一个统治者——劳动！"②

尽管他拒绝描绘"未来厨房的食谱"，但马克思关于共产主义社会经济组织的总体轮廓是清晰的。工业后备军的使用以及大多数人潜能的发挥将使共产主义社会变得更加富裕。生产将是共同的，不再通过金钱进行调节，而是根据其质量进行评估；时间的使用将得到规划，以便每个人都能享受最大限度的自由时间，从而发展成为一个"普遍的个体"（universal individual）。与其之前的空想社会主义者不同，马克思将这个社会视为历史运动的必然产物。《政治经济学批判大纲》中的一些段落表明，在许多方面，机械和自动化的引入将是这场运动的关键因素。

关于劳动在共产主义社会中的作用，马克思显然变得更加模棱两可。他在《哥达纲领批判》中认为，在共产主义社会高级阶段

---

① 马克思：《法兰西内战》，载《马克思恩格斯文集》第3卷，人民出版社2009年版，第158页。
② 马克思：《法兰西内战》，载《马克思恩格斯文集》第3卷，人民出版社2009年版，第117页。

中,劳动将成为"生活的第一需要"①。然而,他在《资本论》第三卷中却说:"事实上,自由王国只是在必要性和外在目的规定要做的劳动终止的地方才开始;因而按照事物的本性来说,它存在于真正物质生产领域的彼岸。……工作日的缩短是根本条件。"②人们可以尝试通过说明"劳动"在这两种语境中具有不同含义来化解这一矛盾,但至少张力依然存在。

更重要的问题是,马克思的唯物史观是单线的(unilinear)还是多线的(multilinear)?我认为,马克思19世纪50年代末以后所表达的观点与从19世纪40年代末到50年代初所表达的观点相比,发生了根本转变。例如,在《共产党宣言》中,马克思写道:"资产阶级,由于一切生产工具的迅速改进,由于交通的极其便利,把一切民族甚至最野蛮的民族都卷到文明中来了。它的商品的低廉价格,是它用来摧毁一切万里长城、征服野蛮人最顽强的仇外心理的重炮。"③看起来马克思似乎认为,1839—1842年英国对中国所发动的第一次鸦片战争在某种意义上是进步的。同样的观点出现在19世纪50年代初马克思为《纽约每日论坛报》(*New York Daily Tribute*)所撰写的文章中,即殖民主义在总体上是一种进步的力量。在《政治经济学批判大纲》中,马克思更是从理论上支持了这一观点,随着世界市场的建立和资本主义的扩张达到最终极限,社会主义将被真正提上日程。④

---

① 马克思:《哥达纲领批判》,载《马克思恩格斯文集》第3卷,人民出版社2009年版,第435页。

② 马克思:《资本论》第3卷,载《马克思恩格斯文集》第7卷,人民出版社2009年版,第928—929页。

③ 马克思、恩格斯:《共产党宣言》,载《马克思恩格斯文集》第2卷,人民出版社2009年版,第35页。

④ 马克思:《经济学手稿(1857—1858年)》,载《马克思恩格斯全集》第30卷,人民出版社1995年版,第293页。

但是马克思的态度却在19世纪50年代末发生了明显变化。这在很大程度上是由于1857年的印度反英暴动威胁到了英国对印度的统治。马克思热情地支持了这次暴动，因此，他对1856—1860年英国对中国发动的第二次鸦片战争自然也采取了同样的态度，他坚定支持着中国人。

这些地缘政治事件促使马克思对其历史进步理论进行了修改。马克思在《〈政治经济学批判〉序言》（Preface to the Critique of Political Economy）中谈道，除了古代的、封建的和资本主义的生产方式之外，还提到了一种他所谓的"亚细亚"生产方式。可以说，相对于《德意志意识形态》的单线论，马克思在这里描绘了一个更为多线论的世界经济发展观。正如乔治·李希特海姆（George Lichtheim）所言，在马克思出版《资本论》时，"'亚细亚方式'（Asiatic mode）以令人称赞的形象示人，至少就农村公社而言：它被作为防止社会分裂的堡垒而被珍视"。[1]

马克思对他先前观点的修正，可以进一步从他对《资本论》后续版本的修改，特别是他对1872—1875年法文版所作的修改中得到证实。[2]一个很好的例子是，马克思最初的德文版本是："工业较发达的国家向工业较不发达的国家所显示的，只是后者未来的景象。"[3]法文版本中则附加了文字，并对其含义进行了修改，现在是这样表述的："工业较发达的国家向那些追随它的工业脚步的国家

---

[1] G. Lichtheim, "Marx and the 'Asiatic Mode of Production'", *St Antony's Papers* XIV, 1963, p. 98.

[2] K. Anderson, "On the MEGA and the French edition of *Capital*, vol. I: An Appreciation and a Critique", *Beiträge zur Marx-Engels Forschung,* Berlin, 1997.

[3] 马克思：《资本论》第1卷，载《马克思恩格斯文集》第5卷，人民出版社2009年版，第8页。

所显示的，只是后者未来的景象"①。

这种重点的变化突出表现在马克思更著名的俄国相关作品中。除了《共产党宣言》俄文译本的序言之外，还有一些他生前没有出版的俄文作品。马克思在1877年回应米海洛夫斯基（Mikhailovsky）的信中谈到了俄国公社，对米海洛夫斯基提出了疑问："他一定要把我关于西欧资本主义起源的历史概述彻底变成一般发展道路的历史哲学理论，一切民族，不管他们所处的历史环境如何，都注定要走这条道路"②。马克思在1881年写给维·伊·查苏利奇（Vera Sassoulitch）的复信中同样写道："在《资本论》中所作的分析，既没有提供肯定俄国农村公社有生命力的论据，也没有提供否定农村公社有生命力的论据，……这种农村公社是俄国社会新生的支点；可是要使它能发挥这种作用，首先必须排除从各方面向它袭来的破坏性影响，然后保证它具备自然发展的正常条件。"③在上一篇发表的文章，即1882年的《共产党宣言》俄语版序言中，马克思问道："俄国公社，这一固然已经大遭破坏的原始土地公共占有形式，是能够直接过渡到高级的共产主义的公共占有形式呢？"④他的回答是："假如俄国革命将成为西方无产阶级革命的信号而双方互相补充的话，那么现今的俄国土地公有制便能成为共产主义发展的起点。"⑤这无疑让共产主义社会的社会经济基础是什么的问题悬而

---

① K. Marx, *Oeuvres. Economic*, vol. 1, edited by M. Rubel, Paris, 1965, p. 549.
② 马克思：《给〈祖国纪事〉杂志编辑部的信》，载《马克思恩格斯文集》第3卷，人民出版社2009年版，第466页。
③ 马克思：《给维·伊·查苏利奇的复信》，载《马克思恩格斯文集》第3卷，人民出版社2009年版，第590页。
④ 马克思、恩格斯：《共产党宣言》，载《马克思恩格斯文集》第2卷，人民出版社2009年版，第8页。
⑤ 马克思、恩格斯：《共产党宣言》，载《马克思恩格斯文集》第2卷，人民出版社2009年版，第8页。

未决。

我讲座的第二个问题到此结束,接下来开始第三个部分。我简要谈一些关于马克思共产主义思想的当代价值的思考,以及对马克思思想的总体看法。我认为这里有些东西可以促使我们思考自己社会中的当代问题。马克思不只是 19 世纪的西方社会思想家,他也是 21 世纪的思想家。

首先,将马克思的思想定性为"乌托邦",这是一种误导——除非在曼海姆(Mannheimian)意义上"仅仅从已经存在的特定社会秩序的角度来看似乎是不合理的状况"。①乌托邦通常是静态的,柏拉图的《理想国》就是这种类型的乌托邦,它是静态的、不会改变的。你们会发现,大多数乌托邦都是托马斯·莫尔(Thomas More)式的静态乌托邦。但马克思的共产主义则是动态的:"共产主义对我们来说不是应当确立的状况,不是现实应当与之相适应的理想。我们所称为共产主义的是那种消灭现存状况的现实的运动。"②

资本主义社会背后的驱动力是不断扩大资本主义生产方式的欲望。正如马克思和恩格斯在《共产党宣言》中所指出的那样,资本主义不仅在一轮又一轮的技术革新中生产出新的东西,而且它还似乎生产出了无限制的新欲求和欲望。随之而来的迫切问题是:要么扩张,要么消亡。但正如我们所看到的,共产主义社会在其旗帜上所写的是"各尽所能,按需分配"③。显然,一个基于需求的社会与一个基于欲望的社会是截然不同的,需求是有限度的,而欲望则不然。如果我"需要"某种东西,那么它总是为了别的事情,例如

---

① K. Mannheim, *Ideology and Utopia,* London, 1936, p. 177.
② 马克思、恩格斯:《德意志意识形态》,载《马克思恩格斯文集》第 1 卷,人民出版社 2009 年版,第 539 页。
③ 马克思、恩格斯:《德意志意识形态》,载《马克思恩格斯文集》第 1 卷,人民出版社 2009 年版,第 436 页。

我需要一块手表是为了看时间。而如果我"想要"一块金表，那么我想要它则只是因为它是金的。然而同样重要的是要看到，尽管需求在任何特定时期都是有限的，但它们也在不断发展。如果我是一个中世纪的农民，那我就不需要手表，但是现在我确实需要一块手表。我们还要明白，需求是如何与共产主义社会对平等观念的拒绝以及劳动分工的废除联系在一起的。关于第一点，重复上述马克思在《哥达纲领批判》中的观点足矣：任何试图运用平等原则的做法都会导致不平等，因为它将个人的一个方面置于其他方面之上。如果我是一个出色的小提琴家，那么我所需要的是一把非常昂贵的小提琴。如果我是一个小说家，那么我只需要笔和纸。至于第二点，很难看出平等观念在这里与它有什么关系。根据马克思的观点，劳动分工的废除将使他所认为的存在于每个人身上的不同能力得到充分发展。每个人充分发展所需要的东西都是不同的，也不可能使之平等。[1]但与此同时，这也让我们看到，一个基于需求的社会可以是一个能灵活适应经济增长的社会。

显然，这些思考与当今世界面临的最大问题有关：生态危机。最近的学术研究表明，马克思是一位非常有生态意识的思想家。约翰·贝拉米·福斯特（John Bellamy Foster）和保罗·伯克特（Paul Burkett）是这方面的早期代表，他们成功地驳斥了那种将马克思解读为一位致力于生产力无限发展的普罗米修斯式思想家的观点。[2]

---

[1] G.A. Cohen, "Self-ownership, Communism, and Equality", *Proceeding of the Aristotelian Society*, vol. 64, 1990; J. Furner, "Marx'sShetah of Communist Society in the *Germany Ideology* and the Problem of Occupational Confinement and Occupational Identity", *Philosophy and Social Criticism*, Vol. 37, Part 2, 2011; S. Sayers, *Marx and Alienation*, Basingstoke, 2011, chapters 8 and 9.

[2] John Bellamy Foster, *Marx'sEcology: Materialism and Nature*, New York, 2000; Paul Burkett, *Marx and Nature: A Red and Green Perspective*, New York, 1999.

第十讲 马克思的共产主义社会:本质、矛盾与意义

在这方面,斋藤幸平(Kohei Saito)对马克思"生态社会主义"的研究非常有价值。正如他所说:"对马克思的摘录及其笔记的系统研究,使我们能够理解生态学在他对资本主义批判中的重要角色。他关于社会主义的设想显然包含着修复被资本主义严重破坏的社会和自然代谢(natural metabolism)目标。事实上,如果想试图征服自然,资本主义就不得不在不断扩大规模的基础上破坏自然发展的基本物质条件。马克思在这种对环境的非理性破坏以及由资本造成的异化相关经验中,发现了一种建构新的革命主体性(revolutionary subjectivity)的机会,这种主体性有意识地要求彻底变革生产方式,以实现自由和可持续的人类发展"。①

马克思对资本主义与生态恶化之间联系的研究,与他对前资本主义经济和社会形态,以及上述俄国公社的积极评价同时发生,这并非巧合。斋藤幸平告诉我们,马克思"试图从物质世界的角度来理解生态系统的破坏与资本异化力量的关系。只有资本的自主权力被彻底废除,那些被资本主义破坏的自然界普遍新陈代谢的修复才成为可能。即便资本主义不会自动崩溃,即便自然资源匮乏,物质世界的不和谐也阻碍了人类的自由和可持续发展,并迫使人们为超越资本主义的新的社会制度而斗争"。②同时我们需要清楚的是,以上内容主要基于马克思的摘录和笔记。他的工作从根本上来说是未完成的。③这需要其他人来完成,而思考和践行马克思的共产主义观念将是个良好起点。

---

① K. Saito, *Karl Marx's Ecosocialism*, New York, 2018, pp. 257f and 20f.
② K. Saito, *Karl Marx's Ecosocialism*, New York, 2018, p. 261.
③ 利德曼最近所写的传记很好地阐释了这个问题,参见 S. Liedman, *A World to Win: The Life and Works of Karl Marx*, London, 2018.

三、圆桌讨论

学生 A：感谢麦克莱伦教授的精彩讲座！我有两个问题：第一个问题是，共产主义社会需要道德吗？第二个问题是，在共产主义社会中，道德会被定义为正义还是上层建筑？

麦克莱伦：你说你有两个问题，但听起来似乎是同一个问题。我的总体看法是，在你的第一个问题中，道德是个非常宽泛的概念。我相信在共产主义中一定会有某种道德。我无法想象任何一个不包含某种道德体系的人类社会，包括共产主义社会。

当然，你可能会说这是在引出你的第二个问题。好，如果是这样的话。在共产主义社会中，道德的形式是怎样的呢？我认为，在当今社会发展阶段，即资产阶级社会或资产阶级社会的高级阶段，道德的形式取决于诸如权利和平等权利的概念。在这个社会里，如果你是一名工人，你干这么多就得到这么多，他干那么多就得到那么多，这就是平等，而且也是正义的。但这种平等和正义只是对于资产阶级社会而言，因而是这个社会里的道德。在共产主义社会中，虽然尚未谈及诸如在经济分配上如何组织等细节问题，但显然在这里必须有某种公平的合作。如每个人都尽可能发展自己的才能，无疑其他人也会发展自己的相关才能。这就像一个管弦乐队一样，其中的每个人都演奏得非常好，共同营造出一种美妙的秩序。这就是要努力实现的图景。它似乎包含了一种道德，但却不是作为规范人类行为规则体系意义上的道德，那恰恰是我不提倡的道德，是在共产主义社会中不需要的东西。但我确实认为社会对这个问题有很多不可思议的看法。

第十讲　马克思的共产主义社会:本质、矛盾与意义 ‖

学生 B:麦克莱伦教授,我只有一个问题,但却是个大问题。您认为民主与共产主义之间的关系是怎样的?

麦克莱伦:谢谢你的大问题,这是个难题。困难的原因是概念上的,因为民主的概念我有,你们也有,一般是指西欧的投票表决。民主从来没有被视为一件好事,直到大约300年前的西方,将它与投票联系在一起。

民主诞生于2000多年前的雅典,这在某种程度上存在争议。而现代民主则是一个非常新的概念,它与个人主义有关,与国家人权有关——这是另一种个人主义。因此,很难看出这样的民主概念如何在共产主义社会中得到运用,因为这不是一个基于个人主义的资本主义社会。就此而言,你可能会说共产主义社会不是一个民主社会。但如果你说这不是一个民主社会,那么,我相信你想说的是,这不是一个为了召集民众而组织起来的社会。

而在其他资本主义社会中,你会发现民主的多重应用。我认为,民主含义的应用随着时间的推移而变化。特别是在19世纪的英国,民主被视为一种非常糟糕的事情。民主的含义不在于将选票给予越来越多的人,这些人既不怎么聪明也不怎么体面,他们甚至不知道自己该说什么或想什么。对很多人来说,每个人都应该投票的话就太激进了。如果你审视美国历史也会发现,19个州的共和党人基本上都在尽可能地限制一些人的投票权,尽可能地阻挠黑人实现目标。所以你看到有很多不同的民主国家。

让我们回到你的问题上来。如果说我必须用"是"或"否"来回答这个问题,我会说:"是的,民主和共产主义之间存在某种关系"。这是一个每个人都有能力为社会做出贡献的共产主义社会,即便我们不能说一定要有投票制度。在这个意义上,我认为共产主义社会是一个民主社会，以捍卫其真正本质意义上的民主。

学生 C： 麦克莱伦教授，我有两个问题。众所周知，一方面，在共产主义社会中个人需求的满足存在差异，另一方面，人类的自由和全面发展应该建立在需求满足的基础上。因而，我的第一个问题是，个人欲望的满足部分能否成为一种获得自由的自然劳动；第二个问题是，共产主义是否可以像我们定义封建社会和资本主义社会那样，也被定义为一种社会形态的历史概念。

麦克莱伦： 谢谢你，我先回答第二个问题。你想问的是，我们是否可以像定义封建社会或资本主义社会一样，将共产主义社会定义为一种社会形态。你想说的是，未来的共产主义是否可以被视为社会形态之一？是的，你可以。你不能定义幸福，因为它不是一种社会形态。但你可以定义资本主义，因为资本主义是一种组织社会的方式，其中的税收可能涉及社会和政治组织问题。我认为，这可能是重要的。如果说社会主义是共产主义社会的第一阶段，那么马克思已经谈到了其中的社会福利基金等形式的税收问题。这意味着，共产主义也是一种组织社会的方式。

现在我回答第一个问题，个人欲望的满足部分可以导致自然劳动吗？我不认为在共产主义社会里，人们会变得独立或者开始按照人们的欲望组织起来，它是根据人们的需求（need）而不是欲望（desire）组织起来的。我不知道中文单词是什么。但是"欲望"在英语中的含义非常接近于"想要"（want），如我想要一块手表，或者我想见你的女儿，我想要拥有数百万美元，诸如此类。我认为，基于需求的社会与基于欲望的社会是截然不同的。人们可以说，在共产主义社会中，人们会有未被满足的（unsatisfied）欲望，但他们不会有无法满意的（unsatisfying）欲望。认为人们拥有自然的、不

第十讲 马克思的共产主义社会:本质、矛盾与意义

可改变的欲望是一种意识形态,马克思认为,欲望是相对的,这些欲望可以由资本主义塑造,而在共产主义中会被废除。在共产主义社会中,不会以不得不的方式追求这些特定类型的欲望,因为它们并不是真正自然的东西。它们有可能被滥用,损害整个社会的福祉。

根据马克思的看法,一个基本观点是:每个社会都会产生一种共同的人类,这是其自身策略和价值观的反映。对马克思共产主义的常见反对意见是,他对人性的理想主义看法。如果你问为什么这个想法如此理想化,人们会对你说,因为人类天生自私、具有个体攻击性等。然而,马克思会问,你想成为什么样的人?个人是否天生就会攻击社会?人在资本主义社会中是具有攻击性的、个人主义的、自私的,但这是资本主义社会所造成的。当然,每个社会中的每个人都会认为他们自己版本的人性是自然而然的,但实际上它们既不是自然而然的,也不是内在固有的特征。所以在马克思的共产主义观念中,在社会中可能存在不同形式的人性,导向自由的是个人需求的满足,而不是欲望的满足。

学生 D: 麦克莱伦教授,我很高兴聆听您的讲座,让我受益匪浅。我想问一个关于"个人自由"(individual freedom)定义的问题。关于这个问题,我再多说几句,我的专业是中国近现代史,特别是中国共产党党史。我们的党组织原则是民主集中制,它强调集体主义而不是个人主义。但是马克思提倡个人自由。既然我们党选择了马克思的理论,那么他应该如何使个人自由与其集体主义理想相一致?在中国的现实社会中,个人自由能在多大程度上得到实现?

麦克莱伦: 首先,我不得不说,我对中国没有任何研究。我在

中国有很多朋友，我来过中国几次，我在中国的大学里也进行过长期交流，但是我对中国的了解极其有限。

至于你的问题，我认为在马克思谈论个人自由时，他是在谈论未来的事态，而不是当前的事态。我想，中国共产党不会说我们所处的就是共产主义社会阶段，我确信你们中国政府不会说我们这里有共产主义社会。如果我错了，你可以告诉我，因为你是中国人，而我不是。我们现在的目标是共产主义社会，我们也将会实现共产主义社会。现在我们处于社会主义社会之中，它的特征不是个人自由。目前个人自由的实际含义并不清楚，但很清楚的是，它是将在共产主义社会中实现的东西。

但在马克思谈论所有个人自由的意义上，什么才算是个人自由？这是共产主义社会的一个特征吗？它的答案为："是的"。每个社会都有规则，每个社会也都要有人去遵守一些规则。问题在于社会有什么规则，什么规则在约束着你。尽管许多西方人认为中国是一个与众不同的国家，但其实他们对这个国家及其政府并不了解。我有一个博士研究生，她尝试研究中国从1949年到现在的土地法，她着重研究管理土地所有权的法律形式，这在中国始终是件非常重要的事情。它非常灵活，其中有些土地被纳入公共管理，有些土地则仍然归由私人管理，有时可能由政府控制，但又并没有完全国有化。20世纪50年代发生的事情与20世纪80年代不同，这么长时间的事情你都需要仔细研究。必要之时，还要考虑将中国的土地法与古巴等其他社会主义国家的土地法进行比较，或与美国等其他资本主义国家的土地法进行比较。中国必须找到实现个人自由的途径，前提是中国不仅赞同社会主义与共产主义有关，而且还必须承认共产主义的法律或社会规则直到现在都没有被忽视或抛弃。这样回答可以吗？你还想问些什么吗？

学生 D：我一直认为，自由在马克思主义中是一个非常复杂的概念。您的回答可以被视为个人主义和集体主义的结合，这可能会重回社会主义和共产主义的自由概念之间的紧张关系。非常感谢！

麦克莱伦：不得不说，我的确同意你的看法。自由在西方经常被自然地运用于个人，因为这很多都是资本主义的功能。个人追求利润的自由、利用市场的自由、订立社会契约的自由、建设国家的自由等等。这些自由在资本主义社会中是非常重要的东西，因此现代国家往往被称为自由国家或自由主义国家。如果你问的问题是，美国是否是一个自由社会，是的，它是一个自由社会。但我想说，马克思发现，新闻自由属于那些掌控新闻的人，而最好的新闻是资本主义的。因此，西方的新闻自由无疑是资本主义的。

再举个例子，有些人可能会说，每个人都可以自由前往最豪华奢侈的酒店就餐。每个人都可以自由地去那里，你可以去，我可以去，李教授也可以去。但是，当你观察谁在那里吃饭时会发现，只有很少一部分人有能力支付这么一大笔账单。所以说每个人都是自由的，这说明不了什么，这没有任何意义。因此，在资本主义社会中，自由的定义是毫无意义和无用的。

学生 E：麦克莱伦教授，很高兴见到您！我想问一个关于当代世界的问题。最近几年，西方世界的政治发生了很大变化。例如，美国特朗普的反全球化、英国约翰逊的脱欧，以及其他一些国家民粹主义的抬头，甚至变得愈发激进。所以我想知道，在您看来，西方世界目前发生变化的原因是什么？

麦克莱伦：民粹主义在西欧或整个欧洲以及美国崛起的基本原因是经济因素。一般来说，这是因为西方的经济发展不平等，经济成果并没有真正平等分享。我的意思是，在西欧，一些国家的富人越来越富有，而与此同时，很多穷人却越来越穷。因此，在这些国家，很大一部分人感到被抛在后面，他们的声音似乎没有被听到，他们被忽视了。一旦他们有机会，他们就要发表自己的意见，他们要反对精英，反对他们所看到的当权者。这不是一个社会应该更社会主义还是资本主义的问题。这是对他们所看到的当权者的反应，那些他们称之为"精英"的人。富人变得越来越富有，他们住在漂亮的房子里，而我们穷人哪怕想找到一所像样的房子都困难重重，医疗服务越来越差，教育也不如以前好了。我们穷人会投票给那些理解我们的人，赋予那些人以重要的地位以改变现状。就英国而言，那些主张退出欧盟的人往往着眼于英国的过去，特别是第二次世界大战中的英国，甚至是在那之前的大英帝国。这些让人们认为，如果英国脱离欧盟独立，就能再次成为一个伟大的国家。

美国也是如此。这就是为什么许多美国人认为他们从特朗普身上受益的原因。总统是一个如此令人厌恶、彻底令人厌恶的人，一个可怕的人，然而却有 1/3 的人投票给他。原因就在于，他们认为总统会为他们站出来反对华尔街的所有人，反对所有的资本家，但是他们并不认为特朗普本人就是资本家。类似的问题随处可见，尽管在法国不多，在德国也不多，在斯堪的纳维亚国家也很少。

但英国和美国的发展所面临的问题，并没有因为特朗普或约翰逊的所作所为而消失。当我听到英国脱欧的时候，我认为，对英国来说，这是一个非常糟糕的主意。有些人可能会认为这可能是一种经济损害，但对谁来说是损害呢？如果你一无所有，那么你就不会受到伤害。然而，这些人并不是一无所有。所以，他们不知道这些他们不介意的经济争论会带来坏的后果。不幸的是，这是很令人沮丧的，我的意思是，对于那些能够看到真正文件和所有这些事实的人来说。我可以说，英国脱欧是一件非常非常糟糕的事。

学生F：麦克莱伦教授您好！正如您今天在讲座中所谈到的那样，根据马克思的观点，按需分配的实现依赖于生产力的提高，同时，人类自由和持续发展的实现需要人们变革资本主义，为一种新的社会制度而斗争。那么我的问题是，在当今世界中，如何处理革命和生产力发展之间的关系，以及革命和生产力发展之间是否存在一个时间顺序？

麦克莱伦：你似乎是说，经济社会中人们需求的满足依赖于生产力的不断增长。但我认为，马克思给人的印象是，有时这并不是必要的。在这样一个社会中，为了满足需求，生产力必须持续增长，且永不停止地增长，这是非常值得怀疑的。

我认为马克思并不是这么说的，部分原因在于它无法毫无限制地持续增长下去，这是你问题的真实背景。若果真如此，那生产力就不可能永远持续增长。否则，资本主义将被废除或崩溃，这不仅是经济上的问题，而且它也不能像以前那样扩张。这是因为自然资源是有限的，不能依靠资源去扩张。在某一点上必然达到极限，而此时的资本主义就会崩溃。如果是这样的话，如果它发生了，那么很可能会有某种形式的革命。然而，什么形式的革命？这很难讲。正如马克思所说，资本是否会崩溃，这取决于资本的增长是否达到极限，以及工人阶级是否足够强大。

然而，20世纪初发生在俄国的事情，在时间上似乎有所不同。阻止俄国马克思主义革命的人不是资产阶级。大家都说俄国是一个联邦社会，那里几乎没有资本家。那么，我们必须等待20年或50年，直到我们有了资本的增长？也许俄罗斯并没有西欧国家所拥有的东西，也许在俄罗斯的农村地区存在着社会主义革命的新基础。

中国也有类似的情况，中国革命爆发时并不是一个资本主义国家。中国一直是一个有自己特色的国家。我想这就是我想回答你的。

在义天教授宣布我们的交流结束之前，让我先说几句。非常感谢你们！非常感谢你们所有人来听我的讲座。你们的想法、你们的问题以及你们的英语水平都给我留下了极为深刻的印象。毋庸置疑，清华是中国所有大学中最棒的！

四、主持人总结

李义天： 感谢戴维的精彩讲座！您说您对我们的学生印象深刻，我相信他们同样也对您印象深刻。他们中有许多人都读过您的著作或论文，直到今天，终于见到您本人。一周前，我告知他们讲座信息，同时也要求他们为交流做好准备。我相信，通过今天的互动，您一定会认为，这是您在中国所做过的这么多次讲座中印象最深刻的一次。因此，我也必须对我的同学们表示感谢和赞赏！你们如此优秀，正是你们让清华成为世界一流大学！感谢你们所有人！非常感谢麦克莱伦教授！期待我们在未来的交流与合作！

第十一讲
马克思对正义：重在"揭示"而非评价①

王 广

一、主持人开场白

李义天：同学们，大家好！今天，我们的研讨班非常荣幸地请到了王广老师来跟大家进行交流。王广老师现任中国社会科学院中国社会科学杂志社研究室主任，他长期从事马克思主义哲学研究，近年来围绕马克思主义正义理论研究不断推出有分量的学术成果。我在先前的课上也已经介绍过王广老师的一些成果和观点。在我们国内的马哲或马伦研究领域，他是非常优秀也非常扎实的一位青年才俊。关于这一点，你们待会听听王广老师的主旨报告，就会更加同意我的看法。

我与王广老师的相识颇有几分"古典"风格。我们都是 2007 年博士毕业的。大概在 2007 年或 2008 年，我在《中国社会科学》上看到了他的一篇文章，觉得跟我的一些想法很相近，于是就给他写了一封信，还是用钢笔写的。因为我自认为我的字写得还行。没

---

① 时间：2019 年 11 月 6 日。

想到，过了不久，我就收到了王广老师给我的回信。更没想到的是，他的信是写在竖式的宣纸信笺上，极其遒劲而又不失雅致的行草。从此以后，我再也不敢在他面前用笔写字了。慢慢地，我进一步知道，王广老师是书法的专业人士。他留心"二王"，倾慕赵松雪和伊墨卿，始终不断锤炼书技。如果你们有想法的话，可以向他求取墨宝。

我与王广老师在很多方面很相近，包括对于一系列学术问题的看法也很相似。他在中国人民大学读书时师从段忠桥教授，博士论文就是关于马克思与正义之间的关系。他对经典文本非常熟悉，底子非常扎实。如今我们在课堂上讨论的内容，有很多都是前沿性或者时髦的东西，但是，关于这些议题，经典作家究竟是怎么说的？这一点实际上在我们的讨论中还是不太多的。因此，今天我特地邀请王广老师来给大家讲一讲，从经典文本的角度出发，看马克思、恩格斯对正义是什么看法。这个时候，我们就不是去看分析马克思主义等研究者的看法了，而是把我们自己摆在与分析马克思主义者同一个维度上，看看马克思本人关于正义的看法到底是什么样子。

大家还记得，上次我们的研讨课程请来的是麦克莱伦。他对我们清华同学的表现非常满意，现在他已经去澳大利亚看他的弟弟了，还一直念念不忘在清华的美好时光，认为我们清华的学生给他留下了几乎是在大陆高校最为深刻的印象。那么，今天，我们也要以同样的热情和力度来跟王广老师作充分的交流，让他也感受到麦克莱伦教授曾经体会到的那种感觉。让我们以热烈的掌声欢迎王广老师做报告！

二、主旨报告

王广：非常荣幸也非常惶恐，在课堂上跟大家做这样一次交流。听说在座的同学们对马克思与正义之争这一问题也都研究得非常深入，我还专门和义天老师要来了上次几位同学讨论的 PPT 与材料，认真学习了一下。这次来交流，我不想再说以前讲过的东西。而且，我最近读马克思的《1857—1858 年经济学手稿》，又有了一些新的想法。所以，就想和大家交流一下最近的一些体会。这些想法还不成型，也不够成熟，可能还有很多错误之处，请大家多批评指正。

（一）关于此前研究的简短回顾
1.《正义之后》的理论框架

请允许我先简单回顾一下，我此前围绕马克思正义问题所做的一些工作，包括之前的研究成果和最近的文章。《正义之后：马克思恩格斯正义观研究》是我 2010 年在江苏人民出版社出版，并在 2018 年重印的一本书。为什么叫"正义之后"？有两个方面的原因：一方面，在马克思看来正义是一个表层的观念，在这个观念之后是现实的物质生产方式的变迁。所以说，研究正义不能停留在正义这个观念、这个规范上面，而要深入到它背后的物质生产，这是第一个"之后"。另一方面，在马克思看来正义观念有它历史的局限性，在人们需要正义观念的现时期之后，还有一个很长的历史时段，实际上就是超越了正义观念的共产主义社会。正是基于这两方面原因，我把它概括为"正义之后"。

这本书的整体研究思路主要分为三个部分：

第一部分"马克思的理论转型"，主要描述马克思早年的思想转变。从他早年的政论文章到《德意志意识形态》，经过《哲学的贫困》再到《共产党宣言》，在这个过程当中，马克思的世界观包括他的哲学观都发生了重要的转变，他对正义、自由、平等这些观念的看法也都发生了根本性的转换。

第二部分"马克思（恩格斯）对蒲鲁东、拉萨尔、杜林正义观的批判"，这是我梳理马克思和恩格斯批判小资产阶级正义观念所作的三个概括。2004年秋天，我博士入学之后，段老师考虑到我以前有一点伦理学背景，就给我布置了研究马克思正义观的题目。段老师当时明确提出要求，就是熟读《马克思恩格斯全集》。我到人大图书馆找到那套《马克思恩格斯全集》，看到已经很少有人读了，书上落了不少的尘土。拂去灰尘，也拂去心里的燥气，开始踏踏实实地读书。当时还没有移动笔记本电脑，就组装了一台台式机放在宿舍，白天去图书馆把全集的有关论述摘抄到本上，晚上回宿舍再敲到电脑上，就这么读了一年多，对马克思正义观这一题目逐渐有了一些眉目。我感到，在马克思、恩格斯一生的著述中，涉及正义、平等、公平问题的论述并不多，如果涉及这些论述，那么主要是他们在批评以小资产阶级正义观、公平观为代表的错误思潮。伍德和胡萨米等学者讨论的主要是资本主义社会正义还是不正义的问题，但是在马克思恩格斯的著作当中，关于这方面的讨论其实并不是重点。这是由马克思恩格斯在世时的社会现实和斗争任务所决定的。在马克思恩格斯之前有三大空想社会主义者，包括之前的《乌托邦》《大洋国》等，以及同时代或相近的魏特林、伯雷、霍吉斯金等人，这些空想社会主义者主要就是从小资产阶级的立场来批判资本主义社会的。当时，维护资本主义制度的资产阶级经济学家认为，资本是从来就有的、天然的东西，所有的讨论都要在这个框架下进行，所以主要讨论的是分配问题——资本家得到利润、工人得到工资、地主得到地租。而小资产阶级看到了资本主义制度的弊病，但是他们不是往前推进，而是要把资本主义生产方式拉回去，退回到小生产状态，试图在小生产中实现所谓的公平交换或者正义分配。在这一问题上，蒲鲁东、拉萨尔、杜林等人的论述最为集中。然而，这样的主张，对工人运动的消极影响是非常大的，阻碍了工人运动的正确方向。所以马克思和恩格斯与以他们为代表的小资产阶级正义观、公平观做了大量思想斗争，斥责他们妄想用过时的，不可能实现的正义、公平口号来妨害工人运动。正由于此，我们才能理解马克思在《哥达纲领批判》中会表现得那么愤怒，斥责哥达纲领搞不清真正的关系，是开历史的倒车。

第三部分"马克思正义观的基本框架"，这个框架大概包括正义的本质、属性、嬗变根源、无产阶级的正义观等四个方面。首先，正义的本质是什么？在马克思恩格斯看来，正义就是人们对现实的分配方式能否满足自己的利益状况所作的一种价值评判。这种分配方式能满足我的利益，我就认为它是正义的；否则，我就认为这种分配方式是不正义的。其次，正义观念的属性是历史性和阶级性。作为一种价值评判观念的正义，在不同的历史时期和不同的阶级那里有不同的内涵。原始社会的正义观不同于奴隶社会的正义观，也不同于资本主义社会的正义观；奴隶和工人主张的正义，完全不同于奴隶主和资本家所主张的正义。再次，正义观念之所以发生嬗变，其根源主要在于生产方式的变迁。有什么样的生产方式，就会有什么样的分配方式，从而也会产生与此相匹配的正义观念。这也说明了为什么在不同的历史时期和阶级主体那里，会有如此面目不同的正义观。最后，无产阶级正义观——也可以说是无产阶级的自由观、平等观，即无产阶级的最终要求，都可以归结为"消灭阶级"。所谓消灭阶级实际上就是消灭私有制，消灭以资本为中心的现代雇佣劳动制度。在这个基础上，我们才有可能谈到真正的正义、自由、平等。以上就是对我那本著作的简单概括。

2. 马克思使用正义概念的不同层面

2018年我写了两篇论文[①]，写作初衷是因为当时看了几篇有关马克思与正义问题的论文，我觉得其中一个很大的问题，就是其所使用的论据比较混乱。也就是说，马克思是在不同语境和不同层面上使用正义范畴的，比如他在谈分配时与在日常生活中涉及的正义概念是不同的，而有的文章把这些用法不加区分地放在一起讨论，就造成了逻辑上的混乱。因此，我重新梳理了一遍马恩全集，对马克思使用正义范畴的不同语境作了一下概括。

总体来看，我认为马克思是在三个层面上使用正义范畴的。第一个层面是日常社会生活领域。在这个领域里，人们涉及的主要是家庭关系、朋友关系等，还涉及不到阶级、剥削等问题。科恩曾举过一个野营的例子，与此类似。比如说，我们几个朋友一起去露营，大家都带了吃的，你带了烤肉、我带了面包，你可以吃我的面包，我也可以吃你的烤肉。那么，玉米能与烤肉交换吗？从价值上来说，这是不等价的交换，但实际上在这个环境当中谈不到等价与否的问题。在这种情况下，正义是一种"简单的道德"，就是"不偏不倚、公正无私"。这无论在马克思那里还是在中西方伦理学当中，都有非常悠久的传统。在这个意义上，马克思借用了正义的简单含义，并没有赋予它过高的内涵。第二个层面是无产阶级利益方

[①] 王广：《马克思对资本主义：正义的批判还是科学的分析？》，载《求是学刊》2018年第2期；王广：《马克思使用正义范畴的文本清厘与层面划分》，载《江海学刊》2018年第2期。

面。资本主义社会的分配方式极大地损害了无产阶级的利益,无论在体力、智力方面,还是在医疗、教育等方面,都给无产阶级造成了非常严重的后果。在这种情况下,马克思对资本主义制度进行了很多严厉的批判,表达了一种"革命的义愤"。这在恩格斯那里也有很多明确的论述。这可以看作马克思和恩格斯基于无产阶级的利益,而对资本主义制度做出的正义批判。第三个层面是在经济科学层面,马克思在政治经济学研究中没有给正义、公平等范畴留下空间。在这一层面,马克思恩格斯认为,正义、公平等观念的地位就像化学中的"燃素"一样。这是人们在氧气被发现之前,为了说明物质为什么会燃烧而提出的一个假说。人们发现氧气之后,燃素说就变得没有意义了。在马克思恩格斯看来,试图根据公平或者正义观念进行政治经济学研究,就相当于根据燃素说来研究物质燃烧的原因一样。

(二)马克思与正义之争中"控辩双方的申诉"

这里首先要提出的问题是,我们如何解读马克思的文本?我认为,要坚持两个解读原则:第一个原则是严格地以文本为依据,马克思恩格斯说了哪些?说到了什么程度?这就是我们进行文本分析的边界。第二个原则如恩格斯所言,"不要读出原著中没有的东西"[1],也就是说不要把自己的理解强加给马克思恩格斯,这也是不能接受的。对思想家的分析和解读,既不能误读,也不能强加。在这里,推荐大家读一读段忠桥老师的《重释历史唯物主义》,这本书的一个重要价值就是对马克思的很多经典概念,如生产力、生产方式、生产关系、社会形态等,都基于马克思的文本做了极为严

---

[1] 恩格斯:《资本论》第3卷序言,载《马克思恩格斯文集》第7卷,人民出版社2009年版,第26页。

谨、精确的辨析和阐释。

下面,我们从马克思与正义之争的一个核心问题切入。这个问题从塔克、伍德、胡萨米等学者开始,一直到后来争论了几十年,即马克思是否基于正义谴责资本主义?这个问题从某种意义上讲,就是如何理解劳资交换问题。也就是说,如何理解劳动力与资本的交换?在这个交换过程中,产生了一系列问题,比如剥削是不是正义的?资本家是否为对劳动力的剥削支付了等额的价值?如果支付了等额价值,是否就意味着资本主义并不是不正义的?诸如此类,不一而足。

在国外学者的争论中,一方以罗伯特·塔克、艾伦·伍德等学者为代表,主张马克思并不认为资本主义是不正义的,因而并未以正义原则谴责资本主义。在他们看来,评价资本主义正义与否,要看劳动者在劳资交换中是否得到了平等的对待。发生在劳动者与资本家之间的劳资交换是一种等价交换,劳动者付出劳动力商品以便从资本家那里得到工资,这是一种平等的、正义的交换,正由于此,资本主义就不是非正义的。正如伍德所说,"资本家购买了一个商品(劳动力)并支付了它的全部价值;通过使用和剥削这一商品,他现在创造出一种比原先支付的价值还要大的价值。这个剩余价值就是他的,而从来不是属于任何人的,他不欠任何人一分钱。马克思说:'这种情况对买者是一种特别的幸运,对卖者也决不是不公平。'因此,资本占有剩余价值就没有包含不平等或不正义的交换。"也就是说,伍德认为劳资交换是等价交换,因而就是平等和正义的。认为马克思并不基于正义原则谴责资本主义的观点,亦多立足于此种理解。

另一方则以齐雅德·胡萨米、加里·杨等学者为代表,主张马克思认为资本主义是非正义的,因而基于正义原则对资本主义进行谴责和批判。他们的主要依据是，劳动者得到的工资仅仅是劳动力的价格，并不能偿付自身在生产过程中的劳动付出，因而劳动者在实质上遭到了不平等的、非正义的对待，于是资本主义就不能被视作正义的。这一方面恰如胡萨米所说，"根据马克思的观点，劳动者即使得到了他们劳动力的全部价值，也仍然遭受了不公正的对待，因为劳动力所创造的价值要比劳动力自身的价值多得多。劳动力商品的价值总是体现了一定数量的劳动，而这一劳动量往往少于他被强迫劳动的劳动量。劳动者被人夺走了这部分差额的劳动，也就被夺走了由他的剩余劳动所创造的价值。资本家的不正义就在于贡献与报酬之间的不等价，就在于针对劳动力的掠夺或剥削"。胡萨米的论述表明，劳动者即使得到了劳动力本身的价值，但这一价值少于劳动者在劳动过程中创造的价值，因而劳资交换实际上并不符合等价交换原则，是非正义的交换。

义天教授将这些问题概括为"控辩双方的申诉"。[①]按照他的概括，控辩双方实质上都使用了应得、等价交换这两条实质性正义原则。那么，马克思到底如何看待劳资双方的交换？马克思认为在这种交换中，是否存在着非正义？马克思又如何看待应得、等价交换等"实质性正义原则"？马克思在《1857—1858年经济学手稿》当中有一些相关论述，下面我们进行一些分析。

（三）《1857—1858年经济学手稿》对正义等问题的"揭示"

1. 确定经济活动各个环节之间的关系

马克思在《手稿》的导言部分，对各经济环节之间的关系做了

[①] 李义天：《正义之争与马克思的道德哲学》，载《马克思与正义理论》，中国人民大学出版社2010年版，第437页。

明确的规定。一般而言，经济活动包括生产、分配、交换、消费四个环节。资产阶级经济学的理解是比较简单的逻辑："生产"就是社会成员通过劳动将自己的能力转化到自然资源当中去，社会成员占有或开发、改造自然产品，以之满足人类的各种需要；"分配"则决定在产品生产出来之后，个人获得这些产品的比例，资本家得到利润，工人得到工资，地主得到地租等等；"交换"使人们可以用自己分配得来的份额按照各自的需求去换取自己想要的特殊产品；"消费"就是产品被人们所占有和享受，你买你的、我买我的，回家躺在沙发上，喝着快乐水看着电视。资产阶级经济学将四者割裂开来，认为资本主义生产是永恒的，发生变化的只是分配方式，所以政治经济学主要研究对象是分配。但是，马克思认为这是比较肤浅的、表象式的理解，还没有真正理解它的实际过程，所以马克思重新确定了经济活动中四个环节的关系。

在这四个环节当中，马克思明确规定，生产是本质性的环节，是其他各个环节的决定因素。他说摆在我们面前的，首先是物质生产，没有生产，其他几个环节都根本谈不上。马克思对生产还做了一些具体的规定，可以概括为以下三个方面：第一，马克思认为，"说到生产，总是指在一定社会发展阶段上的生产"[①]。也就是说，生产总是在具体的社会形态下或者生产关系中的生产，而不能脱离一定的生产关系，对生产做抽象式的理解。例如，杜林和蒲鲁东对生产者和消费者的理解就都是抽象式的。第二，马克思明确讲道，"现代资产阶级生产——这种生产事实上是我们研究的本题"[②]。也就是说，在不同生产方式的历史序列中，资本主义性质的生产是马

---

① 马克思：《政治经济学批判（1857—1858年手稿）》，载《马克思恩格斯全集》第2版第30卷，人民出版社1995年版，第26页。
② 马克思：《政治经济学批判（1857—1858年手稿）》，载《马克思恩格斯全集》第2版第30卷，人民出版社1995年版，第26页。

克思研究的根本所在。第三，在"现代资产阶级生产"当中，"资本是资产阶级社会的支配一切的经济权力"①，所以研究重点是资本。

按照马克思的理解，生产决定分配，"分配关系和分配方式只是表现为生产要素的背面，个人以雇佣劳动的形式参与生产，就以工资形式参与产品、生产成果的分配。分配的结构完全决定于生产的结构。分配本身是生产的产物"②。生产是决定性的、第一位的，分配是生产的一种反映，大家按照什么样的方式去参加生产，就会得到什么样的分配。比如资本家靠资本去雇佣工人，而工人只有劳动力可以出卖，之后资本家就得到剩余价值，而工人得到所谓的工资。在这个意义上，马克思不论批判小资产阶级思想家还是资产阶级学者，都认为靠改变分配来实现公平是根本做不到的。马克思反对在分配问题上做文章，他对分配正义的反对皆源于此。因此，想单纯通过分配方式解决贫富差距也是实现不了的。

关于交换与流通，马克思讲道，"交换和消费不能是起支配作用的东西，这是不言而喻的。分配，作为产品的分配，也是这样。因此，一定的生产决定一定的消费、分配、交换和这些不同要素相互间的一定关系"③。因此，政治经济学研究需要从生产开始，而且从资本主义生产这种具体的生产开始。这其中的第一步就是资本和劳动（力）的交换。马克思正是在这一意义上指出："资产阶级社会的基本前提是，劳动直接生产交换价值，从而生产货币；而货

---

① 马克思：《政治经济学批判（1857—1858年手稿）》，载《马克思恩格斯全集》第2版第30卷，人民出版社1995年版，第49页。

② 马克思：《政治经济学批判（1857—1858年手稿）》，载《马克思恩格斯全集》第2版第30卷，人民出版社1995年版，第36页。

③ 马克思：《政治经济学批判（1857—1858年手稿）》，载《马克思恩格斯全集》第2版第30卷，人民出版社1995年版，第40页。

币也直接购买劳动,从而购买工人,只要后者在交换中让渡自己的活动。"①这是一个基本的前提,这就是我们所要分析的劳资交换。

那么劳资交换中的资本购买劳动力这个环节,到底处于四个环节中的哪个位置上?它实际上处于流通和交换领域,还不是直接作为生产过程的一部分,但它又是资本主义生产过程必不可少的前提。也就是说,在这一环节上,资本家只是把工人雇佣回来,还没有使其参与到直接生产过程中去,所以它不是马克思讨论的核心问题。马克思重点讨论的问题是资本怎么进行生产的,讨论相对剩余价值、绝对剩余价值、流动资本、固定资本等。资本购买劳动力环节不是马克思讨论的核心,但是这个环节又非常关键,没有它资本主义生产就不能开展。另外,资本主义生产要无限地进行下去,就需要在上一个环节的生产结束之后,拿出新的资本再去雇佣工人。马克思将此称之为"小流通",他认为小流通代表了资本主义生产方式的本质。马克思在《资本论》里还明确讲道,这是"从流通中发生的引导过程"。所以,从严格意义上说,伍德等西方学者争论了几十年的劳资交换及其是否正义问题,并不是马克思关注的核心问题。在马克思的视野中,劳资交换并不占有显著位置,只不过是一个引导过程,但是因为它的性质比较特殊,所以马克思做了很多讨论。

那么,如何具体分析这一"引导过程"?这一过程是否是非正义的?

2. 马克思将劳资交换明确分为两个过程

马克思明确提出,资本和劳动的交换必须分为两个过程来理解,这两个过程不仅在形式上而且在质上(即内容上)都是不同的

---

① 马克思:《政治经济学批判(1857—1858年手稿)》,载《马克思恩格斯全集》第2版第30卷,人民出版社1995年版,第178页。

甚至是相互对立的过程。第一个过程是:"工人拿自己的商品,劳动,即作为商品同其他一切商品一样也有价格的使用价值,同资本出让给他的一定数额的交换价值,即一定数额的货币相交换。"①这里的劳动实际上就是劳动力,而劳动力具有使用价值,工人以劳动力的使用价值同资本相交换,得到一定数量的货币(工资或薪酬),从而将自己的劳动能力转让给资本家。第二个过程是,"资本家换来劳动本身,这种劳动是创造价值的活动,是生产劳动;也就是说,资本家换来这样一种生产力,这种生产力使资本得以保存和倍增,从而变成了资本的生产力和再生产力,一种属于资本本身的力"②。这就是说,从工人这方面讲是自己的劳动能力被转让出去,从资本家这方面讲则是他得到了活劳动本身。这种劳动实际上是创造价值的生产劳动,能够让资本保存并增殖。

以上就是资本和劳动交换的两个过程,马克思认为这两个过程在形式上和内容上都不一样,第一个过程是简单流通过程。为什么第一个过程是简单流通?因为工人用自己的劳动力换得工资是一种等价交换,双方交换的是等价物,这就是一种简单交换。而第二个过程却不是这样,它是不平等的交换,也是非等价物交换。为什么这么说?是因为随着这个过程,价值增大了,G 变成了 G'。接下来我们梳理马克思的手稿,分别具体分析这两个过程。

3. 对简单流通及其特征的分析

我们先看第一个过程,简单流通及其特征。首先看流通。马克思指出:

---

① 马克思:《政治经济学批判(1857—1858 年手稿)》,载《马克思恩格斯全集》第 2 版第 30 卷,人民出版社 1995 年版,第 232 页。
② 马克思:《政治经济学批判(1857—1858 年手稿)》,载《马克思恩格斯全集》第 2 版第 30 卷,人民出版社 1995 年版,第 232 页。

属于流通的本质的东西是：交换表现为一个过程，表现为买卖的流动的总体。流通的第一个前提是商品本身的流通，是不断从许多方面出发的商品流通。商品流通的条件是：商品作为交换价值来生产，即不是作为直接的使用价值，而是作为以交换价值为中介的使用价值来生产。通过转让和让渡并以它们为中介而实行占有，是基本的前提。①

也就是说，流通的本质是买卖行为不断流动的总体，你买我卖、你卖我买这样的总体活动形成流通。在这个过程中，商品对于卖者来说，是作为交换价值来生产的，而不是作为直接的使用价值。在这个行为中，商品的使用价值并不直接体现出来，而是通过交换价值，以交换价值为中介而体现出来。

马克思对简单流通中的交换行为做了非常细致的分析，他认为在流通中即交换价值的实现过程中包含着四个方面②。①"我的产品只有对别人成为产品，才是产品"。也就是说你的产品对别人得有用，能投入到交换中、变成一般的东西（商品）才可以。②"我的产品只有转让，对别人成为产品，对我才是产品"。你的东西要对别人有用，能交换给别人，别人才能把他的东西交换给你，你的东西才能成为产品。③"别人只有把他自己的产品转让，我的产品对他才是产品"。由此得出④"生产对于我不是表现为目的本身，而是表现为手段"。也就是说，我生产这个东西的目的不是为了满足自己的需要，而是要把它交换出去，以此换来一个对我来讲更有

---

① 马克思：《政治经济学批判（1857—1858年手稿）》，载《马克思恩格斯全集》第2版第30卷，人民出版社1995年版，第147页。

② 马克思：《政治经济学批判（1857—1858年手稿）》，载《马克思恩格斯全集》第2版第30卷，人民出版社1995年版，第147页。

用的东西。所以，我把我生产的东西作为满足我更好的需要的手段，而不是把它作为目的本身。由此，每个人只关心自己需要的东西，也就是说，他只关心自己的需要，只关心自己，只关心个人利益能不能得到满足。他不会关心别人，即使关心别人，也只是因为别人的产品能满足他的需要。所以，在这种商品交换和流通的社会状态中，每个人都是孤岛，都处于冷漠的、互不关心的状态。

马克思在《1857—1858年经济学手稿》货币章的结尾写了这样一段话，值得做一些分析：

> 在简单流通本身中（即处于运动中的交换价值中），个人相互间的行为，按其内容来说，只是彼此关心满足自身的需要，按其形式来说，只是交换，设定为等同物（等价物），所以在这里，所有权还只是表现为通过劳动占有劳动产品，以及通过自己的劳动占有他人劳动的产品，只要自己劳动的产品被他人的劳动购买便是如此，对他人劳动的所有权是以自己劳动的等价物为中介而取得的。所有权的这种形式——正像自由和平等一样——就是建立在这种简单关系上的。在交换价值进一步的发展中，这种情况就会发生变化并且最终表明，对自己劳动产品的私人所有权也就是劳动和所有权的分离；而这样一来，劳动＝创造他人的所有权，所有权将支配他人的劳动。①

这里，马克思认为，"在简单流通本身中……个人相互间的行为……只是交换，设定为等价物……所以在这里，所有权还只是表

---

① 马克思：《政治经济学批判（1857—1858年手稿）》，载《马克思恩格斯全集》第2版第30卷，人民出版社1995年版，第192页。

现为通过劳动占有劳动产品,以及通过自己的劳动占有他人劳动的产品",这就是说,我的这个产品是靠自己劳动得来的,我劳动了,所以我就占有这个东西,而我能够占有别人的东西,是因为我把自己的东西跟别人做了交换。因此,我通过我的劳动既占有了我的产品,也通过交换占有了别人的产品,每个人都是如此,所以每个人都通过劳动拥有所有权。由此,马克思说这种劳动的所有权就像自由和平等一样。为什么?因为这是等价物交换,我要换你的东西,你得对我的东西满意、认为价值相等才行,否则就会产生不平衡,发生暴力,产生不自由等等。而"在交换价值进一步的发展中",就是说交换价值不再单纯作为价值、而是要作为使用价值的时期,就会发展到劳动和资本的交换,而不是简单的以商品交换商品。"对自己劳动产品的私人所有权也就是劳动和所有权的分离",这就是说,在简单交换的情况下,我对我的产品有所有权是通过我的劳动得来的,但是随着这种关系的发展,这种联系就被切断了。劳动不再成为所有权的根据和理由。例如,在雇佣劳动当中,工人对产品加入了自己的劳动,但是工人却不对这个产品拥有所有权,所以说劳动和所有权的联系被割裂了。"这样一来,劳动=创造他人的所有权,所有权将支配他人的劳动",这里的"他人"指什么?我的理解是,第一个"他人"指的是资本家,工人越劳动,就越等于给资本家创造所有权;第二个"他人"指的是工人、劳动者,资本家有了对资本的所有权,用资本来雇佣工人,然后对工人的所有权就产生了,工人的劳动从而处于资本无休止的管控之下。

一些信奉李嘉图学派的社会主义者,就是从上述角度出发批判资本主义的。他们认为,既然劳动产品都是工人创造的,资本家在里面没有流一滴汗,那么凭什么资本家占有产品,产品应该全部归工人所有。他们没有看到,在简单流程过程中的确是工人或农民的劳动创造了所有权，但是在生产关系进一步的发展当中，当经济关系发展到资本和雇佣劳动的时候，这个联系就被切断了。所以在资本主义生产方式下，再从简单交换的角度来要求工人的所有权，这本身就是不现实的。

下面我们来看一下简单交换的三个要素。

> 只要考察的是纯粹形式，关系的经济方面……那么，在我们面前出现的就只是形式上不同的三种要素：关系的主体，交换者，他们处在同一规定中；他们交换的对象，交换价值，等价物，它们不仅相等，而且确实必须相等，还要被承认为相等；最后，交换行为本身，中介作用，通过这种中介作用，主体才表现为交换者，相等的人，而他们的客体才表现为等价物，相等的东西。①

在这里，马克思指明了简单交换的三个要素，分别是主体、对象、行为。他说如果我们考察的是交换的纯粹形式，也就是简单交换，那么其中的第一个要素就是"关系的主体"，即交换者。第二个要素是"交换的对象"，即要交换的东西。第三个要素是"交换行为"，通过这种行为，交换者之间实现了价值的交往和互换。在这个过程中，所谓的交换主体（交换者）、交换对象（等价物）、交换行为（中介过程）实质上是同一的，它们只是在这个完整的交换过程中体现为不同的要素，或者体现为不同的形式，实际上是同一个东西。因为它们都是"等价交换"，都是等价交换原则在交换过程不同环节上的具体体现。比如交换者甲和乙，互相交换 A 和 B 两

---

① 马克思：《政治经济学批判（1857—1858 年手稿）》，载《马克思恩格斯全集》第 2 版第 30 卷，人民出版社 1995 年版，第 224 页。

件东西，那么，甲和乙两个人在人格上是平等的，A 和 B 这两件东西也是价值相等的等价物，所有要素都处于相等的、同一的关系之中。

为了便于大家理解，我们可以把处于简单交换过程中的交换者之间的关系，概括为以下几个方面：

第一，在简单交换当中，交换者是平等的，处于平等的关系之中。马克思为什么这么说？基于以下两方面原因：第一是被交换的商品的自然特性，也就是交换的东西不一样，比如布匹能御寒，粮食能饱腹；第二是交换者的特殊的自然需要不同，这样就形成了交换者之间平等的基础。比如我需要穿的东西，而别人需要吃的东西，大家才进行交换。马克思认为，如果每个人的需要没有什么区别，比如都需要吃的，那就不需要交换了，因为每个人都需要这种东西，别人不会把他的给你。再如，假如大家生产的产品都是一样的，那也就不需要交换了。因而，正是因为产品不同、需要不同，交换才得以开展。在这个交换过程中，每个交换者、每个主体都是平等的，大家都是靠自己的劳动创造自己的所有权，然后通过这种所有权与其他主体进行交换。所以每个主体都是相等的，它是一种平等化的关系。马克思的个人 A 与个人 B 的例子说的就是这个意思：

> 这种使用价值，即完全处在交换的经济规定之外的交换内容，丝毫无损于个人的社会平等，相反地却使他们的自然差别成为他们的社会平等的基础。如果个人 A 和个人 B 的需要相同，而且他们都把自己的劳动实现在同一对象中，那么他们之间就不会有任何关系；从他们的生产方面来看，他们根本不是不同的个人……只有他们在需要上和

生产上的差别，才会导致交换以及他们在交换中的社会平等化；因此，这种自然差别是他们在交换行为中的社会平等的前提，而且也是他们相互作为生产者出现的那种关系的前提。从这种自然差别来看，个人 A 是个人 B 所需要的某种使用价值的所有者，B 是 A 所需要的某种使用价值的所有者，从这方面说，自然差别又使他们互相发生平等的关系。

第二，在简单交换中，各主体还是自由的，处于自由的关系之中。

> 既然个人之间以及他们的商品之间的这种自然差别，是使这些个人结为一体的动因，是使他们作为交换者发生他们被假定为和被证明为平等的人的那种社会关系的动因，那么除了平等的规定以外，还要加上自由的规定。尽管个人 A 需要个人 B 的商品，但他并不是用暴力去占有这个商品，反过来也一样，相反地他们互相承认对方是所有者，是把自己的意志渗透到商品中去的人格。因此，在这里第一次出现了人格这一法的因素以及其中包含的自由的因素。谁都不用暴力占有他人的财产。每个人都是自愿地转让财产。①

马克思在这里指出，"除了平等的规定以外，还要加上自由的规定。尽管个人 A 需要个人 B 的商品，但他并不是用暴力去占有这

---

① 马克思：《政治经济学批判（1857—1858 年手稿）》，载《马克思恩格斯全集》第 2 版第 30 卷，人民出版社 1995 年版，第 226 页。

个商品",反过来个人 B 需要个人 A 的商品也一样,他们"互相承认对方是所有者",承认对方的所有权,而且"是把自己的意志渗透到商品中去的人格"。这种所有权实际上是体现在商品当中的个人的人格,主体的人格,所以他们是互相平等的,每个主体都是自由的。马克思说:"在这里第一次出现了人格这一法的因素以及其中包含的自由的因素。谁都不用暴力占有他人的财产。每个人都是自愿地转让财产。"①所以每个人在这种等价交换中,都是自由的,也是平等的。

第三,除了平等、自由的关系,简单交换的各主体还是漠不关心的。

> ……只有当个人 B 用商品 b 为个人 A 的需要服务,并且只是由于这一原因,个人 A 采用商品 a 为个人 B 的需要服务。反过来也一样,每个人为另一个人服务,目的是为自己服务;每一个人都把另一个人当作自己的手段互相利用。……这种相互关联本身,对交换主体双方中的任何一方来说,都是他们毫不关心的,只有就这种相互关联把他的利益当作排斥他人利益的东西,与他人的利益不相干而加以满足这一点来说,才和他有利害关系。②

刚才说到,每个人都需要别人的产品,别人也需要我的产品,但是他需要的只是我的产品,他不会关心我的其他方面。马克思说,一个人把他的产品卖出去,他卖给的对象是一个国王还是一个

---

① 马克思:《政治经济学批判(1857—1858 年手稿)》,载《马克思恩格斯全集》第 2 版第 30 卷,人民出版社 1995 年版,第 226 页。
② 马克思:《政治经济学批判(1857—1858 年手稿)》,载《马克思恩格斯全集》第 2 版第 30 卷,人民出版社 1995 年版,第 198—199 页。

妓女，对他来讲并没有任何区别。这种相互关联本身，对交换主体而言是毫不关心的，只有这种商品能够满足一定需要的关系，才把他们联系起来。所以人与人之间都是只关心自己的需要。

在马克思看来，简单交换构成了一切平等、自由的物质生产基础。我们来看马克思的这段论述：

> 如果说经济形式，交换，在所有方面确立了主体之间的平等，那么内容，即促使人们去进行交换的个人和物质材料，则确立了自由。可见，平等和自由不仅在以交换价值为基础的交换中受到尊重，而且交换价值的交换是一切平等和自由的生产的、现实的基础，作为纯粹观念，平等和自由仅仅是交换价值的交换的一种理想化的表现；作为在法律的政治的、社会的关系上发展了的东西，平等和自由不过是另一次方上的这种基础而已。而这种情况也已为历史所证实。这种意义上的平等和自由恰好是古代的自由和平等的反面。古代的自由和平等恰恰不是以发展了的交换价值为基础，相反地是由于交换价值的发展而毁灭。上面这种意义上的平等和自由所要求的生产关系，在古代世界还没有实现，在中世纪也没有实现。古代世界的基础是直接的强制劳动作为中世纪的基础的劳动，本身是一种特权……①

马克思在这里表明，简单交换成了一切平等和自由的物质生产基础。首先，他们的关系既是自由的也是平等的，是一种实质的、

---

① 马克思：《政治经济学批判（1857—1858年手稿）》，载《马克思恩格斯全集》第2版第30卷，人民出版社1995年版，第199—200页。

客观的、物质上的关系。马克思说，这种"交换价值的交换是一切平等和自由的生产的、现实的基础"。这里的平等和自由，马克思没有加"观念"，也就是说，这里的平等和自由指的不是观念上的，而是实质上的自由和平等。观念的自由平等与实质上的自由和平等不一样，前者是在思维中对后者的抽象和概括。接下来，马克思讲的就是观念上的平等和自由了："作为纯粹观念，平等和自由仅仅是交换价值的交换的一种理想化的表现"，"交换价值的交换"就是你买我卖、你卖我买的关系，它的观念和它的表现成为自由和平等的观念。再次，如果这种观念上升到了法律和政治层面，就是人们将在简单交换中形成的关于平等、自由关系的认识、观念，进一步规定到法律当中，以法的形式确定下来。所以，这里有三个层面：第一个是现实的平等自由关系，第二个是对这种关系的观念，第三个是把它进一步上升到法律、制度层面。而这三个层面共同的基础，就在于简单交换、简单流通。

马克思后面还讲道，"这种情况也已为历史所证实。这种意义上的平等和自由恰好是古代的自由和平等的反面"。古代的自由和平等，比如说古希腊罗马时期，当时占统治地位的生产方式是奴隶制。奴隶主占有奴隶，不但占有他的劳动，而且占有他的人格权，占有他的一切。奴隶只是会说话的牲口，没有独立人格，他生产的所有东西、劳动的所有成果都是归奴隶主所有的。在这种情况下，奴隶主和奴隶之间既不存在交换，也不存在人格的自由和平等。通行于古代（例如奴隶社会、中世纪）的，实际上是特权。它是我们所理解的自由平等的反面。其所以如此，是因为古代是建立在商品交换非常不发达的基础之上的，随着商品交换的发展，这种特权逐渐被推翻，商品交换主体之间的自由平等关系才逐渐建立起来。它是历史的产物。总之，商品交换确立了平等和自由以及与此相关的一系列观念。

但紧接着由此带来的问题就是,简单交换及其观念表现(平等、自由)掩盖了问题的实质,掩盖了资本主义雇佣劳动的真面目。马克思指出:

> 实际上,只要把商品或劳动还只是看作交换价值,只要把不同商品互相之间发生的关系看作这些交换价值彼此之间的交换,看作它们之间的等同,那就是把进行这一过程的个人即主体只是单纯地看作交换者。只要考察的是形式规定,——而且这种形式规定是经济规定,是个人借以互相发生交往关系的规定,是他们的社会职能的或彼此之间社会关系的指示器——那么,在这些个人之间就绝对没有任何差别。①

马克思的论述表明,简单交换给人们塑造了这样一种印象,即在交换当中每个人都是自由的、平等的,都是按照我们的产品互相交换的。但是这个基础,只存在于简单交换中,而在资本主义制度下的雇佣劳动中已经发生了变化。资本和劳动之间的关系,已经不再是简单交换了,而资本家包括为资本主义制度辩护的思想家,还往往用建立在简单交换基础上的观念来为雇佣劳动辩护。所以说,简单交换及其塑造的自由和平等观念掩盖了资本主义剥削的实质。

也就是说,在资本家用资本购买工人的劳动力时,如果只是把代表资本的货币和工人的劳动力都看作纯粹的交换价值,那么资本家和工人的社会属性、阶级属性就被遮蔽了。把劳动力看作简单的

---

① 马克思:《政治经济学批判(1857—1858年手稿)》,载《马克思恩格斯全集》第2版第30卷,人民出版社1995年版,第195页。

交换价值，归结为一种普通的商品，那么劳动力与小麦就没有区别，工人和资本家就是平等的交换者。但是，问题在于劳动力不是普通的商品，不是小麦或者布匹。劳动力可以增殖，提供的是活劳动；而小麦或布匹的价值是一定的，是死劳动的凝结。在简单交换中，主体之间没有任何差别，但是在资本和劳动的交换——这种发展了的关系中，工人和资本家不再是没有差别的。

简单交换无非是从简单的货币关系来理解，而剥离了其他关系。所谓的货币关系，通俗意义上讲就是资本家付给工人工资。马克思在《资本论》中就论述过，工资掩盖了资本家对工人的剥削。通过工资，好像工人的劳动得到了报酬，体现了工人的劳动价值，但实际上并不是这样，工资只是掩盖了剥削的本质。因此，马克思说，"在从简单意义上来理解的货币关系中，资产阶级社会的一切内在的对立在表面上看不见了"①，也就是剥削看不见了，剥削被资本和工资的交换掩盖住了。马克思继而指出："资产阶级民主派比资产阶级经济学家……更多地求助于这种简单的货币关系，来为现存的经济关系辩护。"②现存的经济关系即资本和劳动的交换，这是雇佣劳动制，已经不再是简单交换。因此，仅仅从"你买我卖"这种等价交换的意义上来理解劳动与资本的交换，这是远远不够的，它反而会对资本主义生产方式提供一种辩护。

无论从历史上还是从逻辑上来看，简单流通只是一种"简单"的、不"发达"的关系，必然发展到更高的阶段。马克思就此指出：

---

① 马克思：《政治经济学批判（1857—1858年手稿）》，载《马克思恩格斯全集》第2版第30卷，人民出版社1995年版，第195页。
② 马克思：《政治经济学批判（1857—1858年手稿）》，载《马克思恩格斯全集》第2版第30卷，人民出版社1995年版，第195页。

从科学的进程来考察，这些抽象规定恰恰是最早的和最贫乏的规定；它们部分地在历史上也是这样出现过的；比较发达的规定是较晚出现的规定。在现存的资产阶级社会的总体上，商品表现为价格以及商品的流通等等，只是表面的过程，而在这一过程的背后，在深处，进行的完全是不同的另一些过程，在这些过程中个人之间这种表面上的平等和自由就消失了。①

马克思在这里表明，简单流通只是一种"简单"的、不"发达"的关系，它必然发展到更高的阶段。也就是说，随着生产力的发展，简单交换必然发展成雇佣劳动关系。而在现实的资本主义社会中，"在现存的资产阶级社会的总体上"，商品的交换和流通，只是一种"表面的过程"，只是一种表象；在这种表面过程的背后，在商品交换的深处，进行的则是完全不同的另一些过程，"在这些过程中个人之间这种表面上的平等和自由就消失了"。这就是劳资交换过程，所谓的平等和自由在劳资交换中就消失了。

（四）对劳资交换两个过程的具体分析

我报告的题目是《马克思对正义：重在"揭示"而非评价》，为什么马克思的重点在"揭示"而不是"评价"？也就是说，在我看来，马克思是要"揭示"正义、平等、自由等观念如何产生的，发挥什么作用；而不是要主动地"表达"一种正义观。同时，在马克思那里，资本主义的生产关系特别是劳资交换，的确是不自由、不正义的，但是马克思的重点不是要从道德层面评价它，而是要

---

① 马克思：《政治经济学批判（1857—1858 年手稿）》，载《马克思恩格斯全集》第 2 版第 30 卷，人民出版社 1995 年版，第 202 页。

"解析"和"揭示"它。下面，我们就具体分析一下劳资交换的具体过程。

1. 劳资交换两个过程在"形式上的区别"

刚才讲过，马克思明确把劳资交换分成两个过程。这两个过程从形式和实质上看，都是不同的过程。先看两个过程在"形式上的区别"。从形式上看，两个过程从时间上可以分开，这不同于简单交换。在简单交换中，商品交换行为一旦完成，这一活动就结束了，交换双方马上可以分道扬镳、各回各家。但在劳资交换中不是这样。尤其是从资本家这一方来说，他付给工人工资，这并不意味着交换过程的完成，直到他驱使工人投入生产过程，生产出相应的劳动产品之后，交换过程才算完成。因此，购买劳动力与使用劳动力在时间上是可以分开的，这与简单交换过程完全不同。

2. 劳资交换两个过程在"内容上的区别"

从内容上看，两个过程也存在区别。在马克思看来，工人得到了货币或工资，这是等价物的转换，得到的货币等值于工人的劳动能力。而在资本家换来劳动力的使用权、使用工人劳动的过程中，则不是等价物的交换，劳动创造了新的价值，资本家得到了剩余价值，价值变大了，所以这不是等价物的交换。这个内容本身就把第二个过程与第一个过程区分开了。

马克思指出，实际上，第二个过程在质上、内容上是与交换完全不同的过程，它已经不再是交换了，只是由于滥用字眼它才会被称为某种交换。但是，这个过程是直接同交换对立的，它本质上是另一个概念。

3. 从工人这一方看来，劳资交换是等价交换

从工人这方面来看，劳资交换是等价交换。马克思说，"工人和资本家的交换是简单交换；双方都得到一个等价物，一方得到的

是货币，另一方得到的是商品"①。这里，仅仅是从工人这一方来说的，从工人的角度来看是简单交换，双方都得到了一个等价物，我得到了劳动力的价值，你得到了劳动力的支配权，这是等价的。而从资本家一方来看，就完全不是这样了。

工人应得的货币量（工资）即体现在自身中的对象化劳动。什么叫劳动的对象化？就是在劳动过程中，主体通过具体的生产行为把自己的能力、聪明才智、创造力实现到一个产品当中，形成一种对象关系。我的劳动和付出就体现在这个产品当中，这个产品就成为对象化劳动的凝结。而这种对象化劳动在资本主义社会中成为异化劳动，劳动者与劳动产品相异化，劳动者与劳动行为相异化，人与人相异化。在对象化劳动中，工人作为一个主体具有的知识技能和创造力等是怎么得来的？这些东西是工人从他之前的一系列饮食、营养、教育、经验中获得的。而工资实际上就是在补偿这个能力的价值，而不是偿付在未来劳动中他创造的价值。因此，马克思说，"在与资本家进行交换的过程中实现的劳动的交换价值是预先存在的"②。

马克思认为，"对于工人本身来说，劳动所以具有使用价值，只是因为它是交换价值，而不是由于生产交换价值。对于资本来说，劳动所以具有交换价值，只是由于它是使用价值。劳动不是对工人本身来说，而只是对资本来说，才是不同于它的交换价值的使用价值"③。这就是说，劳动力对工人来说，之所以具有使用价值，

---

① 马克思：《政治经济学批判（1857—1858年手稿）》，载《马克思恩格斯全集》第2版第30卷，人民出版社1995年版，第241页。
② 马克思：《政治经济学批判（1857—1858年手稿）》，载《马克思恩格斯全集》第2版第30卷，人民出版社1995年版，第294页。
③ 马克思：《政治经济学批判（1857—1858年手稿）》，载《马克思恩格斯全集》第2版第30卷，人民出版社1995年版，第294页。

是因为它是交换价值，它可以被资本家购买。所以，工人将交换价值交付出去就得到了工资。而对资本家来说，资本家要的不是劳动力的交换价值，而是劳动力的使用价值。资本家的目的是驱使工人劳动而创造剩余价值。

4. 但事实上，等价交换已经被破坏了

在第二个过程中，马克思说从外表上来看，"由于工人以货币形式，以一般财富形式得到了等价物。他在这个交换中就是作为平等者与资本家相对立，像任何其他交换者一样；至少从外表上看是如此"[1]。的确，如果仅仅从表面上看，那么这似乎也算是正义的交换了。但是，马克思紧接着就指出，"事实上这种平等已经被破坏了，因为这种表面上的简单交换是以如下事实为前提的：他是作为工人同资本家发生关系"[2]，也就是说他们的关系是雇佣劳动关系，而不是简单交换关系。"他是作为处在与交换价值不同的独特形式中的使用价值（即实际上他不是等价物），是同作为价值而设定的价值（即他在生产中要创造的值，资本家给工人规定的劳动任务）相对立"，即工人要实现的是他的交换价值，资本家就按照工人的劳动力价值付给工人工资，这样，工人就取得了自身劳动力商品的交换价值；然而接下来，资本家驱使工人在生产过程中所释放出来的，不是工人的交换价值，而是工人的使用价值。这样一来，差额就出现了。资本家支付给工人的货币量，与工人为资本家所创造出来的货币量，已经不是等价物了。在这里，虽然表面上看仍然是等价交换，但在表象之下，在问题的实质和深层，等价交换已经被破坏了。之所以如此，就在于工人"已经处在某种另外的在经济

---

[1] 马克思：《政治经济学批判（1857—1858年手稿）》，载《马克思恩格斯全集》第2版第30卷，人民出版社1995年版，第243页。

[2] 马克思：《政治经济学批判（1857—1858年手稿）》，载《马克思恩格斯全集》第2版第30卷，人民出版社1995年版，第243页。

上具有不同规定的关系中了"①，这种关系就是资本主义生产关系、雇佣劳动制度。

5. 工人交换来的只是生活资料

从工人角度来看，工人交换来的只是生活资料，所以马克思认为工人永远不可能在与资本家的交换中发财致富。马克思说，"这种外表（即简单交换的外表——引者注）却作为工人方面的错觉存在着，而且在对方也一定程度上存在着，从而使工人的关系在本质上发生变形（好像是平等、自由的），而不同于其他社会生产方式中劳动者的关系（不同于奴隶制、农奴制）"②。这就是说，资本主义的雇佣劳动制好像让工人感觉到他是自由的、平等的、正义的、无拘无束的，但实际上并非如此。他们看起来比较自由平等，似乎不同于其他社会生产方式与劳动者的关系，但实际上并非如此。马克思指出："本质的东西，就是交换的目的对于工人来说是满足自己的需要。他交换来的东西是直接的必需品，而不是交换价值本身。"③从这一点来讲，工人与奴隶和农民没有区别，他们得到的东西都只是满足自己需要的生活资料，而不是资本、不是生产资料。工人"得到的虽然是货币，但只是作为铸币来用，即只是自行扬弃的、转瞬即逝的中介。因而，他交换来的不是交换价值，不是财富，而是生活资料，是维持他的生命力的物品，是满足他的身体的、社会的等等的物品"④。这些东西充其量只是维持工人的生存，

---

① 马克思：《政治经济学批判（1857—1858年手稿）》，载《马克思恩格斯全集》第2版第30卷，人民出版社1995年版，第243页。
② 马克思：《政治经济学批判（1857—1858年手稿）》，载《马克思恩格斯全集》第2版第30卷，人民出版社1995年版，第243—244页。
③ 马克思：《政治经济学批判（1857—1858年手稿）》，载《马克思恩格斯全集》第2版第30卷，人民出版社1995年版，第243—244页。
④ 马克思：《政治经济学批判（1857—1858年手稿）》，载《马克思恩格斯全集》第2版第30卷，人民出版社1995年版，第243—244页。

或者说在一定程度上满足他的有限的发展。

正由于此,马克思把雇佣劳动制度和资本主义生产方式比喻成吸血鬼,工人的活劳动就像源源不绝的新鲜血液,资本要不断地让工人投入劳动中去,它就靠不断地吸吮这种活劳动让自己现实化。没有雇佣劳动的新鲜血液,资本就只是观念当中的资本,而无法变成现实中的资本。

6. 资本换进来的是活劳动,它能转移并增值价值

马克思指出,从工人这方面来讲换来的只是生活资料,而从资本家这方面来讲换来的则是活劳动。活劳动是相对于工人的劳动力价值而言的。劳动力价值是一个既定的东西,而活劳动则是工人新的劳动,它可以创造新价值。所以马克思讲,"工人通过这种交换不可能致富……工人也是为了一个既定量的劳动能力〔的价值〕而出卖劳动的创造力。相反,我们往下就会知道,工人必然会变得贫穷,因为他的劳动的创造力作为资本的力量,作为他人的权力而同他相对立"[1],也就是说,工人劳动的创造力被资本剥夺了,反过来成了资本的力量,同工人本身处于对立之中。"他把劳动作为生产财富的力量转让出去;而资本把劳动作为这种力量据为己有。可见,劳动和劳动产品所有权的分离,劳动和财富的分离,已经包含在这种交换行为本身之中。"[2]也就是说,资本家用货币购买劳动力这个过程是资本主义生产的前提,这个前提已经包含了结果。因为资本购买的是活劳动,是能够创造价值的价值,而工人把这种创造力交换出去后,给自己剩下的只是能满足生存的生活资料。进行新的劳动、实现更大创造的可能,被资本夺走了。

---

[1] 马克思:《政治经济学批判(1857—1858年手稿)》,载《马克思恩格斯全集》第2版第30卷,人民出版社1995年版,第294页。

[2] 马克思:《政治经济学批判(1857—1858年手稿)》,载《马克思恩格斯全集》第2版第30卷,人民出版社1995年版,第294页。

马克思指出："作为对象化价值的价值非存在，劳动是作为非对象化价值的价值存在，是价值的观念存在；它是价值的可能性，并且作为活动是价值创造。与资本相对立的劳动是单纯抽象的形式，是创造价值的活动的单纯可能性，这种活动只有作为才能，作为能力，存在于工人的身体中。"①这就是说，劳动或劳动力必须投入到具体的生产当中去，它才能变成现实的劳动力，才能带来剩余价值。如果资本家只是将劳动力买下来，但还没有投入生产过程中，那么它就不是现实的剩余价值增长的手段，只是一种观念上的手段，是一种可能性。所以，劳动原本作为一种能力存在于人的身体当中，被资本购买并投入生产过程之后，它就成为实际的活动，成为能够实际创造价值的生产活动。

7.劳资交换是简单交换与非简单交换的扭结

刚才我们讲的劳资交换的两个过程，实际上就是简单交换与非简单交换这两个过程的统一。马克思说"资本和劳动之间的交换……从工人方面来说是简单交换，但从资本家方面来说，必须是非交换"②。如果还是简单交换，那么资本家进行的就是等价交换，剩余价值就无从实现。所以马克思说，"从资本方面来看，交换必须只是一种表面的交换，这就是说，必须属于与交换的形式规定不同的另一种经济形式规定"③，这就是劳动与资本的交换，这里已经不再是等价物交换了。"否则，资本就不可能作为资本，劳动就

---

① 马克思：《政治经济学批判（1857—1858年手稿）》，载《马克思恩格斯全集》第2版第30卷，人民出版社1995年版，第255页。

② 马克思：《政治经济学批判（1857—1858年手稿）》，载《马克思恩格斯全集》第2版第30卷，人民出版社1995年版，第310页。

③ 马克思：《政治经济学批判（1857—1858年手稿）》，载《马克思恩格斯全集》第2版第30卷，人民出版社1995年版，第310页。

不可能作为与资本相对立的劳动"①，也就是说，不通过这种实际上并不等价的劳资交换，劳动就不可能成为雇佣劳动，劳动力也不可能成为现实中的工人。"资本和劳动就只是作为在不同的物质存在方式上存在的相等的交换价值来互相交换。"一方是劳动力，一方是作为资本的货币，如果双方在价值上相等的话，那它们就是等价交换，而如果是等价交换，那么所有的这些东西就都不存在了。所以马克思说，从资本家来讲必须是非等价交换。因此，劳资交换这个过程既是简单交换，又不是简单交换，是表面上的简单交换、等价交换，而在实质上则是非交换、不等价交换。这就是马克思对劳资交换过程的分析与揭示。

总之，劳资交换实际上包含两个截然不同的过程，但真实的本体往往被表面现象所掩盖，也就是第二个过程往往被第一个过程所掩盖。第一个过程是简单交换，在简单交换中孕育出平等和自由及其观念表现；第二个过程则根本不是交换，是资本家对工人的"偷窃"，人们只是由于滥用字眼才把这个过程也称为交换。马克思的下述论述表明了他对劳资交换的总体判断，"在资本和劳动能力的交换中，是等价物的交换。然而，交易的结果——它出现在生产过程中，从资本家方面来说，它构成交易的全部目的——是资本家以一定数量的对象化劳动购买较大数量的活劳动，或者说，对象化在工资中的劳动时间少于工人为资本家劳动的、从而对象化在产品中的劳动时间"②。这就表明，劳资交换的第一个过程是等价物交换，而第二个过程则包含着交换（交易）的"结果""目的"和本质。只有完整地把握这两个过程，才能真正认识劳资交换既是交换又不

---

① 马克思：《政治经济学批判（1857—1858年手稿）》，载《马克思恩格斯全集》第2版第30卷，人民出版社1995年版，第310页。

② 马克思：《政治经济学批判（1861—1863年手稿）》，载《马克思恩格斯全集》第2版第32卷，人民出版社1998年版，第192—193页。

是交换、既等价又不等价的真实面貌。

8. 把握"劳资交换二重性"的意义

通过以上分析，可以看到，在马克思的视野中，劳资交换被区分为两个过程，第一个过程属于简单交换，第二个过程则根本不是交换，人们只是"滥用"词语才将其称为"交换"。因而，既是交换又不是交换——劳资交换的两个过程就这样奇异地扭结在一起。"'矛盾'，然而是事实。"[①]我将这一现象称为"劳资交换的二重性"。这种现象之所以产生，根本原因在于劳动力商品的特殊性，即劳动力商品的交换价值与使用价值在资本主义生产方式下是分离的。把握"劳资交换的二重性"，而不是简单地将劳资交换视为一个过程、一个行为，既是马克思在一系列经济学手稿和著作中表明的真正态度，也可以让我们更好地面对"马克思和正义"之争。我认为，它至少具有如下启发意义：

首先，不能简单地将劳资交换归结为第一个过程，而将第二个过程排除出劳资交换的总过程。我们回到文章之初援引的争论。在"马克思和正义"之争控辩双方的阵营中，辩方更多地从第一个过程来理解劳资交换。例如伍德就认为，马克思"不同意剩余价值涉及工人和资本家之间不平等交换的断言"[②]。按照伍德所理解的马克思，资本家付给工人工资，而从工人那里购买到能为他生产商品的劳动能力，"用工资来交换劳动力，这是发生在资本家和工人之间的唯一交换。这是正义的交换，它早在出售生产商品并实现其剩余价值的问题产生之前就已完成"[③]。显然，劳资交换的第二个过

[①]《列宁全集》第 2 版第 55 卷，人民出版社 1990 年版，第 203 页。

[②]〔美〕艾伦·伍德：《马克思对正义的批判》，载李惠斌、李义天编：《马克思与正义理论》，中国人民大学出版社 2010 年版，第 18 页。

[③]〔美〕艾伦·伍德：《马克思对正义的批判》，载李惠斌、李义天编：《马克思与正义理论》，中国人民大学出版社 2010 年版，第 20 页。

程不在伍德的视野之内。伍德还明确地将资本主义生产过程排除在劳资交换之外,"在资本主义生产过程中,资本家只不过是在使用他在生产过程之前所购买的东西"。然而,根据马克思的论述,劳资交换的真正完成要以商品的完成为前提,第二个过程(即劳动力商品的消费或实际生产过程)才是体现资本主义生产关系本质的关键。这些显然都是伍德所没有看到的。实际上,马克思早就批评过与伍德类似的观点。他指出:"和谐论的鼓吹者企图把资本和劳动的关系归结为第一个行为,因为这里买者和卖者只是作为商品所有者彼此对立,并没有表现出交易的特别的、不同的性质。"①也就是说,只看到劳资交换的第一个过程,而看不到表现劳资交换特殊性质的第二个过程,就只能将劳资交换看作单纯交换等价物的简单流通,而成为资本主义生产方式的辩护者。

其次,同样,也不能简单地将劳资交换归结为第二个过程,而将第一个过程排除出劳资交换的总过程。"马克思和正义"之争的控方,更多地是从第二个过程来看待劳资交换。这一观点强调,虽然资本家付出了与工人的生产力价值相等价的工资,但并未偿付工人的实际劳动,因而资本主义制度是不正义的。那么,怎样才能符合正义呢?是要求将工人在劳动过程中创造的全部价值都付给工人吗?实际上,空想社会主义者及其门徒、蒲鲁东及其追随者或者伍德所称的"李嘉图式的社会主义者",都是这样提出问题、解决问题的。但这一观点究其实质,它要求不是按照劳动力的交换价值、而是按照劳动力的使用价值来偿付工资,这无疑违背了价值交换规律,而使自己处于自相矛盾之中。按照马克思的分析,资本剥削过程或者说价值增值过程,同"原来作为前提的规律——商品按等价

---

① 马克思:《政治经济学批判(1861—1863年手稿)》,载《马克思恩格斯全集》第2版第32卷,人民出版社1998年版,第188页。

进行交换即按其交换价值进行交换的规律",也就是同"商品交换所遵循的规律"①是不是矛盾呢?马克思认为答案是否定的。之所以如此,是因为一是货币在市场上、在流通中发现了劳动力这一商品,二是劳动力商品具有特殊的性质,它的交换价值和使用价值是相互分离的。"劳动能力是商品,而在劳动能力是商品的前提下,在劳动能力中对象化的劳动时间,或者说劳动能力的交换价值,不决定它的使用价值,这一点与商品交换规律没有任何矛盾,相反,倒是与这个规律相符合的。"②因此,控方观点的实质是要求劳动力的交换价值决定其使用价值,这反倒是无视价值交换规律、任意想象的做法。马克思对此也进行过批评,他深刻指出,劳动力商品的交换价值与使用价值的分离,导致了劳资交换两个过程中的矛盾,"尽管这个过程这样简单,但到目前为止还是不能被人理解……社会主义者总是停留在这个矛盾上,反复谈论这个矛盾,但他们不理解劳动能力这种商品的特殊性质,不理解这种商品的使用价值本身就是创造交换价值的活动"。③这里的"社会主义者"指的是追随蒲鲁东的小资产阶级社会主义者,他们注意到了工人得到的工资小于工人在生产过程中创造的价值量这一矛盾,但他们不去研究资本主义生产方式的演变规律,而是希望在保留资本和雇佣劳动制的前提下改变分配。这就意味着,他们完全不懂得资本和雇佣劳动的经济学涵义。因此,必须充分考虑劳资交换的第一个过程,遵循价值交换规律而不是主观背离这一规律才能科学揭示资本剥削劳动的

---

① 马克思:《政治经济学批判(1861—1863年手稿)》,载《马克思恩格斯全集》第2版第32卷,人民出版社1998年版,第95页。
② 马克思:《政治经济学批判(1861—1863年手稿)》,载《马克思恩格斯全集》第2版第32卷,人民出版社1998年版,第97页。
③ 马克思:《政治经济学批判(1861—1863年手稿)》,载《马克思恩格斯全集》第2版第32卷,人民出版社1998年版,第99页。

秘密。

再次，不能将劳动力商品等同于一般商品，那样就会将劳资交换混同于简单交换。劳资交换中涉及的商品是劳动力，这是一种特殊的商品。之所以说它特殊，是因为除此以外的任何商品，都是对象化劳动或者一定量的社会劳动时间的凝固，而只有劳动力是非对象化劳动，是创造价值的价值，是生产商品的商品。劳动力不是金蛋，而是下金蛋的鹅；不是金，而是点石成金的手指。如果不把握这一点，而将劳动力商品看成一般商品，就会得出劳资交换等于简单交换的结论。在"马克思和正义"之争中，伍德多次举一个例子，就是将资本家购买劳动力等同于消费者买面包。他写道："工资交换劳动力，是一种交换行为。可是，资本家消费他通过工资交换而购买的使用价值，却不是一种交换；这就好比'我买了面包，回到家，坐在桌子旁边吃掉它'不是市场交换一样。"[①]也正是由于伍德将劳动力等同于面包式的一般商品，所以他从不把劳资交换的第二个过程包括在总过程之内。马克思的真正看法则是，"自由交换的最高阶段是劳动能力作为商品，作为价值来同商品，同价值相交换；劳动能力是作为对象化劳动购得的，而劳动能力的使用价值却在于活劳动，即在于创造交换价值"[②]。这再一次深刻揭示了劳动力商品的特殊性所导致的劳资交换的二重性。

综上，用是否符合等价交换原则来判断资本主义制度正义与否，显然是一个狭隘的、不适用的原则。在"马克思和正义"之争中，控辩双方拥有不同的小前提，但共同拥有一个大前提，即等价交换原则。他们都认为，符合等价交换原则就是正义的，反之就是

---

① 〔美〕艾伦·伍德：《马克思反对从正义出发批判资本主义》，李义天译，载《中国社会科学》2018年第6期，第200页。

② 马克思：《政治经济学批判（1857—1858年手稿）》，载《马克思恩格斯全集》第2版第31卷，人民出版社1998年版，第69页。

非正义的。然而，我们通过对劳资交换的两个过程和二重性的分析，就可以看到，劳资交换既有牢固的符合等价交换规律的外观和表现（第一个过程），但又在实质、结果、目的上根本不符合等价交换原则，甚至根本就不是交换。正由于此，试图用等价交换原则来判断资本主义制度是否正义，本身就是自相矛盾的做法。正由于此，我认为等价交换对资本主义制度来说是一个狭隘的、不适用的原则。那么，又是什么原因导致了等价交换原则的狭隘性呢？归根到底还是由于劳动力商品的特殊性，劳资交换已经不再是简单交换，而是后者进一步发展了的形式；而等价交换只是由简单交换中抽象出来和确定下来的标准和原则，它只能用来衡量等价物之间的交换，而不能衡量使用价值与交换价值相分离的劳动力商品与一定量的货币（资本）之间的交换。马克思曾就此指出："最大的交换，不是商品的交换，而是劳动同商品的交换。"① "资本家和工人之间所进行的交换……是交换的最高发展。"② 因此，试图用适用于简单交换的等价交换原则来评判进一步发展了的劳资交换，这本身就会将自己陷于背谬之中。也正由于此，对资本主义制度正义与否的判断，需要更加复杂和宽广的标准，这需要我们在既有研究的基础上进一步予以深入探讨。

（五）兼及马克思对自由的"揭示"

这里顺便讲一下，今天报告题目中的"揭示"这个词，就来源于马克思对自由观念的一个探讨。马克思批评当时的一种看法：有

---

① 马克思：《政治经济学批判（1857—1858 年手稿）》，载《马克思恩格斯全集》第 2 版第 30 卷，人民出版社 1995 年版，第 105 页。
② 马克思：《政治经济学批判（1857—1858 年手稿）》，载《马克思恩格斯全集》第 2 版第 31 卷，人民出版社 1998 年版，第 69 页。

的人把自由竞争看作自由，甚至视为自由的最高表现。①马克思指出，古代社会没有自由，资产阶级在它的发展过程中冲破了封建专制、关税保护、地方保护主义等等，带来了市场活动中的自由，由此人们产生了自由的观念，甚至把它上升为一种原则。马克思强调，如果人们把这个自由理解成绝对的自由那就错了，这种自由只不过是资本的自由。资本把对它的阻碍全都冲破之后，确立了一个资本的王国，在这个王国范围之内，资本就已经实现了它的自由。但是，这个王国的"自由"疆域恰恰是工人的不自由，所以说它根本不是什么最高自由的实现。如果把这些自由当成真正的自由，那是荒谬的。在马克思看来，这个自由只不过是"在有局限性的基础上，即在资本统治的基础上的自由发展。因此，这种个人自由同时也是最彻底地取消任何个人自由，而使个性完全屈从于这样的社会条件，这些社会条件采取物的权力的形式"②，这就是马克思所说的"三大社会形态"中的第二大社会形态，即资本主义社会。只有到了第三大社会形态，即人的自由个性阶段，实现了人的自由全面发展，才能谈到真正的自由。

通过这样的分析，马克思着重指出：

> 揭示什么是自由竞争，这是对于资产阶级先知们赞美自由竞争或对于社会主义者们诅咒自由竞争所作的唯一合理的回答。③

---

① 马克思：《政治经济学批判（1857—1858年手稿）》，载《马克思恩格斯全集》第2版第30卷，人民出版社1995年版，第41页。
② 马克思：《政治经济学批判（1857—1858年手稿）》，载《马克思恩格斯全集》第2版第31卷，人民出版社1998年版，第43—44页。
③ 马克思：《政治经济学批判（1857—1858年手稿）》，载《马克思恩格斯全集》第2版第31卷，人民出版社1998年版，第44页。

我认为，这里的自由也可以替换成正义或者平等。也就是说，对于什么是正义（自由或平等），资产阶级的理论家是赞美它，而社会主义者认为资本主义社会不正义，遂提出要用另一种正义来取代它，这是两者的不同思路。然而，马克思的思路与二者都不一样，他既不会追随资产阶级思想家，认为资本主义是正义的而进行赞美；更不会追随空想社会主义者，仅仅认为资本主义是不正义的而予以谴责，马克思所要做的是"揭示"什么是正义，这才是"唯一合理的回答"。换言之，对于"马克思是否认为资本主义是不正义的"这一问题，马克思的回答既不是简单地说"是"，也不是简单地说"否"，而是"揭示"正义/非正义的现实状况和经济根源、嬗变轨迹及其观念形态。马克思的思想是深邃、复杂又极其精细的。对马克思和正义之争的任何粗率回答，只能暴露出研究者对马克思思想的了解仍然是有限的。正由于此，我借用了马克思所使用的"揭示"一词，将今天报告的题目定为《马克思对正义：重在"揭示"而非评价》。

最后，对今天的报告做一点小结吧。我个人觉得，人类思想史的夜空星光熠熠，每一颗都足以让后来者沉迷，但其中有两颗星辰异常耀目，一是黑格尔，一是马克思。黑格尔对包括自然界、人的思维、社会历史在内的整个世界作了总体描述，将浩渺无尽的大千世界融汇于一个理念，又将理念绵延发展为世间万物，吞吐万有，气象万千，将人类思维所能达到的恢弘程度展现得淋漓尽致，让人叹为观止。马克思站在黑格尔的基础上又超越了黑格尔，与黑格尔不同的是，马克思不是要构造体系而是要无限地敞开认识真理的道路。通过唯物史观与剩余价值理论两大科学发现，马克思将人类世界历史的过去、现在、未来作了贯通式的深度描绘，展现了人类超越资本主义社会、从而跨越人类社会的"史前时期"的广阔前景。也因此,从马克思的整体写作来讲,他绝不是要用公平、正义、平等或自由这些范畴对资本主义做一个简单的道德评价。这对我们的一个启示就是,西方学者在马克思与正义之争中提供了很多可资借鉴的内容,但是我们不能囿于此,而应更多地按照马克思的研究思路,掌握他的研究框架和分析方法,去研究现时代所面临的新问题。

刚才说到写字。写字总离不开临帖,总是摆脱不了与古人的关系,"书学以师古为第一义"。临帖既要入帖,临得像,形神皆似;又要出帖,从古人的体段中跳出来,形成自己的风格气象。如果不临帖,自己信手涂抹,那就是立足无根,水中浮萍,无所依托;如果一辈子和古人写得一模一样,那只不过是"书奴"而已。从这一意义上说,我觉得做学问也是如此。我们要读大思想家的作品,掌握他的研究方法、研究框架、理论体系,而且能在这个基础上用这些体系去分析新的问题,给它增添新的内容。基于古人,又异于古人;立足前贤,而超迈前贤。当然,这是极为高远的目标,也是我们始终努力的方向。

这就是我今天汇报的内容,仅供参考,谢谢大家!

三、圆桌讨论

学生A:老师好!非常同意您的观点,但是有一个地方我理解得不是特别清楚,想请教老师一下。您说我们可以基于简单交换说古代希腊是没有自由和平等的,那从广义上讲,这是不是跟资本主义正义一样的评价?马克思在做这个评价的时候,是否主观上不自觉地用到了一种正义的评价?

王广:你说到"从广义上评价",但在我看来,马克思对正义问题不是简单地进行评价,也不是基于某个固定的标准去进行评价。在马克思看来,评价的标准是由现实产生的,而不是说现实当中存在一个标准,然后再用这个标准去评价现实。所以,当马克思说奴隶制生产方式下没有自由和平等的时候,他更多的是在描述一个事实,而不是在做道德评价。

学生 B:前几年我们讨论"按劳分配为主,多种分配方式并存",并且认为这是同我国社会主义初级阶段社会生产力发展水平相适应的。我们从改革开放以来,某种程度上正在经历着马克思所批判的劳资简单交换和非简单交换的过程。那么回到我们当下社会,刚才您所谈的那些对我们当下的人权、正义、公平,有什么省思或借鉴意义?

王广:面对贫富差距问题,大家会觉得不公平、不正义,而从马克思的角度来看,这种"觉得"实质上是一种呼声和表象。人们简单地批评现有的分配方式,说它不公平或不正义,实际上对问题的解决没有实质性的帮助。在马克思看来,这种呼声和表现只是一个指示器,要按照这个指示器往下去研究具体的生产,研究生产关系和分配关系,进而去改变它。还是马克思说的那句话,他把正义问题看作一个征兆、一个象征,我们要沿着这个象征去深入研究现象背后的本质问题,而不是停留于对现象的抱怨,更不是放任不管。

学生 C:老师好!我对您刚才讲的日常生活的正义问题很感兴趣。您也提到古代的平等自由不是以简单交换为基础的,因而是不自由不平等的。恩格斯提到正义和自由这些观念产生于一定的生产方式,并且越来越脱离产生它的生产方式,表现为抽象的形式。我认为从古代到现代,我们一直都有这种抽象的观念,它表现为对于一种对理想社会的追求,而且这种追求在我们的现实生活中或多或少都在使用。这种使用就是刚才讲的日常生活中的正义观念,而且我认为这种观念一旦产生,似乎就没有办法抹去了,我们在日常生活中一定要使用它的。但是另一方面马克思的文献里也谈到,在共产主义社会中,由于物质的极大丰富,我们就不需要正义了。我想请教老师的是,我们是否能够完全摒弃这种日常生活中的正义观念,它与我们对理想的追求过程之间是怎样的关系?

王广:恩格斯曾说,如果要对无产阶级的平等观或自由观(他没谈到正义观,但我们可以把正义观包括在内)进行概括的话,那就是消灭阶级、消灭私有制、消灭雇佣劳动制度,这也是无产阶级的革命目标。在实现了这个目标之后,恩格斯说在日常生活中还有很多需要正义进行调节的东西,这不可能完全消除。例如,生活在平原地区与生活在阿尔卑斯山麓地区的居民,他们的需要就不会完全一样,对他们需要的满足程度也做不到完全一样。然而,关于这些问题的争论是我们下一阶段的问题,现在这个阶段的核心问题则是雇佣劳动和资本,所以首先要解决它,解决了它之后才能谈到平等和正义等问题,并不是说到共产主义社会就不存在正义问题、不谈正义了。

学生D:老师好!您在您的文章中说,马克思那里的科学维度和规范维度就像是一个硬币的两面,一面是唯物史观的科学定义,另一面是基于无产阶级立场的价值规范定义。那么我们将这个思路类推一下,是否还能这样定义:一面是建基于唯物史观的科学定义，另一面是建基于资产阶级立场的价值规范定义？如果这两种硬币同时存在的话，那么我们就会发现真正具有普遍性的只有硬币的科学定义那一面。而硬币的另外一面，如果站在无产阶级的角度就是无产阶级的规范定义，如果站在资产阶级的角度就是资产阶级的规范定义，如果我站在我的立场说我的理由就是我的规范定义，那么这样子的话，这个硬币的另一面还有很强的合理性吗？由此我们从无产阶级立场去讨论这个规范性定义还有很强的合理性吗？

王广：所谓的一枚硬币的两面，前提是它是一枚硬币。也就是马克思思想既有科学性的一面，也有规范性的一面，但其前提是它是一体的，只不过面对不同的问题和不同的场合，它表现出不同的属性。你说无产阶级正义观和资产阶级正义观是两个硬币，它就不是一体两面的东西，它不是一体而是两体。另外，你说到观念的冲突，列宁把它叫做党性原则，也就是到底是哪个立场的，站在谁的立场上说话？无产阶级正义观和革命义愤能够激发革命热情，起到调动革命积极性的作用，当然资产阶级也有他的辩护士。所以马克思在1848年革命的时候说，在权利和权利之间起决定作用的就是实力。而无产阶级正义观和资产阶级正义观在互相冲突中起决定作用的也是实力。所以我的意思就是，我们还是顺着这种正义的征兆去研究它，而不能仅停留在这种概念的辨析当中。

学生E：老师好！老师今天讲的内容我很感兴趣，王峰明老师读书会讲《资本论》的时候，他也讲到塔克—伍德的命题只有在简单商品经济关系范围内才是合理的，到资本主义生产关系中就是错的了。而我觉得很郁闷，因为我下周要做展示，我刚好就是反方，而您今天就把我给打败了。王峰明老师是这样论证的，他说在交换领域没有资本家只有卖者和买者，只有在生产领域里面才有资本家和工人。所以说我们在谈劳资交换的时候，其实不仅仅是在谈交换，而且还在谈生产。那么我的问题就是，这种劳资交换还是我们所讨论的那个交换范围内的吗？我们讨论它正义或者不正义的时候，我们是应该把它仅仅限定在交换范围内，还是应该把生产也纳入进来？虽然它名义是劳资交换，但是我们谈的根本就不是交换。（李义天补充：就是说劳资交换仅仅指第一个过程，还是包括第二个过程？）

王广：我们对经济活动过程肯定要做全面的、完整的理解，而不能将各个环节割裂开来。一个劳资交换过程完了之后还要投入新的生产过程，然后再去购买新的劳动力，所以它是一个无限循环的过程。马克思说这种小流通是表现资本主义生产方式本质的东西，所以它绝不是仅仅买完劳动力就没事了。马克思是一个高度现实主义的思想家，他分析的问题都是摆在我们眼前的东西，我们要跟着他去分析。

学生F：老师好！您刚才在报告中说，我们在谈论正义的时候要注意区分马克思在使用正义的不同语境，不能将很多正义用法混而一谈。但是我也看到有的学者按照马克思思想发展转变的脉络，梳理不同时期的著作，然后整理出一个马克思的正义观，我想知道这是合理的吗？马克思真的有一个关于正义的思想体系吗？

王广：我所认为的马克思的正义观，就是关于正义的本质、变化、属性是什么，关于无产阶级的正义要求是什么。通观马克思和恩格斯一生的学术著述，关于正义、平等等问题，主要是对小资产阶级错误观念进行深入批判，当然也包括批判一些资本主义制度的辩护士。除此之外，马克思在日常书信中与朋友讨论的公平、正义，都只是属于公正无私、不偏不倚的简单的道德规范。就我的阅读而言，关于马克思的正义观，大率为此。

学生 G：老师好！我本来准备了几个关于正义之争的问题，但听完您的讲解之后我把我的几个问题画了叉，因为感觉马克思与正义这个问题争来争去没什么必要，我不知道您是不是也是这样想的。我想请教老师，关于胡萨米的那个阶级利益我想给它找个定位，但是我不知道这个阶级利益在经济基础和上层建筑中应该属于哪个部分。胡萨米提到，阶级利益可以产生无产阶级的正义观，也可以用它来评价资产阶级正义观，那么阶级利益到底是属于哪个部分的？阶级利益和生产关系的关系是怎样的？

王广：所谓阶级利益，无非是一个具体的阶级在当时的分配关系中，处于何种地位、获得何种分配收益。从这一意义上说，阶级利益是一个社会形态下分配关系的一部分，属于经济基础层面。而阶级成员对这种利益关系的认识，对这种关系是否满足自己需要而产生的满意或不满意的评价，则属于观念的上层建筑。有什么样的生产关系，就有相应的分配关系，也会产生相应的道德评判。生产关系和分配关系是可以用自然科学的精确性来测量的，而道德评判则基于不同的主体立场，这是两个不同的领域。

学生 G：第二个问题是，您怎么理解"两个马克思"处于矛盾中的观点，一个是坚持历史唯物主义的马克思，一个是站在无产阶级立场上的马克思。因为他会有一些批判资本主义的语言出现，您也把一些批判的语言放在革命义愤的那个部分。老师如何看待这个矛盾？

王广：在马克思那里，这两方面是统一的，没有矛盾。举个例子，马克思在谈到英国对印度的统治时说，英联邦在印度造成很大的暴行,面对暴行我们从人的感情和道德层面出发会感觉很痛苦,接着马克思强调,"但是"如果没有这些,我们可能都还停留在原始落后的状态中。所以他认为,一方面我们不能脱离道德层面,否则就没有"人的感情",就是冰冷的机器;但另一方面我们又不能仅仅停留在道德批判上,这是苍白无力的,改变不了现实,还是要通过科学的研究为改变世界提供真正的阶级力量、革命目标和斗争策略。自从世界历史进入资本主义时代后,人类面临的问题就是资本这只怪兽无休止的贪婪和压榨,它一方面带来了巨大的物质进步,另一方面又给广大工人和人民带来了深重灾难。因此,真正的问题在于如何驾驭资本、超越资本,使生产资料为社会占有,消除个人通过占有生产资料而剥削他人的空间。只有到了那个时候,"人类的进步才会不再像可怕的异教神怪那样,只有用被杀害者的头颅做酒杯才能喝下甜美的酒浆"①。道德评价与历史评价才可能真正统一起来。

学生 H: 老师好!刚刚你说,正义是关于人们对现实的分配能否满足自己的需要,如果能够满足它就是正义的。我想问,怎么才能确保人们的需要是有限度的,怎么能确保在一个社会中每个人都能按照只满足自己的需要去获得一个物品的分配呢?

王广: "需要"是一个大问题,后来很多政治哲学学者包括戴维·米勒等人都做了很多的分析。在马克思那里讲得不是很多,他只是讲随着生产力的发展,随着文明程度的提高,人们的需要也会发生变化。他用很多的段落批评奢侈品,他说奢侈品完全是一种无耻的浪费,完全是对生产力赤裸裸的浪费,没有任何价值。他讲按

---

① 马克思:《不列颠在印度统治的未来结果》,载《马克思恩格斯选集》第 3 版第 1 卷,人民出版社 2012 年版,第 862—863 页。

需分配的前提是所有的社会成员达到自由全面发展的状态，所以可能就不会出现那种极端的、违背社会文明程度的需要。

每个思想家分析问题的思路都不一样。马克思是整体主义的分析，而很多西方的政治哲学家是个体主义的分析思路，比如诺齐克在讲正义问题时，都是举张伯伦等具体个人的例子。但是马克思不这样看问题，他把个体当成经济关系的人格化，是经济关系的表现，他是从整体、从阶级、从经济关系中分析问题，而不是根据个体的需求、需要来分析问题的。

四、主持人总结

李义天：谢谢王广老师！大家听了王老师的报告以后，有什么感觉？现在知道读经典和不读经典、读得深和读得浅是什么样的区别了吧？现在知道你们自己读经典时，是真读还是假读了吧？我一开始就说过，今天的报告将会给你们提供一个很好的示范，给你们摆出一面真实的镜子，让你们也包括我在内反观自己，看看自己在老老实实读经典方面跟王广老师的差距还有多少。

王广老师今天的报告对我启发很大。我觉得我们在以往的讨论过程中所欠缺的，恰恰就是王老师今天所展示的东西。总的来说，我有三点感触：

第一点，做研究一定要认认真真读经典。读不读经典，认不认真读经典，做出来的东西完全不一样。这一点，我相信你们现在也感受到了。王广老师刚才说，他在读博士的时候，段老师让他读《马克思恩格斯全集》。但如今，我都没要求你们读《全集》，而只是《文集》甚或《选集》。即便如此，也还是有同学喜欢"打折扣"。那么，今天听了王广老师的报告，我只能说，你们如果想吃这碗饭，想做马克思主义的学术研究，那么，除了踏踏实实地读《全集》，别无他法。你们现在不读、少读、挑着读、耍花样地读，做课堂报告的时候可能感觉良好，但是，你们现在所有的感觉良好，今后都会让你感觉不良好。对学生来说，老老实实读书是第一位的。但对我们清华的学生来说，现实中却有太多的诱惑，可以让你不必那么用功就能成为"网红"。这跟当前的时代状况有关，也跟你们身边人和事的不良示范有关。但我要说的是，这一切都没有用。没有理论根基的"学术网红"，被捧得有多高，被摔得就有多重。所以，做学生，尤其是做清华的学生，一定要老老实实读书。

  第二点，王广老师的报告对我们有一个很大的启发，那就是，当我们在处理一个问题时，我们要学会对问题的层面做区分。就今天的这个话题而言，我们要区分"马克思对正义概念的使用"和"马克思对正义概念的处理"这两个层面。一方面，马克思有没有使用过正义概念？马克思那里有没有正义这个概念？有的。但是，另一方面，马克思对于正义概念又是怎么处理的？根据王广老师的论证，他是按照"揭示"的方式来处理，而不是按照"表达和评价"的方式来处理的。马克思在日常生活和交往中也谈论和使用正义，但是，一旦他严肃认真对待社会整体结构的分析时，他就会把正义放到一边，认为它不适合出现在这里。如果我们以这种立场和方法来从事马克思主义伦理学的研究，那么，我们就要考虑马克思在对正义概念的使用和处理之间的不同，还要注意到，在处理这个主题的时候，又区分马克思对它的处理方式的差异。

  第三点，王广老师今天的报告内容非常丰富。虽然他自己没有直接说马克思的正义主张到底是什么，但他从马克思的手稿进入，从马克思分析劳资交换的过程进入，就已经展示了他试图说明的内容：在马克思这里，正义到底是什么？正义到底值不值得谈？如果我们要谈它的话，会有什么陷阱在其中？所以，有同学说了，他本来下周要发言，已经有了点想法，准备得也挺好，结果现在被王广老师的报告给解构掉了。这说明什么呢？这说明，我们在准备发言或进行写作时，应该尽可能地把所有对立面的观点都考虑在内。只有这样，你们才不会轻易地被他人解构，也才能使自己的观点更加饱满丰厚。所以，今天听了王广老师的发言后，请回去修改你们的PPT，改到能够经受得住他今天给你们提出来的这些挑战为止。

第十二讲
马克思正义论的实践逻辑[①]

臧峰宇

一、主持人开场白

李义天：各位同学，大家好！今天我们的研讨班邀请了中国人民大学的臧峰宇老师来给大家做报告。他现在是人大研究生院的副院长和哲学院的副院长，也是"万人计划"青年拔尖人才。他这次来参加我们研讨班，将与大家继续探讨关于马克思的正义观念。关于这个问题，我们已经讨论过多次。这也说明了，这个问题对于马克思主义伦理学研究的重要性和热门程度。我们自己在讲授环节之所以没有对此作太多涉及，恰恰也是为了留出空间，让大家听听各位嘉宾会怎么说。上周我们邀请的王广老师，同大家研讨的也是这个问题。当时，王广老师熟稔扎实的文献功底，给我们留下了深刻的印象。那么，今天臧老师又将怎样展开这个话题呢？我们期待他会从另一个角度与大家进行讨论。请大家掌声欢迎他！

[①] 时间：2019年11月20日。

二、主旨报告

臧峰宇：谢谢义天教授！很高兴回到清华，与大家讨论马克思与正义问题。在我看来，无论是从古典学角度、伦理学角度，还是从马克思主义哲学角度、政治哲学角度来看正义论特别是马克思的正义论，都会发现这是一个说不尽的话题。虽然马克思并没有对"什么是正义"作出明确界定，但他阐明了正义观念的历史性特征，指出正义总是与一定社会的生产方式相适应的。正是正义观念的历史性给研究者们提供了较大的阐释空间，实际上也为我们研究正义论提供了一个跨领域跨学科的场景。

今天我想跟大家主要讨论的是马克思正义论的实践逻辑。国内外学界关于马克思正义论研究，已经长达半个多世纪，积累了丰富的研究成果。记得我博士刚毕业时写过一篇文章《马克思政治哲学的正义视界》[1]，那大概是我发表的第一篇与马克思正义论有关的文章，后来陆续又写过10多篇文章讨论马克思正义论问题。有一年，义天老师组过一些关于马克思正义论研究的译文，我翻译了其中两篇文章。其中一篇文章就是《马克思的正义理论》[2]，作者是汉考克。多年之后我了解到，艾伦·伍德写的那篇有名的文章[3]就基于给汉考克这篇文章审稿时形成的想法，我很高兴当年翻译了这

---

[1] 臧峰宇：《马克思政治哲学的正义视界》，载《马克思主义与现实》2008年第5期。

[2] 〔美〕罗杰·汉考克：《马克思的正义理论》，载李惠斌、李义天编：《马克思与正义理论》，中国人民大学出版社2010年版，第217—325页。

[3] Allen Wood, "The Marxian Critique of Justice", *Philosophy and Public Affairs*, 1972: Vol. 1, No.3.

篇文章，也要感谢义天教授组稿。去年《光明日报》还有一组笔谈，我写了一篇从方法论角度谈马克思正义论的文章。①总之，马克思正义论确实伴随我十来年的思考。我最近还在写一篇文章，主要谈马克思正义论与苏格兰启蒙学者的情感正义论之间的内在关系。

同时，我也越来越感到，从实践角度研究马克思正义论，是我们今天应当进行的一项重要的研究。生活中很多事情、很多问题都与正义相关，我们要用已经达成共识的正义理论来深入实际地解答问题。这已成为国际学界一些研究马克思政治哲学或正义理论的学者的选择。我今年在《哲学研究》发表了一篇论文②，力图围绕与马克思正义论相关的实际问题展开，今天就此和大家做进一步探讨。

与马克思正义论有关的讨论，主要开始于罗尔斯出版《正义论》的次年春天，艾伦·伍德在《哲学与公共事务》上发表《马克思对正义的批判》③，由此引发了广泛的学术争鸣。艾伦·伍德是一个研究德国古典哲学的学者，主要研究康德伦理学。当他撰写马克思与正义问题的研究论文时，对马克思的重要文献作了较为深入的研读。值得提及的是，他直接触及的关键文献是《资本论》第三卷中的一段话，这段话对当时很多研究马克思主义哲学的学者来说，也未必是熟悉的。伍德围绕这段话做了很多分析，大家应该都比较了解，围绕伍德这篇文章后来衍生出一系列讨论。伍德得出的结论是："马克思不认为资本主义不正义"，这不是说"马克思认为

---

① 臧峰宇：《"事实—价值"的辩证法与马克思的正义论》，载《光明日报》2018年10月29日，第15版。

② 臧峰宇：《马克思正义论的实践逻辑》，载《哲学研究》2019年第2期。

③ Allen Wood, "The Marxian Critique of Justice", *Philosophy and Public Affairs*, 1972: Vol. 1, No.3.

资本主义正义",而主要是指马克思没有用"不正义"来否定资本主义。回到文本中这段话可见,马克思是从法权角度阐述"正义"的,也就是合不合法的问题,不合法的就是不正义的。

英美学者讨论马克思正义论的时候,有时把它当作一个法权问题,有时把它当作一个道德问题甚至是美德问题,那么问题就复杂了,因为这是两种不同的理解问题的角度。常见的一种论述是,沿着伍德关于法权问题的思路,以黑格尔主义的方式讨论正义与生产方式的关系,阐明经济基础决定上层建筑的原则;另一种论述表明,马克思大概没有意识到自己论述正义问题的道德感,应当对此进行阐明,因而在道德的意义上对马克思正义论进行重构,由此形成了以英美分析马克思主义为代表的相关研究。从中可见,从道德哲学的角度来谈马克思的正义论,与从历史唯物主义的角度来谈马克思的正义论之间存在激烈的争鸣。从1969年塔克写《马克思主义革命观》[1]至今已经50年,争鸣并未停息,学界围绕一个学术问题争鸣了半个世纪仍在持续,是值得深思的,我把它叫做正义论视域中的"马克思问题"。

我今天主要谈三个方面的问题:第一个是正义论视域中的"马克思问题";第二个是"事实—价值"的辩证法;第三个是建构马克思主义正义论的问题域。首先谈第一个问题:

(一)正义论视域中的"马克思问题"

艾伦·伍德在《哲学与公共事务》上发表《马克思对正义的批判》,认为马克思并没有像别人认为的那样重视"正义"。伍德写这篇文章的背景,一个是他读了汉考克的文章,另一个是1971年罗

---

[1] 〔美〕罗伯特·查尔斯·塔克:《马克思主义革命观》,高岸起译,人民出版社2012年版。

尔斯的《正义论》出版,这是政治哲学史上的一个事件,由此人们开始意识到政治哲学复兴,成为一个重要研究领域了。人们也从马克思的文本中寻找思想资源,所以汉考克写了这篇文章,但是伍德指出,"马克思不认为资本主义不正义"。我们发现这是一个非常坚固的代表性观点。另外一些人不同意伍德的观点,他们从马克思的只言片语中读出了道德逻辑,于是与伍德进行商榷,这样的争鸣延续了半个世纪。2018年义天老师翻译了伍德回应段忠桥教授的文章,我认真看了段忠桥教授的文章与伍德的回应文章,建议大家好好读一读。

布坎南在《马克思与正义》这本书里提出一个比较重要的看法,他认为马克思的思想给传统以及当代政治哲学的两个信条——正义是社会制度的首要美德,对作为权利持有者的个人的尊重是个人的首要美德——提出了最系统的也是最难应对的挑战。罗尔斯在《正义论》开篇不久就谈到了"正义是什么",指出正义是社会制度的首要美德。如果正义是一个美德的话,那么这个传统不仅回到康德,我认为还回到了苏格兰。在现代思想的开端,美德(virtue)与道德(morality)这两个词是有所不同的。一个人具有美德,不仅因为你有实现美德的愿望,还有实现它的能力。

举一个例子。假如我今天遇到一个朋友,晚上想和他一起吃饭,但是我没有带钱,于是想跟义天老师借500元。这时可能遇到两种情境:第一种情境是,义天老师拿出500元借给了我,这样义天老师是否有美德呢?是有美德的。第二种情境是,义天老师说,"抱歉,我也没带钱,但是我可以帮你借"。这样又存在两种情况:第一种情况是,义天老师帮我借来了钱,他是有美德的吗?是的。第二种情况是,义天老师说,"不好意思,我问了好多人,不巧钱没借来",这种情况下义天老师是有美德的吗?义天老师确实帮我努力借了，但是没有借来。如果仅从实际效用角度考虑问题，他除了耽误事以外，没有干别的。可能就会有人觉得这不是美德的体现。当然，这只是一个虚构的例子，但有助于我们理解持守美德的愿望与使之产生实际效用之间的关系问题。

作为美德的正义不是可有可无的，它是一个需要被严格遵守的社会规范。斯密说过，如果我们讨论仁慈和正义，在现代社会哪个更重要呢？仁慈很重要，但是我们不能要求别人必须对我们仁慈，凭什么？但是如果说他对你不正义，那是不可以的。人们要遵守正义的原则，但不一定都做到仁慈。所以斯密说，仁慈与正义相比没那么重要，做到仁慈当然好，做不到也没关系，但正义这个美德是非常坚固的，是必须坚守的。从 18 世纪人们如何讨论正义，再往前看古希腊的时候作为四主德之一的正义，就会感到正义的重要性。所以，当罗尔斯说"正义是社会制度的首要美德"的时候，在整个西方哲学传统里是没有问题的。

马克思考虑正义问题的思路与此不同，从历史唯物主义角度思考正义是不是社会制度的首要美德，要考虑实际物质利益问题。有时人们达成相互同意，是因为做某件事都会从中获得好处，这种由物质利益的满足而达成的认同是基础性的，但未必达成价值层面的共识，进一步达成价值共识非常重要，但不能远离物质基础。布坎南认为，我们不要想当然地以为马克思认为正义是首要美德。所以他说："只有我们理解了马克思关于冲突的根源的观点，即休谟和其他人所说的正义环境，马克思对法权观念和法权实践批判的激进品格才能被充分领会"。[1]

---

[1] 〔美〕艾伦·布坎南：《马克思与正义》，林进平译，人民出版社 2013 年版，第 5 页。

阿马蒂亚·森有一本书叫《正义的理念》[①]，森认为，一个小孩对某件事是不是正义的会有基本判断，并努力想办法，例如用啼哭来改变不正义的情境。很多思想家想把正义的观念论证得无比完美，但这个模板能不能在现实生活中运用呢？孩子的啼哭能解决问题，不付诸实际的理论只能是空谈，哪一个更重要呢？我觉得森对这个问题的看法是富有启发性的。

因此，我认为需要探究马克思正义论的实践逻辑。大家都知道分蛋糕这个例子，两个人分一块蛋糕，一个人切蛋糕，另一个人先拿，切蛋糕的人如果不想让另一个人拿的更多，他就一定要切得均匀，这样就实现了公平。这个逻辑似乎有些简单。我们可以想想中国传统文化中的一个典故，"孔融让梨"，孔融是弟弟，他把大的梨让给哥哥吃，自己吃小的。从中华传统美德角度考虑这个故事的情景，哥哥会怎么说呢？我想应该是，"弟弟你还在长身体，你吃大的吧"，弟弟会说，"哥哥你年长，你应该吃大的"。兄友弟恭，兄弟互相谦让是美德。有的同学也许会说，你想得是不是太复杂了。我想如果弟弟说，哥哥你吃大的吧。哥哥说，好的，你吃小的。这大概不太符合情理。正义在诸于实际的时候，在分配领域还有一种情感的考量，由此考量情感正义论的内涵或许会有所启发。

刚才我们谈到马克思在《资本论》第三卷中关于正义与生产方式相适应的一段表述，"生产当事人之间进行的交易的正义性在于：这些交易是从生产关系中作为自然结果立生出来的。这种经济交易作为当事人的意志行为，作为他们的共同意志的表示作为可以由国家强加给立约双方的契约，表现在法律形式上，这些法律形式作为单纯的形式，是不能决定这个内容本身的。这些形式只是表示这个

[①] 〔美〕阿马蒂亚·森：《正义的理念》，王磊等译，中国人民大学出版社 2013年版。

内容。这个内容，只要与生产方式相适应，相一致，就是正义的；只要与生产方式相矛盾，就是非正义的。在资本主义生产方式的基础上，奴隶制是非正义的；在商品质量上弄虚作假也是非正义的"。①马克思在这里谈到正义时，说是一个契约，这个契约表现在法律形式上，在这里，马克思说的正义不是道德层面的，而是在讲法权。

伍德认为，这段话"不能算作是马克思'正义理论'的清楚论述，但它具有相当的启发性"，"确实蕴涵着与正义概念及其在社会理论和实践中的适当功能有关的若干重要主题"。②他从四个方面论证是否符合一个社会的生产方式是马克思确认"交易的正义性"乃至制度的正义性的基本标准，因为一种行为或一种制度的正义性总是取决于其存在的文化环境。

首先，法权意义上的正义概念，常常被马克思"作为生产过程的依附性因素"。马克思批判蒲鲁东、拉萨尔谈分配正义，从历史唯物主义原则出发，离开生产过程谈论分配正义是有问题的。如果在生产之前签的契约只是一种法律形式上的正义，而不是实质正义，这就为分配不正义埋下了伏笔，所以，在不符合生产正义的情况下，讲分配正义就是一句空话。在这个意义上，马克思把正义当成生产过程的依附性要素，这是有道理的。其次，正义是"每种生产方式衡量自身的标准"，而不是"人类理性抽象地衡量人类的行为、制度或其他社会事实的标准"。只要适应生产方式的就是正义的，不适应的就是不正义的。再次，马克思与黑格尔一样反对形式正义，认为交易的正义性与制度的正义性只有被应用于特定的生产

---

① 马克思：《资本论》第 3 卷，载《马克思恩格斯全集》第 2 版第 46 卷，人民出版社 2003 年版，第 379 页。

② Allen Wood, "The Marxian Critique of Justice", *Philosophy and Public Affairs*, 1972: Vol. 1, No.3.

方式，并与这种生产方式具体地相适应，才是有意义的，也才是合理有效的。也就是说，正义的形式很重要，但是，如果这个形式不能被对象化为一个实际的存在，其重要性就不是现实的。关键是把形式正义现实化，这就要实现实质正义。最后，伍德认为，交易或制度的正义性不依赖于结果和效果，而体现为它在整个生产方式中所起的作用。①

伍德指出，当我们阅读马克思关于资本主义生产方式的描述时，会"本能地意识到，他所描述的是一个不正义的社会制度"。马克思说："资本来到世间，从头到脚，每个毛孔都滴着血和肮脏的东西。"②由此我们觉得，马克思在批评资本主义社会的不正义，伍德认为这种认知停留在"本能"的层次，还没有到达理性的高度，只是从感性角度认识问题。伍德还指出："而且，他对资本主义的这种描述本身，似乎也蕴涵着对不正义的谴责。"但当我们深入理解马克思的详细描述时，就会发现他"根本没有打算论证资本主义的不正义，甚至没有明确声称资本主义是不正义的或不平等的，或资本主义侵犯了任何人的权利"。不仅如此，马克思还反对蒲鲁东和拉萨尔从分配不正义的角度谴责资本主义的观念。塔克也有类似的观点，他在《马克思主义革命观》中指出，马克思倡导的"现实的运动"是一种革命方案，并不是要实现社会正义，诉诸无产阶级与资产阶级在利益分配上的平衡，而是从根本上谋求废除阶级对立状态，推翻资本主义制度。在塔克看来，"正义的理念意味着在两个或多个集团或原则之间发生冲突情况下谋求一种公正的平

---

① Allen Wood, "The Marxian Critique of Justice", *Philosophy and Public Affairs*, 1972: Vol. 1, No.3.

② 马克思：《资本论》第1卷，载《马克思恩格斯全集》第2版第44卷，人民出版社2001年版，第871页。

衡"①，马克思显然不是强调这种公正的平衡论者。尼尔森把这叫做"塔克·伍德问题"，其实伍德从未承认他和塔克的共识。伍德在回应段老师的那篇文章里批评了塔克，段老师使用的概念是"伍德命题"。

总之，回到马克思的文本语境，马克思并没有直接从道德角度出发谈正义问题。例如，马克思认为，"劳动力使用一天所创造的价值比劳动力自身一天的价值大一倍。这种情况对买者是一种特别的幸运，对卖者也绝不是不公平"②。在资本主义社会，卖者是工人，买者是资本家，买者跟卖者签了合同，然后占有卖者的剩余价值，这件事是"公平"的。也就是说，资本家的占有是这个社会赋予他的权利，所以马克思没有谴责资本主义"不正义"。马克思在批判拉萨尔关于公平分配劳动所得的要求时指出："什么是'公平的'分配呢？难道资产者不是断言今天的分配是'公平的'吗？难道它事实上不是在现今的生产方式基础上唯一'公平的'分配吗？难道经济关系是由法的概念来调节，而不是相反，从经济关系中产生出法的关系吗？"③在这里，马克思并没有从"正义"角度分析问题。

这样，我们就会发现，伍德命题并不复杂，它只是对马克思批判资本主义和使用"正义"一词的实际情形的重述。如果阅读马克思的文本，就会发现马克思不是一个从道德角度使用正义话语的哲学家，他不认为资本主义"不正义"。需要指出的是，在马克思的

---

① Rober Tucher, *The Marian Revolutionary idea,* New York: Noron and Company Inc., 1969, p.51.
② 马克思：《资本论》第 1 卷，载《马克思恩格斯全集》第 2 版第 44 卷，人民出版社 2001 年版，第 226 页。
③ 马克思：《哥达纲领批判》，载《马克思恩格斯文集》第 3 卷，人民出版社 2009 年版，第 432 页。

文本中确实有几处谈到"正义",1864 年和 1871 年,马克思分别为国际工人运动协会起草了"成立宣言"和"共同章程",在谈及会员的社会理想时肯定了正义的价值。他指出会员们要"努力做到使私人关系间应该遵循的那种简单的道德和正义的准则成为各民族之间的关系中的至高无上的准则"①,"加入协会的一切团体和个人,承认真理、正义和道德是他们彼此间和对一切人的关系的基础,而不分肤色、信仰或民族"②。这种肯定的态度在其论述正义的文本中比较罕见,这是出于引导工人运动的策略需要,即"正义的准则"不是资产阶级的专利,理应得到工人阶级的"承认"并成为其间关系的"基础"。为此他还致信恩格斯,表明自己对这类表述做出了恰当处理而不至于使之为害。再就是马克思在青年时代谈到正义是光明大道。

马克思的正义论没有罗尔斯式的"无知之幕"(veil of ignorance)或"原初状态"(original position)的隐喻。罗尔斯以康德式的社会契约论为基础,提出替代功利主义的一种新的正义论,以平等自由主义保证正义选民的抉择。马克思的正义论基于社会经济关系,在他看来,"一个除自己的劳动力以外没有任何其他财产的人,在任何社会的和文化的状态中,都不得不为另一些已经成了劳动的物质条件的所有者的人做奴隶,他只有得到他们的允许才能劳动,因而只有得到他们的允许才能生存。"③这是正义论得以实现的基本条件,获得这种"允许",正义原则仅具备理论上的可能,更何况,

---

① 马克思:《国际工人协会成立宣言》,载《马克思恩格斯文集》第 3 卷,人民出版社 2009 年版,第 14 页。
② 马克思:《国际工人协会共同章程》,载《马克思恩格斯文集》第 3 卷,人民出版社 2009 年版,第 227 页。
③ 马克思:《哥达纲领批判》,载《马克思恩格斯文集》第 3 卷,人民出版社 2009 年版,第 428 页。

很多人因缺乏这种条件而无法得到正义女神的青睐。

大家知道，马克思把正义者同盟改组为共产主义者同盟。正义者同盟是由一些鞋匠、裁缝组成的群体。那些人不想听马克思讲历史规律，他们要砸碎机器。正义者同盟有一个口号——"人人皆兄弟"。马克思说，我只知道我不是他们的兄弟。在马克思看来，"正义"是一个被18世纪以后的资产阶级学者不断涂抹的一张强调道德意识形态的旧船票，不能登上通向未来的客船。

所以，伍德命题所讲的，无非就是资本家的"幸运"，工人的生活不得不这样。但是，这个命题存在着明显的限度，过于简单以至于没说出什么新观点。上层建筑必然与生产方式相适应，这是我们都知道的基本原理。当我们面对另外一些复杂的情境的时候，就会发现伍德所讲的不具有解释力。例如，马克思说，"资本来到人世间，从头到脚，每个毛孔都滴着血和肮脏的东西"①，"资本家是窃取了工人为社会创造的自由时间"②，"资本是死劳动，它像吸血鬼一样，只有吮吸活劳动才有生命，吮吸的活劳动越多，它的生命就越旺盛"③。作为吸血鬼的资本不是正义的。对此，要考虑正义与财产权的关系问题。

苏格兰启蒙思想家认为正义与私人财产权是紧密相关的。假设一个职员工作很努力，他某一天在公司的大厅里遇到了企业的负责人，这个负责人表扬他很勤奋，提醒他到月底不要忘了去财务处领一笔奖金。这个职员很高兴，到了月底他去财务处可能遇到两种情

---

① 马克思：《资本论》第1卷，载《马克思恩格斯全集》第2版第44卷，人民出版社2001年版，第829页。

② 马克思：《政治经济学批判（1857—1858年手稿）》，载《马克思恩格斯全集》第2版第31卷，人民出版社1998年版，第23页。

③ 马克思：《资本论》第1卷，载《马克思恩格斯全集》第2版第44卷，人民出版社2001年版，第269页。

况：第一种情况是，财务人员说，"奖金已经准备好了，这个是给你的"，另一种情况是，财务人员说，"有这个事吗？我不知道啊"，当他打电话问公司的负责人，这个负责人说不记得了。这个职员感到失望吗？失望。第二种情况是，这个职员到财务处顺利拿到了奖金，那天他的车限行，走出公司发现来了一辆公交车，于是就登上了公交车，公交车上人很多，他戴上耳机徜徉在音乐的旋律里。下车之后往家走的路上，突然发现钱丢了，往回走也没找到。这时感到失望吗？失望。我要问大家的是，这时的失望与他去财务处没拿到奖金时的失望相比，哪一个更令人失望？大多数同学都认为拿到了奖金但是丢了更失望，还有些同学认为没得到奖金更失望。大家想一想，在现代社会维系人与人之间关系的是什么？是契约。以前人们以血缘和道德习俗形成了熟人社会，现代社会要靠契约维系。虽然这个企业的负责人说要给这位职员一笔奖金，但这只是一个承诺。在现代社会，要求人们做到一诺千金是没有多大效力的。但是，如果已经获得了属于自己的财产，但却突然因盗窃或抢劫失去了，就会生活在不安之中。

所以，苏格兰启蒙思想家强调正义与财产权的关系问题，在现代社会，盗窃和抢劫与没有兑现承诺相比，是非常严重的不正义。马克思谴责资本家盗窃了工人的剩余时间，抢夺了工人的剩余价值，他在1844年写作《巴黎手稿》，认真研读了苏格兰启蒙思想家的著作，对关于正义的道德话语是非常熟悉的。类似这样的正义话语在马克思文本中时常闪现，正是这些话语让我们"本能地意识到"马克思认为资本主义不正义，变革旧的社会关系，使无产阶级砸碎旧世界的锁链，实现人类解放，确实是马克思革命理论的主线，但其间是否也存在着诉求实质正义的隐性逻辑？在这个意义上，我认为：

首先，马克思在多数情况下使用的"正义"是一种法权概念，主要停留在形式正义层面。在阅读马克思描述资本主义社会现实的段落时，我们极易感受到马克思对无产阶级的同情，他将资本家占有工人剩余价值的行为表述为"抢劫""窃取""篡夺""盗用""榨取""抢夺""盗窃"等，这样的行为与资本主义生产方式相适应，因而是"正义"的。这种"正义"是一种合法性评价。也就是说，当我们认为工人和资本家之间的等价交换是"正义"的，这表明它符合与生产方式相适应的法律和意识形态，与资产阶级认可的道德也不冲突。但是，资本家这种占有剩余价值的行为伤害了无产阶级的道德情感，无疑与同情无产阶级的马克思的道德情感相悖。因而，被马克思认为是"诡计"和"戏法"。在这个意义上，诉求实质正义是马克思革命理论的隐性逻辑，它表明这场颠覆旧制度的革命是正义的。

马克思说："认识到产品是劳动能力自己的产品，并断定劳动同自己的实现条件的分离是不公平的、强制的，这是了不起的觉悟，这种觉悟是以资本为基础的生产方式的产物，而且也正是为这种生产方式送葬的丧钟……"[1]从中可见，工人认识到劳动同自己的实现条件分离是不公平的、被强制的，是一个了不起的觉悟。所以，我们对马克思批判资本主义不正义的认识不是一个本能的错觉，而反映了对于马克思革命理论隐性逻辑的一种理解。

其次，马克思认为资本主义社会的"丧钟就要敲响"了，资本主义社会的正义观念是与资本主义生产方式相适应的，这时适应的只是一种即将被替代的生产方式。在一个社会生产方式内部，正义要与生产方式相适应。当社会革命的时候，正义还要适应原来的生

---

[1] 马克思：《政治经济学批判（1857—1858年手稿）》，载《马克思恩格斯全集》第2版第30卷，人民出版社1995年版，第455页。

产方式吗？这时正义就会发生"辩证的转化"。革命先烈抛头颅洒热血，投身于正义的事业，这时的正义观念不仅不会适应旧的生产方式，反而会成为否定旧的生产方式的一种道德的召唤。也就是说，正义观念在这个阶段不是无所作为的。人们运用正义话语呼唤革命的力量。

我建议大家读一读科恩的一篇文章《为什么不要社会主义？》，他在这篇文章中讲了一个野营旅行的例子，指出平等和共享是社会主义的原则。我们可以认为，平等是最初的范畴，共享是高级的范畴。科恩说社会主义是可欲的，是我们应当去追寻的。社会主义是否可行呢？科恩提到人性是自私的，以及贫乏的社会技术可能构成一些障碍。从中我们可以看到，正义观念在马克思主义哲学中并不是空场。

值得注意的是，明确社会主义正义原则，不是对马克思的正义观念做过度道德化的解释，而要避免将其解释为马克思所批判的道德观念。不要想当然地把马克思正义论理解为前马克思的理论，马克思并不认同资本主义道德评价原则。他在《巴黎手稿》中指出："如果我问国民经济学家：当我靠出卖贞操、出卖自己的身体满足别人的淫欲来换取金钱时，我是不是遵从经济规律（法国工厂工人把自己妻女的卖淫称为劳动时间，这是名副其实的），而当我把自己的朋友出卖给摩洛哥人时，我是不是按国民经济学行事呢（而像征兵买卖等直接贩卖人口，在一切文明国家里都有）？于是，国民经济学家回答我：你的行为并不违反我的规律；但请你看看道德姨妈和宗教姨妈说些什么；我的国民经济学的道德和宗教对你无可非议，但是，我该更相信谁呢，是国民经济学还是道德？"[①]出卖身体

---

① 马克思：《1844年经济学哲学手稿》，载《马克思恩格斯文集》第1卷，人民出版社2009年版，第228页。

和把朋友卖给摩洛哥人,当然是不道德的,但这两件事都不违背商品交换的规律。可是,道德姨妈和宗教姨妈一定对这两件事情严厉谴责。于是马克思问,国民经济学的道德和宗教对这两件事都无可非议,但是应该更相信国民经济学还是道德呢?

马克思并不是说道德不重要,而是说道德不是基础。我们做一件事首先考虑的是,做这件事情会得到什么利益,或者说会失去或得到什么,还是首先考虑道德良心和道德冲动?人们做大多事情的初衷可能都不是出于道德选择,而是利益的需要使你做了某些选择。所以,在考察马克思正义观念的时候,不要想当然地超越经济利益。我们要在历史唯物主义前提下进行道德有效性研究。马克思主义伦理学有一个道德科学的机制在发挥作用,这就要理解"事实—价值"的辩证法。

(二)"事实—价值"的辩证法

我们都知道"事实和价值的二分法",事实的归事实,价值的归价值。这个理想模型最早来自于休谟提出的"是与应当",后来,马克斯·韦伯提出了"价值中立"。事实和价值的二分只是一个理想模型,在实际生活中很难做到。坚持事实与价值二分,要遵循事实判断,应当让事实说话。同时也要意识到运用"事实—价值"的辩证法。因为有一种贯穿事实判断的真实性和价值判断的主体性之间的东西,融合了历史正当性和道德有效性,在整个社会发展过程中产生一种辩证的转化,体现了在历史发展进程中正义观念的与时俱进。在这里,也要考虑规范性和规律性的关系问题。

随着分析马克思主义的政治哲学转向,马克思正义论的规范性解读引人注目,在我看来,这首先是一个理论策略。正如科恩所说:"西方资本主义的社会阶级结构的深刻变化能够解释我们注意力的转变。这些变化导致了以前并不存在的规范性问题,或者更准确地说,它们导致了以前几乎没有政治意义的规范性问题。现在,这些规范性问题具有了重要的政治意义。"①这无疑反映了政治哲学研究的现实意识,政治哲学家要在反思现实的过程中提出影响现实的理论主张,当规范性问题开始具有政治意义,必然成为政治哲学的研究对象,同样成为研究对象的当然还有造成这种转变的西方资本主义的社会阶级结构的深刻变化。

使这种策略具有合理性的关键,不仅是对上述深刻变化的分析是否有效,还要证成这种正义论可以用马克思作为前缀。也就是说,应当阐明在马克思政治哲学的内在结构中是否包括一种规范正义论。回到马克思哲学文本,可见马克思对正义的及其相关问题并非只是批判性或描述性主张,其中也包括一定的规范性阐释。在很大程度上,这些规范性阐释并不是马克思有意为之的,而需要进行归纳和说明。

马克思在《哥达纲领批判》中对"平等的权利"的评论通常被认为是一种规范性阐述:"生产者的权利是同他们提供的劳动成比例的;平等就在于以同一尺度——劳动——来计量。但是,一个人在体力和智力上胜过另一个人,因此在同一时间内提供较多的劳动,或者能够劳动较长的时间;而劳动,要当做尺度来用,就必须按照它的时间或强度来确定,不然它就不成其为尺度了。这种平等的权利,对不同等的劳动来说是不平等的权利。它不承认任何阶级差别,因为每个人都像其他人一样只是劳动者;但是它默认,劳动者的不同等的个人天赋,从而不同等的工作能力,是天然特权。所

---

① 吕增奎编:《马克思与诺齐克之间:G. A. 柯亨文选》,江苏人民出版社 2007 年版,第 158 页。

以就它的内容来讲，它像一切权利一样是一种不平等的权利。"[1]马克思在这里对平等的权利实际上是一种不平等的权利这种现象作出深刻的分析，并指出从根本上避免分配的弊端，就要消除这些"天然特权"。他批判了因天资禀赋、家境、运气等差别带来的分配的不平等，这种因"贡献"而实现的"应得"在一定条件下是合理的，但其缺陷也是明显的。因而必须实现一种高阶的分配平等，在物质财富充分涌流的条件下实现"按需分配"。

这种关于分配正当性的论述《德意志意识形态》已有所体现，马克思这个文本中谈到一种共产主义原则，即以研究人的本性为基础的实际信念。"人们的头脑和智力的差别，根本不应引起胃和肉体需要的差别；由此可见，'按能力计报酬'这个以我们目前的制度为基础的不正确的原理应当——因为这个原理是仅就狭义的消费而言——变为'按需分配'这样一个原理，换句话说：活动上，劳动上的差别不会引起在占有和消费方面的任何不平等，任何特权。"[2]平等的权利不应只是资产阶级的权利，这是就阶级差别以及由此导致的平等内容而言的，衡量平等的权利需要同一种尺度，而不能采用特殊的尺度。更何况，对不同天资禀赋、家境状况的劳动者而言，以抽象平等的方式衡量权利也是不妥当的。

"事实—价值"的辩证法是马克思正义论研究应当秉持的重要思维方法。从交易的正义性角度看，任何时代的正义观念都是由生产方式决定的。所以，马克思认为，只要与所处时代的生产方式相适应，就是正义的，因为这种交易符合所处时代的文化环境和法律规则，否则就不能被视为是正义的。在这个意义上，权利和道德是

---

[1] 马克思：《哥达纲领批判》，载《马克思恩格斯文集》第3卷，人民出版社2009年版，第435页。

[2] 马克思、恩格斯：《德意志意识形态》，载《马克思恩格斯全集》第1版第3卷，人民出版社1960年版，第637—638页。

由经济关系来调节的，而不是相反。马克思关于正义的阐述因而不停留于对应然道德的形式规定，他所倡导的正义规范以实现社会整体利益为基础。在马克思看来，正义不是一种现代神话，作为源于物质生活关系的社会意识形式，正义观念不能超出社会经济结构的制约，从非历史的角度所作的道德谴责与问题的解决毫无关系，也不能从根本上说明正义问题的实质。

毋庸置疑，马克思明确反对剥削，提倡消灭私有制，建构一个没有阶级差别的理想社会。在他看来，无产阶级断定劳动同自己的实现条件相分离是不公平的，是一种了不起的觉悟。人们应当在劳动中实现自己的应得。剥夺工人在劳动中创造的价值，是不合理的。以资本逻辑支付一定的工资，却无偿占有剩余价值，只是在名义上承认公平原则，实际上抛弃了公平原则。从中可见马克思强烈的正义感。他反对脱离社会历史条件的道德意识和道德评价，拒斥资产阶级意识形态家的道德呓语，但他也意识到道德所具有的社会功能，并基于事实做出具有正当性的价值评价，呈现了研究分配问题应有的实质正义原则。

面对从历史主义和道德正义角度分别作出的马克思正义论何以可能的判断，提出"事实—价值"的辩证法，并非引入一种模棱两可的逻辑诡辩，而是强调唯物辩证法与马克思正义论的内在关系。人们的正义观念与其所处时代的生产方式相一致，但当社会形态更迭，旧的生产方式被新的生产方式替代的时候，正义观念就会发生"辩证的转化"。在转化的过程中，我们可以看到道德选择和道德实践的直接现实性，看到道德意识对社会存在的反作用，看到为时代所认同的正义观念对人们行为的规范价值。在变革旧的生产关系的革命中流淌着道德暖流，它激励人们以高尚的道德情操投身解放的事业，体现了实质正义的召唤。

由此可见，马克思正义论不仅体现为符合历史科学的观念体系，而且体现为一系列道德主张。其中道德反思和道德评价体现了事实判断和价值判断的辩证统一，反映了辩证形式在社会正义研究中的现实发展。马克思关于正义与否的评价首先遵循历史科学的客观规律，因为社会存在决定正义观念，但他也真切地指出资本掠夺了工人的健康和自由时间，这种掠夺的行为本身尽管符合形式正义，但不符合实质正义，因而有必要从现实层面进行道德批判，进而倡导无产者建构一个无剥削无压迫的体现实质正义的社会。为此，要透过现象看本质，以历史唯物主义为前提进行道德有效性研究，这种重整事实与价值之间辩证关系的正义研究揭示了马克思主义伦理学应有的实践逻辑，实现了历史科学和道德哲学的统一。

换言之，马克思主义伦理学符合历史科学规定，同时彰显了道德研究应有的价值，提倡自觉运用历史唯物主义研究现代社会复杂而多样的道德问题，确认人们应当承担的道德责任和应当履行的道德义务，调整人们的道德关系，构建符合时代精神的道德哲学。这里反映了人们正义观念的更新从量变到质变的过程，强调正义观念的时代性和变革旧的生产关系以及由此发生变化的正义观念的必要性，以解决正义领域的实际问题为中心，展现"事实—价值"的辩证法及其内在规律，使正义的道德逻辑遵循思维发展和社会发展的实践逻辑，在真理和道义的制高点上呈现了马克思主义的道德力量。

在实际的道德认知和道德实践中，人们以实践理性作出的事实判断本身即包含价值因素，事实判断和价值判断并非彼此无涉。道德是一种社会历史现象，人们的正义观念和道德权利不可能超出社会经济结构的发展，但在现实生活中保持对正义的追求无疑是正当的。从道德有效性角度看，建构符合实质正义原则的道德规范，有助于形成公平正义的社会氛围,推动有原则高度的道德实践,提升社会关系的有序性。事实表明,道德迷失、正义沉默、价值沦落将造成严重的文化危机,进而阻碍社会健康发展。为此,应以唯物辩证法释放与时代发展要求相适应的道德活力,促进社会公平正义的实现。

以"事实—价值"的辩证法审视马克思正义论,有助于将其内在逻辑和张力引入实践向度,进而把握在历史唯物主义正义观与规范正义论之间辩证联系的纽带。这一纽带并非重合表达正义的各种变幻无常的面孔,而贯穿了事实判断的真实性和价值判断的主体性,融合了历史正当性和道德有效性,使之在社会实践中得到辩证的转化,体现了在历史发展进程中正义观念与时俱进的规律。应当看到,与一个时代的生产方式相适应的正义观念总是随着时代变迁而发展,也在时代变迁的过程中体现直接现实性,进而形成与新的生产方式相适应的道德风尚,从中体现的辩证法是批判的和革命的。

在这个意义上,倡导与生产方式相适应的道德意识和道德行为就成为时代之所需。为此应当合理理解道德正义的有效性和现实性,建构与社会主义生产方式相一致的程序正义和实质正义原则,确立在社会生活各领域实现起点公正、过程公正和结果公正的规范,使人们共享社会发展成果。公平正义是社会主义的基本价值取向,社会主义社会实现了正义从低阶到高阶的发展,较之与资本主义生产方式相适应的正义观念,社会主义正义观念因强调平等和共享而体现优越性。当生产正义问题得到基本解决,需要深入探究分配正义问题,尽可能避免因非选择的偶然因素导致的实际所得的不平等,使人们合理共享经济社会发展的红利,在社会分配中获得其所应得,促进社会和谐稳定发展。

从中可见，马克思主义不存在道德空场，对一切在劳资交换中产生的实际上等于"盗窃""抢劫""侵占"的行为进行道德谴责并努力在实践中使之得到改变，是马克思主义伦理学和政治哲学的应有之义。当然，这种谴责的出发点不仅包含一种道德主张，而且是致力于改变因贫富差距而产生的各种问题的实践探索。实现分配正义，既需要有实践基础的规范，也需要有原则高度的实践。

在这个意义上，我们要理解马克思正义论的复杂性，不能想当然地建构一种不符合马克思思想本意的理论。马克思政治哲学是一种新的政治哲学，正如他的新唯物主义、新世界观与传统哲学是不同的，以传统哲学的标准衡量马克思政治哲学是不妥当的。我们不能想当然认为马克思指出资本主义是不正义的。这也涉及我们建构马克思正义论的必要性和可能性，也是我接下来要讲的第三个方面的问题。

（三）建构马克思主义正义论的问题域

实现教育、医疗、住宅等领域的正义，首先要遵循平等原则。平等的权利是资产阶级的权利，但资本主义社会并非很好地实现平等，特别是无产者和资本家之间存在着诸多实际上的不平等。正是因为不平等，无产者即使做与资本家同样的事，有时也要花更多的钱，这使得贫穷者愈加贫穷。社会主义的优越性之一就是比资本主义社会更好地实现了社会平等，无产者成为社会的主人翁通过劳动共同占有社会全部生产资料。如果我们倾向于认为马克思资本主义是"不正义"的，其中主要的所指是资本主义是"不平等"的，因为它让资本家"幸运"地获得工人创造的剩余价值。也就是说，形式上的等价交换实际上蕴含着不平等的内容，这正是马克思的两大发现之一，是资本主义社会运行的秘密所在。变革旧的生产关系，当然要实现面向无产者的社会平等，实现共同富裕，正是社会主义的本质要求。

第一个问题是，道德谴责不是历史唯物主义理论的主要工作方式，但我们能否因此认为，与生产方式相适应的道德评价在历史唯物主义理论中没有一席之地？在斯密看来，"正义"是一种必须遵守的美德，"盗窃与抢劫"是"罪行比违背契约更严重"的不正义之举。马克思在批判与借鉴斯密等启蒙国民经济学家著述的过程中，无疑接触到启蒙国民经济学家谈到的"盗窃""抢劫""掠夺"等道德谴责话语。当他用这些话语批判资本家无偿占有工人剩余价值，认为剩余价值是"侵占者"的"赃物"的时候，我们能否同意伍德这种理解："根据马克思的正义概念，资本家应当抢劫工人以及工人应当被迫向资本家进贡，乃是完全正义的。"当这种"盗窃""抢劫""掠夺"的行为在资本主义社会被正常化、合法化的时候，这种行为在资本主义意识形态家看来就不属于"盗窃""抢劫""掠夺"，而是体现资本家"幸运"的等价交换，资本家占有的剩余价值也就不是"赃物"，而是合法所得，也符合资本主义道德的要求。当马克思使用这些话语评价这种所谓"无过失的不当得利"的情况的时候，是否不蕴含任何道德谴责的意味？尽管在他看来，评价的首要的原则应符合历史科学，但道德评价是否可以被理解为马克思历史评价之后的又一标准？也就是说，马克思有明确的历史评价，在这之后他是否还有一个道德评价？

如果说道德评价在马克思的历史唯物主义理论中有一席之地，那么就有必要进行一种基于历史必然性的道德论证，发挥"正义"的观念体系对经济基础的反作用。在这个意义上，重要的在于对资本主义交换原则的道德谴责，马克思也在《黑格尔法哲学批判》导言中谈道，要让无产者意识到自己的处境，让受现实压迫的人意识到压迫,从而使现实的压迫更加沉重;应当公开耻辱,从而使耻辱更加耻辱。与资本主义制度相比,社会主义应当处于正义的高阶状态。在社会主义现代化建设中,要弘扬"正义"的价值主题。实现社会公平正义,是践行社会主义核心价值观的基本要求,也是社会主义道德建设的重要内容。如果说正义论是马克思革命理论的隐性逻辑,因为消灭资本主义制度不以实现正义为最终目的,那么可以将正义论视为马克思社会建设理论的显性逻辑之一,因为社会主义社会应当是一个正义的社会。

第二个问题是,是否可以建构一种马克思主义分配正义论?因为马克思深切批判过蒲鲁东和拉萨尔的分配正义论。当历史语境发生变化,分配领域的问题更凸显的时候,马克思主义分配正义论的逻辑可否以与马克思的基本观念不同的方式展开?毋庸置疑,不能在违背马克思思想本意的情况下建构马克思主义分配正义论。当然,首先要明晰马克思关于分配正义的思想本意是什么。蒲鲁东和拉萨尔在生产正义问题没有解决的前提下讨论分配正义问题,显然是不切实际的。因为"分配的结构完全决定于生产的结构。分配本身是生产的产物,不仅就对象说是如此,而且就形式说也是如此。就对象说,能分配的只是生产的结果,就形式说,参与生产的一定方式决定分配的特殊形式,决定参与分配的形式"[①]。因而,关于资本主义是否"正义"的抽象或具体的讨论都不应以"分配"为出发点,在资本家和工人之间的交易逻辑没有得到根本解决的前提下,资本主义分配的正义性就只能停留在法权范围,体现为一种形式正义,而与无产者的实际需求和道德情感相悖。在社会主义社会,当生产正义的问题得到基本解决,随着生产力水平不断提高,

---

[①] 马克思:《政治经济学批判(1857—1858年手稿)》,载《马克思恩格斯全集》第2版第30卷,人民出版社1995年版,第36页。

分配正义的问题日益得到人们的重视,建构合乎实际的马克思主义分配正义论就变得十分重要。

马克思当然意识到他所肯定的资本主义"正义"的形式特征,正如恩格斯所指出的:"劳动决定商品价值,劳动产品按照这个价值尺度在权利平等的商品所有者之间自由交换,这些——正如马克思已经证明的——就是现代资产阶级全部政治的、法律的和哲学的意识形态建立于其上的现实基础。劳动是商品价值的尺度,这个认识一经确立,善良的资产者必然会因世界的邪恶而感到自己最高尚的感情深受伤害,这个世界,虽然名义上承认公平原则,但是事实上时时刻刻都肆无忌惮地抛弃公平原则。"[①]这可谓是对马克思正义观念所做的最好注脚。资本主义生产领域的公平原则是"名义上"的,资本主义分配领域的公平原则更是"名义上"的。关键是在揭示资本家占有工人剩余价值是符合资本主义法律的同时,消灭资本主义经济关系,从根本上实现公平正义原则。为此,要实现"按劳分配"原则,并考虑到按生产要素分配的实际情形,进而在未来理想社会实现"按需分配"原则。

第三个问题是,具体实现教育、医疗、住宅等领域的正义,要遵循哪些马克思主义原则?马克思对"正义"所做的法权的、意识形态意义上的使用在解析资本主义生产关系和分配关系时是有效的,尽管人们对马克思是否存在对资本主义的道德谴责有不同意见,但这似乎并不妨碍我们对马克思肯定社会主义道德的积极评价。如果说人们以往讨论的问题主要是马克思认为资本主义是不是"正义"的,那么在讨论社会主义公平正义问题时,应使马克思主义正义论的现实性更加具体化。在马克思看来,社会主义社会仍存

[①] 恩格斯:《马克思和洛贝尔图斯》,载《马克思恩格斯全集》第1版第21卷,人民出版社1965年版,第210—211页。

在它脱胎出来的旧社会的弊端，扬弃这种弊端，需要进一步解放和发展生产力，进一步完善与生产力相适应的生产关系，在加强物质文明建设的同时，加强精神文明、政治文明、生态文明和社会文明建设，提高人们的道德素养和文化素质，使人们的生产、交换、消费和分配符合正义的要求。因而，问题的关键就不是马克思认为社会主义是不是"正义"的，而是在社会主义现代化进程中如何更好地实现公平正义。

首先，要遵循平等原则。在资本主义生产方式内部，无产者和资本家之间存在着诸多实际的不平等。正是因为不平等，无产者在日常生活中即使要实现与资本家同样的愿望，有时也要付出更多的努力和更大的代价，这使得贫穷者愈加贫穷。社会主义的优越性之一就是比资本主义社会更好地实现社会平等，无产者成为社会的主人翁，通过劳动共同占有社会全部生产资料。关于马克思认为资本主义"不正义"的看法，其主要所指是马克思认为资本主义"不平等"，因为它让资本家"幸运"地获得了工人创造的剩余价值。也就是说，形式上的等价交换实际上蕴含着不平等的内容，这正是马克思的两大发现之一，是资本主义社会运行的秘密所在。变革旧的生产关系，当然要实现面向无产者的社会平等，实现共同富裕，这正是社会主义的本质要求。

其次，要遵循共享原则。如果说平等原则是实现分配正义所要遵循的原则，是马克思主义正义论实际体现的初级范畴的话，那么共享原则是一种更高的正义原则，是马克思主义正义论所要体现的高级范畴。从这个高级范畴回视初级范畴的时候，可能发现平等不仅以量为标准，它也是社会主义的本质规定。相比而言，平等更多地体现为个体之间的权利、机会和竞争规则的一致，共享则体现了公共生活的价值理想，不仅要实现公共利益，而且要形成共同的价值观念和道德风尚。正如科恩所看到的,"社会主义者的志向是将共享和正义扩展到我们整个经济生活"①。这个看法是具有启发性的,作为共享的正义原则倡导人们互利合作,打破零和博弈的束缚,增强了经济生活的包容性,避免在经济发展过程中形成收入差距过大的鸿沟,也实际地推动人们构建追寻和创造美好生活的共同体。

此外,要遵循历史唯物主义方法论原则。建构马克思主义正义论,不是要强化一种超历史的正义观念,而是要在明晰马克思正义论的内在逻辑和理论实质的基础上,以当今实际存在的公平正义问题为导向,回应人们的利益关切和社会心理,完善与其理论实质相统一的实践逻辑。换言之,马克思主义正义论不是一种应然的理论设定,而是一种现实的社会主张,它要解决的问题是现实的,解决问题的思路是现实的,所要达成的愿景也具有明显的现实性。因此,在历史唯物主义框架内建构的体现道德有效性的马克思主义正义论既要与社会主义生产方式相适应,也要对经济基础发挥反作用,并随着时代条件的变化而变化。当社会生产力水平不能满足人们实际需要的时候,首先要提高劳动生产率,注重效率优先、兼顾公平;当生产力水平稳步提高,人们的生活水平逐渐得到改善的时候,要在持续提高劳动生产率的同时,更加注重分配正义和社会公平,真正实现物质生活不断丰裕基础上的社会正义。这是解决当今社会公平正义问题的必要探索,也是完善马克思主义正义论的现实路径。

最后,我想谈谈马克思正义论研究的中国语境。马克思主义传入中国110多年来,正义的追求在中国革命、建设和改革进程中始

---

① 〔英〕G.A.科恩:《为什么不要社会主义?》,段忠桥译,人民出版社2011年版,第75页。

终在场。中国新民主主义革命"打起正义战争的旗帜",毛泽东在陕北红军大学演讲时指出:"历史上的战争,只有正义的和非正义的两类。我们是拥护正义战争反对非正义战争的。一切反革命战争都是非正义的,一切革命战争都是正义的……人类的大多数和中国人的大多数所举行的战争,毫无疑义地是正义的战争,是拯救人类拯救中国的至高无上的荣誉的事业,是把全世界历史转到新时代的桥梁。"①新中国成立后,毛泽东在为制定颁布《中华人民共和国宪法》的中华人民共和国第一届全国人民代表大会所致的开幕词中指出:"我们的事业是正义的。正义的事业是任何敌人也攻不破的……我们正在前进。我们正在做我们的前人从来没有做过的极其光荣伟大的事业。我们的目的一定要达到。我们的目的一定能够达到。"②毛泽东强调社会公平,"领导农民走社会主义道路。使农民群众共同富裕起来,穷的要富裕,所有的农民都要富裕"③。但是,当经济生产生活被高度政治化,在人民公社化和多次政治运动中,平等的正义被沦为平均主义,追求共同富裕的理想时则表现为大多数人贫困的社会现实。

改革开放引入了效率机制,纠正了平均主义观念,同时强调社会公平的必要性。邓小平在回答美国记者迈克·华莱士的提问时指出:"社会主义财富属于人民,社会主义的致富是全民共同致富。社会主义原则,第一是发展生产,第二是共同富裕。"④关于社会主义本质的表述——"解放生产力,发展生产力,消灭剥削,消除两极分化,最终实现共同富裕"——体现了实现正义所需最为重要的两重维度。在中国走向现代化的征程中,在不同时期强调公平和效

---

① 《毛泽东选集》第 1 卷,人民出版社 1991 年版,第 174 页。
② 《建国以来毛泽东文稿》第 4 册,中央文献出版社 1990 年版,第 554 页。
③ 《毛泽东选集》第 5 卷,人民出版社 1977 年版,第 411 页。
④ 《邓小平文选》第 3 卷,人民出版社 1993 年版,第 172 页。

率的侧重点有所不同，从提倡"效率优先，兼顾公平"到强调"公平与效率并重"，进而提倡"公平优先，兼顾效率"，对公平和效率之间关系的探索反映了不同时期生产发展与财富分配在人们心中的投影，可以说，改革开放 30 多年来，社会公正[①]始终被认为是实现社会持续和谐发展的价值基础，它对于社会如同空气对于人，是须臾不能缺失的。

马克思主义中国化促进了中国传统正义观的现代转型，人们在比较中西正义观念异同的同时，进一步理解马克思的正义论并丰富其时代精神。从中形成的中国化马克思主义正义观既强调正义与生产方式相一致的属性，又强调作为精神象征的正义具有的现实价值。随着利益格局的调整和分配方式的变化，人们的思维方式与价值观念与时俱进，对社会正义有了更深刻的认识和更丰富的需求。各种关于公平正义的社会思潮涤荡着人们的内心世界，进而成为衡量改革得失的公共价值观念与社会心理。较之分析马克思主义哲学家从"可欲的"达至"可行的"思维路径，当代中国马克思主义的正义话语则在"可行"中彰显进一步"可欲"的方向。学界强调符合中国国情与中国文化心理的正义观念，体现了迫切实现医疗、教育、住房、司法、税收等领域的实质正义的愿望，使作为社会主义核心价值观的公正观念成为社会生活之所必需和民意之所同然。

谢谢大家！

---

① 公平、正义、公正经常作为同义语互换使用。如果将公平界定为人们协商社会事务时地位平等且一致同意的状态，将正义界定为保障社会成员获得其所应得的社会利益的原则，公正则意味着在公平的状态中得到正义的结果。

三、圆桌讨论

学生A：老师好！老师今天的讲解非常激励我们，因为我们是上一次讨论正义问题的正方，当时我们也提到了要在历史唯物主义的语境下理解正义问题，而老师今天更深入地帮我们解答了我们当时还没弄清楚的问题。我还有一点困惑的问题想请教老师，我之前看了肖恩·塞耶斯的一本书，他对于正义问题坚持一种历史主义的看法，这与我们所理解的马克思坚持一种历史唯物主义看法是否是一致的？肖恩·赛耶斯是否有一些过度解读？

臧峰宇：谢谢你的提问。关于肖恩·塞耶斯对马克思正义论的理解，我想提到的是，有一本他的书最近要在中国人民大学出版社出版，叫《马克思与异化》[1]。2015年，我请他来中国人民大学做讲座，也曾与他进行了一个学术对话，他阐释了关于这个问题的一些比较明确的看法。他从黑格尔主义或历史主义的角度解读马克思的正义论。这个看法可能比较传统。但他也不是对于道德意义上的正义丝毫不关心的学者，他也写过这方面的文章。我跟他探讨对于科恩思想的理解，他说科恩不是年老了思想发生转向，是他年轻的时候大概就不是一个马克思主义者。他与科恩是好朋友，但是观点并不一样。科恩一方面认为社会主义是可欲的，另一方面又讲到社会主义不一定可行。塞耶斯的观点里有没有道德方面的内容呢？我认为是有的，但是并不多，他大多数时候是从历史主义角度考虑问题的。

---

[1] 〔英〕肖恩·塞耶斯：《马克思与异化》，程瑶译，中国人民大学出版社2020年版。

学生 B：老师好！您刚才讲到马克思对资本主义的批判是否蕴含道德评价时，您说其实重点不是在道德评价上，又提到可能有一种隐含的道德谴责，给我们留下了适用正义的空间。那么，这种道德谴责是不是等同于正义？如果说它给我们留下正义的空间的话，是不是又回到了那种适合无产阶级、但在资产阶级眼中不是正义的正义？而且，如果我们谈分配原则的话，以正义来谈分配和以平等来谈分配有什么不同？因为，如果按照价值多元观来看，平等和正义是两种价值观念，而如果按照价值一元论来看，平等和正义似乎又很相似。请教老师如何看待这个问题？

臧峰宇：讲正义的时候，我更愿意把马克思的观念理解为一种作为平等的正义。我不认为马克思的正义论是在平等之外的，没有与平等相悖的正义。关于历史唯物主义与道德的关系。马克思有一种作为道德的正义吗？我们对此应当有一种谨慎的判断。我并不认为道德在现实生活中是可有可无的，但我们应该把道德观念作为历史唯物主义的一部分来理解。道德观念是历史唯物主义框架里不可或缺的一环，但不能逾越经济基础本身，它是一种被决定的逻辑，但道德逻辑不是无所作为的。今天，社会发展依然需要建构良好的道德风尚，需要精神文明建设。我们要将公平正义理解为历史唯物主义框架中的一环。我反对外在于历史唯物主义讲公平正义，历史唯物主义是马克思思想的主体框架。

学生 C：老师好！在中国这种独特的文化背景中，我们如何遵循马克思的实践逻辑，去建构一种马克思主义的道德伦理？

臧峰宇：关于中国人的道德观念，中国人开始接受马克思主义就带着中国的文化温度。毛泽东说过，十月革命一声炮响，给我们送来了马克思列宁主义,从那时起,中国人从思想到生活才进入了一个崭新的时期。中国人的道德和正义观念,首先是有文化温度的,马克思主义传入中国,使人们受到科学理性的启蒙,形成一系列现代观念,重构时代发展需要的价值理论。在这方面,应当加强马克思主义伦理学研究,义天老师对此作了很多有价值的工作,希望大家也能深入理解这方面的研究,更好地理解马克思正义论的实践逻辑与"事实—价值"的辩证法。

四、主持人总结

李义天:谢谢峰宇老师!刚才峰宇老师给我们讲解了他所理解的马克思正义论,大家可以看得出来,他的理论与现实联系的能力是非常强的。我们这个马伦研讨班的时间不长,但内容都比较丰富,邀请来的嘉宾们的研究方法也各不相同。峰宇老师在学术研究上有几个方面给我留下很深的印象,所以我特地请他过来,给大家传授这方面的本领。

第一个方面是问题意识。我和峰宇老师几乎在差不多的时期关注到"塔克—伍德命题",关注到英美学界围绕马克思正义理论的这场争论。峰宇老师说,面对马克思的同一个文本片段,不同的学者居然发生这么大的分歧,而且是持续的、不可解决的分歧,这才是一个真正的"马克思问题"。它跟我们伦理学和政治哲学界比较熟悉的"罗尔斯问题"构成了同样分量的对应物。我听了以后觉得耳目一新。这种发现问题的"问题意识"是同学们在写作和思考的时候特别需要培养的。因为,问题的视角决定了你进入的方向及其深刻性和准确性。

第二个方面是研究方法。大家可以关注峰宇老师发表在《哲学研究》上的那篇文章。他写到了苏格兰启蒙运动传统对马克思的影响，以及，马克思在写作过程中对于正义概念的纠结心态。这是一种思想史的分析方法。你们要注意，对于研究马克思思想的理论工作而言，你们所熟悉的伍德、尼尔森、科恩等人都是马克思的后人，但真正影响马克思的不是他们，而是马克思前面的那些思想大师。所以，研究马克思，就要把他放在大的启蒙传统里面。在以赛亚·伯林的《卡尔·马克思》一书中，他在第一章就用了很大篇幅来介绍马克思的青年时期。虽然这本书的整个篇幅不大，而青年时期也不能算是马克思最重要的时期，但伯林却用了很大篇幅去重塑马克思所面临的那个启蒙时代的思想、观念和难题。这是一种非常重要的研究方法。希望大家今后在研究马克思的文本时，要注意这种方法。

第三个方面是实践关切。这可能是峰宇老师今天报告中最突出的地方。单纯从文本来看，我们可能感觉马克思是分裂的，一会支持正义一会反对正义。如果是从伍德、尼尔森、科恩这些人的争论中，你会发现这是一个很大的问题，甚至是很严重的冲突和撕裂，时至今日50年都还没得到解决。但是，如果我们回到实践的角度，回到中国的角度，回到我们现在要做的事情的角度来看，你会发现答案是非常明确的，那就是，我们需要建构马克思主义的正义理论，我们必须承认马克思主义的公平观念。于是，我们接下来要做的事情就变得很清楚了，那就是：摆正历史评价与道德评价的关系，理解马克思主义正义原则的必要性，以及，在教育、医疗、住房等具体领域从正面给出马克思主义的正义主张。这才是研究马克思主义的人真正需要做的工作。

至于说我们在这里讨论的所有问题以及与嘉宾展开的所有交

流，对你们来说，其实都是必要的童子功。只有练好了童子功，你们才会知道你们的历史使命是什么，才会找准你们的实践关怀的对象。希望大家从我们的研讨班上不仅学到文本的知识，学到讨论的方法、辩论的技巧，更要学到各位老师给我们提供的不同方法。这才是真正受益终身的东西！让我们再次以热烈的掌声感谢峰宇老师！

第十三讲
马克思主义考虑个人道德吗？[①]

曲红梅

一、主持人开场白

李义天：今天我们非常高兴，请到吉林大学的曲红梅教授，来到我们的马克思主义伦理学研讨班，跟大家做交流。由于疫情的原因，她不能来到现场，所以我们只好采取线上交流的方式。现在同学们已经在屏幕上看到她了。大家先跟曲老师打个招呼！

曲老师是吉林大学哲学社会学院的副院长、教授。她的研究方向也是伦理学，尤其是马克思主义伦理学，还涉及康德伦理学和应用伦理学等方面。这几年，我们一起共同推进马克思主义伦理思想史的研究，她是我们目前马伦史重大课题的子课题负责人，主要负责第二卷的写作。而且，今年她刚刚在国家社科基金的申报评选中又斩获了一项重点课题，也是关于马克思主义伦理学的。所以，我们今天能够邀请到红梅教授来给我们做报告，对我们来说，应该是一件非常荣幸的事情。我们能够听到她对自己最新研究的分享。

今天她报告的题目是《马克思主义考虑个人道德吗？》，关于这

[①] 时间：2020年10月29日。

个问题，其实我们是没有涉及的。以前谈论马克思的道德观念时，我们侧重于追问道德是不是一种意识形态，是不是一种观念产物，是不是一种历史片段等问题。这些问题实质上关乎道德在整个社会结构中的性质和定位问题。但是，个体的道德问题，却是我们之前没有涉及的。而这个问题对于伦理学来说至关重要。因为，无论道德被理解为怎样的社会现象，它的存在和运行一定要落实到个人的能动性和自主性上才行。下面我们有请曲老师给大家做精彩报告！

二、主旨报告

曲红梅： 非常感谢义天教授的邀请，我也非常荣幸有这个机会和同学们互动。实际上我对于马克思主义伦理学的研究，就像我们正在做这项研究的很多人一样都是"在路上"。因为这个领域还有很多非常复杂艰深的问题，也就是说，马克思主义伦理学有它自己的特殊性。它的最大的特殊性就是，在马克思主义的创始人马克思和恩格斯那里，我们没有看到"马克思主义伦理学"这个术语。这其实成为很多人质疑马克思主义伦理学有没有合法性的一个原因。所以怎么去研究马克思主义伦理学，怎么确认它的存在，都是非常重要的问题。我今天能够给大家提供的，可能主要是一个思考问题的思路（之前也给大家提供了一些阅读的文献），我不见得有特别好的解决办法。但是我希望通过我自己个体性的这种阅读体验，包括我的研究体验，提供给大家一个研究路径。我也希望有更多的人会加入到研究马克思主义伦理学的队伍里来，有更多的人对马克思主义伦理学的研究做出贡献。

我在吉林大学也上一门课，叫做"马克思道德理论研究"。这门课我也是采取了一种研讨班的形式，而且我选取的那些阅读材料是对话性的或者说对立性的。比如，之前我请大家读过的那篇约翰·麦克默特里（John McMurtry）的文章[1]，我也会让学生们对比乔治·麦卡锡（George McCarthy）的文章来读[2]，两人的观点实际上是有一些对立和冲突的。此外，我还会让学生们读乔治·布伦克特（George Brenkert）的作品。他倡导的马克思式的伦理思想，或者说他认为的"马克思的伦理学"是一种混合的义务论。[3]然后我们再读德里克·艾伦（Derek Allen）的文章，看看他如何强调马克思的思想是一种功利主义或者说后果论。[4]我希望学生们在对比中，通过对马克思的文献的不同解读和思考，发现我们在研究马克思主义伦理学的时候需要重点关注的问题，或者说大家容易产生歧义的地方以及容易引起争论的问题。

今天讨论的主题是我跟义天教授商量的结果。这个问题对我来说是一个非常难的问题，我其实一直在思考。我也不觉得到现在为止我已经获得了一个让人特别满意的答案。但是，我想从事哲学研究特别是从事马克思主义研究，其实答案不是那么重要，因为马克思主义是一种开放的、具有不断自我批判能力和自我更新能力的理论。所以从创立那一天起，马克思主义都在不断地完善自身，不断地发展自身。如果是这样的话，那么我们对于马克思主义理论及其实践的探索，实际上就一直是在路上的。所以我觉得越来越多的人

---

[1] John McMurtry, "Is There a Marxist Personal Morality?", *Canadian Journal of Philosophy*, Supplementary, Volume 7, 1981, pp.171–192.

[2] George McCarthy, "Marx's Social Ethics and the Critique of Traditional Morality", *Studies in Soviet Thought*, Vol.29, No.3, 1985, pp. 177–199.

[3] George Brenkert, "Marx's Critique of Utilitarianism", *Canadian Journal of Philosophy*, 1981, Supplementary, Vol. 7.

[4] Derek Allen, "Marx and Engels on the Distributive Justice of Capitalism", *Canadian Journal of Philosophy*, 1981, Supplementary, Vol. 7.

对于马克思主义伦理学感兴趣是一件非常好的事情。

我们今天具体要讨论的"马克思主义考虑个人道德吗？"这个问题。实际上，我认为这是一个确立马克思主义伦理学是否存在的问题。进一步我们还要思考的问题是：如果上一个问题的答案是肯定的（当然是肯定的！），马克思主义伦理学是什么样的存在呢？在认真考虑这些问题之后，我们才会去考虑马克思主义是否考虑个人道德。而且这一连串的问题其实涉及了马克思的伦理观，或者说涉及了马克思主义伦理学的性质。这是一个非常重要的问题。为什么这么说呢？因为我们基本上都会认为马克思主义是一种思考人类社会、思考人类历史发展规律的科学。但是在这种科学之中，它是否能够容纳个人道德，其实就是要思考马克思主义的科学性与道德性的关系问题。这个问题在马克思本人那里，在其后的马克思主义那里其实都有所展现但又不是那么清晰。因此，我们要理解和分析的是关于马克思的哲学观的问题，这同时也是对马克思的伦理观的理解。这就是我们今天在讨论问题的过程中始终要面对一种背景性的、基础性的、前提性的问题。

今天我主要想跟大家分享的是下面这四个方面的内容。首先，基于麦克默特里自己的观点，特别是基于他在我推荐给大家提前阅读的文章中提出的一些问题，我们做一个简要的概括。然后，我们尝试具体分析一些重要的、容易产生冲突或者是歧义性解读的概念。第三部分是我们最核心的观点即马克思对"现实的人"这个概念的理解。最后，我也希望能够通过今天对于麦克默特里文章的分析，给大家提供一些可以进一步思考和研究的问题。我希望这次不单纯是一个学术性的报告，更像是大家相互之间的一种学术研讨，我也希望从诸位身上学到东西，促进我自己对这个问题的思考。

（一）麦克默特里的观点及其提出的问题

我给大家提供的这篇文献的名字叫做"Is There a Marxist Personal Morality?"。这是一个 There be 句型，它其实表达的是"对某个地方是否存在某个东西所提出的疑问"。麦克默特里对这个疑问句的回答应该是肯定的，他认为有这么一个马克思主义的个人道德。但是这种个人道德在麦克默特里看来还没有人们意识到，更没有在马克思的思想中被发掘出来，而且这种个人道德在现实中也没有实现，所以他觉得很遗憾。但他认为这是研究马克思主义伦理学的人应该去做的事情。我们做哲学研究，很多时候不用特别关注一个作品的结论，而应该去关注这个作品提出了什么样有价值的问题。而且这个作品在论证观点的时候，提供了什么样的理由和方法。这可能是我们最需要特别注意的内容。所以我今天也是要通过展现这篇文章里提出的一些问题，也是我对这些文章里比较感兴趣的一些问题来跟大家分享一下。

第一个大家可能会注意到的问题是在这篇文章的第 172 页的脚注 3 里，麦克默特里给我们提供了他对一些概念的看法，或者说这是他立论的前提。我认为这是任何一篇学术论文都需要做的前提性工作。有很多哲学家提出各种不同的思想，也可能针对的是同一个概念，非常典型的就是黑格尔、费尔巴哈、马克思都谈论过"异化"概念，但他们是在什么层面上，怎样的意义上谈异化，这是需要加以区分的。所以，当我们谈道德的时候，或者说我们谈 personal morality（个人道德）的时候，它指的是什么？麦克默特里给了我们一个回答，他说他所理解的 personal morality 是指一个个体（他用的词是 individual）的道德。他对于 personal morality 的定义是："一个个体在日常行动中可以据以选择的一套标准"[①]。在第 177 页的行文中，麦克默特里又谈到了他所理解的道德是什么。他认为道德应该包含三个东西：首先是个体的行动者。这里他使用了一个词——individual agents 来表示"个体的行动者"。其次我们还要具备自由选择。最后要有普遍性的规定（universal prescriptions）。这些是我们理解麦克默特里思想的前提性基础。我们因此知道了他是在何种意义上理解个人道德和道德概念本身的。我在这里也提醒大家，在你们讨论和确立自己的观点之前，你们需要交代好自己在什么意义上理解那个观点所涉及的核心概念。这是学术研究中非常重要的一个层面。

第二个细节问题是，麦克默特里具体区分了 Marxian Personal Morality（马克思的个人道德）和 Marxism as a doctrine of amoral collectivism（马克思主义作为一种反道德的集体主义的教条，或者信条、教义）。这个时候就涉及了三个非常重要的伦理学相关概念，即 immoral，non-moral 和 amoral。Immoral 指的是不道德的。不道德的就是错的、恶的，实际上它仍然属于道德领域要讨论的事情。而 non-moral 是指与道德没有关系的，既不是道德的也不是不道德的，反正是跟道德没有任何关系，它不是道德领域讨论的事情。比如说我们在桌子上看到一杯水，这件事情就跟道德没有任何关系。麦克默特里把马克思主义看作是一种反道德的，用的是 amoral。在这里，amoral 的意思就是不关心行为上对还是错，不考虑道德原则，或者说反对以道德作为解释原则看待人类社会的现象。正是在这个意义上，麦克默特里做了上述区分，把"马克思的个人道德"与"作为一种反道德的集体主义的马克思主义信条"区别开来。

[①] John McMurtry, "Is There a Marxist Personal Morality?" *Canadian Journal of Philosophy*, Supplementary, Volume 7, 1981, p.172.

"集体主义"在麦克默特里看来考虑的是阶级利益,而这种阶级利益既不是个人的也不是道德的,而且它是否定个体价值的,它的目的就是要反对资产阶级的个体主义,也就是 Bourgeois Individualism。具体来说,麦克默特里认为马克思主义其实表现为一种反个体化(De-individuation),也就是说马克思主义作为集体主义是与个人主义对立的。这个对立最主要的体现就在于马克思主义不考虑个体,也不考虑道德原则。这就是麦克默特里的立论前提。麦克默特里还指出,马克思主义是"一种反道德的集体主义",并且这种观念在实践中产生了非常严重的后果。最大的问题就是,在社会主义革命或者重大的社会变革有可能发生或者已经发生的时候,由于缺乏对个体性道德关注,马克思主义没有帮助人们完善自己的个人生活和个人状态,因此人们的个人生活和个人状态还没有得到充分的发展,还没有准备好,也就没有办法实现自我和社会的统一。

那么怎么解决这个问题呢?麦克默特里解决的办法就是,在这种影响社会巨大变革的方案之中,我们加入一个 Marxian Personal Morality,即"马克思式的个人道德"。这是由个体在个体的生活中表现出来的"个体的自我实现"。这种做法其实非常类似于伯恩施坦的伦理社会主义。伯恩施坦认为,如果说社会主义的经济条件(也就是未来美好社会的经济条件)还没有充分准备好的话,那么我们就需要有其他的力量来支撑这个社会主义信念。所以伯恩施坦认为社会主义不能够也不应该只建立在一种与人性无关的中立的科学上,而是应该在马克思主义领域内部建立一套专门的社会主义价值观,或者说道德理论。而考虑到马克思是一个非道德主义者(马克思强调共产主义取消道德),伯恩施坦认为从马克思的科学领域发现道德力量是很难的。怎么解决这个问题呢?伯恩施坦认为这需要在马克思主义外部寻求帮助。伯恩施坦和麦克默特里不同的地方就是，麦克默特里认为在马克思思想自身之中，我们可以发掘出一种个人道德；但伯恩施坦认为，马克思思想里找不到一种道德力量。所以伯恩施坦借助于外在的也就是康德的道德哲学，把康德的道德哲学嫁接到马克思主义之中，形成一种列宁所批判的修正主义理论。但是，在这里涉及一个非常重要的问题：麦克默特里如何把这个"个人道德"加进他所确认的马克思主义（即"反道德的集体主义"）里面？也就是说，如何把个体性的道德加到只具有科学性的理论之中去就变成非常重要的问题了。从表面上看，我们似乎都觉得为马克思主义加进一个个体道德肯定很好，事情似乎更圆满了。但是它们两者的性质是截然相反的，你怎么能把个体道德加进去呢？这就涉及了怎么理解马克思主义本身，怎么对它进行性质上的判断的问题。我们等一会还会继续回到这个问题上来。

这里还涉及另外一个相关的问题，就是对 Marxian 和 Marxist 的区分。我们通常都会说，对于这两者的区分会影响到人们对马克思的理论性质的判定。因为这涉及了"马克思的思想""马克思主义"以及"作为马克思主义者的马克思的思想"三者之间的区别和联系。"马克思的思想"，就是马克思他本人创立的理论。而"马克思主义"涉及马克思和他的追随者所形成的思想和运动。所以从这个意义上讲，我们可以说研究马克思的思想和马克思主义的发展，这两个历史有相交和共同的部分，但也存在着差异。因为研究马克思的思想倾向于研究马克思自己的理论，而就马克思主义而言我们更多倾向于研究马克思主义的存在和发展，它涉及了理论和运动，也就是理论和实践。西方学界有一些人认为要把马克思和马克思主义者划清界限，因为马克思自己说自己不是马克思主义者。[1]但是用

---

[1] 恩格斯：《恩格斯致保尔·拉法格》，载《马克思恩格斯文集》第 10 卷，人民出版社 2009 年版，第 590 页。

这句话作为证据可能还不是特别明智，因为我们知道马克思本人那个时候要反对的是法国的马克思主义者，而且马克思特别不想让自己的思想变成一种僵硬的或者是固定的教条，所以他才说自己和法国的马克思主义者的立场不同。所以，我们不能因为马克思的这句话就否定马克思是一个马克思主义者。马克思作为马克思主义创始人的事实是不容置疑的，我们不能把马克思和马克思主义严格区分开来。但是有的时候为了特别切实地回应一些问题，我们确实应该把马克思的思想放在马克思主义研究的首要位置上。

对于马克思的思想本身还要注意，我们还要注意马克思的思想和作为马克思主义者的马克思的思想之间的区别。很显然，马克思不是一个天生的马克思主义者，也就是说，尽管马克思青年时期的思想为他后来的思想打下了基础，马克思的思想是一个整体，但这个整体是如何成为一个整体的呢？这就需要我们对马克思没有成为马克思主义者之前的思想和他之后的思想之间区别和联系做出阐释。如果我们把马克思看作一个马克思主义者，那么马克思思想里面最有影响力最有鲜明特色的就应该是他的马克思主义思想。所以我们要讨论一个问题，马克思在什么时候成为了一个马克思主义者？这是马克思的思想研究中一个存在着非常重大分歧的问题。对于这个问题的研究，我建议大家还可以看一看俞吾金、张一兵、徐长福等教授的论著。当代中国学者对这一问题的理解应该会给大家一些启发。

还有一个相关的问题是马克思和恩格斯的关系。有人认为马克思和恩格斯是一体的；有人认为马克思是马克思，恩格斯是恩格斯。正统的马克思主义者大多认为马克思和恩格斯作为马克思主义的共同创始人是一体的。而有一些西方的马克思主义者，比如 John Elster, Terrell Carver, 当然还包括 David Mclellan, 他们认为应该把马克思和恩格斯的思想区分开来。为了这种区分，他们甚至创造了一个新的术语叫做"马克思学"，也就是 Marxology。有时候 Marxian 这个词他们是在马克思学的意义上使用的，而 Marxist 这个词则是在马克思主义的立场上使用的。但是通读麦克默特里的文献我们会发现，他在这里所使用的 Marxian 这个词不是马克思学的意思，而更多指的是 Marx's，即"马克思的"的意思。所以我们可以看到，他对 Marxian Personal Morality（马克思的个人道德）与 Marxist Personal Morality（马克思主义的个人道德）的理解没有特别鲜明意义上的区别。虽然他使用了两种表达方式，但从根本的意义上没有特别的区别。但是学术界有很多学者是在完全不同乃至对立的意义上使用 Marxist 和 Marxian 的。

在我有限的阅读经验中，我发现了一个非常有趣的现象，就是那些承认马克思的思想是功利主义或者后果主义的人，他们通常都会把马克思和恩格斯的思想看作是一个整体，并且常常使用恩格斯的一些著述来论证马克思具有功利主义的思想。但是那些拒绝承认马克思是功利主义者的学者，通常都会强调马克思和恩格斯不一样，而且他们会在马克思早期的著作中寻找立论依据。比如乔治·布伦克特就提到他文章里的讨论仅仅限于马克思的看法，不会涉及恩格斯，因为很明显马克思和恩格斯是不同的，所以用恩格斯的著述来证明马克思的观点是不公平的。但是德里克·艾伦则认为需要考察马克思和恩格斯有关功利主义的看法，在这个过程中使用恩格斯的言论来论证马克思的看法是可以的。这其实体现了我们在理解马克思思想的时候，有一个马克思前后期思想变化的问题，而对这个问题如果不加以区分，就可能带来对马克思主义伦理学性质理解上的偏差。

以上几个问题是我所看到的麦克默特里的文章中出现的背景性

问题，也是当代研究马克思主义伦理学需要重点关注和回答的问题。我们接下来要讨论几个由麦克默特里在文中提出的非常重要的理论问题。

首先就是麦克默特里提到一个问题：我们能不能从"The Revolution is necessary"（革命是必然的）推出"The Revolution is desirable"（革命是值得欲求的，或者说是应该的）。这是理解马克思主义的科学性和价值性的关系的一个重要问题。卡尔·考茨基的思想就是一种从必然能够推出应该的逻辑。他认为，历史唯物主义就是与必然性相关的，马克思主义的理论是自足的，不需要任何伦理学的补充。因此，他相信，唯物史观是把社会主义的道德目的变成了经济目的；马克思实际上是把我们的道德理想，也就是把阶级的消除看成是经济发展的必然结果。正是在这个意义上，我们可以通过革命道路来实现共产主义，而且这是一条符合科学的道路，因为它符合了社会运动的经济规律。麦克默特里不同意考茨基这样的逻辑，因为对于必然性来说，有好的必然性，也有不好的必然性，所以必然性实际上需要个人的价值认同。我给大家举一个例子，什么叫做不好的必然性？比如说人必然是要死的，这样的必然性如果就等同于"人应该是要死的"，大家都是不愿意看到的。这也就是涉及了所谓"是和应该"之间界限的问题，即我们能否从"是"一定可以推出"应该"。在麦克默特里看来，我们对于社会变迁的认识需要个人的价值认同。因为如果没有这种价值认同，这种必然性的变迁对人来说是没有意义的，因为它和人的行为没有关系，人也不需要做出任何负责任的判断。所以革命的决定因素是个人的评价，他用的是 personal evaluation，也就是个体对于某事做出的价值判断。那么，这种价值评判的基础是什么呢？这是我们非常需要关注的问题，也就是说是什么能够让你对社会变迁、对革命做出个人性的评价。基于此，理解个人评价的价值基础就变成了一个我们要重点讨论的问题，是我们不可以回避的问题。

还有一个问题就是对"马克思的个体道德"本身的理解。麦克默特里自己也明白，他提出 Marxian personal morality 这个词本身就是矛盾的，因为他知道马克思理论讨论的是社会阶级，而个人道德涉及的是个体的人，所以一定会存在对立。他具体地把这种对立分成了三种。第一种对立是从面对的对象上看，马克思的理论涉及的是社会阶级，而个人道德涉及的是个体的人（individual persons）。第二种对立是从遵循的法则上看，马克思的理论是决定论（无论是经济决定论还是历史决定论，它都是一种决定论），而个人道德则是私人选择的结果。第三种对立是从评价机制上看，马克思的理论通常被认为是一种历史相对主义，而个人道德则涉及无条件的普遍性。[1]如果我们不能解决上面的对立，我们就不能确立一种马克思的个人道德，或者说确立马克思主义与个人道德之间的关系。

对于第一种对立，麦克默特里提出了一个现象，他说无论是马克思主义者还是非马克思主义者，都认为马克思的个人道德是前后不一致的，即 incoherent，也就是不融贯的。麦克默特里用三个理由告诉我们，马克思虽然没有形成一个系统的个人道德理论，但这并不代表马克思反对个人道德。麦克默特里的解释是这样的：（1）马克思虽然认为社会历史研究需要以阶级为基本单元，但有的时候他也以个体分析来奠定他的理论基础（但麦克默特里只是说有时候是这样的）；（2）马克思的很多社会分析被马克思主义者们转变成了个体领域中个人观念的形成；（3）马克思在面对一些反动政府的政策、面对工人阶级运动失败的时候，常常会把问题归结成个人的懦

---

[1] John McMurtry, "Is There a Marxist Personal Morality?" *Canadian Journal of Philosophy,* Supplementary, Volume 7, 1981, p.177.

弱等等。所以麦克默特里认为马克思的个人道德是一致的，是融贯的，而且在具体阅读文章时大家会发现，他在此提供了理由以及与其相关的文献支撑。实际上大家可以深入思考，这种论证是不是充分的，是不是可靠的，或者是否具有论证的确证性。我们从马克思的某些著作的某些批判提取出来一个片段来证明马克思的思想有某种整体性质，这是否能获得一种符合马克思原意的结论？这是我们对于第一种对立的分析。

第二种对立是经济决定论（或者单纯地说决定论）和私人选择的对立。麦克默特里也提供了三个理由来说明这种对立在马克思的思想中是可以化解的。第一个理由是说马克思只是认为个体对于生来就束缚他的那个社会结构本身而言没什么责任，但是他不否认个人在这种社会关系的结构中具有责任和自由。也就是说你出生在或者说你存在于哪种社会结构，这些社会结构跟你是没有关系的，不是由你来负责的。但是在这样的社会关系结构里，你对自己的行动还是需要负责任的，因为你还是有选择的自由的。他还举了一个特别有意思的例子，恩格斯作为一个资本家，他支持马克思，而不是支持资产阶级，这就是恩格斯个人选择的结果。第二个理由说的是一种可能性空间理论。他说我们可以根据马克思的著作和理论，非常肯定地说马克思确实为个人道德的发展规定了一种选择的范围。但是即便马克思非常关注社会历史，关注这个框架，关注这个基础，马克思同样也认为道德选择实际上有很重要的作用。个人在道德选择空间里还是有主观自由的，在麦克默特里看来，这正是马克思思想里具有创造性和驱动力的地方。第三个理由是指马克思的结构性的决定论，其实他没有否定可以选择的道德领域的可能性，而是说明这种结构性的决定论只是给了我们一种决定道德发生的物质范围。所以他提出了这个理由来告诉我们说决定论和私人选择之间的矛盾实际上是可以解决的。

第三种对立是历史唯物主义的相对性和道德要求的普遍性之间的对立。麦克默特里给了两个解释。第一个解释是,历史唯物主义虽然表达了一定的相对性,但是其背后有一个可普遍化的价值原则,也就是效率原则,实际上就是生产力的最大保存和发展。[1]他认为这个原则虽然不是马克思最终追求的价值,但是它为我们追求这个最终价值提供了一种物质上的保障,所以它是具有普遍性的原则。那么马克思最终的追求是什么?麦克默特里认为这个最终的追求是我们有一个共同的道德目的,就是尽快超越资本主义秩序,建立社会主义秩序,也就是实现共产主义。他认为共产主义能够实现历史唯物主义的历史相对性和道德规律的普遍必然性之间的和解。大家从这个看法里可以看到,麦克默特里是把共产主义理解成一个历史的终结,或者说人类历史发展的最终目标。正是基于此,他才会说共产主义的实现能够让历史唯物主义的历史相对性和道德规律的普遍必然性之间达成和解。所以在他看来,当我们还没有达到共产主义的时候,没有达到这两者之间的和解的时候,我们每个人都要努力地追求那种目标的实现。

个人道德究竟是什么?马克思主义的或者马克思的个人道德是什么?麦克默特里首先认为这种个人道德不是功利主义的。他提供了两个理由:一个理由是马克思把创造性看作人的价值,反对以快乐作为人的价值,所以马克思的思想不是功利主义的;另外一个理由是,价值这个词他用用的是 moral worth,某种意义上是康德在《道德形而上学的奠基》里所强调的人的理性能够实现的那种道德价值。他说在这种道德价值的评估里,马克思关注的是客观力量,而

---

[1] John McMurtry, "Is There a Marxist Personal Morality?" *Canadian Journal of Philosophy*, Supplementary, Volume 7, 1981, p.183.

不是主体的好的状态，所以马克思主义不是一种功利主义。但是大家在这里可能存有疑虑，虽然麦克默特里说马克思的个人道德不是功利主义，但马克思的思想中有没有一种后果论的倾向呢？这个大家可以在接下来麦克默特里的论述里发现一些端倪。麦克默特里也认为社会集体主义不是马克思在价值上看重的。他同样提出两个理由：一个理由说马克思强调共产主义社会的主要原则是个体自由而全面的发展，所以社会集体主义不是马克思看重的；另外一个理由是，他说集体主义是马克思的一种工具性的价值，只是为普遍的个体发展提供物质基础。

  从否定的方面判断马克思的个人道德不是功利主义之后，麦克默特里从肯定的方面提供了马克思道德图景的四个方面。首先，最终的善是什么？最终的善是每个个体的充分自由的发展。这种发展其实意味着我们设想一个方案并且付诸实现，个体的能力在其中得到全面和不受约束的发展，也就是说不受到范围或者是形式等这种外部限制而进行创造。最终的善是每个个体的充分和自由的发展。接下来涉及工具性的善。麦克默特里说每一个人类有机体的健康得到培育和教育，达到与其所共处的社会的文明程度相适应的良好状态和技能发展程度，其实这就是全面的有机体的健康，他认为这是一种工具性的善，是实现刚才我们说的最终的善的物质条件。第三个其实还是一种工具性的善。麦克默特里认为，人类生产力发展到一定阶段，从而在物质上能够保证社会中每一个个体都有机体健康。这种技术上的发展也是一种工具性的善，是确保实现最终的善的一个不可或缺的前提。最后革命也是一种工具性的善。共产主义革命的实现才能够让第三个方面生产力发展的物质可能性得到实现。也就是说只有革命才能够打破资本主义社会的束缚，解放资本主义的生产力，使得我们刚才说的人类的机体的健康以及最终的善都能得到实现。所以革命也是马克思主义价值体系里面一个必要的工具性的善。

  大家看到，这四个方面实际上是一个层级，有最高的善，其他都是工具性的善。而每个个体的充分和自由的发展作为伦理目标是高于一切的，是马克思方案中的一个首要原则，实现这个目标就是马克思主要的道德目的。大家注意，麦克默特里使用了一个目的论的术语 moral telos，也就是说其他的方面都是实现这个目的的手段。更重要的是麦克默特里强调了最终价值的必然实现，大家注意他用了一个词"必然"，即最终价值的必然实现体现出了最终价值实现的科学性。他认为必然性体现为一种规律性和科学性及其为实现最终价值而具有工具性方面的作用，也就是我们说过的那三种工具性的善。这个必然性和工具性的善，在麦克默特里看来并不会减少马克思在个人道德里的道德内容。所以历史决定性只是表明个人道德的物质框架，而在这个框架里仍然会有自由选择。在马克思的历史决定性的框架里，存在着一个价值的层级，一个原生的道德系统（moral system）。他认为这是马克思思想潜在的层面，是大家都没有特别注意到的层面，但是这确实是使马克思思想能够熠熠生辉的地方。所以他的结论就是："马克思提出了一个最为有利的道德体系，因为这个体系在认知上是科学的，而在规范上是普遍自由的。"①麦克默特里通过对马克思的个人道德的论证，认为马克思的伦理方案是一个有价值的方案，而这个方案既明确地取消阶级，又形成了一种无阶级社会的观念。这个方案既包含了价值的维度又包含了科学的维度。

  麦克默特里的解读虽然积极地肯定了马克思的个人道德的重要

---

① John McMurtry, "Is There a Marxist Personal Morality?" *Canadian Journal of Philosophy*, Supplementary, Volume 7, 1981, p.189.

价值，但是非常混乱地使用了一些概念，而且在结果上给我们一个某种意义上仍然是混乱的拼盘，一个混合物。他实际上把马克思主义的个人道德看作目的论、义务论乃至后果论的融合。他试图将马克思主义的科学性和价值性混合在一起，而这个混合体其实没有统一的方法论原则，只是在马克思非常庞大的著作体系里寻找马克思在不同阶段的片段性论述来支撑他的结论。

我非常赞同他的结论，这也是当代马克思主义伦理学研究者大多在寻求的一种回答，但是麦克默特里论证的方式或者论证的方法需要我们好好分析一下。我认为他的这种论证方法，或者说论证逻辑以及支撑的理由，没有体现马克思精妙的哲学理解，也没有显示出马克思伦理思想的独特性。

（二）区分人、个人、个体和"现实的人"

为了具体说明麦克默特里论证上存在的问题，我们可以具体分析几个概念，比如人、个人、个体和"现实的人"。

首先是"人"这个概念。大家注意我使用了大写的 Man，我想和英语里小写的 man（男人）相区别。小写的 man 是指生物学意义上的人，是人的物质载体。

另外一个词就是英文里所说的 person。这个词有"个人"或者"人格"的不同翻译。personal 作为 person 的形容词更多地被翻译成"个人的"。但 person 作为人格的意思是非常典型的，它来源于拉丁语，起源于基督教。在康德哲学那里有非常鲜明的体现，因为康德说人是目的不只是手段，这是人与物的最大差别，体现为人的人性，即 humanity。所以这表明人的人性是有种内在的绝对的价值的，也就是人的尊严。在这个意义上，person 是一种人格性，一种人格。康德认为人格性这个词是一种自由独立的能力，个人或者人格就是具有这种自由独立的能力或者自由意志和责任能力的主体。在《道德形而上学的奠基》中，我们康德表达的定言命令的人性公式："你要如此行动，即无论是你的人格中的人性，还是其他任何一个人的人格中的人性，你在任何时候都通识当做目的，绝不仅仅当做手段来使用。"①这个人性公式里谈到了目的的主体只能是一个有理性的存在者，而人的主观目的是以质料为目的，与人的特殊的欲求相关，它只具有相对的价值，但是人的客观目的或者是有理性存在者的客观目的，是一种自身就有绝对价值的东西，这种东西只能体现为人性或者说人的理性。因此对于那些没有理性的存在者，康德说，他们只具有相对的价值，只是作为手段，都不配被称为人，而是被叫做事物（things）。康德认为，有理性的存在者不仅是手段还是目的，所以被称为人格（person）。黑格尔在《法哲学原理》里也提道，通过相互承认获得了自由意识的人，可以看作是人格人。而这种个人和民族如果没有达到对自己的纯思维或者纯认识的话，就是不具有人格的。所以黑格尔认为人格是人的最高尊严，人因为有了这种自由人格，才成为 person，成为个人。因此个人和人格在德国古典哲学那里表现为一种抽象性和理想性。这些哲学史背景马克思特别了解，因为马克思就是受德国古典哲学的教育而成长起来的。

我们还需要分析一个词，即 individual，也就是个体。这个词更为复杂，因为在马克思那里，个体表现为非常多元的意思：个体既是活生生的感性的独立个体，又是那种获得了自由意识的特殊的人格存在的完整的独立的个体。但是我们如果在功利主义的意义上理解 individual 这个词，意思是完全不同的。功利主义所说的共同体

---

① 康德：《康德著作全集》第 4 卷，李秋零译，中国人民大学出版社 2005 年版，第 437 页。

是一个虚构的团体，就是由那些构成它的成员的个体组成的，所以共同体的利益就是组成这个共同体的成员的利益总和。对于功利主义者来说，他们认为如果你不理解个体利益，那你就谈不上理解共同体的利益。一个事物或者行为增大了一个人的快乐或者减少了一个人的痛苦，就促成了一个个体的利益；而每个个体的利益得到了增加，共同体的利益就得到了增加，所以这里面的共同体就是以各个个体组成的。恩格斯后来形容它是一袋子土豆，对于每个个体而言，他就是袋子里的一个土豆。社会利益和社会性只不过是组成这个共同体的每个成员的利益的总和，每个人其实都在追求他的个体利益，自然而然同时也增加了社会的共同利益。所以在功利主义的意义上理解利益，也是一个抽象的概念。而大家从文献里可以看出来，麦克默特里在这里没有对个体和个人做非常清晰的区分，他通常把 individual 作为一个名词来使用，而把 personal 作为 individual 的形容词来使用。

在马克思的思想中，另外一个重要的概念是"现实的人"。麦克默特里更没有对"现实的人"给予足够的重视。马克思认为历史的起点应该是"现实的人"。大家注意"现实的人"在德文里用的是"个体"（Individuum）这个词的复数，就是 individuen。马克思在考察历史时使用的术语是个体这个词的复数的形式。如果我们实在要翻译成汉语的话，可以直译成"诸个体"，就是各种个体，是个体的复数。这个问题好像一直没有受到学术界特别足够的重视，最起码我们在看《马克思恩格斯全集》或者《马克思恩格斯文集》一些翻译的过程中，都没有特别好地体现出这种翻译。侯才、李文堂等学者已经发表了相关论文来讨论这个问题，可以给我们很好的启发，我会在最后的参考文献里提供给大家。

但是我们仅仅做出 person 和 individual 的二元划分还是不够的。

近代哲学以来的划分就是人在某种公共领域里可以被看作一个 person，而在私人领域里它就是 individual。这种划分没有办法摆脱抽象的人本主义和原子化的个体主义两者之间的对立和矛盾，或者说摆脱这种解释困境。而且还要注意的是，我们要充分认识到人的共同存在性也就是社会关系在马克思那里具有非常重要的意义。例如马克思恩格斯在《德意志意识形态》里有一个提法，"任何人类历史的第一个前提无疑是有生命的个人的存在"[①]。这里的"个人"虽然在中文的翻译里叫做个人，实际上就是个体的复数。马克思在批判抽象的人的自然状态的时候，也说到了这个问题，比如"哲学家们在已经不再屈从于分工的个人身上看见了他们名之为'人'的那种理想，他们把我们所描绘的整个发展过程看作是'人'的发展过程，而且他们用这个'人'来代替过去每一历史时代中所存在的个人，并把他描绘成历史的动力"[②]。这就是在把人看成自我异化的过程。马克思反对这种所谓形式化的人本主义的解释模式，他更反对把历史理解成人的自我外化的历史。尽管马克思也同意，关于人的知识只能在历史科学里获得，但这种科学的基础是现实的个体的复数。也就是说，我们接下来在讨论这个问题的时候，仍然沿用中文翻译"现实的人"，但它是指现实的个体的复数的意思，我们需要在马克思的意义上使用这个术语。

所以个体、人、人格或者是个人，这三者之间是不能直接互换使用的，特别是单数的个体和复数的个体，它们不是简单的一个和很多或者单复数的关系。我们还要强调不能把"复数的个体"理解成社会，因为这容易把事情变得更为复杂。马克思在不同阶段对

[①] 马克思、恩格斯：《德意志意识形态》，载《马克思恩格斯全集》第1版第3卷，人民出版社1960年版，第23页。
[②] 马克思、恩格斯：《德意志意识形态》，载《马克思恩格斯全集》第1版第3卷，人民出版社1960年版，第77页。

"社会"这个概念的理解是不一样的。马克思在《手稿》里经常提到"社会"这个概念,这个社会概念是作为理想社会存在的共产主义,它某种意义上仍然是一个特别抽象的概念。所以马克思后来非常明确地指出,把社会当作一个单一的主体来考察,是对它做了不正确的考察,是一种思辨式的考察。而且如果我们考虑社会的话,它在不同的人或者说不同的背景下有多重不同的含义,会引起针对个体主义和集体主义关系的非常不必要的争论。

当然如果我们真要讨论社会的话,它还涉及了共同体概念、联合体概念,这些概念实际上也需要澄清。我们要参照马克思的原文,思考马克思都是在怎样的意义上谈论这些概念的。马克思是在一个非常准确的,或者说他自己所框定的特殊的意义上来理解这些概念的。今天我们在理解的时候,可能在中文翻译里没有办法非常清晰地体现出马克思原来的意思,或者他在上下文之中所体现出来的意思。但是特别留意这一点对于理解马克思思想的真实的含义是有必要的。

(三)"现实的人"与"历史的观点"

我们集中讨论一下"现实的人"这个概念以及"历史的观点"。这是我个人的一些看法。马克思的"现实的人"概念非常重要,虽然我们在中文里没有特别好的对应,只能沿用原来的说法,但是因为刚才解释过了,所以我们知道它是现实的个体的复数的意思。马克思哲学的出发点就是追求生存价值的"现实的人"。马克思对"现实的人"有这样一种阐述,就是这些个人实际上是这些个体的复数,他们是"从事活动的,进行物质生产的,因而也是在一定的物质的、不受他们任意支配的界限、前提和条件下能动地表现自己的"①。从"现实的人"出发，马克思哲学实际上为我们提供了一个与以往的哲学完全不同的全新的解释原则和思维方式。对于这种全新的解释原则的思维方式的认识，有助于我们理解马克思思想之中那种他自己没有明确的表现出来的伦理学或者说伦理思想。

第一，"现实的人"是在一定的历史条件下存在的个体。马克思自己说过："以一定的方式进行生产活动的一定个人，发生一定的社会关系和政治关系。"②这实际上就表达了对对象的规定性和理解上的具体性。很多人还会因为这一点去批判马克思的思想是一种历史相对主义。其实，正是因为在对人的存在的理解上有一种终极的抽象的理解，人们才会说马克思的思想是一种历史相对主义。因为对马克思来说，对人的追问不是要理解黑格尔那个意义上的人的意识，也不是理解费尔巴哈那个意义上的"人的类本质"，它最主要的问题是如何在历史之中理解这些个体的生存。因为人是一种非确定性的存在，所以个体都是以一种历史的方式存在着，我们对人、人性、人的终极理想和终极关怀，这些理解都应该是历史的。也就是说不同的历史条件下，人有不同的特点，表达出不同的理想和追求。但是马克思哲学之所以不是相对主义，在于它是以现实的个体的生存为前提和根据的，这是一种历史的思维方式和视角。任何一种追求不可能摆脱我们刚才说到的前提，就是现实的个体生存。所以那些历史观上的相对主义者只会认为人们所有的历史判断都是相对的，根本不存在所谓人类历史的可能性，就会导致一种所谓的虚无主义或者说不可知论。但是马克思的历史观是为了确定人类历史的真实存在而产生的，而且马克思是通过对人类历史的真实

---

① 马克思、恩格斯：《德意志意识形态》，载《马克思恩格斯全集》第 1 版第 3 卷，人民出版社 1960 年版，第 29 页。

② 马克思、恩格斯：《德意志意识形态》，载《马克思恩格斯全集》第 1 版第 3 卷，人民出版社 1960 年版，第 28—29 页。

境况的关照,给我们提供了一个理解人、理解人的历史的合理的方式。所以他本来就是反对历史观上的相对主义的。

第二,"现实的人"是发展变化着的个体。他不仅在具体的条件下存在,还有否定这个具体现存条件进入一种新的特定条件的革命性。这种对现实的人的理解,应该说是马克思受黑格尔的影响,是从黑格尔那里继承的思想财富。恩格斯说过,黑格尔是"第一个想证明历史中有一种发展、有一种内在联系的人"①。黑格尔的历史观对历史和意识的真正关系的理解在某种意义上是颠倒的,但是他这种巨大的历史感对马克思来说还是非常重要的,他给马克思提供了足够的灵感。所以马克思的思想逻辑的方式就是历史的方式,也就是历史的辩证法,而历史性体现这种辩证法的性质就是把人看作总是在一定条件下进行发展变化的个体。所以如果你还是以一种既定的抽象的人的理想状态去框定当下的人的存在状态,其实是违反马克思的理论主旨的。

第三,"现实的人"是在社会关系之中生存着的个体。也就是说他不是孤立的、与世隔绝的人,而是处于社会关系之中。个体由于他们的生存需要和满足这些生存需要的方式,必然要发生相互关系,这种关系用马克思的话说就是每天都在重新创立着现存的关系。个体从自己出发所具有的这种社会关系,是非常重要的历史性表现形式,揭示出了现实的人的独特的生存方式。也就是说,个体的发展取决于与他直接或者间接进行交往的一切个体的发展,彼此发生关系的个体的世世代代都是相互联系的。所以人一定是在自己与他人之间的联系中生存的,在这种联系之中,人的生存所谓的理想性、现实性、必然性、自由性、目的性和规律性,才能得到更为

---

① 恩格斯:《卡尔·马克思"政治经济学批判"》,载《马克思恩格斯全集》第1版第13卷,人民出版社1962年版,第531页。

合理的解释。

　　从"现实的人"的生存出发，以全部历史的现实基础来解释人与自然以及人与人之间的关系，形成了马克思自己独特的历史观，我们把它叫做"历史的观点"。历史的观点实际上表明人的生存具有一种历史性，具体来说也就是生存的条件性、生成性和社会性。所以这样理解的人就不再是抽象的人了，而是能够看到人的真实存在，稳定与变动、保守与革命、受条件限制与超越条件、继承与发展都在现实的人身上得到了体现。"历史的观点"有助于我们理解马克思思想中的科学维度和人道维度，展现马克思哲学中全新的人道主义基础。这种人道主义不是传统的那种以人的本质的抽象和普遍特征为基础的人道主义，因为它关注的是人在社会生活关系之中的存在状态。这应该说反映了人对生存利益和生存价值的追求基础上形成的一种反思和追问。所以它是对人道尺度认识上的飞跃，摆脱了原来对人的本质的形而上学虚设。马克思的人道主义观点，体现在人的生存之道，或者说有关人的生存状态的价值评判。这样一种看法用来理解马克思所处的资本主义社会，或者理解他之前的那种前资本主义社会，以及理解无产阶级革命追求胜利的社会运动，其实都是有意义或者是有帮助的。因为我们从总体人类发展的历史来看，人性肯定表现为某种共同的东西，但这并不是主导人的生存状态的决定性的因素。对于人的本质的认识或者说对人的共性的认识，可以满足我们对人性曾经是什么的总结，但却不能成为人性会是什么或者人是什么的主导性基础。

　　这又涉及了人的本性的共同点和不同时代的特点之间的关联，涉及了人类实践在不同时期的特征与人的实践本身有共同性特征之间的关联。"历史的观点"可以理解这些关联，因为马克思本来就非常反对把个体区分成特殊的个体和具有普遍共性的个体。从"历史的观点"我们能够看到马克思所倡导的是,用他的原话来说,"不管是人们的'内在本性',或者是人们的对这种本性的'意识',他们的'理性'向来都是历史的产物"[①]。

所以在这个意义上,如果我们理解无产阶级道德,共产主义道德以及与一般道德之间的关系的话,我们需要认识到,我们可以对人的生存方式在不同的阶段的表现辅以道德上的关注,但是对人的生存方式的解释却完全不能依赖于一种抽象的道德标准来进行批判和论证。对于一般的道德观念,也就是无产阶级革命所要取消的、所要消灭的那些之前的道德观念,它们的产生一定跟当时的生产方式相适应。而对于无产阶级通过打破现有的枷锁实现共产主义社会来说,传统意义上的道德就没有存在的价值了。因为人和人之间的阶级对立已经不存在了,人和人之间的不平等现状已经消失了。所以在每个个体的自由发展已经实现了的社会里,根本不存在我们所说的传统意义上的道德问题。如果说仍然是一种道德,它不过是一种人类社会更加人道的状态。因此根据"历史的观点",马克思从现实的人出发,建立起了对人性的道德、正义、自由等这些问题的理解的独特方式,我们需要重新理解这些概念。

马克思也建立起了具体剖析和解决社会主义问题,同时为无产阶级寻找出路的原则。我认为马克思提供了一种哲学观,一种历史观,或者说反映了一种道德观。这已经足够了,因为他的人生目标或者他的理想不是像康德或黑格尔那样建立一种严密的哲学体系,他工作的重心在于追求和实现全人类的解放。当然,马克思也告诉我们,这种解放是一个过程,不是一个终点。对于这种理解,可能比较适合于以马克思的原意来理解马克思主义思想。从这点出发,

---

[①] 马克思、恩格斯:《德意志意识形态》,载《马克思恩格斯全集》第 1 版第 3 卷,人民出版社 1960 年版,第 567 页。

我们或许可以针对马克思关于道德评价的思想做出一个推论。我的意思是给马克思的道德理论下一个判定，说它是一种什么样的伦理学，但也可以不用这么做。因为你确定地给马克思的思想下了结论，让他和之前的某一种规范理论具有一种相似性的话，可能就会遮蔽马克思思想的真实价值。所以我的结论是，如果我们说的这个"个人"（特别是如麦克默特里所说的这种个人道德）是在传统的意义上理解的那个抽象的个人，以及人的理性能力所彰显的那种个人的话，我觉得马克思可能不考虑这种个人道德。但是，马克思考虑的是现实的人的生存，而这种生存因为它本身具有一种生存论的价值，这个基础使得它具有一种道德力量。

（四）进一步思考的问题

我们在学界还看到了许多学者对马克思思想与道德的关系问题也提出了自己的一些看法，这些看法只是提供给同学们进一步思考问题的一些信息或者线索。尤金·卡曼卡在《马克思主义的道德基础》[1]里提道，所谓道德的真正基础在马克思那里不是个人的行为而是社会制度。这种想法和麦克默特里不一样。我们在讨论一个问题的时候，可以重点关注这样一种情况，即基于同一个人的思想或同一种理论资源，人们却站在不同的立场上得出了不同的结论。卡曼卡更强调马克思的道德理论是一种制度伦理。而乔治·麦卡锡则基于对德国观念论以及对古希腊哲学传统的追溯，强调马克思思想中社会伦理的层面。他基于对类存在这个概念的理解，得出了马克思的伦理思想是一种关于社会伦理的判断。波兰的亚当·沙夫有一

---

[1] Eugene Kamenka, *The Ethical Foundations of Marxism*, London: Routledge and Kegan Paul, 1962.

本书①专门讨论个体性道德这个问题。当然还有一个特别重要的文献是上个世纪 60 年代，埃里希·弗洛姆在一次学术研讨会后主编的一本书②。这次研讨会将当时社会主义阵营和资本主义阵营的一些学者聚在一起，思考社会主义的人道主义或者马克思主义的人道主义这个问题。在这本书里有一篇是亚当·沙夫写的《马克思主义和人的哲学》("Marxism and the Philosophy of Man")。沙夫的这篇文章以及随后出版的一本书都体现了他强调个体的本体论，但他这个个体在英文里使用的仍然是 Individual。上述这些思想资源都可以成为我们进一步讨论马克思主义是否考虑个体道德问题的理论资源。

　　在当代马克思主义道德理论的研究中，"马克思主义是否考虑个人道德"与"马克思主义是否是一种功利主义或者后果论""马克思主义是否是一种混合的义务论""马克思主义是否把一切道德都看作是意识形态"等话题都有着非常密切的联系。这涉及了一个根本性的问题，马克思主义的伦理观是什么，或者说我们今天如何定位马克思主义伦理学？这个问题引起了越来越多学者们的研究和关注。当然，我觉得这个方面的研究仍然在路上，而且我觉得在路上是特别良好的状态，这说明我们正在做的工作是有价值的。更重要的是它彰显了马克思主义伦理学本身的特征，即改造世界的冲动、科学方法的旨趣使得马克思主义在形式上与一切传统哲学都存在重要区别，而且为马克思主义的自我批评提供了理论依据。也就是说马克思主义不仅仅是理论也是运动。正因为这样，我们随着实践的不断深入，一直在发展马克思主义伦理学，产生出我们对马克

---

　　① 〔波兰〕亚当·沙夫：《马克思主义与人类个体》，杜红艳译，黑龙江大学出版社 2015 年版。

　　② Erich Fromm, *Social Humanism: An International Symposium*, Anchor Books, 1966.

思主义伦理学的新认识。

以上就是一些我的个人浅见，我就汇报到这里，谢谢大家！

三、圆桌讨论

学生 A：老师您好，我看到您在《中国哲学前沿》英文版发表了一篇文章，是关于马克思主义和道德的。文章中提到德拉-沃尔佩等人的"科学主义的马克思主义"。对他们来说，最困惑的是如何用科学来解决非科学的问题，关于马克思是否有道德的问题，他们要么避而不答要么回答得模棱两可。其实我不太明白您说他们避而不答具体是指什么？因为我认为德拉-沃尔佩并非对道德问题避而不答或者模棱两可，他只是没有考虑这个问题，或者说他没有涉及这个问题。如果让我为他做一个回答的话，我觉得在德拉-沃尔佩那里，他并不是单纯地否定个人的存在，他只是否定像黑格尔那种抽象意义上的个人，他主张现实的个人的存在。我觉得并不能说他否定了马克思这里有道德哲学。

曲红梅：某种意义上我是这样想的，德拉-沃尔佩这种科学主义的态度实际上更多是在强调科学性在马克思主义哲学里面具有一种统摄性。即便他仍然考虑个人或者说个体，但那是不发生社会关系的那种个体。他也谈道德问题，谈他所理解的马克思的辩证法应用于社会历史中所成为的"道德伽利略主义"。他也用了"现实的个体"这个术语，但这只是术语的使用，很多思想家都会使用，但是我们要看他具体是在怎样的层面上使用的。可能我谈到德拉-沃尔佩对这个问题避而不答，最主要的原因是认为他觉得这个问题不是他的思想框架内的核心问题。因为一旦你确定了科学性在马克思主义哲学里面的主导性的话，那么其他的问题可能都是一种从属性的问题，甚至是不值得重点关注的问题。当然我是特别鼓励你继续沿着德拉-沃尔佩的思路也就是现在你的关注点去做研究的，因为我们有的时候对有些西马的思想家没有给予特别重要的关注，我们刚刚开始做学术研究的学生，能够愿意做些事而不是跟风追热潮，我觉得特别好。我也特别期待能看到你一些更有意义的或者说更有价值的科研成果出来，我也希望到时候能够读到。谢谢你！

学生 B： 曲老师您好，您刚才提到麦克默特里在比较马克思的个人道德相关理论的时候谈道，他反对历史相对主义的主张，他说马克思其实存在一个可普遍的价值原则，就是效率或者说生产力的原则。但是按照我的理解，效率生产力是和生产目的相关的，如果不跟生产目的相勾连的话，这个效率就相当于只有一个价值的含义，就是说如果我们单独提出效率来的话，它就不是一个可普遍的原则，必须要和具体的各个历史时期的生产目的相联系在一起。

还有，您在后面提到马克思存在一个最高的善、终极的善就是自由全面发展。自由全面发展与您前面提到的可普遍的价值原则，这两者在麦克默特里那里是怎样进行比较权衡的，哪一个是他认为的更普遍的原则？

还有，哈贝马斯曾经对历史决定论进行批评。他认为我们并不能从历史过程本身发现它的目的，其实是我们人为地给它设定一个目的。我们如果从效率和生产力的角度上来理解历史目的的话，是不是就存在一个我们站在资本主义角度上的问题。比如我们要追求相对剩余价值生产，所以要追求效率追求生产力的发展。这个目的其实是我们当前所处的历史条件所赋予的，而不是历史本身所给予我们的原则。以上就是我的问题。

曲红梅： 其实前两个问题是一个问题，后面是另外一个问题。我问一下你是怎么看待马克思的思想，你认为马克思的思想是一种历史目的论吗？

学生B： 我认为马克思的思想应该不是一种历史目的论。我觉得马克思是对历史过程存在一个开放性的理解，他只是说不断地否定现存状态，但并不是说历史必然会走下来，它只是其中一种趋势，或者说一种状态在否定中前进，但是他没有具体给出必须要往哪个方向前进，我是这样理解的。

曲红梅： 关于第一个问题，我报告的前半部分都是在具体阐述我对于麦克默特里的一些看法，我把他的一些思想的核心观点呈现给大家，让大家看他的观点里有什么问题。比如说他认为存在着一种可普遍性的原则，叫做效率原则，但是麦克默特里自己也没说，这个效率原则是一种价值原则。我们都知道道德规律在康德的意义上是具有普遍性和必然性的，自然规律也是具有普遍性和必然性的。康德定言命令的公式里面谈道，他把道德规律类比自然规律。麦克默特里强调的效率原则，是一个可普遍化的原则，体现于生产力的发展，是一个具有必然性的原则。他在马克思思想里发现了这个原则，但他没有说这是一个价值原则，所以他没有给我们提供一个理解马克思思想的价值原则。那么这种效率原则是什么？它虽然是一个具有普遍性的原则，但它只是为那个最高的善或者最高的目的、最终的目的提供一种物质性的前提保障，所以它是一种工具性的善。如果对于亚里士多德的思想有了解的话，你会知道亚里士多德说每一个行为每一个人都有目的，最高的目的对人而言是幸福。麦克默特里认为最高的目的，最终的目的就是人的自由全面的发展。而这个最终的目的，它需要一些手段，一些其他形式的目的。

其他的目的就变成了实现这个最高目的的一个手段。所以在这里，这个效率原则其实是实现那个最高目的最终目的的一个手段，一个具有工具性价值的手段。

刚才说到的都是麦克默特里的观点。你接下来说到了哈贝马斯的看法，他关于人类历史的发展都是人为的目的的看法，要看这个"人为"是在什么意义上理解的。我们甚至可以说马克思对于人类历史的发展的看法是人为的目的，为什么？因为马克思从来都没有把眼光从人身上拿开，去直接看自然，他所理解的自然是一种人化的自然。所以人类历史的规律性体现了人的目的性，但这个目的性不是一个脱离了人类历史的现实基础而孤立地设定的目的，它是基于人的现存状态而形成的一种目的。而这种目的和规律的结合就是马克思主义哲学的历史唯物主义当中非常重要的概念，即马克思主义的历史性、马克思主义的社会性，这也让我们理解为什么人类历史是合目的性和合规律性的统一。这种规律的表达，就是人对他的现实状态的理解，以及改变现实状态的一种革命，所以它里面蕴含了人的目的。如果在这个意义上理解，那么哈贝马斯所说的人为的目的，马克思可能也这么说，但是我们要知道它是一种合目的性与合规律性的统一。

学生C： 曲老师好，刚刚您在讲解的时候提到，"现实的人"是在一定历史条件下存在的个体，建立在这种基础上的道德理解不当容易被误解成一种历史相对主义。当然你刚才讲解过程中已经解决了这个问题。我接着想到了另一个问题，道德是不是普遍的，或者说在历史的条件下它是否具有历史性，这个问题很重要，因为如果道德是具有历史性的，它就自然消解了马克思主义伦理和历史相对主义的矛盾，希望得到您的讲解，谢谢。

曲红梅：为了让你的问题能够充分展现出来，我们现在继续把你的问题剖析一下。你问我说道德是否是普遍的，道德是否具有历史性，我不太理解你是在什么意义上理解普遍和历史性的。你觉得历史性是什么意思呢？

学生 C：比如在封建社会有封建道德，在资本主义社会有资本主义道德，这就是我的理解。

曲红梅：如果说在封建社会有封建道德，在资本主义中有资本主义道德，你为什么还要问道德是否具有普遍性呢？普遍性的最根本的意思是 universality，不是说对一切时代的一切人有效才叫普遍性吗？比如康德在《道德形而上学奠基》里说的道德形而上学，那个基本原则是摆脱了所有经验不掺杂人学的东西才叫具有普遍必然性。

学生 C：抱歉老师我刚才没表述清楚，我问的是同一个问题，如果道德是具有普遍性的，那么它在各个历史阶段上就是没有历史性的，又或者道德是如何有历史性的？

曲红梅：好，这个问题是说，在马克思看来道德是具有普遍性的，还是具有历史性呢？我觉得马克思肯定不认为道德具有普遍性。比如在资本主义社会里人会关心家人，在封建社会里人也会关心家人，这不就是具有普遍性的道德吗？这个某种意义上不叫具有普遍性的道德，它只不过是人类共同遵守的某一种行为准则。它其实不具有可普遍化的特点，因为这种行为准则可能会在某些特殊的人身上不体现。所谓的普遍性，一定是一种具有对一切人在任何时候都有效的特点才叫普遍性。如果是在这个意义上，马克思肯定认为道德不是具有普遍性的。马克思认为道德是具有历史性的，也就是说不同的时代有不同的道德。但是你就会说了，既然道德是具有历史性的，马克思的思想不就是历史相对主义，或者说在道德上是相对主义的吗？我们所说的相对主义，它不单纯指不同的时代表现为不同的道德，它还是说我们没有一个评价人类社会道德的标准，不存在那么一个标准。比如中国人评价行为的标准和另外一个国家的人评价他们的行为的标准是不一样的，我们是在这个意义上理解道德是相对的。但是对于马克思而言还是有一个标准的，这个标准就是人类的生存价值。人类的生存状态就是人要活着。这种生存价值的标准就可以成为对于马克思而言的评价不同社会的道德状态的标准。人类的生存价值和意义如果得不到体现的话，那么人类的其他的发展其实都没有任何意义和价值。所以如果我们一定要找一个评判人类社会的标准的话，那么在价值上的体现就是马克思所说的对于人类现实的生存状态的关照，而人类现实的生存具有根本性的价值。所以在这个意义上，马克思不是一种历史相对主义，因为如果说马克思是一种历史相对主义，就等于说马克思所设定的共产主义的理想目标具有理想性，具有抽象性，具有普遍性，是在任何时代的人都应该达到的目标实现的状态。但马克思不是这样理解共产主义的，他认为共产主义不过是人类社会运动发展中的一个环节，它不是最终的状态。我们之所以不知道那个时候的人会是什么样的，是因为我们的现实状态还不是那样的状态。所以我是在这个意义上理解马克思不是一种历史相对主义的。

学生 D：曲老师好，您刚才提到康德提出了一种排除个人的超验的道德。在其他课程中，也有老师提到道德应该是无条件的，它是放在绝对超验的角度来讲的，如果把道德有条件化的话，就会在现实中出现问题。所以我想请教一下老师，对于马克思的伦理道德思想，如果把它放到现实中，从生产的角度来说，或者放到现实的个人的生存意义上来说的话，是不是就是有条件化的道德？那么该如何理解马克思在伦理学方面的这种矛盾。

曲红梅：我估计对于道德概念的理解，我们可能存在差别。我认为康德意义上的道德是超越了一切人学超越了一切经验的。康德说我们在认识或者建构道德原则的时候是不能掺杂任何经验的，即便说大多数人都遵循的行为原则，只要是有人不是这样的就不具有普遍性。所以定言命令最大的特点就在于它不是像假言命令那样用if……来设定的。可能这位同学在理解道德的时候始终还是在康德的那个意义上理解的。而这种道德在马克思看来是有问题的，在他看来是一种所谓的阶级利益的体现，我们在关于道德是意识形态的话题里，肯定讨论过这个问题。马克思的道德是什么意思？马克思从来没想给我们提供一种像康德那样的道德。马克思也没有想给我们提供该同学所说的那种有条件的道德。这是我们一直没有特别合适的表达来对马克思的伦理性质做出判定的一个根本性原因。因为马克思确实没有建构出来像康德义务论伦理学那样的道德，也没有建构出来像功利主义那样的道德。总而言之，他没有给我们提供一种规范性的道德，相反这是他特别反对的。那我们为什么还说马克思主义伦理学，马克思的伦理思想呢？我们在讨论这些问题的时候，特别是讨论马克思主义伦理观的时候，不是说一个人提出了一个确定无疑的，可以用来作为人类行动指南的一套原则和一套行为密码，然后才说这个人有伦理观。一个人有伦理观，他可以有另外一种表达方式，就是他对于人类社会的道德现象对于之前的道德伦理的研究有一个判定。所以我认为马克思有伦理观就体现在这，他关注人类的生存的状态，人类某种意义上不人道的状态是他关心的。他诉诸人类解放，也致力于改变这种状态。但是马克思不依据

· 387 ·

于一种可以普遍化的道德来做这样的事情，而且这种依据一种普遍化的道德做事情的方式也是马克思所反对的。

学生E： 曲老师您好，您之前说马克思关注现实的人的生存状况，具体内容指的是什么？我觉得马克思对不同社会的关注侧重点不同，在资本主义社会中他好像更为关注被压迫的无产阶级的现实状况。他所强调的未来社会作为无阶级的社会，马克思似乎是对人们一视同仁的。对于无产阶级革命他强调实行专政。那么他就是时而是不偏不倚的，时而又是有所侧重的。那么他对这种人类的现实生存状况的关注是以怎样的方式去关注的呢？以绝大多数来衡量，就是以数量条件去衡量吗？

曲红梅： 谢谢你的问题，这是一个非常具有挑战性的问题。首先我想说的是，我觉得马克思关注的现实的个体是指现实存在的所有个体。即便他说他只是在强调无产阶级在资本主义社会里可以承担改变历史的任务，对于无产阶级而言他们的现实生存状态是最惨烈的，他们要改变现实状态的动力是最大的，相对来说资产阶级更想维护自己的既得的利益保持这种现存的状况。所以其实要是从马克思包括他在《资本论》里讨论的资本家来看，他从来没有说关于人类社会的现存状况的原因要归结于某一个资本家的个体，要让资本家个人担负道德上的责任。所谓道德上的责任就是对他进行谴责，或者说用一种应该是什么样子的状态来批评他们谴责他们。马克思更强调的是，人类社会比如说在资本主义社会条件下，每一个个体的生存状况都是需要有改善的。资本家能够体现出一种人类现实个体的真实状态吗？没有。马克思所说的，比如我们谈到麦克默特克里的看法，资本家虽然吃得好住得好，但他占有着别人的剩余价值，他也不是自由充分发展的个体。所以我们在讨论现实的个体的时候，马克思不是用你刚才说的那种不偏不倚的立场来看待问题的，我们更要强调现实的个体所处的现存状态，它所体现出来的生存状态的样貌，这个是马克思所关注的。所以不应该从后果论的意义上，用一种所谓不偏不倚旁观者的角度来看待人类社会发展的状态。这是我大概的理解，但是我觉得你这个问题是值得我们进一步好好地思考的非常重要的问题。涉及到比如人们对于无产阶级道德是否优越于资产阶级道德，或者说无产阶级道德是因为它是无产阶级的道德而具有优先性等问题。这些问题是需要好好考虑的。实际上马克思从来没有谈到无产阶级道德，但是无产阶级肯定有一个评价的基础或者价值评判的原则。这些问题都是我们可以好好考虑的问题。

学生 F：曲老师好，在麦克默特里文章的第 186 页中，他提出肯定性价值的目的性链条首先是个人的实现。他说人可以 raise a project in imagination，我可不可以理解为戴维森所说的那种 pro-attitude 正向态度。我的问题就在于是否人可以在主观上形成任何一种欲求，然后我把它实施在现实中。我认为他可能认为存在某种道德动力，要在现实中把 imagination 复回现实首先需要一个道德动力，就是我要产生一种肯定性的信念，我要相信这个社会理想能实现。我认为可能在无产阶级生活条件已经转好时，这个道德动力可能已经缺失了，而且很多人可能已经提到了我们现在无产阶级运动受阻，是因为无产阶级革命动力的丧失，那么革命动力丧失的原因是什么？在他这篇文章中，首先他这个目的链条就出现了问题，首先他说 every individual 的善即每一个个体的善，但在 186 页最后一段的第三行，他说 fulfillment of all the human needs，就是 all the human 的善。他先前说最高层次的善是每个个体的善，但是他后来又说是全人类的善。这种个体和群体的关系，就是个人的善与群体的善。也就是我可不可以理解为阶级之间的善的冲突，甚至现在的人和未来社会的人的善的冲突。因为要达到每个人的自由全面发展只能在共产主义社会实现，共产主义社会是一个未来的社会，那么当下我可能需要损失 individual 的善去实现，然后才能为未来的人创造一个共产主义社会，让他们实现这个善。我认为道德动力的缺失就在这里，老师您怎么看待这个无产阶级的问题？

曲红梅： 如果基于麦克默特里的这篇文献，可能没有你这种解读的倾向。为什么是这样？他在186页谈到那个最终的善的时候认为，最终的善作为一种最高的目标是每一个个体的充分自由发展。在这里，你说他谈到了个体的能力，这种能力就是在思想中在想象中提出一种方案，然后又在现实中实现它，实际上这个就是一个关于 agency（能动性）的问题。他说过，道德必须有个体的能动者，道德主体必须是存在的并且必须具有能动性，这个能动性就体现在可以制定一个想法然后去实现这个想法。但是在资本主义社会里，人不是制定了一个想法就能实现这个想法的。所以在这句话里，我们更应该关注前面的那个词叫做 unconstrained development（不受限制的发展）。因为共产主义社会有这样的物质条件，能够让你不受限制地实现个体能力的发展。而这个个体的能力发展主要表现在个体的能动性方面，所以在这个意义上理解的话，我们更应该关注为什么个体的充分和自由的发展是最终的善。在这里关键词是 full 和 free，full 充分就是不受限制，而 free 就是有能动性，你自主选择做事情，主观上的自由，这是对第一个问题的理解。

第二个问题，关于186页最后一个自然段的第三行你谈到的问题。这涉及了工具性的善。人类有机体的健康是个体实现充分自由发展的工具性的善，是物质性的前提。这里涉及了 fulfillment of all the humanities（所有的人类需要的实现）。关于所有的人类需要他做了解释，大概有十种东西：食物、住所和衣服，性和社会关系，清新的空气和阳光，足够的生活和工作空间，个人环境整洁，适当的休整，活动的多样性，还有美学欣赏、消遣等。这些都是在麦克默特里看来所谓有活力的人类机体健康所应该具有的条件。满足这些方面的需要，人就会成为一个有活力的健康有机体，就能够进一步实现所谓充分而自由的个体发展。这里可能还没有涉及，比如功利主义强调的最大效用，或者是为了最大多数人的最大幸福而牺牲某些个体的问题。这里只是他认为的我们想要实现最高的善需要具备的物质性条件和前提。所以我觉得他在这里可能还没有涉及你所理解的那个点。但是我认为你想到的这个问题，可以让我们继续讨论社会主义与共产主义的关系。在社会主义状态下现实的人的生存状况，仍然需要所谓的按劳分配，仍然还要受到资本及资本主义的生产方式或者分配方式的影响，在这里可能仍然存在某种意义上的不平等，或者说不正义。在这个时候，可能你可以考虑刚才你想到的那些问题，也就是为了大多数的人牺牲某一些人的问题，这是一个挺好的点。

学生 G：曲老师您好，听完您的报告之后，结合我自己读康德的《纯粹理性批判》，还有黑格尔的《法哲学原理》，我想谈一下我自己理解的马克思主义视角下的自由。我认为在马克思主义的视角下，康德认为自由是一个对道德来说从天而降的东西。但是我认为，在阶级社会中自由应该是衡量个人道德的一种货币，我不知道这种比喻是否恰当。自由这种货币至少有三种可以衡量的标准：第一个是空间，在某个个人所生活的时代条件下，他可以出行的范围。比如说孔子的道德思想再伟大也只能局限于当时的中国；第二个是时间，一个人除了维持最基本的生存条件以外，所能剩下的时间就是他的自由；第三个是物质方面的，一个人把他的肚子填满维持基本生存的物质资料以外的，他所剩余的或者他能拥有的，不管是在私有制条件下还是公有制条件下，他所拥有的那些物质就是他的自由。我觉得马克思和恩格斯可能在他们的时代看到了那些无产阶级的工人们，无产阶级作为一个人活着的唯一目的就是通过他们的劳动，像一个动物一样活下去而已。他们没有发挥道德的空间，他们没有属于他们的自由，自由对他们来说在货币上是0，他们没有道德价值。所以我想这有可能是马克思为什么在没有实现共产主义的条件下不愿意谈个人的道德的一个原因。这是我的想法，不知老师是否认同。

还有您之前谈到了两个概念，黑格尔的人格概念，还有马克思说的现实的人。我有一种很不成熟的想法，我们通常说社会存在决定社会意识，我觉得现实的人的自由就是现实的人他在实际社会生活中能进行道德行动的那种自由，决定了他作为一个人的人格意识上的道德的自由，并不是康德所说的自由是从天而降的，而是他作为一个现实的人能决定我应该这样做还是那样做。他在意识上作为一个人格，拥有某种道德上的自律。这就是我听您报告的想法，想跟老师交流一下。

曲红梅：可以看出来你比较认真地读了一些书，包括黑格尔和马克思的，但是可能有一些概念需要澄清。康德的自由是从天而降的这个说法，只是在他关于道德形而上学奠基的起点即善良意志那里大概可以这么说。但是从道德形而上学转换到实践理性批判的时候，虽然我们不知道自由是什么，但自由必须是一种实质性的存在，只有拥有自由人才会作为一个立法者守自己的法，否则所有事情都是在必然性领域里就都是被决定的。被决定会怎样？比如别人拉着你的手把枪指向另外一个人射击,这件事你应该负道德责任吗?所以如果我们完全是被决定的话,我们就不需要在道德形式上做任何判断,没有责任和义务的。为什么要自由呢?康德在实践领域里确立了实质性的自由的存在,即便说这是从天而降的,反正肯定是要确立起来的。对于自由的理解,我们如果用英文来表达叫做freedom。你后来所说的这种自由,比如资本主义社会中的自由,特别是类比于货币的自由,当然这是你个人的一个比较有特色的类比,我大概理解它应该叫做liberty,就是所谓的政治自由或者更确切地说叫自由权、财产权,能够自主做一些事情但又不危害其他人利益的权利。我们需要把这两个东西区分开,因为自由权某种意义上是人的理性的工具性的使用,为满足其主观目的所应该具备的权利。但是康德意义上的自由是人的一种理性,作为一种天然禀赋要发挥出其功能,而必须设定出来的东西。所以这两个东西应该不是完全一样的,虽然我们都叫它自由,但不能在同样的层面上理解。最起码它体现出人的两个不同的层面,即所谓的自然层面和超验层面,这是我对你这个问题的理解。

关于人格的问题,我有点没听清楚。你大概的意思是涉及社会存在决定社会意识,所以你对马克思的人格概念的理解与对黑格尔的人格概念的理解不一样,是这个意思吗?

学生 G:黑格尔的人格概念是那种对自我完全有意识的人格,会有自己的道德准则和伦理准则。就马克思所说的那个现实的人而言,因为现实的人可以在现实中行使自己的自由权利,所以在人格上客观拥有了所谓的道德自由。我不是很认可康德的那种超验的自由,我觉得自由就是具体的,就是因为我们在现实中有了某种时间空间,还有物质上可以施展的自由,然后我们才有了意识上的或者道德判断上的自由，就是人格上的那种客观上的自由。我说的那个自由可能是没有实现共产主义之前的自由，就是一般的道德概念上做事情有这样的自由那样的自由。

曲红梅： 你理解的自由某种意义上也不是马克思理解的自由。你理解的自由更确切地说是自由选择。关于自由选择，你可以更细致地读一下麦克默特里的这篇文章，他从头到尾认为的那个自由就是自由选择。他提出的可能性空间就是我们一定要在一种社会结构之下生活，但是在一种结构下生活就限定了你可能进行自由选择的空间，你只能在有限的范围内进行选择。但是在这个范围内你还是有很多选择的，最终选择哪一个你有自主选择的自由。在这个意义上我觉得你的想法跟麦克默特里非常像，你可以再看看他的文献。

学生 H： 老师好，学习麦克默特里这篇文章时，我发现他从论述到结论有很大的跳跃，当时没有理解，今天老师提到他可能存在义务论和目的论等论述方式。我想问一下老师，为什么他会有这论述方式呢？这种论述方式对他论证结果的影响我们该怎么看待呢？

曲红梅： 在我个人看来麦克默特里融合了义务论，目的论，甚至结果论，也想要包容马克思主义的科学性。实际上科学性与结果论的论证方式有非常大的相似性。为什么我会得出这个结论，我们可以看到他最后给我们四个层级，最终的善就是每一个个体的充分自由的发展，这是非常典型的目的论特征。他也使用了 the ultimate good 这种典型的目的论术语。但是为什么要说他是义务论呢，因为他又强调对于每一个个体有效用的法则，虽然这种法则不是价值法则而是效率法则，但它要强调这个普遍性。而且他刚开始对于道德的看法说得很清楚，那三个元素里就涉及了，比如人必须是一个自由的行动者，能够进行自由选择，这些想法都是非常鲜明的义务论想法。但为什么我说他是后果论呢？虽然他在文章里说马克思的个人道德不是功利主义，但并不影响我说他是后果论的判断。因为他在提到共产主义的时候，说到了生产力的发展和人机体的健康是一种工具性的善，是每个个体充分自由发展的准备性的条件或者前提性的条件。而且他把共产主义看作是人类追求的目标，最终的目标是实现人类幸福非常重要的状态，这些都是特别典型的后果论的看法。甚至我觉得，在这里最起码他不是那种亚里士多德意义上的目的论，他的目的论跟后果论基本上是一致的。

他想要把马克思思想的科学性和马克思的思想里有个人道德这个观点融合起来。大家想，想把这些观点融合起来但是又没有特别切实的方法论原则，那么可能最终能给我们呈现出来的结果就是，马克思的这本书里提到的这句话反映了一种目的论的看法，而马克思的另外一篇文章的一句话反映了他的后果论看法。这就是为什么很多人读同一个马克思，读出了不同的结论。当你想把马克思思想归结为规范理论的时候，你只能找马克思思想里与规范理论特别相似的观点。然后拿这些内容作为论据来判断马克思是一个伦理学家，是一个后果论者，是一个混合的义务论者。大家听听看，混合的义务论者这个说法都非常滑稽，因为混合的义务论者，其实是说在马克思的义务论的伦理学里有一种潜藏的功利主义的潜流。为什么呢？就是他们也看到了马克思追求共产主义，也看到了马克思追求自由而充分的人的发展。共产主义好像是为了人类福祉，为了人类幸福，所以它在某种意义上是一种后果论或者是功利主义。马克思在手稿里提到人的理想性，人的本质的异化及复归。复归的意思就是原来有那么一个理想性的设定，然后我们又回到了那个理想性的状态，这完全是一种假定，或者说设定一种人之为人的理想状态，这种状态的表达方式与义务论的表达方式非常像。所以如果我们对马克思的思想性质不给出一个清晰的判定，面对马克思一生众多论著，早期的或晚期的，论战性的、哲学性的或者经济性的，混杂起来看马克思的话就真是千人千面，每个人看出一个不同的马克思。当然这也正是马克思思想的丰富性和伟大的地方。但其实这样不会让我们对于马克思的思想有更好的理解，所以我更强调从一个立场和视角给出一个确定性的对马克思的伦理性质的理解。这种理解可以是关于马克思的伦理学是什么的理解，也可以是关于马克思对于人类社会的道德现象给出了怎么样的方法论判定的理解。总而言之应该是一种很清晰的而不是混杂的理解，这是我的看法。

学生1： 曲老师您好，您今天讲到麦克默特里做了一种将个人道德从内部融于马克思主义理论的尝试。我也看到您之前的文章，感觉这种尝试似乎与李大钊以一种新理想主义弥补马克思主义唯物论中伦理思想的空缺的方式存在一定的相似性。您认为李大钊所提出的伦理的运动，人道的运动，是一种马克思主义理论的内在道德理论，还是求助于外在的道德理论？有学者认为李大钊是一种改良主义到马克思主义的转变，我们是不是有可能认为李大钊早期的人道主义的思想和后来所提倡的一种阶级斗争的学说，两者之间有没有可能有一种一致性或者过渡性，或者您认为人道主义和阶级斗争学说两者之间是有可能结合的吗？

曲红梅： 这个问题涉及李大钊，坦白说我不算是研究李大钊的专家，我只是在文章中写到我发现了李大钊那个时期文献的特点。李大钊的特点是，他不是用康德哲学来补充马克思，他用的是中国传统伦理，或者说他基于中国人的视角，我们可以说这是马克思主义中国化的一个特别早的典范。李大钊他想要给马克思的思想里加入人道的伦理的运动，算是一种改良主义。我觉得因为他那个时候肯定是没有读过更多的马克思的文献,而根据当时他能掌握到的马克思的文献,他只能得出所谓马克思主义的科学性或者是决定论的看法。但他又觉得对于人类社会来说,仅仅是科学性的决定论的显然是不行的。因为人有一种价值判定在里面,所以单纯说我们是被决定的,我们只能对必然性进行一个认识,我们在这里无能为力,不可以做任何东西,然后所有的事情都不需要负责任,也违反我们的道德直觉。所以李大钊有这种伦理的人道的运动,想要去补充一种伦理的内容,确实是一种改良。但是这种改良确实也是基于中国哲学,或者说作为中国人的理论视角进行的改良。在那个时候,他的这种行为,或者说他的这种理论上的改造,肯定有他的意义和价值,不能从根本上否定,认为完全没有意义和价值。也正是因为我觉得他看到了阶级斗争理论里面所体现出来的无产阶级革命必然胜利这种科学性的倾向,历史必然性的倾向,他才试图去寻找一种人道的维度。只是我觉得他当时对于马克思主义的理解或者说他掌握的文献,以及当时马克思主义运动在中国的实践经验,并没有那么丰富。所以李大钊有当时那种做法,能够得出当时那种结论已经是非常高明的了,我们从今天的视角对他进行评判实际上是没有道理的。但是从今天的视角来看的话,可能我们基于当下的马克思主义的实践和理论的发展,可以得出一个更为不一样的结论,这是我的理解。

学生 J: 老师好,我最后提一个问题,关于之前说到的共产主义社会是否还需要道德的问题,以及它是否还有道德的问题。马克思可能是基于人的现实生存状况来讨论道德问题,也是从人类社会人道的状态来讨论道德问题。在共产主义社会,马克思可能认为共产主义社会是值得我们追求的存在状态,就是说我们从应然维度进行道德追求。这在共产主义社会是否就是已经实现了，它如果已经实现的话，我们是否不需要再对道德概念进行考量。但是道德问题还会存在，这时是否我们不需要以这种道德概念来彰显这种道德的讨论还是怎样？

曲红梅：关于共产主义社会取消道德这个问题，首先你要理解他的道德指的是什么样的道德，最根本的意义上肯定是指那种资产阶级道德，或者说以一种对于人的理想性抽象的假定去要求人应该在现实之中做什么。这种理解道德的方式是马克思要取消的。接下来你说到的，在共产主义社会里人就不讲道德了吗？你可以这么设想，马克思说的共产主义社会不是人类社会的终极的理想阶段，或者说人类社会可以达到的最完美的最好的阶段。否则人类社会一旦达到了共产主义，岂不是人类社会的终结，这不是马克思的看法。甚至今天，在我们还没有达到共产主义社会的状态下，没有办法去设想那个社会人类的状态会是什么样子，人类到那个时候的现实需求是什么，我们其实在当下没有办法设想。马克思为什么还说共产主义社会？共产主义这个词不是马克思提出来的，虽然《哥达纲领批判》里说了比较确定的对共产主义社会、社会主义社会的区分，但是在那之前的很多文献里，马克思真正的理论是体现在他对社会主义的表达上。而马克思的时代是存在着形形色色的共产主义理论的，其中不乏粗鄙的共产主义。所以我们在读马克思文献的时候，一定要有一个理论意识，就是他在不同时期使用 communism 这个词的时候，它的 context 是不一样的。如果我们在"真正"的意义上理解共产主义社会，为什么不需要用资本主义社会或者前资本主义社会的道德去描述，或者说在共产主义社会应用。因为这些道德都是在以一种抽象的对人的理解来要求当下的人。而这种要求其实是当时那个社会的所谓统治阶级意识的表现。这就是为什么马克思同时也认为道德就是意识形态应该摒弃。他说共产主义取消道德，实际上与道德是意识形态应该被摒弃是联系在一起的。如果是在这个意义上，共产主义社会人和人之间的现实状态，已经不再需要用道德或者这样的词来约束他们，因为对于那个社会的发展来说，对人们的需求满足（可以看到麦克默特里提到的这些需求）、对人的充分自由发展来说，没有无道德的事情，人不需要偷钱，不需要抢劫，不需要杀人，所以没有不道德的事情存在，也没有道德的存在的理由。

四、主持人总结

李义天：谢谢曲红梅老师的报告。刚才同学们提了不少好问题，曲老师也做了精彩的回答。下面，我也说一下自己听了报告之后的体会。

第一点，在马克思这里，道德肯定是一件"有条件"的事情。然而，如果道德是有条件的，那它是不是就会成为一个"有问题"的对象？因为我们往往认为，道德是普遍的，是必然的，是高大上的。既然如此，那怎么能够是有条件的呢？怎么能够依赖于其他对象呢？似乎，"有条件"意味着道德的崩溃。而这种崩溃的最典型表现就是道德相对主义；唯物史观似乎给道德相对主义留下了后门。确实，我们会有这种担心。但我现在要问的是，我们的这种担心又从何而来呢？为什么说，当道德不是以普遍的观念或命题的形式出现时，它就成了一件"有问题"的事？如果你是一个康德主义者，你也许真的会做出如此断言。然而，我要说的是，道德生活并不是一种专属于康德主义的实践；在人类的伦理思想和伦理生活的历史上，也不并是康德主义出现以后，道德才成其为真正的道德。我们完全可以回到古代的伦理方案，回到亚里士多德，回到孔孟，你会发现所有情境化的道德理解以及地方化的道德知识，并没有使之成为"有问题"的道德知识。

况且，即便仅仅回想一下我们自己在处理人伦事务的时候，我们也可以发现，"有条件"的道德反应和道德判断并不构成一个问题。我们在不同的时间、不同的地点，对不同的人（老师、同学，长辈、晚辈）本来就会做出有条件的反应和判断。而这些条件并没有使你的道德信念发生崩溃，更没有使你的道德生活发生崩溃，你依然很顺畅的生活。恰恰相反，往往是"无条件"的思维和执着，使得你陷入两难的泥潭，使得你的道德生活发生崩溃。很多人间悲剧的出现，不在于承认"有条件"的道德，而在于固守"无条件"的道德。比如，在父母和子女之间，子女应该"孝"，这没有任何问题。但是，孝也是有条件的。对待父母用什么方式、到什么程度来表达孝心，同样因人因事而变。如果"孝"是无条件的，那么，历史上很多愚孝之事就会重演。所以，把道德理解为一件"有条件"的事情，这并不会使它成为"有问题"的。

第二点，如何理解马克思伦理思想的性质和定位。现代伦理学有几种主要的类型和标签。借助一定的论证，我们总可以给马克思的伦理思想打上某种标签。但是，无论你是想证明它是道义论的、后果论的还是德性论的，你的论证方法其实是一样的。那就是，找到马克思的只言片语，然后跟现代伦理学的某种类型进行比对，从而判定他是不是一个义务论者、后果论者或德性论者。

但是，我想说的是，这是一种非常危险的论证方式，这是用一种现代伦理学的既有框架来框定一位并没有进入现代伦理学脉络之中的伟大思想家。马克思是不是一个义务论者？好像不是。他是不是一个后果论者？好像不是。他是不是一个德性论者？好像也不是。之所以这种论证方式会让马克思暴露在一个"三不靠"的尴尬境地，恰恰是因为这三者其实并未穷尽所有的道德知识，更未穷尽我们对于道德现象的全部理解维度。而马克思的出现以及他对道德现象提出的诸多批判和主张则产生了一个最大的益处，那就是，它使得我们停下来反思，我们迄今为止对道德知识的分类和对道德生活的理解是不是在根本上就是有问题的？我觉得，这才是马克思给现代伦理学带来的最大冲击，也是他的伦理思想最有价值的地方。

第三点，刚才几个同学也谈到了，我们现阶段倡导自由，那么，这只是 liberty，而到了共产主义阶段，才会实现作为 free and full development 的自由。我们现阶段要求优先考虑无产阶级的阶级利益，而到了共产主义阶段，才会有真正的平等和不偏不倚。这两者之间确实存在张力。那么，我要问的是，为什么我们觉得两者之间的不一致是一种张力？原因恰恰在于，我们没有全面贯彻今天曲老师讲到的那一点，即"历史的观点"。我们始终是以消除了时间维度的抽象方式来思考，所以，我们会对于马克思在同一个方面表达出来的不同看法感到特别困惑甚至难受。

我们要意识到，有时要求无产阶级优先，有时又要求人人平等，这对于马克思来说一点都不是问题。在无产阶级和资产阶级存在分裂、进行斗争的时候，谁优先？在马克思那里，答案很明确：无产阶级优先。而在社会已经成为无阶级社会里，谁优先？对马克思来说，答案同样很明确：无所谓谁优先。由此可见，这个孰为优先的问题已经被历史解决了。如果我们不把"历史的观点""历史的视野"贯穿在对马克思的理解中，我们就会产生很多像这样的问题，甚至是不必要的伪问题。比如，现代人会说，私有产权以及建立在它之上的正义理论很重要，因为资源是有限的。休谟、罗尔斯都承认这一点。但是，一旦你引入马克思，你就会发现，所谓"资源有限性"这个前提条件，如果放在一个更广阔的历史尺度中，那它可能就是不成立的。因此，我们发现，马克思不仅通过展开新的反思维度而破除了既有的道德分类，而且通过设置大的历史尺度而破除了我们曾以为自古以来便是如此的道德直觉。

以上就是我今天听了曲老师的讲解和大家讨论以后，想到的几个问题。说出来，供大家参考。让我们再次以热烈的掌声感谢曲老师，谢谢大家！

第十四讲
分配平等与社会平等[1]

齐艳红

一、主持人开场白

李义天：各位同学，大家好！今天我们的马伦研讨班非常有幸，请来了南开大学的齐艳红老师跟大家交流。尽管受疫情的影响，京津两地相隔如此之近却不能实现线下交流，但是，我想，同学们的热情还是应该通过屏幕让齐老师感受到的。首先，让我们以热烈的掌声，欢迎齐老师！

齐老师在南开大学取得博士学位，之后留校任教。近几年来，齐老师一直从事马克思主义政治哲学研究，尤其是分析马克思主义的政治哲学研究。2017—2018 年，她在牛津大学做访问学者，合作导师是乔纳森·沃尔夫（Jonathan Wolff）。而我也是在 2018 年，前往英国的牛津、剑桥，以及肯特大学进行的学术交流。其间得到了齐老师的很多帮助，非常感谢！

我们知道，乔纳森是英国哲学家、分析马克思主义代表人物 G.A.科恩的学生，他的一个重要研究方向正是社会平等理论。而齐

---

[1] 时间：2020 年 11 月 12 日。

老师对这一块也颇有自己的研究心得,对社会平等尤其是分配平等的最新前沿十分熟悉。尽管我们围绕平等问题有所讨论,但那主要涉及的是经典作家的思想。尽管我之前也布置了一些文献,要求大家阅读,但我想你们在阅读了这些文献之后,也许依然有一种盲人摸象的感觉,对于马克思主义的平等理论的整体图景可能还是不太清楚。而这恰恰涉及平等问题本身的复杂性。所以,今天,我们就请齐艳红老师就她关于平等问题的最新研究成果以及对当代学术前沿的总体观察,给大家做一个主旨报告。欢迎齐老师!

二、主旨报告

齐艳红:非常感谢李老师的邀请。今天我要跟大家分享和交流的主题是关于我最近几年对平等主义政治哲学的一些思考,当然这与我的主要研究对象分析马克思主义密切相关。我报告的题目是《分配平等与社会平等争论的几个问题——从马克思主义伦理学的视角看》。我主要讲三个问题:一是关于分配平等的争论;二是关于分配平等与社会平等的问题;三是关于马克思主义伦理学视角的回应。

刚才李老师也讲,平等问题是政治哲学当中最为复杂的一个问题,其复杂性甚至要高于关于正义的讨论。对于什么是平等,哲学家们一直在争论和讨论。平等问题既是当代西方政治哲学的一个核心议题,也是马克思主义伦理学或者说马克思主义政治哲学的核心议题。对于这样一个复杂的问题,我们究竟怎么把握它?我们从马克思主义伦理学的视角讨论平等问题,与西方伦理学(康德、黑格尔等)的视角不太一样。因为从马克思主义的视角来看,我们能找到的文献是非常有限的，而且不同学者对同一个文献的解读也是不一样的。

我们从哪里入手？这里首先提供一种关于平等概念的界定，供大家参考。一谈到什么是平等，恐怕我们很难脱离关于正义、自由、公平等等价值维度的讨论。所以究竟什么是平等？美国民主理论家萨托利在《民主新论》一书中有一个关于平等的章节。他认为平等这个概念非常复杂，一方面平等意味着等同性，也就是说作为等同意义上的平等，但是另一方面平等还与公正和正义相关。所以他说："平等是个两面玲珑、而且是唯一能够同时与相同性和公正联系在一起的概念。"[1]这也验证了我们刚才所讨论的问题，即对于平等我们很难单独把它同正义和自由以及其他价值分离开来加以讨论。

就平等问题的复杂性而言，当代西方的平等主义政治哲学家以及分析的马克思主义者，在关于平等主要是分配的平等还是社会的平等的问题上是有争论的，我从以下三个方面给大家做一些梳理。

（一）分配平等之争与运气平等主义

首先，分配平等（distributive equality）究竟指的是什么？分配平等与罗尔斯的正义理论以及之后的平等主义政治哲学的发展密切相关。也可以说当代西方政治哲学关于平等和平等主义的讨论，在很大意义上是由分配平等所主导的。关于分配平等的讨论有两个核心的问题：第一个是，正义的"通货"是什么，或者说关于"什么的平等"的讨论，是福利（welfare）、资源，还是优势（advantage）？第二个涉及分配的模式或原则的问题，我们依据什么对某种东西在

---

[1]〔美〕萨托利：《民主新论》，冯克利等译，上海人民出版社2008年版，第372页。

人们中间进行分配，依据"应得""需要"，还是依据其他？这是围绕分配的平等讨论的两个最为重要的问题，也是比较复杂的。为什么这样说？关于分配平等的讨论，有的学者认为这种平等主义哲学毫无疑问是开始于罗尔斯的，罗尔斯正义论中的差别原则被视为开启了平等主义政治哲学的讨论。在罗尔斯（John Rawls）之后，罗纳德·德沃金（Ronald Dworkin）提出了资源平等理论，此后又有一些学者提出了不同的见解，比如 G.A. 科恩（G.A. Cohen）、理查德·阿内森（Richard Arneson）等等。

在这种讨论当中，有一个阵营叫运气平等主义（luck egalitarianism）。运气平等主义的主要创建者之一是 G.A. 科恩（以下简称科恩）。科恩在 1989 年《伦理学》杂志上发表了一篇论文，论文的题目就叫做《论平等主义正义的通货》[①]。我们刚才讲的分配平等讨论的第一个核心问题"正义的通货"就来自于科恩。在这篇文章当中，科恩提出了若干对后来平等主义政治哲学发展来说非常重要的线索。第一，科恩认为，正义要求一种分配的平等，也就是说，正义要求人们具有同等数量的某种东西，但不是任何东西，而只能是在任何程度上都被同分配平等相竞争的那些价值所允许的。这个理念揭示了一个线索，就是这种平等在分配正义理论当中所起的作用。所以分配平等问题的讨论，实际上是相关于正义的，它不是完全脱离于正义的。第二，科恩在这篇文章当中还提出了运气平等主义的恰当目标的问题。平等主义的恰当目标就是要消除"非自愿的不利"，这个不利的英文是 disadvantage，也可以把它译为劣势。这种非自愿的不利指的是不能由主体负责的那些情况，因为这些情况

[①] G.A. Cohen, 'On the Currency of Egalitarian Justice', *Ethics* 99 (1989), pp. 906–44. 该文被收录在 G.A. Cohen, *On the Currency of Egalitarian Justice, and Other Essays in Political Philosophy*, Edited by Michael Otsuka, Princeton University Press, 2011.

没有恰当反映主体已经做出的或正在做出的或者将要做出的选择。

第三,科恩对运气平等主义的定位还密切关联于他与德沃金的辩论。在罗尔斯之后,德沃金对罗尔斯的正义论提出了反思和批评。德沃金认为,资源的平等才是平等主义的恰当方案。对此,科恩在这篇文章当中给予了高度认可。科恩说,实际上德沃金将当代反平等主义理论当中最有力的两个观念"选择"和"责任"吸纳进来了。德沃金的平等观通常被称为"敏于志向,钝于禀赋",这是因为这种平等观特别强调主体的选择和责任在分配平等和分配正义当中的作用。科恩在这篇文章中肯定了德沃金把选择和责任与平等观念结合起来的平等主义。从这个意义上讲,很多学者把科恩和德沃金看作运气平等主义的两个主要创建者,或者说两个主要代表人物。然而,在运气平等主义内部,科恩与德沃金的平等观之间的关系还是比较复杂的。虽然科恩认可德沃金把责任和选择的观念纳入到当代平等主义理论,并认为这是对当代平等主义理论的重要贡献,但是科恩却认为德沃金的资源平等方案还不是平等主义的恰当的目标,于是他又提出了自己对于运气平等主义的理解。科恩自称他赞同"优势可及平等观"(equal accessto advantage),还可以翻译成"优势获取平等观"。因此科恩和德沃金平等观的关键区别之一就在于福利(welfare)和优势(advantage)。可见,运气平等主义这个称谓以及所谓分配平等的问题,在很大意义上关联于科恩,正是科恩在1989年发表的这篇文章为后续讨论提供了很多线索。

我们在这里要关注和进一步聚焦的问题是,科恩为什么认为他本人的优势可及平等观比德沃金的资源平等观更能符合平等主义的目标?这既需要我们了解科恩的优势可及平等观的内容,也需要我们理解和把握科恩与德沃金之间的论辩和思想张力。

首先,就科恩和德沃金之间的论辩而言,他们论辩的时间非常长，也非常复杂。乔纳森·沃尔夫（Jonathan Wolff）教授认为这个论辩最后没有结果，谁也没有说服谁。对我们来说，关注科恩和德沃金之间的论辩，需要知道他们认为平等主义应该对什么问题敏感，需要矫正什么问题。换言之，在分配正义的视域内，他们各自关注的问题是什么？科恩和德沃金的共同点就在于他们都对福利平等观给予了批判，他们都认为福利平等观有缺陷，这与罗尔斯对福利平等观以及对功利主义的批评是一致的，这一点相对容易理解。重要的是，虽然他们两个人都批判福利平等观，但是却导向了关于平等的不同理解。可以从三个方面来具体理解他们之间的论辩。第一点，他们对福利概念的理解出现了偏差；第二点，他们围绕"奢侈偏好"问题展开了复杂论辩；第三点，他们的论辩背后涉及分配正义的"原则"之争。

德沃金对福利平等观的不同理论版本都进行了讨论和批判。在他看来，人们对福利概念的不同理解形成了不同的福利平等观，主要有三个不同的版本。第一种是把福利理解为成功，他认为这种理论的问题就在于低估了不同偏好在成功程度方面的差别，不同的偏好在程度上是不一样的，所以如果采用相同的标准来衡量的话实际上是做不到的。第二种是把福利理解成意识状态，它相关于我们主观的感觉或者心理状态，比如，把快乐作为一种福利来确立一种公平分配的理论，这种理论很显然也是站不住脚的。第三种是从客观的角度把福利理解为资源。这种客观的福利理论所面临的问题是，把福利当作目标而把资源当作手段，实际上会很难处理目标和手段的关系。由此德沃金认为福利平等观的这三个理论版本都是有缺陷的。

德沃金还指出，福利平等观面临着两个反直觉的例证：一个是奢侈偏好的问题，一个是残疾人的问题。什么是奢侈偏好？无论哪一种版本的福利平等观都力图使每个人的福利实现平等。但是，有的人的偏好与其他人不太一样，比如，有的人每天喝白开水、喝茶就能感觉到很幸福很快乐，但是有的人可能每天要喝红酒或者香槟才能感觉到快乐。在这种情况下，如果福利平等观提议要让每个人都实现福利平等的话，那么就需要给具有奢侈偏好或昂贵偏好的人提供更多的资源才能使得其福利与其他人的福利水平大致相同，而这会导致对奢侈偏好或昂贵偏好的"培养"。在这种情况下，德沃金认为福利平等观的这个直觉例证实际上是反直觉的，有明显的缺陷。另外，还有关于残疾人的问题。如果想让正常人和残疾人实现福利平等的话，恐怕给残疾人的资源要远远多于正常人。对于这个反直觉的例证，福利平等观也是没有办法解决的。

为此，德沃金提出了他的资源平等方案，即用资源实现分配的平等。什么是资源？德沃金从两个角度加以理解，一个是人格性的，如生理条件或能力，另一个是非人格性的，如物质财富或者收入。对德沃金来说，重要的是怎样实现资源分配的平等。在这里，德沃金引入了市场经济形式，利用拍卖程序、保险机制等实现资源平等的分配。如果把市场的程序引入进来实施资源平等的分配，必然会面临"道德运气"（luck）的问题。比如，自主选择或者除了选择以外的非人为的偶然事件，对分配正义、对人们生活前景的影响都是至关重要的。

在进一步的讨论中，德沃金区分了两类运气，一类是选择运气或者选项运气（option luck），还有一类是原生的运气（brute luck）。选择运气指的是经过自觉的和计算性的博彩产生的问题。比如，赌博就是一个人选择的运气，如果赌博输了就要承担后果，如果赢了也是自己有意识地和经过自觉的深思熟虑的选择而得到的结果。原生运气指的是风险如何产生的问题，比如，遭遇了自然灾害和遭遇了不幸都不是人为选择所导致的结果。德沃金主要关注选项运气所导致的收入财富的不平等以及原生运气导致的"残障"是否符合资源平等观的问题。德沃金提出,如果某种不平等是源自于人们的选择,那么这种不平等的结果就是正义的,无须再补偿。如果由于原生运气导致的不平等,那么这种不平等就是不正义的,主张对这种情况进行补偿。针对原生运气导致的这种不平等,德沃金又引入了虚拟的保险机制,实际上也是一个市场机制。这种保险机制把原生的运气在理论上转化为选择的运气,对于选择运气所导致的不平等,德沃金则拒绝进行再分配的补偿。

这里的问题在于,德沃金认为对于人们因奢侈偏好所导致的结果不平等是不应该给予补偿的。资源的平等分配必须反映人们的选择、责任和抱负,不应该反映人们的天赋。他认为,资源平等提供了分配平等的最佳观点,这种平等观使得自由的优先性以平等的名义得到了保证。①可以看出,德沃金对于资源平等方案的论证根据实际上有两个,一个是对于福利概念的理解,一个就是奢侈偏好的补偿问题。

针对德沃金论证资源平等的两个根据,科恩给予了驳斥。大家可以看到,在西方政治哲学家讨论问题的时候,观点是一方面,更重要的是论据,你要驳倒一个观点就必须要驳倒他的论据。科恩意识到,如果要驳倒德沃金所确立的资源平等方案,就必须驳倒德沃金用以论证资源平等、用以批评福利平等观的两个根据。科恩认为,德沃金对福利平等的批评至少"依赖于两个相对不同的根据":一个是"福利"概念的模糊性;另一个是"奢侈偏好的补偿"。科恩对"福利"的理解是广义的,他认为福利概念一方面包括意识状

---

① 〔美〕罗纳德·德沃金:《至上的美德:平等的理论与实践》,冯克利译,江苏人民出版社 2012 年版,第 134 页。

态，另一方面也包括偏好的满足。这两点实际上肯定了德沃金分析的福利平衡观的两个版本。但是与德沃金不一样的地方是，科恩认为不能将福利和资源混同起来，福利是福利，资源是资源。平等主义的目标不是关注资源或福利的"平等"，而是关注资源或福利的"匮乏"，平等主义应当是一种对资源或福利的不利或劣势保持敏感的平等观。正是在这个意义上，促使科恩的批判进一步聚焦于"奢侈偏好补偿问题"，也就是说，科恩对德沃金基于客观维度的资源平等方案所主张的"不对某些昂贵偏好进行资源补偿"的"正义性"质疑。科恩的认识是："坏运气"可能会引起不正义，为什么？因为德沃金忽略了对不同种类的奢侈偏好进行"比较"的问题，也意味着，他没有对不同的坏的原生运气进行识别。比如，有的奢侈偏好并不是某些人自觉的自主的选择，有的人先天生了一种病必须要吃一种特别贵的药，在科恩看来，这是因为他有这方面的需求，优势可及的平等观应该对这种福利或资源的不利进行补偿。由此科恩认为，优势可及平等观所敏感的是资源的匮乏和资源的不利，对这些匮乏或不利给予补偿才是恰当的平等主义的目标。科恩反复强调："优势"以各种各样的形式存在，而"福利"只是其中一个恰当部分。如果说德沃金的资源平等观是敏于志向、钝于禀赋的，那么科恩的优势可及平等观则是对资源的匮乏或不利，或者福利的匮乏或不利保持敏感的。这就是科恩和德沃金之间的论辩，他们的论辩过程是比较复杂的。

具体到关于奢侈偏好的论证，这是一个平等的实践或者说正义的实践问题。在 G.A. 科恩和德沃金关于分配平等的争论中，为什么特别关注到这个实践？为什么作为福利平等观的反直觉例证值得两个大政治哲学家讨论？如果仔细考察德沃金和科恩在很多著作当中的论述或观点，我们会发现所谓奢侈偏好补偿与否的问题不是一个小问题，科恩说得非常清楚，这涉及平等主义的原则问题。因此，科恩不仅驳斥了德沃金的观点和论据，也对德沃金的分配正义原则做出了潜在地批评。德沃金认为，不对奢侈偏好进行补偿是正义的，其依据就是"个人自决的范围和责任"在分配正义当中占有中心地位。这种认识依赖于一种"应得"观念，进一步来说是基于市场的应得原则，他认为市场对于正义来说是必不可少的。与德沃金的认识不同，科恩更关注境况的非选择性，他认为，不对某些奢侈偏好进行补偿是不正义的，因为人们没有去识别那个奢侈偏好是由于个人的原因造成的，还是由于非个人选择的原因或者说境况的原因造成的，如果是后一种状况那么没有补偿就意味着不正义。科恩进一步认为市场过程本身是不正义的，所以基于市场的应得本身是不道德不正义的。从这个视角出发，科恩提出真正的平等主义的规范就是根据每个人的需要给予其应得，他说这是一个反市场的口号。这个真正的平等主义的规范实际上是一个广义的需要原则，因为它根据每个人的需要给予他需要的东西，然后给予他所得。可以佐证这一点的是，科恩在解释他的优势可及平等观时，明确指出"广义的需要"构成了优势（advantage）的主要成分。所谓"优势"不仅包含福利和资源，而且主要的成分是"需要"。

以上就是科恩和德沃金的大致论辩，我们分析了其中关于福利概念的理解，关于奢侈偏好的争论，背后的分配原则之争。当然，在运气平等主义内部，科恩还与很多其他学者展开了论辩，比如，阿马蒂亚·森（Amartya Sen）、理查德·阿内森（Richard Arneson）等，他们的见解都是不一样的。在这里，我们无须介入更多复杂的争论，透过科恩与德沃金两个人的争论，就可以发现一些关键的问题。可以看到，科恩对市场的批判以及对共同体原则和需要的肯定，毫无疑问是继承了马克思在《哥达纲领批判》中的共产主义高级阶段分配正义的"需要原则"。在2009年出版的《为什么不要社会主义?》这本小册子里,科恩论述了野营旅行的两个原则,一个是平等的原则,一个是共享的原则。共享的原则实际上与需要原则是内在相关的。

(二) 社会平等与关系平等主义

前面说道,科恩在《为什么不要社会主义?》这本书当中已经意识到,运气平等主义、社会主义的机会平等所允许的那些不平等(偏好与选择的多样化;因使人悔恨的选择而产生的不平等;由于选择运气的差别导致的不平等)应该由共享原则加以禁止。因为虽然正义并不谴责这些不平等,但是这些不平等与"共享原则"是冲突的。科恩说:"如果社会要展现那些使野营旅行有吸引力的社会主义特征,社会主义机会平等的这种转向就必须由一种共享原则来调节。"[①]在这里,科恩指出,除了分配的正义、分配的平等以外,对于分配的平等所允许的一些不平等应该由共同体、由人类的关系模式的规范(比如共享)加以禁止。其实,科恩的理论内部已经出现了一种价值之间的张力,这涉及我们将要讲的第二个问题:关系平等主义(Relational egalitarianism)与社会平等。

近20年来,在平等主义政治哲学内部新兴起的一个阵营是"关系平等主义"。对于关系平等主义,目前国内学界研究和关注的还不是很多,还有待于深入。关系平等主义的代表人物比较杂,也没有构成一个旗帜鲜明的思想流派,很多问题也仍然在讨论和发展中。在大概20多年的时间里,运气平等主义与关系平等主义之间有着持续性的论争,他们之间的论争也构成一种从分配平等向社会

[①] 〔英〕G.A.科恩:《为什么不要社会主义?》,段忠桥译,人民出版社2011年版,第39页。

平等演变的线索。通过他们的论争我们可以看到，在西方学界出现了超越分配平等走向社会平等的趋向。关系平等主义已经受到了诸如差异政治、承认政治理论等对分配范式批判的影响，典型的是爱丽丝·杨（Iris Marion Young）、南茜·弗雷泽（Nancy Fraser）等人对分配范式的批评和讨论。

接下来我们重点看一下关系平等主义的核心思想。关系平等主义者不再讲分配的平等，他们提出，平等主义的目标或者说平等主义的要义是平等的社会关系。如果说运气平等主义将平等主义的恰当目标定位于分配的平等，那么关系平等主义的根本关切就在于建构平等主义的社会关系。显然，关系平等主义与运气平等主义讨论的问题完全不同，关系平等主义对运气平等主义进行了批判反思。关系平等主义阵营主要有以下几个代表人物：伊丽莎白·安德森（Elizabeth S. Anderson）最初对运气平等主义的各种版本进行了总体批判；塞缪尔·舍弗勒（Samuel Scheffler）对运气平等主义境况和选择的二分法质疑；戴维·米勒（David Miller）没有明确对运气平等主义的所有人物和理论进行批评，但他批评了科恩的运气平等主义思想；乔纳森·沃尔夫也对运气平等主义提出了批评。当然，关系平等主义者不限于这些人，很多学者把爱丽丝·杨，以及承认理论的一些学者也纳入到关系平等主义中来，甚至包括沃尔泽（Michael Walser）、斯坎伦（Thomas M.Scanlon）等等。

从最初提出关系平等主义与社会平等的这些学者来看，他们讨论的"社会平等"（social equality）与分配平等不同，那么，社会平等与分配平等的区别在哪里？从理论目标上看，关系平等主义的目标是消除压迫性的社会关系结构本身，致力于实现人与人之间关系的平等，所以叫社会平等或者社会关系平等。从价值基础上看，关系平等主义或者说社会平等理论坚持正义与平等的"非对称性"，力图以社会平等的内在价值和统摄性突破分配正义或正义价值的"统摄"。

对于关系平等主义来说,安德森在1999年发表的《平等主义的要义是什么?》是一篇奠基性的论文,她明确规划了关系平等主义的"双重目标"[①]。一方面,安德森说,恰当的平等主义正义的消极目标,不是消除原生运气在人类事务中的影响,而是要结束由社会所施加的压迫,不是要关注一些诸如对流浪者给予补偿之类的枝节性问题,而是要关注社会压迫、社会剥削、阶级支配等问题。这意味着,她认为运气平等主义的工作是误入歧途的。另一方面,安德森还认为,平等主义正义的恰当积极目标,不是确保每个人得到道德上的应得之物,而是创造一个有着平等关系的共同体。安德森还引入了爱丽丝·M.杨的"压迫的五张面孔",认为支配、剥削、边缘化、贬低、施以暴力都属于压迫性的人际关系。关系平等主义寻求建立一种基于平等的社会关系的社会秩序和民主共同体。安德森把自己的平等主张称为"民主的平等"。

在安德森奠基性的讨论之后,舍弗勒非常赞同安德森对关系平等主义的消极目标的定位。他说这种平等主义反对的不是"运气",而是压迫,是社会地位的等级制、种姓观念、阶级特权和僵死的阶级分层,以及权力的非民主的分配等等。舍弗勒说,社会平等不仅是一种道德理念,更是一种社会与政治理念。他认为,社会平等是分配平等的真正替代方案。在2015年的一篇文章中,舍弗勒还专门对所谓社会平等观念的独特要素做了规定,他把它规定为"平等主义的协商约束",即每个人同等重要的利益(比如需要、价值、偏好等)都同等程度地约束着我们共同体的决策。

[①] Elizabeth S. Anderson, "What Is the Point of Equality?", *Ethics*, Vol. 109, No. 2 (January 1999), p.288.

戴维·米勒从价值基础的层面区分了社会平等与分配平等。他认为存在着两种有价值的平等观念,一种与正义相关就是分配平等。这意味着,正义要求对某种利益进行平等分配,这种理解与科恩在《论平等主义正义的通货》那篇文章中的认识是一致的。另一种平等观念是独立于正义的,这种平等观念并不直接确定对权利或资源的任何分配,而是确立了一种社会理想,即一种人们相互平等对待的社会,这是社会地位平等或社会平等。基于这一区分,米勒对德沃金、阿马蒂亚·森、科恩都提出了批评。他认为,科恩所主张的平等主义的正义论,实际上还是把平等与正义视为同一个原则。米勒提出:"在正义本身保持沉默的地方,平等能够塑造正义的实践。"[1]米勒的这种理解,舍弗勒后来在2015年《平等的实践》一文中也有类似表达。他认为,平等主义的关系理念是非常复杂的,很多时候它都需要利用除了平等本身以外的其他价值来确定,因为它不能单独依靠平等这一个价值来理解。舍弗勒还利用相互尊重、主体的权利和责任等其他价值和观念来理解平等主义的关系是怎样的。[2]这些讨论都力图确立社会平等与分配平等的差异。

实际上,关系平等主义一旦把聚焦点转移到消除压迫性的社会关系和致力于建构平等主义的社会关系以后,他们的理论工作与分配平等的建构就完全不同了。他们不再讨论什么的平等,也不再讨论分配的原则。关系平等主义讨论的是,哪些才是不平等的社会关系。他们识别出的主要的不平等的社会关系,包括支配的关系、剥削和阶级的关系、权力的关系,还包括尊重甚至评价性尊重,以及

---

[1] 〔英〕戴维·米勒:《社会正义原则》,应奇译,江苏人民出版社2008年版,第301页。

[2] Samuel Scheffler, "The Practice of Equality", in Carina Fourie, Fabian Schuppert, and Ivo Wallimann-Helmer eds., *Social Equality: On What It Means to be Equals,* Oxford University Press, 2015, pp.24-25.

人与人之间有优劣之分的等级制关系。用他们的话来说，他们的工作主要集中于对社会等级制的批判，这里包含了性别、种族、民族等范畴。在这里，关于关系平等主义者的复杂分析和建构我们就不去做具体说明了。这里的问题在于：关系平等主义所建构的平等主义的社会关系，是否实现了真正的社会平等？平等主义的社会关系要消除支配、剥削、阶级、种族、性别等这些所谓群体的压迫关系，这样就能够实现社会平等吗？

（三）马克思主义伦理学视角的可能回应

针对关系平等主义与运气平等主义的论辩，我们从马克思主义伦理学视角应该如何回应？我个人的理解是，马克思主义伦理学与马克思主义政治哲学的许多核心议题都是一致的，不过马克思主义伦理学的视野更为宽广。那么，我们从马克思主义伦理学或政治哲学角度应该如何回应分配平等与社会平等之间的论辩？这里提供三个线索供大家思考。

第一，与运气平等主义相比，关系平等主义把聚焦点转向了社会关系和结构本身，其比运气平等主义距离社会平等的真相更进一步了。但是，如果我们从马克思主义伦理学视角看，关系平等主义关于社会平等的理解仍然是抽象的和有限的。一个重要原因是，关系平等主义者关于平等的社会关系或者平等主义的社会关系的理解是非常混杂的，他们有时讲人际关系，而有时又讲社会关系，比如，家庭内部的关系、朋友的关系、经理和工人之间的关系、老板和工人之间的关系等。从马克思的视角看，他们对于社会关系的理解是处于现象层面的。在马克思那里，社会关系的基础是生产关系，最根本是生产资料的所有制。尽管关系平等主义者与马克思都处于资本主义的社会关系中，但是他们并没有达到马克思的认识高度。马克思穿透了资本主义的社会关系,洞见到资本主义的劳资关系这一现代社会关系的"轴心"。就此而言,关系平等主义者并没有抓到根源问题。

我们今天在讨论马克思对分配平等和社会平等关系的看法时,无论是从马克思主义伦理学角度还是从马克思主义政治哲学角度思考,在很大程度上都是一种建构性的讨论。马克思恩格斯没有像其他伦理学家那样有大部头的著作,供大家从中挖掘到他们的相关看法,也很难从马克思主义的文献当中直接找到对这些问题的回答。我们在讨论马克思主义伦理学和政治哲学问题的过程当中,不要让马克思直接去回答我们的问题,因为我们的问题是我们这个时代的问题,我们不可能直接从马克思恩格斯的文本当中找到他们对我们时代问题的回答。我们只能从他们著作的线索中,结合我们时代的问题进行思考、建构和阐释。回到我们这里的问题,我想马克思不会抽象地要么肯定分配平等,要么肯定社会平等,也从来不会像关系平等主义者和运气平等主义者那样展开思考和进行论辩,我们只能从他的文本中找到一些相关的原则或者线索。

第二,就分配平等来说,马克思对分配平等的肯定是具体的和历史的。一个共识性的文本根据是《哥达纲领批判》,马克思指出,在共产主义低级阶段实行按劳分配的原则,共产主义高级阶段实行按需分配的原则。这是我们回应分配平等之争的一个重要参考文本和主要原则。需要看到,马克思论述的未来共产主义社会的两个阶段之间存在着"历史性的内在关联",从第一阶段到第二阶段是一个不断"清除旧社会痕迹"的过程,直到完全超出"资产阶级法权的狭隘眼界"的阶段,"各尽所能,按需分配"才能成为调节人们相互关系的准则。可以说,马克思对拉萨尔主义的公平分配思想的批判表明马克思斥责"抽象的平等和正义",但是这并不等于马思不重视分配平等或分配正义问题。毋宁说，在马克思那里，关于正义和分配正义问题的讨论离不开对自由和平等价值的说明，特别是与平等的问题具有最为密切的关联。马克思在讨论作为分配平等的正义过程中，不仅论述了物质条件、生产方式与分配平等的正义性的决定作用，而且揭示了不同的分配在不同的历史阶段所具有的正义性是不同的。当马克思对资本主义生产方式或物质条件进行深刻的批判时，他也就是在广义的意义上对资本主义制度的正义性进行批判。

第三，关系平等主义关注社会平等，这并不意味着他们完全忽视分配平等问题。需要注意的是，即使分配平等和社会平等都兼容于马克思主义传统，但是马克思主义认为社会平等是根本性的，因此不能将马克思的正义或平等思想完全归结为分配的正义或平等。当然，如果我们要进一步思考这些问题，可能就不能局限于《哥达纲领批判》这个文本了，马克思的《资本论》及其手稿以及恩格斯的《反杜林论》都提供了一些思想和线索。在这些讨论中，两位李老师编的《马克思与正义理论》那本书非常重要，里面有很多思考可以纳入到这些问题的讨论中来。

以上是我从马克思主义伦理学的视角，就如何回应分配平等与社会平等理论的问题，给大家提供的一些线索。我们还可以做一些延伸性的思考，比如马克思主义伦理学如何理解正义与平等的关系问题，如何理解分配正义特别是需要原则的争论问题？在当代英美学界讨论和建构马克思主义正义理论的学者中间，大部分学者并没有明确区分正义与分配正义。如果马克思主义持有一种正义理论/平等理论，是否可以完全归结为分配的正义或平等？这依赖于我们如何理解分配，是狭义的分配还是广义的分配？这些都是值得我们大家认真思考的问题。

三、圆桌讨论

学生 A：齐老师好，您在讨论分配平等时讲到科恩的优势获取的平等观，请问优势获取的平等观与机会平等的区别到底在哪？

齐艳红：科恩在《为什么不要社会主义？》这本书中用的是社会主义机会平等。在运气平等主义最初讨论的语境中，所谓运气、道德运气既包括与选择和责任有关的不平等也包括与人的选择和责任无关的不平等，如自然灾害等，是人们不能有意识地选择的东西，这种偶然性就是一种运气。人们因好的或坏的运气而遭受不同的生活境况，如何对待"运气"的分配就涉及平等和正义问题了。一方面，科恩的"优势"（advantage）概念包括福利、资源、能力和需要等多个异质性的方面，其优势获取平等观也被一些学者纳入到福利机会平等观念当中，但是科恩明确反对这种做法。另一方面，当科恩力图说明"优势可及平等观"要矫正那些"福利机会平等"不敏感的不平等时，也认同把自己的观点称为"优势机会平等"（equal opportunity for advantage）。所以科恩的优势可及平等观与福利机会平等存在差异。科恩后来在为社会主义的规范性做辩护的时候，也用社会主义机会平等的观念，但其具体理解跟其他的运气平等主义者比如罗默对机会平等观念的理解有所不同。此外，关于机会平等，很多其他学者又有不同的理解，比如，罗尔斯在《正义论》中就有自己独特的理解，当然，罗尔斯实际上也为运气平等主义提供了某种哲学基础。需要注意的是，在科恩的思想中不仅有运气平等主义的思想，他在后期的小册子里，强调人类之间的共享和相互关心、相互照顾，这个意义上的平等已经不再属于运气平等主义这个范畴之内的问题。

学生 B：齐老师好，我有几个问题想跟您请教一下。第一个问题是，我们追求各种平等，比如德沃金主张资源平等，科恩主张的分配平等，凯·尼尔森主张条件平等。凯·尼尔森是比较激进的平等，他要求取消阶级差别，拥有平等的生活前景。我感觉他们追求的这些平等有一个共同点，就是在运气还有自然禀赋这些不公平的因素参与分配的时候，他们认为这种应得原则都是一种不完善的程序正义。当我们追求这些平等的时候，在有运气或者自然禀赋参与分配的情况下，会从较高产的或者拥有更多的商品或者较多运气的这些人，向较低产或者自然禀赋或者运气较少的这些人重新分配。但是在这种追求过程中，会不会导致一种平等的泛滥或者平等的泛化？我自己的理解是，我们追求平等时需要一定的权威来实现，但是这种权威肯定会出现一种权力上的差别，这可能会造成阶级不平等，进而导致追求平等的过程反噬，即追求平等却最终导致了不平等。

第二个问题是，我们在讨论平等的时候，不可能与自由公正分离。比如说我们在追求平等的时候，法律也是实现路径之一，法律把基础道德和一些社会规范纳入到法律体系里。会不会越多的法律出现，将会导致我们的自由越来越受限，会不会这种平等的实现最终是以损害自由为前提的？

齐艳红：非常感谢你，这些问题都是关于平等主义或平等的非常复杂的问题。针对你的第一个问题，至少有三个层面小的问题需要解答。

第一个层面是，你提到德沃金、科恩、尼尔森等人的平等方案都是不一样的。的确是这样，他们的平等观都是基于对罗尔斯的反思和批判,可以把它们称之为罗尔斯之后的分配正义理论。对于分配正义理论来说,平等是分配正义的一种逻辑要求,或者说遵从平等和正义同一的原则。无论是德沃金还是科恩他们讨论的问题都从属于一个问题,即"什么的平等"。"什么的平等"是分配平等的核心问题之一,换言之,正义要求人们之间应该平等地拥有某种东西。这个东西到底是什么?德沃金认为应该是资源而不是福利,因为福利平等观在实践中运行的话缺陷太明显了,所以德沃金提出了资源平等。

德沃金的资源平等方案在当代平等主义政治哲学当中的影响力是非常大的。运气平等主义与罗尔斯的正义理论之间存在着复杂的关联,德沃金的资源平等方案恰好建立在对罗尔斯的正义论,特别是罗尔斯的差别原则的反思基础之上。为什么这样说?从平等主义正义的"通货"问题看,罗尔斯已经提供了一种"稳定的、客观的"回答,即社会首要善(primary goods)的清单(权利、自由、机会、收入和财富以及自尊的善)。基于此,罗尔斯确立了社会制度是否是正义的一个视点,即是否有利于改善最不利地位群体的境况。德沃金进一步追问,我们能不能按照这个视点确立社会制度的正义性呢?德沃金认为不能。他认为罗尔斯没有进一步去追问这些不利地位的群体为什么会成为不利地位的群体,没有进一步追问根源:是什么导致不利地位的群体处于不利地位的?德沃金相信,如果我们追问导致不利地位群体的根源的话,我们会发现一些人成为不利地位群体是他应得的。比如,因为他去赌博了或者因为他故意不生产,而不是因为他没有能力或者残障。当然,德沃金也认为罗尔斯没有特别关注残疾人问题。所以这是德沃金把个人的选择和责任纳入到平等主义理论中加以考量的重要原因之一。

德沃金在设计他的资源平等方案时提出了一个检验标准。我们怎么能够认为我们实现了与其他人之间的平等？靠简单直接的原则肯定是不行的。德沃金认为在罗尔斯的无知之幕之下，这些选择正义原则的人会更倾向于选择他的资源平等，而不是罗尔斯的差别原则。可以说，德沃金的思想在当代平等主义政治哲学的讨论中，具有非常重要的核心性地位。德沃金在设计资源平等方案时引入了市场的拍卖。因为市场机制是非常复杂的，不是简单的按什么来分配，或者是按照单一的原则来分配。每个人经过自己自愿的选择之后，每个人都得到了所谓资源的平等，就是所谓起点的平等。他设想了荒岛实验、市场拍卖和保险等方式，目的是论证人们应该为其真实的选择负责。

第二个层面的小问题涉及"应得"观念。德沃金主要是基于一种应得观念，比如有人选择了去赌博，其境况变得非常差，这种结果就是他应得的。关于应得观念本身，在政治哲学史上一直被看作正义的一个核心观念。我们讲什么是正义的时候，其实很多时候都在讲应得。但是应得观念的复杂性就在于，它是一个需要进一步讨论的问题。应得什么？基于什么而应得？这些都是有争议的。比如，基于自然灾害或自然天赋的应得，还有基于市场或制度的应得。罗尔斯在《正义论》里提出了一种反自然天赋的应得，他认为一个人的天生异禀是不应得的，因为这是一种社会资产。个人因为自己的先天的优势或劣势而变得平等或不平等，或者说变得境况好或坏，社会怎么处理这些情况涉及正义的问题。德沃金持有一种敏于责任的应得观念。除了这种应得观念以外，还有其他不同的应得观念。所以当我们进一步理解应得的时候，又有很多争论和不同的理解，可能基于市场制度的应得，也可能基于天赋的应得，对此不同的学者有不同的理解。

第三个层面的小问题是，你问到平等是不是应该有一个权威，我不太清楚你的意思，你是说分配平等应该有一个谁来分配的问题？是不是应该有国家或者是有一个人为我们分配，使得大家能够实现分配的平等的问题？

学生 B：分配是否有一个上帝视角，国家也好或者社区也好，它能够主导大家平等地进行分配，达到一种分配平等的结果。

齐艳红：在运气平等主义和关系平等主义的讨论中，他们都把执行分配者看作国家。科恩在与德沃金进行论辩的时候就指出，可能需要一个综合程序，让国家去进行平等的分配，但是他认为这在实践中是不太可能的。比如，就"可及优势"的分配而言，国家用一种综合性的程序去补偿所有的非自愿的不利，实现对非自愿不利补偿的平等，他认为这在实践中很难达到。

我觉得与此相关的问题是，当我们讨论平等的时候，的确也有一些学者是反平等主义者。他们认为，平等本身是有缺陷的，我们不应该要平等。在当代平等主义的视野当中最典型的反平等主义就是足够论和优先论，他们认为只要提供给每个人足够多的东西，或者把不利地位群体置于绝对优先地位的话，我们就不需要平等了，讲平等恰恰是他们所反对的。所以，平等与其他的价值不同之处就在于很多人是反平等主义的。

对于平等来说，其内部又有很多不同形式的区分，大家熟知的是形式的平等与实质的平等，程序的平等与结果的平等。简单地说，在这个问题上，德沃金强调程序的平等，程序的平等意味着，进入市场的起点是平等的，程序是平等的，结果是个人选择的结果。所以他不建议对自主选择的坏运气而导致的不平等境况进行补偿。在这一点上，科恩跟他的理解不一样，科恩认为不能仅仅基于程序，还应该考虑到人们的需要，对资源和福利匮乏保持敏感和给予补偿才是真正的平等。

　　第二个问题也非常重要,你想问的是平等与其他价值比如自由之间是有张力的,可能我们在追求平等的时候会损害其他的价值。如果从马克思主义政治哲学的视角来看,马克思和恩格斯是不是一个价值多元论者?我的回答是,他们不是一个价值多元论者,他们认为正义、平等、自由是不可分割的。关于这个问题究竟怎么处理,西方政治哲学已经有一些讨论,比如:罗尔斯、诺齐克等人。诺齐克认为,如果为了实现平等实行福利的再分配,很明显是会损伤自由的。但是,从马克思主义伦理学的视角看,可能我们需要结合马克思恩格斯的文本和讨论情境来做具体的分析。

　　学生C:老师您好,我们经常会看到一些表述,比如我们党和国家十分强调效率和公平的关系,也强调依法治国是公平的保证,所以公平是我们经常能够听到的一个关键词。刚才也听到老师的一些表述,比如结果平等或者过程平等。我看一些学者将中国共产党平等思想或者公平思想分成了三个维度,即起点、程序和结果的平等。我想问,在中国共产党语境之下公平和平等有没有区分,或者具体所指的倾向?

　　第二个问题是,这几周我在接触平等概念的过程当中,也了解到平等背后是有具体所指的。那么从中国共产党自建立以来所强调的阶级平等,到我们现在新时代强调的人民或者妇女平等,这种平等能否归结到某个层面的平等,或者在这个过程中已经发生了一些转变?

　　齐艳红:谢谢!第一个问题你谈到效率和公平,这实际上是中国在改革开放实行社会主义市场经济以来讨论的一个重要问题。市场改革之初我们讲的是效率优先兼顾公平。后来发展到一定程度之后，我们讲效率和公平兼顾，特别是面对市场经济导致的贫富差距问题，我们讲分配公平，这也是中国现实面临的问题。从理论上来讲，平等是我们社会主义核心价值观的一个基本价值。在一阶的层面上，无论中国还是西方都追求平等，但是在进一步解释时，我们追求的平等与西方追求的平等是有差异的。当然平等与公平是相互关联的，并不是完全独立的。我举一个例子，中午午饭给大家每人一个馒头，大家说这是平等的吗？有的男生可能会说，我吃得比较多，一个馒头不够吃，给我三个馒头，这才算平等。这的确是平等的状况，但是有人会说这不公平。所以，如果从概念层面上把握平等的话，平等一方面是等同性、相同性，但是平等还不仅仅限于此，只有相同性和等同性还不是真正的平等。我们每个人可能在能力天赋或者其他方面存在差异，所以真正的平等也要求差异对待。在差异对待时，就涉及正义和公平的问题了。所以我们理解平等的时候，不能从单一的层面去理解，它在这两个层面中是有张力的。这是我对第一个问题的理解。

你能再说一下你的第二个问题吗？

李义天：他说刚开始建党时特别强调阶级平等，到现在变成人民平等，好像这种阶级话语弱化了。在平等概念运用的意义上有些变化，怎样理解这种变化？

齐艳红：我没有对这方面的专门理论研究，仅谈一点肤浅的理解。我觉得，怎样理解平等与我们中国大环境的变化，特别是从计划经济到市场经济改革的时代背景是密切相关的。不同时期谈平等，针对的问题是不一样的，所以我们也要谈"什么意义上的平等"。计划经济时代的平等追求理想的结果平等。改革开放以后，我们强调市场经济讲效率，这个时候效率和平等之间就有哪个优先的问题，这显然跟计划经济年代的平等理解是不一样的。市场经济体制改革以后，我们讲的平等更多的是"过程的平等"，即在参与市场经济的过程中，各个主体机会平等，从这个过程引申出来的结果是平等的。社会主义市场经济力图实现起点平等、过程平等和结果平等的具体统一。我们现在对平等的理解更加全面，不是停留在简单的结果平等，也不仅仅注重过程平等和机会平等，而且更多地关注社会平等。在社会平等里包含了很多元素：有团结的因素，合作的因素，还有奉献的因素，共享的元素，等等。我们在改革开放初期强调一部分人先富起来，实际上是用激励、效率带动共同富裕，现在党和国家的一切工作都以人民为中心。从这个意义上讲，在不同的社会时期和背景之下，我们对于平等的具体含义的理解是变化的。

学生 D：齐老师好，我是来自台湾地区的学生，我受的思想教育从来没有这些价值观念。但因为岁月成长还有工作经历，我对中国大陆的快速成长发展非常佩服。对于李老师教授的这门马克思主义伦理基础理论课程，我是从零开始学习的，但从完全听不懂到渐渐明白，我觉得受益匪浅。大陆高校应该为我们台生更多地开设这样有理论水准的课，我认为非常有意义，非常值得学习。关于这些理论，我还需要慢慢消化它，但我对这方面已经燃起兴趣，日后会阅读更多书籍，慢慢积累知识，最后达到融会贯通。

在台湾地区，很多人有疑惑，如果马克思主义的价值观是有偏差的，那么，为什么会有这么多的人想要追寻和坚持它。关于公平或平等，在现代人类生活里，我看到的是，在不同的主义或理念里真的很不一样。在台湾地区，我看到的不是真正的公平，包括那里的选举制度，因为我也参与过这个过程。我觉得那里的选举制度是非常不公平的。但是，社会主义社会挣脱阶级不平等的某些论点，也会被资本主义执政党利用。现在执政的民进党打着社会平等的口号，但却是用资本主义的手段去控制社会不平等。我在想，未来的世界是否这些主义会慢慢走上一个交集点？我也很想窥见未来的世界。谢谢齐老师！

齐艳红：在当代的英美学界，很多分析的马克思主义者是信奉社会主义的，比如科恩、罗默这些人。他们更多地从规范性层面为社会主义做辩护，很显然这个规范性层面的核心价值就是平等。科恩又被称为社会主义的平等主义的旗手。当今西方的很多学者，包括左翼的学者，都在关注社会主义的前途和命运问题。但是因为他们都属于资本主义国家的学者，他们对社会主义主要持有一种规范性的认识，认为社会主义比资本主义更优越的原因就在于社会主义更平等，这一点很多学者都论证过。

学生 E：齐老师好，您在刚才的讲座中为我们区分了分配平等和社会平等。我想问的是分配平等和社会平等之间是不是也有某种关联的，能不能说分配平等是社会平等的前提？因为如果我们在资源上不平等的话，社会平等又如何实现呢？另一方面，我觉得社会平等这个概念可能缺乏一个客观的评判标准。如果像那些倡导关系平等的理论家那样，不关注运气平等，不关注分配平等，那是否可能会为一种更大的分配不平等做辩护？

齐艳红：这是一个非常好的问题，刚才因为考虑到时间我没有讲。在运气平等主义和关系平等主义的论辩过程中，他们已经考虑了分配平等和社会平等的关系。在关系平等主义看来，这两种平等不是替代性的关系，不是用社会平等去取代分配平等，他们认为根本性的平等应该是社会平等，而分配平等具有工具性。很多运气平等主义者对他们这个回答并不满意，他们也进一步讨论分配平等和社会平等之间到底是什么关系。

社会平等是不是包含着分配平等？在我看来，如果从马克思的伦理学视角来看，平等首先是一个社会关系的问题，剥削是一个社会关系的问题，那么在这个问题得到解决之后，我们可能才会去讨论分配的平等。当然这个问题也是有争论的，在英美马克思主义学界内部，很多学者对剥削做出了一种分配正义的解读，当然也有学者批评说不能把剥削还原为或者简单归结为一个分配的问题，它首先是一种生产关系和社会关系。另一方面，马克思虽然批判分配决定论，但并不意味着他不重视分配的正义或分配的平等问题，这是两个不同的问题。就像马克思经常批判正义、平等这些观念一样，这并不意味着马克思不重视这些问题。运气平等主义者和关系平等主义者实际上已经涉及了分配平等和社会平等的关系问题，这里的关键是哪一个是根本性的，哪一个是工具性的。

进一步的问题是，我们究竟怎样从马克思的政治哲学或者马克思的伦理学视角看待这个问题？我们需要考虑到学者对分配正义或分配平等这些概念有很多不同的理解。如果大家之前阅读了《马克思与正义理论》这本书的话，我们会发现胡萨米和艾伦·伍德这些人对分配正义概念的理解是有差异的。胡萨米认为分配正义关注的是针对"特定分配行为"的道德评价。还有一些学者是从应得的层面上理解分配正义。如果从狭义上理解分配正义的话，它与生产或者生产正义是不一样的。而如果从广义上理解分配正义的话，就要把分配看作是与生产内在相关的。

虽然关系平等主义者认为，社会平等或者说社会关系的平等是根本性的，而分配平等只具有工具性意义，但是需要指出的是，关系平等主义也是有缺陷的。相对而言，运气平等主义的理论建构是非常明确的，比如，很多运气平等主义者都讨论什么的平等、分配的原则和分配的模式。关系平等主义者不再讨论这些问题了，因为他们认为真正的问题在于实现社会关系的平等，所以他们更多的理论工作是批判，比如：批判剥削、批判支配、权力的等级制、批判尊重的等级制。这在某种意义上导致他们的建构性不足，一些关系平等主义者也明确意识到自己的问题了，沃尔夫就指出，建构一种平等主义的社会关系是非常困难的。一些具有建构性内容的少数代表人物，比如：安德森提出了民主的平等，但是她的民主的平等观念最后走向了反平等主义。舍弗勒等人依赖于协商民主观念去理解社会平等。实际上至今为止，关系平等主义者依然缺乏自己独特的建构，特别是缺乏关于什么样的社会关系是平等主义的社会关系的正面阐发。

学生 F：老师好，我有四个具体的小问题：第一个问题是，社会主义初级阶段的按劳分配和共产主义的按需分配是不是平等的？第二个问题是，按劳分配和按需分配是不是一种分配平等或者分配正义？第三个问题是，资源平等和按劳分配的区别与联系。第四个问题是，福利平等和按需分配的区别和联系。特别是第四个问题，你之前讲到奢侈偏好，我感觉与按需分配的某些具体操作，或者一些我们所设想的原则有一点类似。还有按劳分配和资源平等之间的联系我也比较感兴趣。还有您之前提到伍德对于平等和正义的看法，我感觉伍德不是完全说这个东西是不正义或者说不平等，他可能是说这个东西没有讨论是否不正义的必要。比如对于资本家剥削工人和资本主义分配方式的问题，在一种生产力条件下，可能只有一种分配方式可以选择，所以他说不讨论正义或者不正义的问题。谢谢老师！

齐艳红：首先你想问的是马克思《哥达纲领批判》中的按劳分

配和按需分配，能不能把它们看作一个分配正义的原则或分配平等的原则。关于这个问题，我前面提道，不同的学者有不同的理解，当然大多数学者都认同将按劳分配原则视为一个平等原则，更多的分歧点出现在按需分配是不是一个原则的问题上。布坎南认为，按需分配不是一个原则，因为到了共产主义高级阶段，物质财富充分涌流，就不需要分配了，按需分配只是一种对状况的描述，既然不是一个原则，就更不是一个分配正义的原则。

在马克思哲学中，关于平等的理解可能是综合性的，他没有单独把平等固定在一个意义上去理解，比如，按照等同性理解。马克思意识到了，作为等同性的平等在历史的发展进程中是应当得到肯定的。按劳分配原则也可以被解释成一种应得原则，按照劳动量的多少或者说贡献的多少进行分配，这个原则具有历史的正当性。在特定的历史阶段，比如，共产主义的第一阶段，它能够发挥主导性的作用。但是随着历史的发展，比如进入到共产主义的高级阶段，很显然按劳分配原则也就失去了自己的基础。按劳分配原则只是按照单一的劳动量作为分配的标准，马克思也批评了这个原则的局限性。

马克思认为，真正的平等不是等同性意义上的平等，商品的交换和流通领域的等价物交换就可以归结为一种等同性意义上的平等。如果我们从平等的意义上理解按需分配，每个人的需要是不一样的，我们都要给予满足，这个时候的平等就是差异对待，而不是按照等同量来理解。如果我们从平等的"多维度统一"视角解读马克思的按需分配的话，那么，按劳分配和按需分配两个原则都是平等的原则，马克思在历史发展的过程中给予了它们不同意义的肯定。总之，马克思所持有的平等观念，可以被解读为一种综合性的、统一的平等观念，这是我的理解。

第二个问题，涉及到资源平等、福利平等和需要平等之间的关系。所谓福利平等，welfare 侧重于主观的状态，如快乐、幸福、成功等，福利主义者希望通过福利的分配实现平等。德沃金的资源平等更侧重于客观的维度，比如：财富收入。当然，他把生理的能力、心理的条件等也算作资源。如果从科恩对德沃金的批评来看，我个人认为科恩的优势可及平等观是综合性的平等观，也是更为合理和恰当的。因为科恩对于优势（advantage）的理解有不同的层面。他认为平等主义应该对优势或资源的匮乏或不利敏感，这才是真正的平等主义。科恩"优势"的含义包括福利和资源，也包括需要，甚至还包括能力，就是阿马蒂亚·森的"能力"。在科恩和阿马蒂亚·森之间也有交流，科恩把"能力"也整合进他的 advantage 里。他认为，所有这些东西都不能相互还原，不能把福利完全还原成资源或者其他的东西。当然，按照通常的理解，福利和需要是有重合的，我们的需要是多维度的。但是科恩讲的需要主要还是指福利和资源的不利或劣势匮乏。

四、主持人总结

李义天：谢谢齐老师，非常辛苦，给我们讲解了分配平等和社会平等两个重要概念，而这两个概念又对应于当代政治哲学中运气平等主义和关系平等主义这两个流派。这说明，不管你是不是一个马克思主义者，不管你是不是站在马克思主义伦理学的视角来处理这些问题，这些问题其实是共同的。只不过，人们在用不同的概念范畴或者不同的表述方式来说明人类社会的平等问题的不同层面。今天齐老师讲的问题非常重要，也非常复杂。下面，我讲讲我的理解和体会。

第一，同学们在听报告过程中也许有一些困惑的地方，那是因为，你们对齐老师今天谈到的分配平等所涉及的讨论背景可能还不是很熟悉。我觉得，我们起码需要了解当代政治哲学的四个人——罗尔斯、德沃金、科恩以及诺齐克——的基本观点，才能更好把握今天齐老师整个报告的线索。其实，在很大程度上，他们围绕展开的都是今天齐老师所说的运气平等主义。运气平等主义是关于分配平等的一个预设。所谓分配平等，其实关键的就在于两点：第一，我们分什么？第二，我们根据什么来分？其中有件事情很重要，那就是，总有些不由我们自主性和能动性控制的东西进入我们的分配过程，干扰我们的分配模式。对于这些东西，我们称之为运气。而所有的运气平等主义者都想做的一件事情就是，把运气剔除掉，使得我们的分配尽可能不受或少受那些不由自主、不必负责的不确定因素影响。所以有人说，我们在分配过程中不能考虑自然禀赋；也有人说，即便考虑自然禀赋，也要对自然禀赋带来的不利因素进行修正再进行分配。这些都是运气平等主义的分配平等观的主要想法。所有这些想法都是为了在分配资源或福利时实现某种合理的平等状况。

但是，第二，今天齐老师谈到了，现代政治哲学有一个新的发现，那就是，单纯考虑分配问题已经不够了，因为分配背后的身份认同、社会结构及其阶层固化等情况已经深刻影响到分配。所以，我们要从分配平等进入到社会平等。齐老师后来谈到社会平等和关系平等主义时，就非常接近我们之前课上所谈到的社会主义的平等，甚至在某种程度上，更接近于共产主义的平等，比如按需分配的平等。

这就告诉我们一个道理：我们在讨论马克思主义伦理学的时

候，一定要具体地讨论，一定要有历史的语境感和历史的界限感。比如，为了实现对资本主义的批判，我们可能会批评罗尔斯和德沃金，认为他们的分配正义或分配平等观念没有触动私有产权，没有触动资本主义的基本原则。因此，我们认为分配平等还是存在问题的。所以，我们才会进一步推进到社会平等。但是，进入社会平等以后，一旦我们面临解决社会结构的问题，我们要知道，我们依然是在社会主义的阶段讨论这些问题，还不能一步跨到共产主义。只有通过发展生产力，改造生产关系，解决了生产资料的共同占有，从而导致社会结构差异尤其是阶级差异得到了解决，才会实现恩格斯所说的真正的平等。总之，我们必须站稳每一步，才能跨到下一步。讨论平等问题的不同维度，必须特别注意它的发生语境和解决语境。

刚才几位同学提到的问题现实感都非常强。这很好。今天，我们强调分配平等和社会平等。就此而言，是因为我们看到了建立在私有产权基础上的剥削以及其不公正分配。所以，社会主义平等才是一种历史的进步。但同时，我们首先要把社会主义的这个问题谈透了，再考虑我们是不是要推到理论极点上去。总之，我们在讨论过程中一定要有一种历史感，要有历史的语境性和边界感。

让我们再次以热烈的掌声感谢齐老师！

第十五讲
重思马克思的自我所有难题①

林育川

一、主持人开场白

李义天：同学们，大家好！我们的研讨班逐渐进入尾声了。通过先前课堂学习和讨论，相信大家对马克思主义伦理学的一些基本议题有了自己的看法。围绕每个基本议题，我给大家开列了若干重要的国内外文献，你们也针对这些文献做了一些分享和讨论。当然，我知道，同学们对于这些问题只是刚刚接触，所以有些内容对你们来讲，在融会贯通地理解上还是有一定困难的。比如，正义问题。

其实关于这个问题，我们此前已有多次专题研讨，也曾邀请过北京大学的李旸老师、中国社科院的王广老师、中国人民大学的臧峰宇老师从不同角度给大家做主旨报告。而今天，我们又请来了厦门大学的林育川教授，从一个更新颖、更精细的角度——马克思的自我所有问题——为大家进行讲解。林老师是厦门大学人文学院哲学系教授，之前在中山大学哲学系工作过很长时间。他多年来一直

---

① 时间：2020 年 11 月 26 日。

从事马克思主义哲学尤其是马克思主义政治哲学的研究，对于科恩、伍德等分析马克思主义者的讨论，特别是对于马克思正义观念的讨论非常熟悉。我们在《哲学研究》等权威刊物上，也能看到林老师这方面的代表作。

自我所有问题与剥削问题和正义问题是息息相关的。部分马克思主义者常常会有意无意地把他们对资本主义及其剥削的批判建立在自我所有原则的基础上。所谓"自我所有"，就是个人对于自身生命及其能力具有绝对的所有权。因此，人们会认为，既然我的劳动能力归我所有，那么我使用我的劳动能力而产生的劳动成果也该归我所有。这好像是马克思主义者用来批评资本主义及其剥削的一个重要理由，也是我们常见的理由。但这同时也是一个需要反思的理由。因为，批评者也会说：既然自我所有是成立的，那么，我们为什么还要像一个马克思主义者那样去追求所谓的社会主义平等？既然自我所有意味着我的能力归我所有，那么，通过这种能力而形成的劳动成果的差异性乃至财富积累的不平等也应该是正当的。这是诺齐克对马克思主义的一个重要批评，也是对马克思主义平等观和正义观都非常有挑战的一个问题。

关于这个问题，我们看到了国内学界的很多讨论，大家也能感觉到其中的张力所在。而林育川教授就是深度介入这场讨论的代表学者之一。今天，我们就请他来为大家仔细讲一讲这个问题。令人高兴的是，育川教授告诉我，他对于这个问题最近又有了一些新的思考和观点。所以，今天的研讨必定会有一些新的火花。

请大家掌声欢迎林老师！

二、主旨报告

林育川：谢谢义天老师！我首先要跟同学们交个底，在我看来这个问题实际上非常复杂，我的确对这个问题进行了比较长时间的思考。但我思考的结论和观点能不能站得住脚，我也不是非常有把握，只是跟大家交流一下我这几年对这个问题的一些思考，能不能自圆其说，还需要进一步的检验。

首先我们做研究要有一个问题意识，就是我们为什么写文章？我通常这样认为，我们对一个问题很困惑，同时这个问题也与我们的生活息息相关，但我们却总是解不开这个谜，这个谜的诱惑推动我们去作进一步的探索。特别是新冠疫情以来，我们看到中国很多八九十岁的老年人得了新冠之后得到了全力救治，为了让老人的生命得以延续我们付出了很多人力物力。为什么我们愿意消耗这么多社会财富去挽救一个八九十岁老人的生命呢？我们自己的劳动成果究竟有多少以纳税的方式最终被用在救治这些老人身上？这种做法背后的合理性何在？从功利主义的角度来看，我们肯定不能接受这样一种方案，因为我们的付出与获得是不成比例的。从权利的角度来看，如果我们接受自我所有，即认为我们对自己的身体、才能、天赋等有一种所有权，那么为什么要用我自己所有的东西去救一个素不相识的八九十岁老人呢？我们从这个例子看到了自我所有问题的确是一个很棘手的问题，我们需要审查一下自我所有的论证是不是足够完美到我们无法反驳，以至于这样一种对生命不计代价的救治和挽留的行为，能够被判定为是错误的？这就是推动我思考自我所有问题的现实因素。

当然，自我所有问题在马克思那里也是一个非常重要的问题，它涉及我们如何认识马克思对个人与他人的关系、个人与社会的关系的理解。接下来我就比较系统地介绍我对这个问题的看法。

（一）"自我所有难题"的提出

我刚才简单介绍了自我所有难题在我们现实社会里的一些具体呈现，那么这个问题是从哪里来的？这个难题实际上是科恩提出来的，科恩对这个难题的探讨是从批驳诺齐克的《无政府、国家和乌托邦》[1]中的观点开始的。该书的一个核心主题就是介绍了守夜人国家的职能应该限定于保障人身和财产的安全。诺齐克在书中批评了社会正义理论和社会再分配理论，因为这些理论超出了最小国家职能的理论设定。这本书里所反映的自由意志主义立场为科恩所关注，但科恩认为其最核心的命题并不是自由的首要性，或者说自由的价值被当作至上的价值，而是更有冲击力的自我所有立场。换句话说，科恩认为诺齐克所谈的自由至上的理论基础是自我所有：个人自由之所以如此重要，是因为它建立在自我所有的基础上。所以科恩就把诺齐克的自由意志主义观点归纳为"自我所有论"。

诺齐克在该书里对"自我所有权"的界定是很清楚的，他认为每个人从道德的角度来说都是他自己的人身和能力的合法所有者，每个人都有随心所欲地运用自己能力的自由，只要他没有运用这些能力去侵犯他人。也就是说，我自己的人生、自己能力的运用所得到的成果、自己劳动所产生的劳动成果都属于我个人，其他人如果不跟我签订契约、不通过交换的方式是无法从我这里拿走任何成果的。

---

[1]〔美〕罗伯特·诺齐克：《无政府、国家和乌托邦》，何怀宏等译，中国社会科学出版社1991年版。

第十五讲 重思马克思的自我所有难题 Ⅱ

我们知道自由的概念如果不与自我所有联系在一起是不够深刻的。自由概念本身的内在矛盾很容易被洞察到，比如马克思主义者经常讨论到自由的形式与内容的紧张关系，表面上似乎资产阶级和无产阶级都享有同样的自由权利，即在法律层面上没有任何人会受到歧视。但是，资产阶级与无产阶级、富人与穷人之间的自由在实质运用上，对于不同个体的价值是不一样的。一旦把自由理解为自我所有，把自由最核心的内涵理解为对我的能力和人生的控制，那么不管有钱没钱、不管处于什么社会阶层，所有人都是平等的，对于资产阶级和无产阶级都一样。所以如果把自由的根据归结为自我所有，那么自由就更具有隐蔽性，自由就变成了平等的自由，它对于每个人的价值似乎就是一样的了。在这个意义上，从自我所有的角度去理解自由对于马克思主义的冲击是很大的。

科恩认为，"自我所有难题"，无论是对于自由主义的平等主义者，还是对于马克思主义者，都是需要面对的难题。因为他们都接受了自我所有概念，即接受了个人对他的人生、才能以及才能所带来的成果的所有权，同时他们都在不同程度上主张对社会财富的再分配。自由主义的平等主义者主张对社会财富进行再分配以使社会更加平等。马克思主义者更是如此，平等被视为社会主义的核心价值之一。比如科恩认为平等对于马克思主义者而言是非常重要的价值，他们只不过有时没有意识到平等对于他们的重要性而已。因此，科恩认为自我所有难题对他冲击很大，推动了他对于马克思主义政治哲学的深入反思。

马克思主义者反对社会的不平等，但是他们所主张的那些对社会不平等进行调节的社会再分配政策，又与马克思主义者所接受的自我所有观念相冲突。或者说，科恩意识到马克思主义者和自由主义者竟然共同享有一个理论预设，即他们无差别地认为每个人都应该得到他的劳动所创造的财富，个人通过自己的劳动创造的成果是属于他自己的。因此，核心问题就在于，马克思本人有没有这种主张？马克思有没有认为每个人应该得到他的劳动成果的全部，每个人应该不折不扣地得到他的劳动成果？我们可能会觉得似乎是这样子的，但如果真是这样的话，那么马克思的这种主张就与他的很多理论，比如马克思对原子式个人主义的批评以及他的共同体思想都是冲突的。这就迫使我们认真思考：究竟马克思是不是认为个人应该拥有他的全部劳动成果，自我所有论是不是存在瑕疵，因而是可以被驳倒的？

我们需要进一步审查自我所有论对于个人获得财产和劳动成果的论证。如果我们向前追溯，可以追问最初的私有财产和个人财富是如何被创造出来的。当然我们也会意识到这种提问方式在马克思那里并不是一个合法的提问方式，因为马克思不是从孤立的个体出发去讨论历史起源的。不过，这种逻辑上的推理有助于我们理解个人财产来源的合法性。洛克在《政府论》的下篇第27节中这样写道："土地和一切低等动物为一切人所共有，但是每人对他自己的人身享有一种所有权，除他以外任何人都没有这种权利。他的身体所从事的劳动和他的双手所进行的工作，我们可以说，是正当地属于他的。所以只要他使任何东西脱离自然所提供的和那个东西所处的状态，他就已经掺进他的劳动因而使它成为他的财产。"[1]个人通过自己的劳动加工一个外部物体，这个物体本不属于任何明确的个人，是无主的因也可以说属于一切人共有的外界资源。个人通过把自己的劳动与外界资源结合所产生出来的劳动成果，就变成了个人的财产。例如野外的苹果树不属于任何个体，我们把树上的苹果摘

---

[1]〔英〕洛克：《政府论》（下），叶启芳、瞿菊农译，商务印书馆2008年版，第18页。

下来，这个苹果就是我们的。

洛克对于这种取得个人合法财产的途径，给出了一些具体的限制性条件。他认为，人们在利用外界自然资源的时候，要留出足够多和同样好的资源给别人，另外也不能获取大量的自然资源最后却把它浪费掉。他对外部自然界条件的设定是比较苛刻的，其背后有一个预设，即自然界的资源是无限丰富的。如果说外部自然界的资源是有限的，那么你就很难给别人留出足够多同样好的东西，而且在共同所有的条件下，你要取走其中的任何一部分都必须得到所有其他人的同意，这就变得很难。在资源有限的条件下没有人会同意你取走其中一部分，而如果资源是无限的那么你取走其中的一部分对每个人都没有影响。诺齐克修改了这个条件，即修正为个人通过劳动与外部资源的结合所创造出来的劳动成果属于他自己，只要不使别人的处境变得糟糕，不使得共同体里其他人的情况变得糟糕。所以这个条件实际上是降低了，因为在很多情况下个人都可能利用有限的资源去创造财富，以此使自己获得更好的处境和大量的个人劳动成果，同时并不会使其他人的情况变得更糟。随之而来的问题是究竟谁能实现自己的劳动能力与有限的资源结合，这会变成一个博弈过程，或者说如何结合本身就变成了一个难题。所以通过条件的改变，诺齐克放宽了对私有财产以及个人获得私有财产合法性的条件限制。通过这个论证诺齐克也把私有财产抬到了更重要的位置，那么科恩究竟怎么评价诺齐克的论证呢？

科恩意识到了诺齐克放宽了条件，也看到了诺齐克对于私有财产获得的合法性论证是存在瑕疵的。但是科恩还是接受了诺齐克的结论，即再分配的社会政策本质上是对自我所有权的侵犯，或者说是对自我所有原则的违背。科恩做出了一个判断：自我所有权是无法驳倒的。基于这个判断，他对罗尔斯和马克思展开了批评。科恩对罗尔斯的批评主要针对罗尔斯的差别原则。罗尔斯的差别原则实际上是强调社会再分配的，因为差别原则要求对社会经济不平等的合法性辩护必须对最不利者有利。但是罗尔斯正义论的第一个原则所要求的最广泛的自由权利实际上是支持自我所有论的，所以要求再分配的差别原则就与罗尔斯正义论的第一个原则所默认的自我所有原则出现了直接冲突，科恩指出了这一点。我认为科恩对罗尔斯的批评是对的，自由主义的平等主义者的确接受自我所有理论同时又主张再分配，他们的理论内部是紧张的。

那么科恩对马克思的批评所针对的是什么呢？他认为马克思的剥削理论实际上预设或者蕴含着自我所有论，当然关于这种理解也存在着分歧，我会在后面进一步展开。科恩认为马克思的剥削理论就是要求对工人所创造的个人劳动成果进行再分配。所谓剥削就是资本家对于工人的剩余劳动时间的剥削，是资本家对工人的剩余劳动产品的剥削，是资本家无偿掠夺本来应该属于工人的劳动所得。所以剥削理论预设了自我所有权，如果没有自我所有权就不会有剥削。按照科恩的逻辑，如果工人不应该得到他的个人劳动成果，那么资本家把工人的劳动成果拿走自然就不会有任何问题，马克思就不会提出他的剥削理论，或者说他的剥削理论就不成立。

所以在科恩看来剥削理论跟罗尔斯的差别原则一样，都蕴含着与自我所有原则相冲突的东西。科恩清晰地分析了罗尔斯和马克思的这种困境，也就是说不管自由主义的平等主义者还是马克思主义者，都无法避开自我所有的难题，都会陷入这样一个悖论：一方面承认自我所有，另一方面又主张再分配，把两种矛盾的理论包裹在自己的思想体系里。

科恩指出马克思为什么无法放弃自我所有权的原因。第一，如果否认工人对其劳动产品的所有权，就无法解释经典的剥削理论为何能成立。第二，公开否认自我所有原则会失去盟友。后者是基于以下的考虑：如果否认自我所有理论，即我们接受工人阶级可以不拥有对他的劳动成果的所有权，工人创造出来的劳动成果可以不属于他而属于别人或者集体，将会导致马克思主义对工人阶级没有号召力，因为工人阶级觉得他们参与革命并不能得到任何好处。这种马克思主义的社会主义革命方案对于无产阶级来说就不会有吸引力。因此，一些马克思主义者会从这个角度论证自我所有权的重要性，即无产阶级作为社会的成员，每个人都希望通过自己拥有私有财产来确立和保障自己的自由。如果未来的新社会——社会主义社会仍然无法保证这一点，那么这种社会主义的事业就没有吸引力。这个观点似乎也有道理，但是这究竟是不是马克思的观点？马克思是否也会这样看问题？

马克思把未来的社会主义事业理解为一个无产阶级能够获得更多福利的社会，能够使得每一个工人得到更多的劳动所得的社会，马克思是这样理解的吗？这是一个问题。似乎在马克思文本里我们也没有看到一些很直接的表述，表明马克思是从功利主义的角度理解社会主义。所以我觉得马克思无法放弃自我所有权的第二个理由是无法得到证明的。这个论证是存在瑕疵的，虽然这个理论本身具有合理性，但是并不能从马克思的文本里找到直接的根据，只能是主观地想象马克思可能会这么理解。所以科恩对于马克思无法放弃或者说无法拒斥自我所有权的这两个论证，在我个人看来是有问题的。

我认为科恩的判断有一个失误，他对于"自我所有"这个概念本身的丰富性的把握和阐释还不充分。在我看来，"自我所有"概念具有三个层面的内涵。第一层面是最基础意义上的自我所有，意指个人对其身体和能力的实际控制，它是一种简单的反思性的，对自己的占有状况的事实性描述。对于这个层面的自我所有而言，只要人们能产生自我意识就无法被否定的，马克思在这个层面上接受了自我所有。第二个层面是那种被设想为先在的或者超验的主体（桑德尔的"无约束的占有主体"）实际占有自己的人身、人格、禀赋和能力的自我所有的意识或者观念。这个层面的关键就在于，它预示了先在性个体。第三个层面才是科恩的自我所有论所表达的意思，就是每个人对他的人身和能力等那种排他性的支配、收益和处分的权利，这种权利要求得到他人或者社会的承认、尊重乃至配合。第三个层面的自我所有具有非常强烈的排他性，是自我所有的最强烈的那层意思。第三个层面自我所有的理解是建立在第二个层面自我所有理解的基础上的，或者说第三个层面那种非常强烈的排他性的自我所有理论是建立在第二个层面先在性的个体或者超验的个体得以可能的前提之下的。

我认为马克思只接受第一层面的自我所有，马克思并没有第二层面和第三层面的自我所有。科恩认为马克思接受了第三层面和第二层面的自我所有。我认为第二层面的自我所有内涵在马克思那里是不存在的，其关键在于马克思并没有接受那种具有先在性的超验主体。这种先在性的主体并不是一种逻辑上的先在性，而是先于这些个体所生活的社会环境和历史背景的。然而，这种先在性恰恰是马克思所否定的，他没有接受这个层面的自我所有，因此他也不会接受第三层面的自我所有，他只是接受了第一层面的自我所有。马克思并不认为个人对能力、天赋的占有是一种排他性的占有而是一种在共同体里的占有，因为人处在共同体的复杂社会关系中，所以这种占有必须在社会中做出各种妥协，放弃独占性的占有状态。

（二）马克思彻底拒斥自我所有论

那么马克思究竟如何拒斥自我所有论的？南京大学姚老师的一篇文章对这个问题讨论得非常深入[①]，他运用马克思《资本论》文本里的一些表述来批评罗尔斯是如何误解马克思的，但我觉得不太完善的一点就是，姚老师指出，马克思接受了以劳动所有权作为历史前提和法权形式的劳动力所有权理论，也就是说，他认为马克思接受了自我所有权，更确切地说马克思接受了劳动力的所有权，即工人对他的劳动力享有的所有权。这是姚老师在这篇文章里得出的一个结论。但是我对这个结论不太满意，因为劳动力的所有权实际上还是个体工人对他的劳动能力，以及劳动能力与劳动对象结合之后产生的劳动成果的自我所有权，本质上还是自我所有权，还是落在科恩的批评范围之内。

我认为马克思拒斥自我所有论可以从两个方面进行论证：

第一，马克思的文本中对于"自我"的理解明显不同于自由主义的自我优先性的理解。从马克思的文本中我们可以看到，他从早期到晚期都一贯地反对自我的先在性，他一直强调个体是在集体和共同体当中的，是处于社会关系之中的。马克思早期的博士论文谈到了个体的自由意志，这个自我意识具有最高的神性，但是他在文本里面也特别谈到了这样一个观点："抽象的个别性是脱离定在的自由，而不是在定在中的自由。它不能在定在之光中发亮。"[②]这就是说，抽象的个别性在现实生活中是不能实现出来的。在《〈黑格尔法哲学批判〉导言》里，他同样讲得非常清楚："人不是抽象地

[①] 姚顺良：《〈资本论〉与"自我所有权"——析柯亨的"马克思批评"和"后马克思"转向》，《学习与探索》2013 年第 4 期。

[②] 马克思：《德谟克利特的自然哲学和伊壁鸠鲁的自然哲学的差别》，载《马克思恩格斯全集》第 2 版第 1 卷，人民出版社 1995 年版，第 50 页。

栖息于世界之外的存在物,人就是人的世界,就是国家、社会。"①马克思在《论犹太人问题》中谈到法国大革命以来的西方人权理论,特别在分析自由、平等、财产权等概念时,批评了把个人理解为原子式的个体的观点,并且最后还谈到了人类整体获得解放的可能性。②

以上是马克思早期的文本。在其成熟时期中这一点也是非常清楚的。马克思、恩格斯在《德意志意识形态》中界定了"现实的人"的概念:"不是处在某种虚幻的离群索居和固定不变状态中的人,而是处在现实的、可以通过经验观察到的、在一定条件下进行的发展过程中的人。"③在《〈政治经济学批判〉导言》里的一段话也很经典,"产生这种孤立个人的观点的时代,正是具有迄今为止最发达的社会关系(从这种观点看来是一般关系)的时代。人是最名副其实的政治动物,不仅是一种合群的动物,而且是只有在社会中才能独立的动物"④。他认为历史越往前追溯,个体越是离不开共同体,只有在共同体里才能够独立,只有在社会里才能够独立。

这里我只是列举了一部分比较经典的马克思文本,我们可以看到马克思对这种原子式的个人,这种先于其社会背景和社会现实的先在性个体的预设持一贯的反对态度。所以马克思不可能接受个人对自己劳动成果的排他性的所有权。

第二,马克思的异化劳动、剥削和共产主义思想也没有预设先

---

① 马克思:《〈黑格尔法哲学批判〉导言》,载《马克思恩格斯文集》第1卷,人民出版社2009年版,第3页。
② 马克思:《论犹太人问题》,载《马克思恩格斯文集》第1卷,人民出版社2009年版,第40—46页。
③ 马克思、恩格斯:《德意志意识形态》,载《马克思恩格斯文集》第1卷,人民出版社2009年版,第525页。
④ 马克思:《〈政治经济学批判〉导言》,载《马克思恩格斯文集》第8卷,人民出版社2009年版,第6页。

在性的个人和自我所有权。科恩认为马克思的理论中蕴含自我所有权理论，马克思是接受自我所有权的，但实际上并不是这样。下面我将谈谈我的理解。

关于马克思的异化劳动理论，马克思是否预设了每个工人都能够得到劳动成果的全部，究竟马克思对这个问题是怎么看的？在《1844年经济学哲学手稿》中，马克思似乎认为劳动的全部产品是属于劳动者的。[①]但在那里他很明确是在谈，按照国民经济学的观点，工人劳动的全部所得应该属于工人，但是现实又不是这样，所以国民经济学陷入了矛盾。所以他说工人应该得到他的全部劳动成果，是在转述国民经济学的观点，马克思自己并没有谈他自己也是这么认为的。那么马克思的异化劳动理论的重点在哪里呢？他批评的重点是，工人创造出来的劳动的成果反过来压制工人就是劳动的异化。异化就是我们创造出来的东西反过来压制我们，这才是异化的核心内涵。所以异化劳动实际上讲的是工人创造出来的成果被一种社会机制翻转过来用于压迫工人。他并没有主张，每个个体的工人应该得到他的劳动的全部成果。

关于剥削理论亦是如此。剥削机制中存在不平等的交换，即工人与资本家进行交易，工人出卖自己的劳动力，并从资本家那里得到自己能够养家糊口的工资。这个交换本身是不平等的，是不对等的交换。但是工人在不对等交换中被资本家掠夺部分劳动成果并不是剥削。马克思的剥削理论的关键要点在哪里呢？马克思通过他的剥削理论要突出的是这个交换背后的那种强迫性，不平等的交换背后是一种强迫的机制，即工人没有别的选择，只能进入这样一个不平等的交换机制里。在我看来，剥削理论的重点在于揭示资本主义

---

① 马克思：《1844年经济学哲学手稿》，载《马克思恩格斯文集》第1卷，人民出版社2009年版，第122—123页。

生产关系的压迫性，而不是简单的不平等交换。工人在交换的过程中自己的一部分劳动成果被别人剥夺了，无法得到自己的劳动成果的全部等价物，这并不是剥削的重点。或者说我们可以这样理解：在一些条件下不平等的交换并不会被我们当作剥削，也不会被马克思视为剥削。例如在自愿的情况下我帮一个熟人干活，我付出的劳动很多，如果按照市场价格来算可能报酬会很高，但因为我是他的朋友从而我愿意帮他做这件事情，他给我的报酬则少得可怜。在这个不平等的交换行为中，我的劳动的确被另一个人无偿夺走，但我们并不会把这个过程理解为马克思意义上的剥削。除非我们把剥削这个概念泛化，就像罗默一样把剥削理解成一般剥削理论，但将剥削泛化之后就已经不是马克思的剥削概念了。在马克思那里，这种不平等的交换，只要没有强迫的性质就不是剥削。所以剥削的重点也不在于对自我所有权利的侵犯。

共产主义社会是否也是建立在自我所有权的基础上呢？在作为共产主义初级阶段的社会主义社会中，是不是每一个工人的劳动所得都应该完全属于他自己呢？初看上去这种想法很容易被接受，但这是不是马克思的确切想法？答案应该是否定的。因为马克思所讲的共产主义社会是联合起来的个人的所有制，而不是孤立的单个人的所有制。马克思所说的重建个人所有制学界有很多讨论，我倾向于认为，个人所有制谈的是个人的消费产品所有制，即在生产资料公有的条件下，每一个人对其从社会里分得到的消费品享有支配的权利。按需分配是你需要多少就可以在社会里获取多少，但是对于取回来的这一部分消费品，你是享有支配权的。所以我们应该在这个意义上理解个人的所有权，而不是生产资料意义上的那种个人的私有制。

马克思恩格斯在《共产党宣言》里所理解的那种个人所有制实

际上也是个人对消费品的所有权,它的前提性条件是生产资料公有制①。马克思在《哥达纲领批判》里也表达了这个观点,他认为拉萨尔所谈的不折不扣的劳动所得是错误的,因为工人所得到的劳动的成果,实际上是经过社会再分配之后的结果。社会总产品扣除了社会发展基金、救济金和教育基金等基于社会公共事务所需要扣除的基金之后,社会总产品才在个体工人之间和社会成员之间进行再分配。②《哥达纲领批判》中也没有提出每个个体的工人应该得到他的全部劳动的所得。在马克思那里,共产主义是联合起来的个人对整个社会财富的共同占有,不仅包含生产资料的共有,而且包含消费资料的按需分配(以个人需要为尺度的共享)。因此,共产主义社会再分配的内涵是:以按需的方式分配个人消费品,每个人对于其消费品都享有支配的权利,但并没有要求确立个体的排他性的自我所有权。所以我认为马克思的文本中并没有预设一种自我所有权。

(三)自由主义平等主义者的"自我所有难题"

"自我所有难题"对于自由主义左翼即自由主义的平等主义者来说,则是实实在在的难题。科恩和罗尔斯等自由主义的左翼都接受了自我所有的概念。虽然科恩意识到了自我所有概念会带来难题,但他仍然没有放弃自我所有的理论,并认为自我所有权是无法被驳倒的。科恩一方面把自我所有作为一种无法驳倒的真理接受下来,另一方面又试图通过一些别的理由限制自我所有权,也就是说试图通过别的一些原则来限制自我所有权的运用。他觉得一些其他

---

① 马克思、恩格斯:《共产党宣言》,载《马克思恩格斯文集》第2卷,人民出版社2009年版,第47页。
② 马克思:《哥达纲领批判》,载《马克思恩格斯文集》第3卷,人民出版社2009年版,第431—433页。

的社会再分配政策是违反自我所有权的,但是为了整个社会的稳定,为了其他很重要的价值,必须限制自我所有权。所以,他不认为自我所有权本身不是真理或者本身就是有问题的,也没有放弃自我所有权,但是认为应该通过一些别的理由削弱自我所有权。

总的来说,科恩认为自我所有概念不能被驳倒,但可以依据一些别的理由来限制自我所有权(即让自我所有权显得不可欲)。其一,一种非契约性的义务。它不是平等的主体在意志自由条件下自主选择的契约,而是个体必须承担的义务,在这种情况下个体必须牺牲掉他的部分自我所有权。因为一些重要的社会义务对于社会成员来说有着特别重要的价值。其二,公民负有一些强制性的纳税义务,这也是对自我所有权的限制。其三,为了实现广泛的和真正的自主(autonomy)需要限制自我所有权。

我们重点分析一下第三种情况。所谓自主权,就是对自己的实际支配权利。如果我们固守自我所有权,主张一种彻底的、完全的自我所有权,那么就会危及自主权,最终导致个人的自主权无法得到实现,这将发生于以下两种情况中。第一种情况是,如果我们对个人自我所有权不做出任何的限制,就会产生资产阶级对无产阶级的剥削情况。在我们现实社会中有很多类似情况,如果不对富人的自我所有权做出一些限制,如果不通过一些社会政策对财富分配加以调节,那么富人将越来越富而穷人越来越穷,最终将导致社会中一部分人一无所有,自主权也就变成少数人能够得到的特权。这种自主权将不再是广泛的,而只属于这个社会里少数才能突出的人,大多数人可能无法获得自主权。第二种情况是,一旦社会出现没有自主权的庞大的无产阶级,整个社会的稳定将受到威胁,富人的自主权也会受到威胁。因为富人在社会中的行动也需要其他人包括穷人的配合,如果社会中有大量的穷人没有任何自主权,必然会阻碍少数富有阶层自主权的实现。

所以科恩的观点很明确：自我所有权不能被驳倒，但我们可以基于一些别的理由对自我所有权加以限制。这些限制理由也是充分的，我们不得不接受它。但我认为这是一种比较牵强的态度。

在分配正义问题上，科恩提出了"利益的机会平等"（equal opportunity for advantage）的理论。这是在批评德沃金的资源平等理论以及阿内森的平等理论的基础上，提出了一种更为激进的利益的机会平等。这一理论同样是一种运气均等主义理论，它认为个人的天赋和才能是基于偶然原因得到的，是在道德上无法得到辩护的，所以需要对个人的天赋和才能进行再分配。这种激进的平等主义理论与那种要求主张个人得其全部劳动成果的激进的自我所有理论是直接冲突的。科恩他把激进的自由主义（即自我所有权不能被驳倒）与激进的平等主义（即把个人天赋和才能视为社会财富的运气均等主义）两种直接冲突的理论都包裹在自己的思想体系里，并在这两个极端之间摇摆。

我的初步的结论是，马克思并不接受个人对他的才能以及劳动成果所享有的先在的和完全的所有权的观点。在马克思所设想的人类历史发展的自由个性阶段（即共产主义社会），自我所有权最终会被扬弃。也就是说，个人的劳动成果以及个人创造出来的财富最终会汇聚成为从属于整个社会整体的"所有物"。在这种社会里，所谓的平等就是平等占有（共享的意义上）生产资料以及以个人需要为尺度分配生活资料。生活资料的这种分配并不是使每个人得到相同的份额，而是使每个个体的差异性需要都得到平等的满足。在这种摒弃了自我所有权的条件下，每个人的自由和平等才能够真正兼容起来，自由和平等的深刻矛盾才有可能得到解决。

（四）"自我所有难题"的当代性

在本人看来，马克思并没有受困于"自我所有难题"，他拒斥自我所有论的立场是非常清晰和一贯的，无论是他的文本还是他的重要思想都没有诉诸自我所有理论。马克思所设想的未来社会也同样不是建立在自我所有理论基础上的。但是，从我们现在所处的时代来看，我们还是无法摆脱自我所有难题。我们所处的这个时代有什么特点呢？现实的社会主义国家都在不同程度上容纳了私有财产制度和某种基于个人贡献的分配制度（按劳分配制度）。这一现实反映了自我所有论的当代性：个人对其人身和才能的排他性的所有权在原则上也被接纳了下来，因此现实中的我们确实无法摆脱自我所有困境的纠缠。

我们距离马克思所说的那种摆脱自我所有状态的理想社会还有一段很长的路要走。马克思并没有给我们提供如何摆脱这一困境的答案。不过，我们可以从当前的社会发展趋势中找到一些有望抑制自我所有论的依据。

第一，当前全球范围内的"非物质性劳动"有着突出的合作性和公共性的特质，它能够为冲破自我所有逻辑提供一种可能性。在这种劳动形式中，个人从事自己职业所需要的生产资料的门槛会越来越低，这也将为克服私有财产或私有化资本提供了可能性。从这种趋势来看，自我所有理论的说服力可能就不会那么强了。

第二，面对当代的生态危机和公共卫生安全（例如新冠病毒）的威胁，人类只有摆脱狭隘的个人主义思维，采取集体行动才能找到克服这些危机的出路。自由主义的经典理论，不论洛克还是诺齐克，只是讨论自然状态里的人们如何博弈的问题，没有预设外来的压迫性力量及其对自然状态中人们行为的影响。然而，这种外来的压迫性力量确是真实存在的。就像目前的新冠病毒就属于人类社会之外的外界力量。面对这一类的威胁，人类联合起来的理由并不是基于物质性利益的分配，而是基于通过集体抗击外来威胁获得生存的需要。这些思考也是检讨作为自由主义经典的自我所有论的有益资源。

第三，当前全球范围内的财富分配不平等已经成为社会不稳定的主要因素之一，新自由主义的经济和社会政策已经到了一个亟须扭转的临界点。自我所有理论的社会背景条件正在发生变化，限制自我所有的理论有着趋势性的现实，这是未来向我们展开的一种正在生成的现实。

如果以上几种依据能够成立的话，我觉得我们还是有希望挑战自我所有论的。我们需要反思把自我所有论当作无法反驳的永恒真理接受下来，需要用共同体的思维去反思自我所有论，将其降格为共同体状态的一种例外。

以上就是我对这个问题的一些粗浅思考，我的汇报就到这里。

三、圆桌讨论

学生 A：林老师好！刚刚老师提道，科恩批驳了诺齐克的自我所有权，他也认为马克思预设了自我所有的东西。我的问题就是，诺齐克的自我所有权与科恩所认为马克思预设的自我所有这两者之间有没有内在的核心冲突？比如科恩在反驳诺齐克的时候说，诺齐克的自我所有权有一个前提是他强调了外部世界是共同所有的，尤其是区分了共同所有和集体所有。如果科恩把诺齐克的自我所有建立在共同所有的前提上，而把他理解的马克思的自我所有建立在集体所有前提上，那么这种区分会不会与我们刚刚的结论有些冲突？或者我们可不可以说，马克思在讨论按劳分配阶段的时候确实是预设了自我所有的？

林育川： 我认为马克思并没有把"共同所有"理解为"集体所有"。集体所有与共同所有是两个不同的概念，我们通常会把集体所有理解为一个强制性的集体，这个集体本身可能就是有权利的，而共同所有似乎并没有预设有一种权利来对社会财富进行分配。马克思意义上的共产主义社会的"所有"是一种共同所有而不是集体所有。集体所有会要求有一种集体的权利，要有一个权力机构进行分配。一旦引入集体概念，集体与个体的冲突马上就被带进来了。

学生 A： 在讲共同所有的时候，外部资源是无主的，你只要把自己的劳动加进去就可以占有它，这带来的结果就是一种不平等，也就是诺齐克所推崇的那种东西。但是，在讲集体所有的时候，你自己的每一个行为其实都是受到集体其他成员牵制的。刚刚老师讲到共产主义社会，我觉得还没有到那么高级的阶段，可能在共产主义的初级阶段社会主义阶段中，这种集体所有就可以带来一种比较彻底的平等。但我不是特别能接受的一点是这里讲的这种平等，就像段老师举的例子，一个东西要 101 美元，你有 1 美元与我有 100 美元起到的作用是一样的，因为如果没有你的那 1 美元，这个东西我也买不到。所以他强调的这种平等，带来了个体和集体之间的冲突和张力，又让我感觉这种平等不是马克思所要求的那种平等。

李义天： 我觉得，在这里我们需要更好地理解林老师最后提到的共同体概念。相比之下，"集体"一词其实在很多时代和国家都被赋予了特定的含义。就像刚才林老师所说的，为什么担心集体所有会带来集体与个人之间的冲突？因为集体在某种意义上只是共同体的一种特例，它和马克思所追求的真正共同体可能还是不一样的。

学生 B：老师好！科恩认为马克思预设了一个自我所有。但是有一种观点认为，洛克、卢梭以及其他资产阶级经济学家强调的是从自然法权，从自然平等论证权利平等、政治平等、社会平等。而马克思强调的是一种自然差别，他想从这种自然差别中寻找个人的自由个性，所以他不是从法权的观念去批判资本主义的各种不正义不平等的现实，而是重构了社会结构，从现实的生产关系中找到更利于自然差别能够得到合理表达的社会关系，达到共产主义发展自由个性的阶段。所以从这个角度来看，能否解构掉科恩对马克思批判的前提？而且还有一个观点是，因为马克思强调自我的差异和自由个性，所以他其实根本上并不认可平等，因为平等意味着把个人同质化。但是如果我们从这个角度理解的话，是否又会使马克思陷入自由至上的角色中？

林育川：你提到平等会等于同质化，以及后面马克思会被理解为自由至上主义者，能否把观点展开一下？

学生 B：马克思强调的是一种自然的差别，他在《德意志意识形态》中讲道，要让每个人都成为不同的艺术家，成为具有独立个性的人。但是当前的社会关系没有让这种差异得到合理的表达，反而是社会的阶级不平等让这种差异磨灭了。所以他要从现实的社会关系中找到自然差别能够得到合理表达的趋势，平等不是他要追求的目标。他在《哥达纲领批判》和《哲学的贫困》中也认为平等实际上是消灭不平等的运动。而共产主义运动追求的目标是自由。所以如果我们从这个角度来看的话，是否马克思可能也提倡自由至上这种权利诉求的?

林育川:马克思认为共产主义社会首先是一个自由人的联合体,其中最核心的价值是自由。但它也是一个平等的社会,这种平等并不是我们通常所理解的同质化的平等,而是我刚才所说的共产主义社会的那种平等,与马克思在《哥达纲领批判》里谈到的社会主义阶段的平等不一样。共产主义社会的平等实际上要达到按需分配,即差异性的个体需要都得到平等的满足。什么意思呢?就是每个人的需要是不一样的,比如我们到饭堂打饭,有些人一两饭就够了,而有些同学却需要四两饭。共产主义社会的平等并不是说给每个人都是二两饭,而是说每个人需要多少分量都得到平等的尊重,都能够得到平等的对待,是这个意义上的平等。所以共产主义社会的自由状态同时也是平等的,这种平等就是刚才说的差异性需要的平等对待。所以共产主义社会里涵盖了平等和自由,并不是自由至上主义的。我们把科恩的自我所有理论否定掉之后,并不会导致马克思的共产主义社会里边没有平等。

学生C:老师好!马克思批判那种劳动所得的自我所有制,但是我总感觉这种批判是外部反思的。我感觉马克思所说的按劳分配也是建立在一种自我所有基础上的。而且自由人联合体或者共同体还只是一种价值诉求,有足够力量对自我所有进行否定吗?共产主义社会中每个人都可以按需所得,但这一状态实现的基础是生产力的充分发展,而当代我们的物质基础还没有发展到这种程度。我们怎么看待马克思对自由平等价值的探求,我们把它当成一种规范的政治哲学来探究吗?还是说历史唯物主义的立场会被动摇?

林育川:你是不是认为共产主义对于自我所有的超越没有说服力?的确,按劳分配仍然没有摆脱自我所有,因为马克思在《哥达纲领批判》里说那个社会刚刚从资本主义社会脱胎出来，一些旧的法权形式仍然存在，这一点我是认可的。

学生C： 马克思的落脚点在于追求自由和平等，但是，当我们还无法达到共产主义的时候，我们是否要从规范政治哲学这种类似于法权的视角来看待马克思的观点，是否共产主义生产力发展的实现也具有很强的规范性价值？

林育川： 我们现在的确还没有达到可以扬弃自我所有理论的阶段，但我觉得自我所有权不应该成为一种规范，反而是我们应该找到一种扬弃自我所有论的规范来引导我们的实践。如果我们还是接受自我所有权这个规范的话，实际上就会把自由主义的理论与马克思等同起来，而马克思思想的价值就在为反思自由主义理论提供一些思想资源。我们应该致力于提出一种扬弃自我所有论的规范来引导我们的实践。

学生D： 林老师好！您刚才讲马克思没有受困于自我所有难题，但我有一个问题，他没有受困于自我所有难题就证明他没有在理论里解释过自我所有吗？就像对国家的定义一样，马克思讲在共产主义社会就没有国家了，可是马克思有没有他自己对于国家的理解？我特别赞成姚顺良老师的观点，马克思确实要超越自我所有，但是在他也有一种自己独特的对于自我所有的解释。比如马克思对剥削的理解，如果我们认为剥削就是不对等的交换，这并不能说服我。所以我感觉马克思对自我所有还是有他自己的理解的。

林育川： 你觉得马克思不认同自我所有理论，但是他自己有关于自我所有的思想，而且马克思理解剥削的时候运用了自我所有理论，是吗？

学生 D：其实我是反向理解的，我是想到了艾伦·伍德和胡萨米的争论，他们两个人争论的一个点就是剩余价值是不是归工人所有，资本主义占有是不是不正义的，我觉得他们讨论的核心点就是基于自我所有原则的，如果我们否认了它，那么他们讨论的价值在哪儿我就不理解了。

林育川：好的，我认为马克思并没有把剥削看作一种诉诸自我所有的概念。如果我们从自我所有的角度理解剥削，其含义就是工人创造财富的80%被资本家拿走了，但是资本家付给工人的劳动力报酬只是他劳动成果中的20%，这是一种不平等的交换。但是马克思讲的是，工人在生产的过程中不仅劳动力损失了，而且是被迫出卖自己劳动力的，这种不平等交换与"被迫"结合起来才是马克思的剥削概念，只有不平等的交换并不是剥削。就像我刚才举的例子，自愿地帮助朋友并不是剥削。所以，马克思的剥削理论并不仅仅建立在自我所有理论基础上，马克思的剥削理论一定附加了被迫的社会机制，即社会里有一些个体无法得到生产资料，他们不得不出卖劳动力，这时剥削才能成立。

李义天：就是说，我们从自我所有理论出发是可以解释剥削的，但是这种解释却不是马克思的。马克思关注的是剥削行为背后的本质，而这种本质不一定要预设自我所有。你从自我所有出发可以解释剥削，但马克思对剥削的解释却不一定是从自我所有出发。

学生 E：老师好！我在一篇文章中看到科恩提出了一种平等和自我所有之间达成一致的途径，就是实行外部世界的共有制，对外部资源的所有权与自我所有的结合就实现了最终的条件平等。这个平等不违反自我所有规则，所以这种外部世界的共有制也没有损害自我所有权。我很认同这个观点，我觉得马克思也有这样的观点。人活着就是与外部世界不断交换资源的过程，主观看上去就是我与外部世界有多大程度的融合，客观看上去就是我对于外部世界有多大程度的敞开，在古代外部世界一直是未知的和吸引人探索的。我想问的是，社会的发展方向是不是以一种平等和正义的名义来控制外部世界的？外部世界不断被控制的进程中，对于自我是否有所改变？

林育川：你谈到外部世界的共有制，即劳动者与外部资源之间的结合，的确科恩提到了这种可能性。他谈道，如果说外部资源是共有的，那么个人与外部资源的结合就没有障碍了，因为它是属于所有人的，所以所有人都享有其中的任何一部分资源。在这种条件下，每个人都平等地享有对外部世界的权利，同时外部资源的共有又给每一个人的自由提供条件。但是，科恩这种说法只是在纯粹形式上表述一种可能性，他预设了外部资源无限丰富而且可以共同所有这种可能性。在这个意义上，每个人都有平等的权利得到这些外部资源，而且每个人都有自由去获得这些东西。科恩这种在外部资源共同所有条件下实现自由和平等的说法，实际上只是一种纯粹形式上的推定，落实到现实中是做不到的。因为现实中很多能够改善我们生活的资源都是有限的（比如土地资源）。这种资源有限的前提下的共同所有，个人想要拿走任何一点外部资源都必须得到其他所有人的同意，只要有一个人不同意你就没法拿走，所以是无法落到实处的。所以，科恩预设了资源无限丰富的情况下，存在实现自由和平等的可能性，但是回到现实或者未来社会，我们都不可能实现这个理想，它是非常理想化的。

马克思同样也预示了一个资源无限丰富或者稀缺资源的竞争被弱化到很小程度的社会，甚至到某个极致时正义的条件就被取消掉了。我们之所以需要正义理论，就是因为资源是适度匮乏的而社会里的人性又是自私的。共产主义社会之所以能够超越正义，就是因为预设了这种有限的匮乏能够得到缓解甚至被忽略掉。科恩的设想与马克思对未来社会的设想是有共同点的，只是存在这种可能性。

最后，你的意思是说当人们能够平等自由地控制外部世界时，对于自我所有有什么影响？在那种环境下自我所有就被消解掉了，因为个人对他的能力天赋的独占性排他性的占有的权利，实际上在这里就没有意义了。因为你需要的资源社会都会提供给你，你可以平等地占有所有的外部的资源，不再需要排他性地占有这些东西。

学生 F：老师好！我阅读了诺齐克、洛克以及马克思的相关著作，在看书过程中对自我所有权有一个很朴素的怀疑，按照洛克的说法所有权的来源掺入了劳动的因素，那么如何对"劳动"定性，它是质的判断还是量的判断？就是说，是否前人率先对某个东西掺入了劳动就可以确定对这个东西的所有权，而不关心后人是否对这个东西掺入了劳动含量更高的劳动，后人的劳动只是因为在其后所以就不对这个东西拥有新的所有权吗？这个地方我有些困惑。

另外，如果说一个人对这个东西的所有权是基于对自己人身所有权的推演，那么我有一个很朴素的想法就是，人对自己人身的所有必然是有时间上的终结的，但是为什么人对财产的所有却是永恒的呢？我在想的是，考虑到如果当代社会条件下我们没有办法完全放弃自我所有权的话，那么我们是否有可能从自我所有权本身的角度去对自我所有权进行一些限制。不论马克思还是洛克的理论其实都关注社会中每一个人过上好生活，洛克为此给出了上帝关心每个人好生活的宗教预设。但是诺齐克似乎放弃了对每个人好生活的关怀，他只关怀个体的自我所有是否得到完全的保障。我关心的是，在现代社会我们还不能完全放弃自我所有权的语境下，我们是否能让每个人都得到好的生活的前提下，从外部对自我所有权进行限制，达到一个比较折中的方案呢？

林育川：你谈到的第一个问题是，个人劳动对外部劳动对象加工创造出来的成果是属于初次劳动者的，还是属于后续二次劳动加工者的。第一个劳动是要解决劳动成果私有财产的来源问题，只要有个人的劳动渗透进去，就能够把自然产品与人类劳动产品区分开了，这是性质上的差别，与量没有关系。至于后续别人在我的产品基础上进行再加工的问题，那就涉及私有财产交换的问题了，这是另外一个问题了，所以我是从性质的角度去理解劳动的。

后面你提到一个好的生活，你认为洛克有关于对好生活的关心，而诺齐克没有对好生活的关心。的确是这样，你这个把握我个人是比较认同的。诺齐克讨论的是个人权利问题，个人基于自我所有所产生的独占性，所以他的正义理论是从"获得的正义"到"转让的正义"再到"矫正的正义"。诺齐克的理论核心是讨论产品的转让、产品的获得以及交易过程中的合法性问题，好生活的问题并不是他关心的。后面你谈到对好生活的性质有自己的想法，能不能再展开一下？

学生F：我们在构思或者论证自我所有权为什么是一个可欲的方案的时候，我们是否应该率先考虑对好生活的关心，而不是完全抛掉对好生活的关心而单纯认为自我所有权就已经完成了全部的论证。如果我们在现代社会没有办法放弃自我权这个假定的话，那么即使在不同的生产力发展条件下，是否我们也应该考虑好生活这个价值，然后再去构建社会制度。根据不同的生产力发展条件，我们对于好生活和自我所有权之间的具体关系是可以再讨论的，但是我们不可以直接就不要好生活这个前提假设了，我觉得不管在马克思的语境下还是在自由主义的语境下，这一点都是很重要的。

林育川：好生活是否可以作为一个重要的标准来限制自我所有，这的确是一个好问题。就像科恩所提到的，我们可以根据一些别的理由来对自我所有权加以限制。但是我们如何理解好生活？特别是我们在不放弃或者不否定自我所有权前提下，那些能力突出的人会不会接受你所建构出来的好生活呢？要交很多税的高收入群体会不会愿意接受我们提出来的好生活理论？所以好生活的价值与自我所有的价值仍然还是处于一种紧张关系中。

学生 G：老师好！刚才提到的这种尖锐冲突，我觉得关键点在于如何识别每个人的自我所有权是否建立在正当与正义的基础上。诺齐克提出自我所有权就是为资本主义合理性辩护的，他认为自我所有权的发展是对奴隶制的超越，在个人先拥有对自身的主体性占有的基础上，才能对外部世界进行资源的获取，这相对于奴隶制人生不自由的方式是正当的。但是另一方面，如果不把占有的主体如此抽象化地理解而是历史地理解，那么资本主义的发展是伴随着资本原始积累的。资本主义建立在新的生产方式的基础上，但是我们也不能忽视圈地运动或者黑奴贸易等历史进程。马克思也提出过干净的资本主义这个概念，资本主义在历史性上不可能是完全干净的。由此回到我们每一个个人身上也是如此，自我这个概念也是有历史性的，我们对于前一代人资本的继承是不是合理性的问题也影响到社会的再分配制度。我们要如何理解自我，自我可能是一个被污染的或者被负载的概念。

林育川：同学提到自我所有权的正当性问题，或者说干净的资本主义问题。如果我们把眼光放在资本主义社会，那么的确自我所有权是为资产阶级服务的。但社会主义同样也可以利用自我所有权，有一些马克思主义者也认为无产阶级应该提出他们自己的自我所有权理论。资产阶级的自我所有权实际上就是资本的所有权和资本增值的特权。劳动者的自我所有权是劳动力的自我所有权，劳动力所产生的成果归劳动者自己所有。从历史唯物主义的角度来看，无产阶级的确能够给自我所有权这个概念增加一些激进和进步的内容来推动无产阶级的解放。但是我们赋予自我所有权新内涵的提法（劳动力的自我所有权、劳动力的所有权、工人的自我所有权等）并没有摆脱困境。为什么一个工人必须对另外一个工人的选择承担责任呢？凭什么要让这个才能比较突出的、劳动能力很强的工人缴纳那么多的税，去帮助其他工人？如果我们没有对自我所有做进一步的反思的话，这个难题是一直存在的。我们可以从历史唯物主义的角度去理解它，但是这还不够，只要我们还是承认自我所有权是一种真理，那么这个问题就没办法解决。

学生 H：老师好！马克思没有系统论述过自我所有权的问题，这些都是其他学者的论述。在实现人类解放和自由的共产主义社会里，如果我们拒斥自我所有权，那是否就拒斥了个人对自己天赋才能的使用，以及使用这种天赋才能去获得他自己想要的东西的权利呢？即使他对天赋才能的使用不会影响到其他人的权利，甚至对社会生产力是有所促进的，我们也不能让他去使用自己的天赋和才能，而只能让他在共同体和人与人相互联系之中去进行劳动和创造呢？

林育川：在人类解放状态或者比较理想的社会里，如果我们扬弃掉、否定掉自我所有之后，是不是意味着个人对自己能力和天赋的控制权利都要转让出去？个人放弃自己这种排他性的独占权利，并不是要把它交给另外一个主体来控制，这不是必然的，或者说这里还要增加一个环节，我们放弃对自己天赋才能的排他性所有权之后，并不直接等同于我需要找到另外一个主体来对我们的天赋才能加以使用。在这种情况下，我们能够自由发挥我们的才能和天赋，但是我们放弃了对由此产生的成果的独占性支配权，它们变成了社会产品和社会成果，由有需要的人进行自主的选择。这可能是一种比较理想的状态，但是至少从理论上这种可能性我们是能够设想出来的。

学生1： 老师好！社会主义国家的确不能将自我所有权作为一种国家的法权原则，因为从本质上来说它是一种具有天然缺陷的资产阶级法权原则。但是从当前我们国家人权建构的角度来说，我们又不能回避自我、自我所有权或者是自我所有权原则这些观念。我想请问老师，我们社会主义国家应该在多大程度上接受或者是拒斥自我所有权？或者我们在使用自我所有、自我所有权还有自我所有权原则这几个概念的时候，它们是否有一些区别？

林育川： 这个问题是在社会主义法制建设特别是人权建构中，我们如何处理自我所有权问题。如果我们接受马克思的思想而拒斥自我所有权，那么社会主义的具体制度如何体现人权？目前我们的社会现实是承认自我所有权的，我们的社会还没有发展到可以拒斥自我所有权的阶段。但是在承认自我所有权的同时，我们可以在社会主义法律制定过程中，不再主张一种彻底的自我所有权，或者对自我所有权加以某种限制，我们的税收政策实际上就已经在一定程度上否定自我所有权了。我们可以试想更理想的状态下，我们可以主张个人对于消费品的所有权，而不把生产资料所有权当作基本的人权。

第十五讲 重思马克思的自我所有难题 Ⅱ

学生J：老师好！刚才您讲到共产主义思想有没有预设先在性的个人和自我所有权时提到了剥削理论，您强调剥削实质上是在强调对劳动主体的压迫，我们也可以用自我所有权解释问题。但既然马克思所要强调的是一种强迫性和压迫性，那么说明他也承认个人对劳动和自主性的拥有权，也就是承认个体的自我所有权的，但是您又强调他对自我优先性的理解是类。那么冲突的是，马克思在具体的叙述中展示出的是对个体的强调，但是又在理解过程中强调类。您怎么理解这种冲突？

林育川：同学提到剥削中主体的压迫性问题。虽然我们能够不再承认马克思的剥削是基于自我所有权，但是马克思的剥削概念至少是肯定了工人拥有劳动的自主性的。工人的劳动的自主性这个概念，我觉得可以归结到之前所说的自我所有的第一个内涵里，即工人对自己能够运用自己身体的那种反思性的事实性描述。工人能够运用自己的身体，这个身体不是别人在操控它，这是一种反思性的自我意识，这是马克思承认的。但是马克思没有承认工人的劳动产生出来的产品是只属于他自己。再举一个简单的例子，作为一个家庭成员，我们每天辛苦工作所得到的劳动收入是属于我们个人的还是属于家庭的？这里的界限并不是特别清晰，形式上这一笔钱先是给到我们个人，但是这笔钱的实际用途可能并不是个人的而是为了整个家庭。所以我倾向认为个人对自己劳动能力的控制是自反性的，它并不是对先在性个体的预设，不属于第二层次和第三层次内涵。此外，你提到了类的解放与个体的解放存在一种紧张关系，其实类的解放是每一个个体作为类的成员的解放，所以这并不是矛盾的，不是说整个类解放了但是类里的每个个体不解放。在马克思那里类的解放与类里面每个个体的解放是同时的，每个人的自由与所有人的自由实际上是一个统一体,它们并不是冲突的。

学生 K:老师好!自我所有权一般而言是一种个人主义概念,但是个人又是处于社会之中的,个人占有某样东西的话,社会是否会干涉这种占有?

林育川:你这个问题缺失了很多前提预设,这个问题本身是比较复杂的,可能有很多种情况,从马克思的角度或从现实角度来看是不一样的。在当前社会现实中,社会对个人自我所有的控制是通过法制的形式加以矫正的,比如个人所得税就是对我们个人劳动成果的某种再分配。但是我们社会中并没有一种制度和理论要求每个人把自己占有的所有产品交出来,社会承认某种程度的非独占性所有,但情况是复杂的,社会不会干预个人对消费品的占有,但是对生产资料的占有就不同了。

四、主持人总结

李义天:谢谢育川老师!他对自我所有问题做了非常清晰的梳理:首先,他谈到这个问题的发生和起源;接着,他谈到科恩这位重要的分析马克思主义者充满张力和纠缠的处理方案;然后,林老师介绍了对于科恩的批评,以及他自己对这个问题的剖析。现在,我也利用最后几分钟时间说说我的学习体会。

自我所有问题是一个典型的现代性问题,也是现代社会内部必然引发的问题。为什么呢?因为,自我所有首先预设了有一种东西是神圣不可侵犯的,那就是,我对于我的身体和能力的全部占有,以及对于由此带来的劳动成果或者物质财富的全部占有。这是现代社会的一项基本预设。但是，从这个预设及其推论出发，它马上就会遇到一个问题：既然如此，那么由我创造的这些劳动成果和财富凭什么被国家或社会拿走，国家或社会有什么权力对我所创造的这些成果和财富进行分配和再分配？任何一个现代社会，包括资本主义社会和社会主义社会，都要面临的自由和平等之间的张力。只不过，在诺齐克看来，自由至上主义者不会认为这是一个难题，因为"自由优先于平等"就是这个问题的答案；而追求平等和再分配，恰恰是你们这些强调社会平等的左翼学者制造出来的问题，不是我诺齐克制造出来的问题。但现在的情况是，对于诺齐克来讲不是问题的问题，对于罗尔斯和科恩来讲却成了一个问题。这是因为，不管是罗尔斯这样偏左翼的自由主义者，还是在政治光谱上更偏左翼的马克思主义者，对他们来讲，追求社会平等是更加重要甚至至关重要的事情，是一个不可以因为自我所有原则而加以忽略或者排斥的对象。

在这个意义上，科恩依然试图表明，我们不能像诺齐克那样完全放弃社会平等的理想和社会平等的再分配机制。但是，科恩的解决方案又存在着一些尴尬之处？第一点是，他对这个问题的诊断是不充分的。他从一开始就对诺齐克的论证做出判断，认为诺齐克解释出来的自我所有原则是不可辩驳的，因而他不得不和诺齐克一样支持自我所有的不可反驳性。第二点是，他对这个问题所给出的治疗方案也是不充分的。刚才说了，他首先认为自我所有不能被驳倒，我们作为现代人必须坚持这一点，甚至认为连马克思也是这样理解。其次，他又觉得我们需要对自我所有进行一定限制，比如，通过强制性义务、优势的机会平等，等等。但是，当他提出任何一个限制时，自我所有本身也就不成其为完整意义上的自我所有了。这一点对于诺齐克来说，是绝对无法理解的，也是绝对不允许的。

就此而言，科恩既想承认自我所有而同意诺齐克，又想约束自我所有而拒绝诺齐克，这显得有点自我分裂。在这个意义上，自我所有之所以构成一个难题，构成一个对于社会主义平等的难题，似乎更多是由科恩造成的，而不是由马克思造成的。

然而，科恩之所以会面临或造成这个难题，与其说是科恩本人的责任，不如说这恰恰是历史发展阶段所设置的难题。我们可以想一想，共产主义社会还需要自我所有原则吗？根本不需要！但社会主义社会需要它吗？显然需要！现实中的社会主义国家多多少少都承认和容纳自我所有原则，这是当前的生产力发展状况和既有的生产关系所决定的。因此，恰恰是这个问题的现代性和当下性，使得科恩还有我们必须面对和解决它。我昨天为今天的研讨班发了一条朋友圈。我说："自我所有也许是一个现代性的'神话'。但如何直面这个神话所带来的困惑，却至关重要。毕竟，我们不能仅仅依靠解释问题来解决问题，更不能试图把当下的难题推给未来的必然性而加以消解。'这里是罗陀斯，就在这里起跳吧！'"最后用的这个典故也许并不特别恰当，但它说明的道理是，我们要解决诸如自我所有带来的困境，不应该把它推到共产主义那里，认为未来必然解决，而是要立足现在，我们现在就要解决这个问题！在这个意义上，自我所有问题甚至可以说是介于共产主义与社会主义之间、介于共产主义初级阶段和高级阶段之间的张力问题。

其实，科恩对诺齐克论证存在的问题的捕捉是非常准确的。科恩发现了，诺齐克理论中最重要的不是他提出来的具体正义主张，而是它们背后所预设的自由主义的本体论基础，那就是，一个人拥有自身的全部控制权和主导权。但是，这种理解却忽略了历史。在资本主义的现代社会之前或之后的人类历史上，总有些人并未持有这种信念，并未把自己的成果看作自己完全所有的东西。比如，第一，奴隶就不是为自己工作，甚至他从来也没想过为自己工作。第二，圣徒也不会持有自我所有的观点，他要么是为上帝创造财富，要么是为他人创造财富，贯穿其间的是使命感或仁慈感。第三，还有我们所设定的共产主义者，他们的工作同样可以不是为了自己而是为了他人。因此，自我所有原则的最大问题就在于，它忽略了历史中已经出现或可能出现的丰富的人性样式和人格形态。放到一个大历史的尺度下，你会发现，人的存在状态只会比在资本主义条件下形成的状态丰富得多，人与人所结成的社会也不必然基于自我所有原则。可以说，自我所有原则能够解释一些人格形象，也能够解释一些社会状况，但它仍是一种对人格形象、人格形态和社会样式的想象力匮乏的表现形式。这恰恰是我们对于自我所有及其整个资本主义现代性模型需要保持警醒、加以反思的地方。

育川老师今天的演讲非常清晰和精彩，给我们带来了很多启发。通过他的报告，大家也看到了一个受到严格学术训练、尤其是对分析传统非常熟悉的优秀学者是怎样解决问题的。辛苦林老师，让我们再次用热烈的掌声感谢他！